국립중앙도서관 출판예정도서목록(CIP)

기독교 미학의 향연 = Symposium of the christian aesthetics / 지은이: 심광섭. -- 서울 : 동연, 2018
  p. ;   cm

참고문헌 수록
ISBN 978-89-6447-437-2 93200 : ₩22000

기독교[基督敎]
미학[美學]

235.84-KDC6
261.57-DDC23   CIP2018041213

기독교 미학의 향연

2018년 12월 17일 초판 1쇄 인쇄
2018년 12월 24일 초판 1쇄 발행

지은이 | 심광섭
펴낸이 | 김영호
펴낸곳 | 도서출판 동연
등 록 | 제1-1383호(1992. 6. 12)
주 소 | (03962) 서울시 마포구 월드컵로 163-3
전 화 | (02)335-2630
전 송 | (02)335-2640
이메일 | yh4321@gmail.com / h-4321@daum.net

Copyright ⓒ 심광섭, 2018

이 책은 저작권법에 따라 보호받는 저작물이므로 무단 전재와 복제를 금합니다.
잘못된 책은 바꾸어드립니다.
책값은 뒤표지에 있습니다.

ISBN 978-89-6447-437-2 93200

기독교 미학의 향연

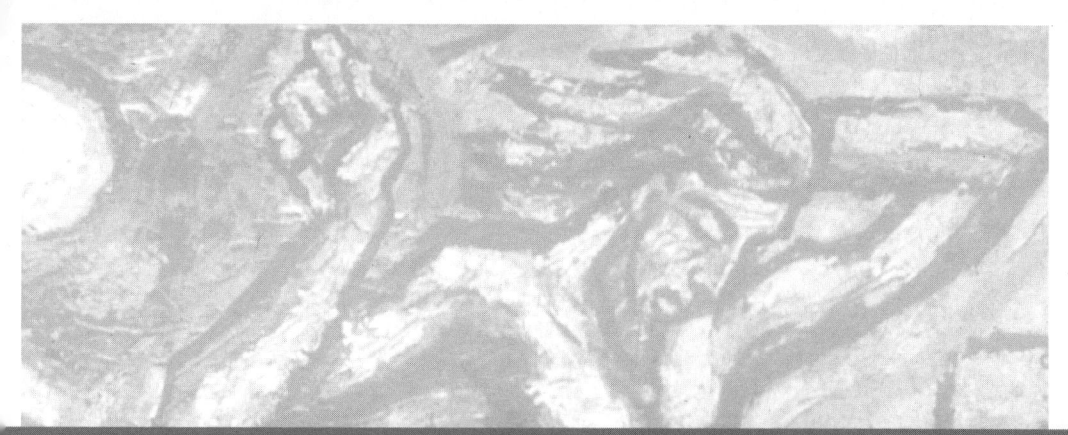

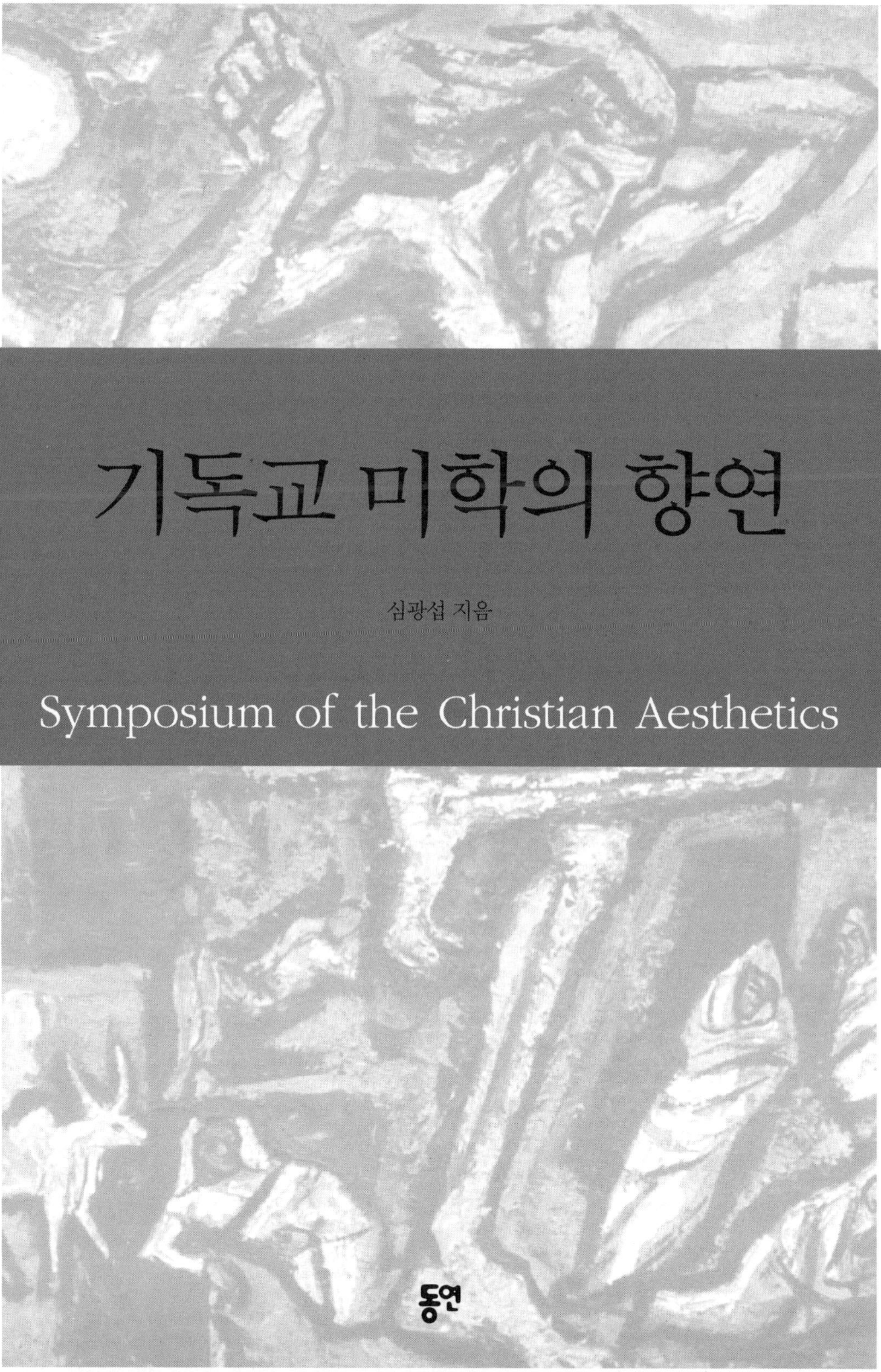

기독교 미학의 향연

심광섭 지음

Symposium of the Christian Aesthetics

동연

우리 집안에 복음의 씨앗을 심고
7남매를 낳고 키우시면서 97세까지 기도의 삶을 사시다가
2017년 5월 5일 하나님의 품에 안기신 어머니,
故 김중현 권사님의 영전에 이 책을 바칩니다.

| 추천의 글 |

　1930년에 제정된 기독교조선감리회 교리적 선언 제1조는 "우리는 만물의 창조자시요 섭리자시며 온 인류의 아버지시요 모든 선과 미와 애와 진의 근원이 되시는 오직 하나이신 하나님을 믿으며"라고 고백한다. 하나님을 '미의 근원'으로 고백한다는 점에서 이 선언은 매우 진보적이다. 아름다움, 어떤 사람은 그것을 상처라 말하기도 하지만 그 상처는 어쩌면 우리를 다른 세계에 접속시켜주는 통로인지도 모른다.
　후기자본주의 시대를 살고 있는 현대인들은 영문도 모른 채 앞만 보며 질주하고 있다. 주변을 살필 여유조차 없다. 빠른 속도는 영혼과 감각의 미세한 떨림을 감지하지 못하게 만든다. 숨이 가쁘지만 누구도 쉬려 하지 않는다. 하나님의 창조의 리듬 속에 안길 줄 모르는 사람들이 자코메티의 인물들처럼 광장을 스쳐 지나간다. 존재론적 쓸쓸함이 버섯구름처럼 우리 삶을 확고히 뒤덮고 있다. 아름다움과 조우할 때 인간은 그런 쓸쓸함으로부터 벗어날 힘을 얻는다. 프리드리히 실러는 인간은 아름다움을 향유할 수 있는 능력과, 생산을 목표로 하지 않는 놀이 본능이 인간을 인간답게 만든다고 말했다. 향유의 능력은 저절로 생기지 않는다. 그것은 배움을 통해 습득되거나 연마된다.
　심광섭 박사가 차려놓은 신학적 미학의 잔칫상에는 우리를 매혹시키는 것들이 아주 많다. 이 책을 읽는 이들은 시, 그림, 건축, 춤, 놀이, 노래 등 인간을 인간답게 만들어주는 것들이 어떻게 우리를 하나님의 세계에 접속시켜주는지를 깨달으며 무릎을 치게 될 것이다. 향유의 능력이 커질 때 우리는 세상의 모든 것들이 성사의 도구임을 깨닫게 될 것이다. 이 책은 언어의 미로 속에 갇힌 신학을 넘어 하나님의 몸과 접촉하는 기쁨을 누리라고 우리를 초대한다.

2018년 겨울
청파교회
김기석 목사

| 들어가는 말 |

    20여 년째 '기독교 신앙의 아름다움'(*pulchrum fidei*)을 화두로 삼고 있다. 정교회가 전례를, 가톨릭교회가 교리와 교회법을, 개신교회가 성경을 교회를 지키는 보루로 여긴다면 그 보루 안에는 하나님의 환한 얼굴에서 빛나는 영광이 숨어 있다. 그 영광을 보고 접촉할 수 있는 기제가 바로 '신앙'이다. 교회는 그 기제를 튼튼히 하기 위해 신앙의 진리를 다졌고, 그 기제의 정당성을 확보하기 위해 신앙의 실천을 이행했다. 그러나 진리는 독선의 벽 앞에 맞닥뜨렸고 실천은 쓰고 있는 위선의 가면을 들키고 말았다. 기독교 신앙의 위기 상황인 것이다.

    만연된 독선과 위선과 허세의 쓸쓸한 무기력 속에서, 사막에서 오아시스를 찾듯 신앙의 순수함과 푸르른 생명력에 대한 갈급함은 더욱 커진다. 이 갈급함은 주님의 영광, 주님의 아름다움을 향한 끊임없는 열망이다. 이 열망의 고통이 커져도 더욱 바라게 하는 힘은 주님의 아름다움에서 나온다. 아름다움은 생명을 감화 감동시켜 움직이게 하는 힘이다. 신앙의 아름다움은 하나님의 아름다움을 맛보아 앎으로써 체험되고 모습을 드러내는 신앙의 형체이다. 나는 신앙의 아름다움을 추구하는 분야를 '기독교 미학'이라 칭하고, 기독교 신학은 '기독교 교의학'(Christian Dogmatics), '기독교 윤리'(Christian Ethics) 그리고 '기독교 미학'(Christian Aesthetics)으로 전체가 되어 완성된다고 생각한다. 예술신학에서 절세의 대가 한스 우르즈 폰 발타자르(Hans Urs von Balthasar)의 순서를 거꾸로 생각한 것이다. 그의 삼부작은 '미학'에서 시작하여 '드라마학'을 거쳐 '신학'에서 완성된다.

　이 책은 3부로 구성되어 있다. 1부는 방법론에 해당하는 글로서 3편의 글을 통해 각각 신학에서 기독교 미학이 요청되는 이유로부터 시작하여, 2장에서 미학의 인식론으로서 영적 감각론을, 3장에서 예술적 진리를 다루었다. 2부는 삼위 하나님이고 3부는 예술인데 이 둘은 서로 상응하고 서로 조명하는 부분이다. 칼 라너(Karl Rahner)는 내재적 삼위일체(immanent trinity)의 역사(opus)와 경세적 삼위일체(economic trinity)의 역사는 동일하다 했는데, 이는 참으로 옳다. 내재적 삼위일체란 인간에 대한 관계를 고려하지 않고 하나님의 존재를 성부-성자-성령의 자체 사랑의 관계 안에서만 이해하는 것이다. 4~5장은 각각 하나님과 예수 그리스도의 아름다움을 다루었고 6장은 성령의 우선적 동반자인 인간, 그의 아름다움 곧 미적 인간을 다루었다.

　경세적 삼위일체란 하나님의 존재를 미적 인간의 세계적 활동 속에서 파악하는 것이다. 미적 인간의 세계적 활동은 예술로 나타난다. 그래서 7장은 언어예술인 시를, 8장은 미술을, 9장과 10장은 음악을, 11장은 놀이를, 12장은 춤을, 13장은 대중문화를 그리고 마지막 14장에서는 이러한 모든 예술 활동과 작품은 초월자의 현존을 느끼고 볼 수 있는 창(窓)임을 서술하였다. 『예술신학』(대한기독교서회, 2010)에서 기독교 신앙을 예술적 사유를 통해 서술하고자 했다면 『기독교 미학의 향연』에서는 기독교 신앙의 미적 통찰을 각 예술 분야에 적용하여 길어내고자 했다.

　다양한 종류의 예술 활동은 하나님의 위대한 선물들 중 가장 탁월한 것에 속한다. 예술적 창조는 기쁨의 근원이며 그 이유를 확실히 알지 못할 경우에도 참 선한 아름다움과 가치를 우리에게 남긴다. 예술이 없다면 우리가 사는 이 세상은 훨씬 살만한 맛과 매력이 없는 공간이 되었을 것이다. 기독교의 역사가 바른 것, 이전 가르침과 동일한 것을 세우려고 한 정통의 역사라면 예술사는 이전 것과의 차이를 창조하려는 이단의 역사로 보인다. 20세기 중엽 이후 현대 예술은 특히 미술과 음악에서 요소적인 것을 찾다보니 대중들이 쉽게 느끼고 공감하기가 점점 어려워진다. 설명이 필요하고 작가의 정신과 예술사적 맥락을 알아야 한다. 현대 예술은 차이와 낯섦, 심지어 섬뜩함이 있어야 한다고 생각하는 것 같다. 요소적인 것은 태초의 혼돈과 공허한 모습 이전의 양상까지 접촉하려는 예술가들만의 실험적이며 창조적인 혼이라고 생각한다. 그러나 요소들만이 난립한 혼돈과 공허에 성령의 바람이 불어 공간을 나누어 생명의 장소들로 만들고 각종 생명체들이 자라고 유희하는 시공간상의 형체가 되는 것도 중요하다고 생각한다. 하나님이 보시기에 좋으면 인간도 즐겁게 살 수 있고 온갖 생명체들도 풍요롭게 살 수 있으리라 믿는다.

    총론적으로 쓴 것이 각론에서 중복되는 곳들이 있어 빼려고 했으나 탑을 싸놓고 그 사이에서 돌을 몇 개 빼야 하는 모험을 해야 할 것 같아, 그냥 놔뒀다. 본인의 역량 부족이기도 하지만 더욱 숙성할 시간도 필요하다. 어느 날 갑자기 삶과 존재가 어둠 속에서 철저히 무화(無化)되는 고통 속에서도 곁을 지켜준 형제, 자매 그리고 가족, 용기와 격려를 보내준 신실한 친구들과 사랑하는 제자들, 초고를 부분적으로 혹은 전부 읽어준 친구들과 제자들, 어려운 출판 환경 속에서도 흔쾌히 출판을 허락해준 동연출판사 김영호 사장의 우정과 인간애(人間愛) 그리고 편집담당자의 섬세한 교정과 수려한 편집에 깊은 감사의 말씀을 드린다. 은퇴하고 서예를 즐기는 형님(심창섭 목사)께서 써주신 이름을 책에 새기게 되어 더욱 기쁘다.

2018년 11월 늦가을(대림절을 앞두고)

의왕 모락산 자락 至樂齋

| 차례 |

추천의 글 / 5
들어가는 말 / 7

I. 길

제1장 | 왜 기독교 미학인가?   17
  1. 아름다움을 찾는 신앙   19
  2. 기독교 미학   30
    1) 기독교 미학의 인식론: 하나님 경험과 영적 감각   30
    2) 기독교 미학과 기독교 윤리   42
    3) 기독교 미학과 예배   47
    4) 기독교 미학의 실천   60
    5) 기독교 미학과 예술 목회   63

제2장 | 영적 감각과 신앙   66
  1. 시각과 신앙: 하나님을 봄(Visio Dei)   77
  2. 청각과 신앙: 믿음은 들음에서 나며   86
  3. 후각과 신앙: 그리스도의 조각 향기   91
  4. 미각과 신앙: 주님의 선하심을 맛보아 알지어다!   96
  5. 촉각과 신앙: 나를 만져보아라   100
  6. 장의 감각: 긍휼과 자비   106
  7. 뼈의 감각과 신앙: 골수에 사무친 말씀   112

제3장 | 예술의 진리와 신학적 진리　　117
1. 과학적 방법에 대한 가다머의 비판　　119
2. 주관주의적 미적 인식에 대한 비판과 예술의 진리　　122
3. 역사 경험과 신학적 진리　　128
   1) 역사 경험의 해석학　　128
   2) 예술의 진리와 신앙의 진리　　135
   3) 화해로서의 진리 사건　　140

II. 신과 인간

제4장 | 삼위일체와 하나님의 아름다움　　147
1. 삼위일체 하나님의 성스러운 아름다움　　148
2. 삼위일체의 회화　　154
   1) 삼중성의 유형　　155
   2) 공동체의 유형　　163
   3) 성육신의 유형　　168
3. 나가는 말　　176

제5장 | 십자가의 아름다움 - 숭고　　179
1. 십자가의 아름다움 - 숭고　　180
2. 십자가의 복음　　188
3. 은총이 된 고통　　194
4. 거룩한 사랑　　196

제6장 | 아름다운 인간, 다윗　　203
1. 정치적 인간(homo politicus)　　207
   1) 골리앗을 이긴 다윗　　208
   2) 남북 통일군주 다윗　　210
   3) 법궤를 예루살렘으로 옮긴 다윗　　211
2. 미적 인간(homo aestheticus)　　214
   1) 음악가 다윗　　214

    2) 시인 다윗   219
    3) 춤추는 다윗   222
    4) 건축가 다윗   223
    5) 정인(情人) 다윗   227
    6) 아름다운 사람 다윗   229
  3. 평화의 왕 예수: 다윗의 아들   230

III. 예술

제7장 | 시학적 신학   237
  1. 성경과 시   239
  2. 신학과 시   247
  3. '흥어시'(興於詩)의 신학   252

제8장 | 폴 틸리히의 예술혼과 표현주의 미술신학   255
  1. 근대성과 종교미술   255
  2. 문화와 미술에 대한 틸리히의 관심   257
  3. 틸리히의 미술작품에 대한 이해   263
  4. 미술신학에서 양식의 원칙   268
    1) 양식: 무엇이 회화를 종교적으로 만드는가?   268
    2) 미술의 종교적 양식과 미학적 양식   270
  5. 미술사와 종교적 양식   273
  6. 미술양식의 종교적 체계   282
    1) 형식-지배적인 주관적인 태도: 인상주의   283
    2) 형식-지배적인 객관적 태도: 사실주의   285
    3) 형식과 종교적 실체가 균형 잡힌 주관적 태도: 이상주의   286
    4) 형식과 종교적 실체가 균형 잡힌 객관적 태도: 고전주의   287
    5) 종교적 실체가 지배하는 주관적 태도: 낭만주의   287
    6) 종교적 실체-지배적인 객관적 태도: 표현주의   288
  7. 결론: 비종교 시대의 종교미술과 미술신학   292

제9장 | 요한 세바스찬 바흐의 음악신학
　　　— 알버트 슈바이처의 연구를 출발점으로 삼아　　　297
　1. 슈바이처의 바흐 연구　　　298
　2. 바흐의 음악신학　　　305
　　1) 바흐 음악의 종교개혁적 유산　　　307
　　2) 〈마태수난곡〉과 인간의 구속　　　309
　　3) 〈요한수난곡〉과 승리자 그리스도　　　316
　　4) 〈B단조 미사〉와 복음적 보편성　　　321
　3. 감성으로 신학하기　　　327

제10장 | 모차르트의 에로스, 자유와 초월자의 흔적　　　330
　1. 쇠렌 키르케고르와 음악적 에로스　　　333
　2. 칼 바르트와 하나님의 영광을 연주하는 자유　　　338
　　1) 연주의 자유　　　342
　　2) 반대의 일치　　　345
　　3) 주제에 대한 몰두　　　349
　　4) 음악과 가사의 관계　　　351
　3. 한스 큉과 초월자의 흔적　　　351
　　1) 퀴리에　　　354
　　2) 글로리아　　　355
　　3) 크레도　　　356
　　4) 거룩송과 축복송　　　356
　　5) 하나님의 어린양　　　357
　4. 음악적 신학을 위한 한 모델　　　359

제11장 | 놀이의 신학: 놀이하는 하나님 – 놀이하는 인간　　　363
　1. 놀이하는 인간(homo ludens)　　　367
　2. 놀이의 신학자들　　　371
　　1) 위르겐 몰트만의 하나님의 놀이와 향유의 신학　　　371
　　2) 하비 콕스의 제축과 환상의 신학　　　376
　　3) 샘 킨의 육체의 신학　　　378
　　4) 현영학의 탈춤의 신학　　　379

3. 놀이의 신학 … 381
　1) 놀이의 하나님 … 382
　2) 창조의 놀이 … 386
　3) 놀이인 다윗 … 388
　4) 예수 그리스도의 구원 놀이 … 392
　5) 놀이의 하나님 나라 … 395

제12장 ｜ 춤과 신학 … 398
1. 춤에 대한 신학적 성찰 … 398
2. 춤추는 다윗 … 402
3. 십자가 위에서의 춤 … 405

제13장 ｜ 대중문화의 신학 — K-Pop을 중심으로 … 411
1. 대중문화와 신학 … 415
　1) 문화신학 … 415
　2) 문화와 한국 신학 … 418
2. 한류(K-Pop)의 신학 … 421
　1) K-Pop의 해석학으로서의 놀이 이론 … 422
　2) 감각의 신학 … 426
　3) 놀이하는 인간, 춤추는 인간 … 430
　4) 놀이하는 하나님, 춤추는 하나님 … 436
　5) 놀이판, 춤판인 하나님 나라 … 442

제14장 ｜ 감각과 초월의 창 … 445
1. 영적 감각의 신학 … 447
2. 구원과 웨슬리의 영적 감각 … 458
3. 초월의 창 … 462
　1) 초월 … 463
　2) 내재 … 464
　3) 초월의 창 … 466
4. 우리는 하나님 안에서 살고, 움직이고, 존재한다 … 470

참고문헌 … 472

I. 길

제1장 왜 기독교 미학인가?
제2장 영적 감각과 신앙
제3장 예술의 진리와 신학적 진리

제1장
왜 기독교 미학인가?

근대 기독교 사상사를 논의하는 자리에서 틸리히(Paul Tillich)는 19세기 교회사가 율리우스 카프탄(Julius Kaftan)의 말을 인용하여 서양 철학사에서 세 사람의 위대한 철학자가 있고, 이에 상응하는 세 가지 위대한 그리스도교 집단이 있다고 했다. 그리스 정교회, 여기에 해당하는 철학자의 이름은 플라톤이다. 다음 로마 가톨릭 교회가 있고, 여기 철학자의 이름은 아리스토텔레스이다. 마지막으로 개신교(프로테스탄트)가 있고, 여기 철학자의 이름은 칸트다. 왜 프로테스탄트에 해당하는 철학자는 칸트인가? 첫째, 개신교는 유한과 무한의 질적인 차이를 강조하는 칸트를 따라 하나님과 인간의 질적 차이를 강조했고 둘째, 실천이성비판의 뒤를 이어 개신교는 자신을 도덕종교로 자리매김했다는 것이다.[1] 이 글은 이러한 역사적 과정의 시효가 한계에 도달했다고 판단하고 기독교의 새로운 방향을 지향하면서 칸트의 판단력비판(미학)과 신학의 연관성, 곧 기독교 미학을 모색하고자 한다. 예

---

1 폴 틸리히,『19-20세기 프로테스탄트사상사』, 송기득 옮김(천안: 한국신학연구소), 83f.

술신학이 기독교 신앙의 아름다움을 감지하여 설명하려는 시도라면 기독교 미학은 특정한 제 예술의 종교적 차원을 발견하여 설명하려는 시도이다. 그러므로 이 둘은 서로 조명해주는 지점들이 많다 할 것이다. 사물을 지식으로 배워서가 아니라 겪음(suffering)을 통해 알아가는 길도 있는데, 이때 우리는 사물의 신적 본성을 예감한다. 기독교 신학은 하나님을 이성의 인식을 통해서 아는 것이 아니라 사랑의 겪음을 통해서 안다. 하나님과 인간의 관계는 하나님을 즐기고 찬양하기 위해 하나님과 인간 사이의 '정감적 융합'을 포함하는 이해이기 때문에 근본적으로 미학적이다.

프리드리히 폰 휘겔(Friedrich von Hügel, 1852~1925)에 따르면 살아 있는 모든 종교는 다음의 세 요소가 통일되어 존재하는바, 제도적, 신비적(예술적), 지성적 요소들이다. 첫째, 베드로적 영역으로서 역사적·제도적·교리적 요소들과 연관된 가톨릭 교회의 특징이다. 100~600년 사이 동·서방 교회의 신학을 이끌어간 사람들은 대개 감독(bishops: 주교)들이다. 둘째, 요한적 영역인데, 이 영역은 직관적·감성적 요소가 강하며 사랑과 행위와 연관되며 정교회의 특징이다. 600~150년 사이 동·서방 교회와 신학을 이끌어간 사람들은 대개 수사(monk)들이다. 그레고리(Gregory) I세는 주교이며 수사이다. 셋째, 바울의 영역이며, 이는 분석적·사변적 요소가 강하여 신앙을 이성과 연관 지어 이해한다. 계몽주의 이후 개신교 신학의 특징이며 1500년 이후 개신교 신학을 이끌어간 사람들은 대개 대학 교수들이다. 루터는 수사이며 대학교수이다. 나는 개신교 신학자로서 개신교에 부족한 요한적 요소를 강조하고자 한다. 오늘날 문화적·예술적 형식으로 역사하는 하나님을 말하기가 새롭게 떠오르는 중요한 과제이며, 기독교 신앙은 미학적 사유와 언어를 통해 서술되어야 한다.

1. 아름다움을 찾는 신앙

21세기와 종교개혁 500주년을 보내면서 한국의 개신교는 예술에 대한 통찰, 예술적 감성과 신앙의 감각을 회복하는 것이 중요한 과제라고 생각한다. 선언문처럼 보이는 이 주장으로부터 시작하는 이유는 오늘의 한국 신학과 한국교회에 '아름다움을 찾고 형성하는 신앙'(*fides quaerens pulchrum*), 신앙의 감각이 매우 절실하게 요청되기 때문이다. 현대 미학에서 '아름다움'〔美〕의 개념은 약화되고 부정직한 방법으로 실재를 미화하기 때문에 심지어 경멸되기도 한다. 우리글에서 '아름다움'은 고전적 형식미에 제한되지 않는 그리스도적 사랑으로 역사하는 믿음과 희망의 삶을 하나님의 영광 안에서 나타내는 '표현력'(expressiveness; Tillich)이고 실천이다. 그것은 그리스도인의 '멋'으로, 예술로 형성될 것이다. 기독교 미학은 무엇이 '기독교 예술'로 불릴 것인지를 숙고하게 될 것이다.

'미학'(美學 Ästhetik)으로 번역되어 통용되는 이 어휘는 그리스어 어원에 따라 옮기면 감각적 지각에 관한 이론이다. 미학의 물음은 고대 희랍 철학의 역사만큼이나 오래되었지만 18세기에서야 비로소 철학의 한 분과로 다루어지게 된다.[2] '미학'의 개념은 지성의 인식과 감각적 인식 사이를 구분한 바움가르텐(A. Baumgarten)에 의해 세워진다. 칸트(I. Kant)는『판단력비판』에서 미학 이론을 처음으로 높이 세운 사상가로 평가된다. 계몽주의 시대에 미학 이론이 정립된 것은 우연이 아니다. 감성과 감정에 대한 관심은 인간의 인식 능력과 한계에 대한 물음의 이면이라고 말할 수 있으며 특히 낭만주의의 큰 관심사였다. 감성과 감정(정감)에 대한 관심은 기독교 신학에서는 슐라이어마허(F. Schleiermacher), 조나단 에드워즈(J. Edwards), 존 웨슬리(J. Wesley), 윌리엄 제임스(W. James) 등에 의해 주목받게 되나 신학

---

[2] B. Recki, "Ästhetik I: Philosophisch", *RGG*⁴ I (Tübingen, 1998), 851-852.

의 주류에 의해 외면당해왔다.

근대 미학은 반성적 감각지각에 관한 이론과 생산적인 상상력 혹은 환상에 관한 이론, 자연과 예술에서 느끼는 감정들과 아름다움의 이론으로 발전한다. 그러나 근대의 전형적인 현상인 삶이 각 영역으로 독립되고 분할되는 경향에 따라 예술도 문화의 고유하고 자율적 영역으로 분리된다. 근대 예술은 종교적인 환경이나 내용으로부터 완전히 자유롭게 된다. 그리고 고전 형이상학의 해체와 더불어 하나님 개념 안에서 진(眞)·선(善)·미(美)가 통합되었던 것도 해체되기에 이른다.

'기독교 미학'을 말하려고 할 때 종교개혁과 계몽주의 이후 전개된 신앙과 예술의 소원한 관계에 대한 비판적 성찰이 출발점이다. 대부분 기독교와 예술의 관계를 다룬 서적들이 교회와 예술의 소원하고 불편한 관계를 지적한다.3 힐러리 브랜드는 예술에 대한 개신교의 태도를 한마디로 "개신교의 역사에서 너무나도 빈번히 강조된 것은 예술의 기쁨이 아니라 예술의 폐해였다"4고 딱 잘라 판정한다. 특히 계몽주의 시대의 기독교는 "기독교의 합리성"(존 로크, *The Reasonableness of Christianity*, 1695), "신비적이지 않은 기독교"(존 톨랜드, *Christianity not mysterious*, 1696)에 이어 "이성의 한계 안에서의 종교"(칸트, *Religion innerhalb der reinen Vernunft*, 1793)로 축소된다. 칸트는 지식의 구성에서 경험의 중요성을 인식했으나 하나님을 경험의 차원에서 논의하지 못하고 도덕적 삶으로 넘긴다. 칸트는 인간의 예술과 아름다움에 대한 경험도 궁극적으로 창조자와 연결시키는 세계 안에서의 전체적 감각적 경험이 아니라 감정의 표현인 주관적인 취미(Geschmack)이고 미의 판단도 욕망에 의해 자극되는 상상력의 사안으로 취급한다. 칸트는 예

---

3 Hilary Brand & Adrienne Chaplin, *Art and Soul. signposts for Christians in the Arts*, 『예술과 영혼』, 김유리·오윤성 옮김(서울: IVP, 2008), 50-62; Richard Harries, *Art and the Beauty of God*, 『현대인을 위한 신학적 미학』, 김혜련 옮김(서울: 살림, 2003), 11-32.
4 Hilary Brand & Adrienne Chaplin, 『예술과 영혼』, 59.

지계(noumena)는 우리의 경험과 지성을 넘어선 알 수 없는 세계로 우리가 경험하고 알 수 있는 현상계(phenomena)로부터 분리한다. 결국 경험 밖에 있는 예지계와 그 안에 존재하는 하나님은 우리에게 아무것도 아니게 된다. 자유주의 시대인 19세기에 기독교 신학은 특히 독일에서 변증법적 이성과의 논쟁을 통해 자신의 정체성을 세워나갔고 기독교는 도덕의 다른 이름이 된다. 근대 주류 기독교는 도덕이 감정의 관심을 가로채거나 식민지화했다.

개신교 전통에서 감성과 인간의 경험이 배제되거나 주변화되었음을 어렵지 않게 알 수 있다. 종교개혁 원리 중에 "오직 성경으로만"(Sola Scriptura)의 전통은 계몽주의 시대의 역사비평을 만나 성경의 역사비평으로 발전되어 신앙의 지성주의를 부추겼다. 한국교회에서는 선교 초기부터 성경 읽기, 성경 쓰기(필사), 성경공부 등을 통해 성서 원칙이 '하나님 말씀' 강조의 신앙으로 독특하게 계승되었고, 신학적으로는 20세기 칼 바르트(Karl Barth) 등 신정통주의자들의 '말씀의 신학'의 영향으로 감성과 경험 배제의 신앙이 강화되었다.

그러나 다른 한편 기독교의 역사에서 예술과 미를 제한적이지만 긍정적으로 수용하고 씨름한 역사도 만만치 않다.[5] 예술 혐오자요 엄격하고 금욕적인 기독교를 조성한 자로 알려진 장 칼뱅조차 교리를 설명하면서 다음과 같은 말을 하는 것을 보면서 심미안이 결여된 사람으로 매도하는 것은 문제가 있다. "꽃의 아름다움에 우리의 눈이, 향긋한 내음에 우리의 오관이 끌리게 만드신 주님이 아니신가? 그렇다면 그것들에 도취하는 것이 죄란 말인가? … 주님은 실로 단순한 필요를 넘어 우리가 주의를 기울일 만큼 가치 있는 것들을 많이 만드시지 않았던가?"[6]

종교개혁 전통에서 합리주의적 교리에 대하여 기도와 헌신, 공동고백과 성경 읽기와 찬양을 강조하는 아른트(Johann Arndt), 슈페너(Philip Spener),

---

5 심광섭, 『예술신학』(서울: 대한기독교서회, 2010), 20-40 참조.
6 장 칼뱅, 『기독교 강요』(서울: 크리스챤다이제스트, 1988), III.10.1.

웨슬리 형제(Wesleys), 하만(Georg Hamann)과 야코비(Jacobi) 등으로 계승되는 경건주의는 기독교 미학의 선구자들이다. 이 전통을 이어받은 근대 개신교 교회와 신학의 교부인 슐라이어마허(Friedrich Schleiermacher, 1768~1834)는 기독교 신앙을 살아 있는 믿음의 리듬인 심미적 과정으로 이해한다. 그에게 종교의 본질은 "사유나 행위가 아니라 직관과 감정"이며, "무한자에 대한 느낌과 맛"이다.7 그는 종교를 지식이나 윤리가 아닌 제삼의 독립적인 미학적 범주를 사용하여 정의한 것이다. 이것은 이성이 학문과 사회의 유일한 입법자로 군림하기 시작한 계몽주의 시대에 나온 통찰이라 더욱 새롭게 다가온다. 슐라이어마허는 예술과 종교 사이에 유비적 관계가 있음을 보았다. 슐라이어마허와 낭만파 시인 슐레겔(F. von Schlegel)과의 관계만이 아니라 낭만주의의 대표적 화가 카스퍼 프리드리히(Caspar D. Friedrich)의 관계가 새롭게 조명되고 있다.8

슐라이어마허는 『신앙론』 3절에서 기독교 신앙(경건)을 지식(Wissen)이나 행위(Tun)가 아니라 감정(Gefühl) 혹은 직접적 자기의식(unmittelbares Selbstbewußtsein)의 규정성으로 정의한다.9 슐라이어마허는 교회를 경건과의 관계 속에서 살아 있는 공동체로 재정립하고자 했다. 여기서 경건은 "감정의 규정성"으로서 교회의 본질을 이루는 처음과 나중이다. 감정의 규정성이란 감정의 정조를 말하는 것으로서 감정이 어떠어떠한 상태의 색체를 띄고 있다는 것이다. 감정의 근본 규정성이란 감정이 자기 자신과 하나님, 세계와 만나 울리는 모양의 근본구조를 말한다. 감정은 자기 자신과의 관계에서 "직접적 자기의식"을 목표로 하며, 감정이

---

7 Friedrich Schleiermacher, 『종교론』, 최신한 옮김(서울: 한들, 1997), 56, 58.
8 심광섭, "신학과 미술의 대화 : 프리드리히 슐라이어마허와 카스파 다비트 프리드리히의 만남을 중심으로", 「신학과 세계」 67호(2010년 봄호), 161-190.
9 F. Schleiermacher, *Der christliche Glaube nach den Grundsätzen der evangelischen Kirche im Zusammenhange dargestellt* (²1830/31), hg. von M. Redeker, 2 Bde. (Berlin 1960), §3 명제.

직접적 자기의식 안에서 세계와 만나면 자유와 의존의 상호작용의 모양으로 제시된다. 그리고 하나님과의 관계 속에서 이러한 현실을 수용하는 의식이 "전적 의존의 감정"으로 나타난다. 경건은 감정의 규정성으로서 원칙적으로 지식과 행위에 앞서는 것이다. 그러나 경건을 지식과 행위로부터 분리하려는 의도는 전혀 없다. 슐라이어마허는 기독교 신앙, 즉 경건의 본래적 자리를 앎과 행위가 아닌 감정으로 제시함으로써 경건을 교리 및 윤리적 행위나 합리적 가르침과 동일시하려 했던 정통주의나 계몽주의 이후의 자유주의 신학자들과도 거리를 둔다. 슐라이어마허에게 기독교 신앙의 참 본질은 하나님에 대한 직접적 의존의 '감'(sense)이다. 슐라이어마허는 하나님에 대한 전적 의존의 감정을 교회 공동체 안에 스미어드는 공감과 교제의 기초로 삼는다. 동일한 공간과 시간 안에서 서로 다른 음들의 공명과 사귐의 조화를 느끼게 하는 음악 미학적 방법이 슐라이어마허에게서 전적으로 신학적이 된 것이다.10

종교적 경험을 신학, 특히 구원론에 연관시켜 전개한 탁월한 신학자는 존 웨슬리(John Wesley, 1703~1791)이다. 웨슬리는 자신의 신학을 경험의 차원으로 명백하게 연결시킨 최고의 인물이다.11 테오도어 러년은 서양 신학사에서 웨슬리의 독특한 공헌으로 "정통 경험"(orthopathy), 곧 바른 종교 경험을 꼽는다.12 "바른 종교경험"은 웨슬리의 신학적 특성을 드러내기 위해 만든 신조어로 "정통 교리"(orthodoxy)와 "정통 행위"(orthopraxy)와 대비

---

10 Philip Stoltzfus, *Theology as Performance: Music, Aesthetics, and God in Western Thought* (NY: T&T Clark, 2006), 92.

11 Donald A. D. Thorsen, *The Wesleyan Quadrilateral: Scripture, Tradition, Reason, and Experience as a Model of Evangelical Theology* (Grand Rapids, MI: Zondervan, 1990), 201.

12 Theodore Runyon, "웨슬리신학의 독특한 공헌 - 바른 종교체험", 이후정 옮김, 「기독교사상」 2002년 2월(494호), 153-166; Theodore Runyon, 『새로운 창조. 오늘의 웨슬리 신학』, 김고광 옮김(기독교대한감리회홍보출판국 1999), 205-233(Theodore Runyon, *The New Creation: John Wesley's Theology Today* (Nashville: Abingdon Press, 1998), 146- 167].

되면서 이들을 보충하는 개념이다.

정통 교리란 바른 믿음을 의미한다. 믿음의 진리 수립은 기독교 교의학(Christian Dogmatics)의 과제이다. 교회사는 바른 믿음을 얻기 위한 논쟁사라 말해도 과언이 아니다. 특히 바른 믿음을 얻기 위한 논쟁은 초기 교부시대와 종교개혁 이후에 개신교 정통주의 진영에 이르기까지 치열하게 전개되었다. 이단에 맞서 교회를 지키고 세울 필요성이 있었던 고대교회나 교단의 고백을 공고히 하려고 했던 종교개혁 이후의 고백주의와 정통주의에서 바른 신앙의 진리를 강조했다. 그러나 문자화된 교리적 진리는 기독교 신앙의 본래적 생명과 생동감을 억압하고 결국 진리의 이름으로 생명을 죽인다. 정통주의 시대의 경건주의의 출현이나 최근의 정치신학이나 비서구 세계의 다양한 해방신학 운동에서는 정통 교리의 독선을 간파하고 신앙의 바른 행위를 강조한다.

올바른 기독교 신앙 행위의 수립은 기독교 윤리학(Christian Ethics)의 과제이다. 복음의 수위성은 사회의 고질적이고 구조적인 질병을 드러내 알리고 그것을 바로 잡아가기 위해 실천하는 올바른 신앙 행위에 있음은 자명하다. 정통 행위의 강조는 분명 오늘의 신앙과 교회로 하여금 교회의 근거가 예수의 하나님 나라 운동에 있으며, 신앙은 사회적·생태적 정의의 실천에까지 이르러야 함을 일깨운다.

그러나 아우구스티누스의 말처럼 인간은 그가 아는 것(지식)이나 그가 행하는 것(행위, 자랑을 불러일으키는 실천)으로 규정되지 않고 사랑으로 규정된다. 인간의 근본 문제는 교육받은 로마 시민이 생각하는 오류가 아니라 지적 교만과 사랑의 실패에 있다.[13] 웨슬리는 종교인이 된다는 것, 신앙인이 된다는 것은 지적 차원에서의 교리적 승인이나 실천적 차원에서의 선행과 자비행 이전에 일어나야 할 존재의 사건, 곧 하나님의 영이 일으키는 하

---

13 Garry Wills, *Saint Augustine* (NY: Viking, 1999), 93f.

나님의 실재에 대한 경험을 포함해야 하는 것으로 본다. 그럴 때에만 신앙이 살아 있는 실재가 되고 생동적인 힘을 발휘할 수 있기 때문이다. 그렇지만 경험은 그것이 올바르게 해석되고 전달되기 위해서 정통 교리의 말씀이 필요하며 세상을 성화하는 수단이 되기 위해서는 정통 행위의 실천이 필요하다. 그러나 말씀과 행위는 그것을 이끌어내는 성령의 능력으로 채워지고 충격을 받아야 하며 더 나아가 경험을 통해 매개되고 수용되며 소통되어야 한다. 웨슬리는 '죽은 정통 교리'를 통렬히 비난하면서 살아 있는 종교의 자리를 이렇게 제시한다.

> 한 사람이 모든 점에서 정통이어서 바른 의견을 신봉할 뿐만 아니라, 그것에 반대하는 모든 사람에 대하여 열심히 변호할지도 모릅니다. 그는 우리 주님의 성육신에 대하여 또는 영원히 복되신 삼위일체 하나님에 대하여, 그리고 하나님의 말씀에 포함되어 있는 다른 교리에 대하여 바르게 생각하고 있을지도 모릅니다. 그가 세 가지 신조 모두—사도신경, 니케아 신경, 아타나시우스 신경이라고 호칭되는 것—에 동의할지도 모릅니다. 그러나 그것 역시 유대인, 터키인 혹은 이방인과 마찬가지로 전혀 종교를 갖지 않았다는 것일 수도 있습니다.[14]

참된 종교, 참된 기독교 신앙이란 무엇인가? 웨슬리는 정통 교리보다는 정통 행위에 우선성을 둔다. 그렇지만 웨슬리는 올바른 것을 승인하는 것과 올바른 것을 행하는 것도 기독교적인 진정한 '믿음'에 아무런 보탬이 되지 않는다고 여긴다. 그래서 그는 제삼의 것을 찾았고, 그것을 러년은 '정통 체험'이라고 이름붙인 것이다. 정통 체험이란 "진정한 믿음의 표시인 영적 실재에 대한 새로운 감수성과 그것에의 참여를 의미한다."[15] 복음적 체험은

---

14 존 웨슬리, 설교 7, "하나님 나라에로의 길", I,06, 『웨슬리설교전집 1』(서울: 대한기독교서회, 2006), 136f.

진리라는 이름으로 행하는 독선과 정의라는 이름으로 자행되는 위선적 행위로부터 해방된 성령의 능력이다. 오늘날 체험의 과제는 강박적 질서 속에 창조적 카오스를 불어넣는 일이다.

20세기 이후 넓은 의미의 하나님 말씀의 신학은 종교적 경험에 대한 신학적 이론을 필요로 한다는 점을 인정해야 한다. 왜냐하면 하나님 말씀으로 지시된 하나님과의 실존적 만남의 경험은 이론적·실천적으로뿐 아니라 감성적이고 감각적으로 중재될 수밖에 없기 때문이다. 하나님의 말씀은 육체적으로 흡수된 육화된 말씀, 곧 몸이 된 말씀이기 때문에 하나님 말씀을 이해하기 위해선 감각적 지각을 전제한다. 몸을 얻지 못한 말들은 몸에서 주르르 미끄러져 내려[16] 공허한 말의 성찬이 될 뿐이기 때문이다. 기독교조차 하나님이 만든 피조물의 물질적 측면을 단지 그것이 물질적이라는 이유만으로 평가절하하는 경우가 일반적이다.[17] 그러나 "인간에게는 자연의 실재한 조각을 취하여 행위와 접합시켜 의식과 물질성을 이음매 없는 구조로 만들어내는 경이로운 능력이 있다. 인간을 통해 자연은 말한다. 그러나 인간은 자연이 없으면 말할 수 없다."[18] 정교회의 성화(icon) 신학을 수립한 다마스커스의 성 요한은 이렇게 말한다.

옛날에는 하나님은 육체가 없으시고 볼 수도 없는 분이셨기에 그 어떤 형상도 만들지 않았다. 하지만 지금 하나님은 육신 안에서 보이셨고 사람들과 함께 사셨기에, 나는 보이는 대로의 하나님을 하나님의 형상으로 표현한다. 나는 물질 앞에 엎드려 경배하는 것이 아니라, 나를 위해 물질이 되시고, 물질 안에서 사시길 수용하셨고, 물질을 통해 나의 구원을 성취하신 물질의

---

15 테오도어 러년, 앞의 책, 209(영문, 149).
16 시인 고진하 목사의 시편 「몸을 얻지 못한 말들이 날뛸 때」에서 얻는 언어.
17 니콜라스 월터스토프, 『행동하는 예술』, 신국원 옮김(서울: IVP, 2010), 135.
18 앞의 책, 141.

창조주 앞에 엎드려 경배한다. 나는 나의 구원을 이룩하는 데 쓰인 물질을 존중하길 멈추지 않을 것이다. 하지만 나는 물질을 신으로 떠받들지 않는다. 어떻게 무에서 나온 것이 신일 수 있단 말인가? … 그 밖의 다른 물질도 그것을 통해 나의 구원이 이뤄지고, 또 신적 에너지와 은총으로 가득 찬 것이라면, 나는 그것을 공경하고 또 존귀하게 여긴다. … 그러므로 물질을 모욕하지 말라. 그것은 결코 무가치하지 않기 때문이다.[19]

하나님 말씀의 신학은 종교 경험과 종교 심리학에 대한 일방적인 비판과 거부를 재고해야 한다. 기독교 미학은 하나님의 말씀이 인간의 언어뿐만이 아니라 언어 외에 어떤 방식으로든지 그의 지각 가능성과 현상의 형태를 통해 나타난다는 점을 새롭게 주시한다. 기독교 미학은 말씀이 몸이 되신 몸의 신학이며 성육신의 신학이다. 미학은 진리의 인식론에 앞서 진행된다. 여기서 기독교 미학은 풍경이나 이야기에 관심을 기울였던 창조론의 경계를 넘어 신앙의 감성과 진리의 아름다움에 대한 신학적 성찰로 나아가야 한다.

우리는 최근 한국 기독교 안에서 예술과 신앙, 미학적 경험, 신학적 미학에 관한 연구들이 저술되거나 번역되고 있음을 눈여겨본다.[20] 기독교 신앙은 지성과 의지와 감성으로 받아들여지고, 다시 그것들을 통해 온전하게 표현되어야 한다. 개신교회와 신학은 신앙의 참(眞)과 신앙의 선(善)을 설교하고 신학화하는 일에는 힘썼으나 신앙의 아름다움(美)을 깊고 넓게 성찰하지 못했다. 신앙의 아름다움은 하나님의 사랑이 형태화된 것이다. 사랑은

---

19 다마스커스의 성 요한, 『거룩한 이콘을 공격하는 자들에 대한 두 번째 반박』, 16, PG 94, 1245 A-C.
20 리차드 빌라데서, 『신학적 미학』, 손호현 옮김(천안: 한국신학연구소, 2001); 테오 순더마이어, 『미술과 신학』, 채수일 엮어옮김(오산: 한신대학교출판부, 2007); 유동식, 『종교와 예술의 뒤안길에서』(서울: 한들, 2002); 양금희, 『이야기 예술 기독교교육』(서울: 장로회신학대학교 출판부, 2010); 『예술신학 톺아보기』, 예술목회연구원 엮음/책임편집 손원영(서울: 신앙과지성사, 2017).

감성적인 것이고 감성은 직접적인 것이다. 사랑은 비판적 반성이나 개념이 없이 감각 내지 느낌에 의해 직접적으로 경험된다. 그러므로 가슴으로 느끼고 받아들이는 미의식이 없는 세계에서는 혹은 최소한 "그것을 더 이상 발견하거나 사유할 수 없는 세계에서는 도덕적 선도 또한 왜 그러해야 하는지의 자명성"[21]과 진정성을 잃게 될 것이다. 앎이든 행함이든 느낌이든 그것의 진정성은 가슴으로 알고 느낀 것, 내가 곧 그것의 상태인 것이어야 한다.

중세의 신학자 안셀무스(Anselmus, 1033~1109)는 "지성을 찾는 신앙"(fides quaerens intellectum)이란 유명한 명제를 남겼다. 안셀무스 이후, 신학과 교회는 1,000년 동안 이 명제를 금과옥조로 여기면서 성경과 교회를 통해 전승된 기독교 신앙을 개념적으로 이해하고 논리적으로 설명하며 지성적으로 해석하는 데 일방적인 주안점을 두었다. 그 결과 신앙을 삶을 통해 느끼고 실천함이 없어도 바르게 이해하고 설명할 수만 있다면 좋은 신앙이 되는 것으로 생각했다. 키르케고르조차 "그리스도교가 감성을 이 세상에 끌어들였다고 주장하는 것은 뻔뻔스러울 정도로 대담한 일이다"[22]라고 말한다. 이제 뻔뻔스럽고 대담한 일을 해보자. 기독교 신앙은 공동체의 교리적 진술에 치우쳐 지나치게 논리적이 되고 행위만을 강조함으로써 도덕적이 되어 공동체의 감성을 소홀이 하거나 간과했음을 인정하고 반성하자. 그리고 앞으로 펼쳐가야 할 신앙은 신앙의 감각을 중시하여 "아름다움을 찾는 신앙"(fides quaerens pulchrum), "감성(感性)을 추구하는 신앙"(fides quaerens sensum), "너른 감성의 신학"[23]이어야 한다고 말하자. 기독교 신앙은 궁극적으로 아름다움을 찾아 그 아름다운 형태를 표현하고 조성함으로써 아름다

---

21 빌라데서, 『신학적 미학』, 43f.
22 쇠렌 키르케고르, 『직접적이며 에로틱한 단계를 또는 음악적이고 에로틱한 것』, 임규정 옮김(서울: 지식을만드는지식, 2009), 54.
23 John Dillenberger, *A Theology of Artistic Sensibilities: The Visual Arts and the Church*, (London: SCM Press LTD, 1986), ch.9: "Toward a Theology of Wider Sensibilities" 참조.

움과 신앙이 한 집안 식구임을 인식해야 한다.

이것이 기독교 신학이 걸어야 할 새로운 방법론, 곧 "예술적 방법론"[24]이며 기독교 미학(Christian Aesthetics)의 과제이다. 예술은 진리라는 거짓으로부터 삶을 해방시킨다. 우리는 기독교 미학의 이름으로 신앙생활에서 가장 많이 느꼈지만 가장 적게 생각한 것을 말하고자 한다. 나는 기독교 미학의 새로운 명제로서 "아름다움을 추구하는 신앙"을 제시한다. 이 명제는 안셀무스의 명제인 "지성을 추구하는 신앙"을 보완하고 넘어서 신앙의 다채로운 구체성과 역동적 생동성, 보편성과 초월성을 동시에 드러낼 수 있다. 누가 기독교 신앙의 다채로운 생동성을 밋밋한 단조로움으로 축소하려 드는가. 들음과 이해의 지적 신앙에서 통전적 봄과 통합적 느낌과 참여의 전적(全的) 신앙이 되어야 한다. 기독교 신학은 기독교 교의학에서 신앙의 진리를 궁구하고 수립하며, 기독교 윤리를 통해 궁리된 신앙의 진리를 실천하며, 기독교 미학으로써 신앙의 참 선한 아름다움을 형상화함으로써 기독교 선교의 과제와 긴 여정의 신학적 반성의 목표에 도달한다. 기독교 신앙은 미적이기 때문에 윤리적이며 합리적이기 이전에 시적이다.

〔기독교 신학〕
① 기독교 교의학(Christian Dogmatics): 신앙의 진리를 궁리(眞)
② 기독교 윤리(Christian Ethics): 사랑으로 역사하는 믿음의 실천(善)
③ 기독교 미학(Christian Aesthetics): 선하게 실천되는 참된 신앙의 아름다움을 감득(感得)하고 표현(美)

기독교 미학은 미적인 것과 예술과 기독교 신앙의 관계성을 탐구하고 미적 사유를 통해 기독교 신앙을 이해하고 표현한다. 기독교 미학은 기독교

---

24 유동식, 『민속종교와 한국문화』(서울: 현대사상사, 1978), 12.

교의학과 기독교 윤리에 이어 기독교 신학을 완성한다. 교의학이 신앙(믿음)론이고 윤리학이 사랑론이라면 기독교 미학은 사랑으로 역사하는 믿음의 아름다움으로써 분리해놓은 신학의 집을 유기적으로 지을 것이다.

2. 기독교 미학

1) 기독교 미학의 인식론: 하나님 경험과 영적 감각

하나님을 믿는 신앙은 이미 항상 세계경험 안에서 세계경험을 통하여 알고 말해질 수밖에 없다. 왜냐하면 하나님은 창조와 구속과 성화의 새 창조를 위하여 세계와 관계하며 계시기 때문이다. 하나님의 존재는 세계관계성 속에 있다. 하나님은 세계 안에서 행동하였고 행동하고 있으며 행동할 것이기 때문에 하나님은 세계 안에서 경험할 수 있어야 한다. 하나님과 하나님의 행위에 대한 모든 가르침과 교리들 중 어느 것도 반(反)경험적인 것은 있을 수 없다. 하나님의 창조와 구원 사역, 예수의 성육신과 부활과 재림 등의 가르침은 신앙의 생활과 비전에서 경험 가능한 가르침이며 행위이다.

그러나 어떻게 하나님을 세계 안에서 경험할 수 있는가 하는 진지한 물음이 남는다. 하나님의 행위는 세계의 일상적인 경험과 동일한 것이거나 경험 밖에서 일어나는 특별한 초자연적 경험으로서만 인식할 수 있는 것인가? 그렇게 된다면 하나님은 세계의 한 대상이 되거나 세계 밖의 초자연적 실재가 될 것이다. 하나님은 고립된, 별도의 특별한 세계 영역과 관계하는 것이 아니라 과거, 현재, 미래의 세계 전체 안에서 만나져야 한다. 그러므로 하나님은 근본적으로 인간이 경험하는 모든 것 안에서 경험되어야 한다. 슐라이어마허도 종교의 본질에 관하여 말하면서, "세계 안에서 일어나는 모든 사건을 한 하나님의 행위로서 표상하는 것, 그것이 종교다"[25]라는 점을 강조했다.

서양의 주류 철학사는 감각적 경험 억압의 역사이다. 고대에 플라톤은 복사물(현상)이 아니라 원본(이데아, 실재)을, 근대의 데카르트는 감각적 경험과 상상이 아니라 이성을, 헤겔은 감각(예술)이 아니라 이성(철학)을 철학이 궁극적으로 도달해야 하는 지점으로 보았다. 복사물을, 상상을, 감각을 그 자체로 긍정할 수 없을까? 우리는 '무엇을 사유하는가?' 하는 질문이 아니라 '어떻게 감각하는가?'가 중요한 신학적·목회적 질문이어야 하는 시대에 살고 있지는 않은가. 시인 아르튀르 랭보는 "모든 감각을 자유분방하게 해방시킴으로써 미지의 것에 도달하는 일이 제게는 중요합니다"라고 말한다. 감각을 신학의 주제로 수용한 '감각신학'(Theology of Senses)이란 말이, 그러한 시도가 가능할까? '삼각의 원'과 같은 형용의 모순은 아닌가? 나는 『예술신학』에서 좀 두려운 느낌을 가지고 '신학의 감각'이란 말을 사용한 적이 있다.26 그때도 '감각신학'이란 용어를 생각하지 않은 것은 아니다. 그러나 아직 충분한 신학적 근거도 없었고 용기도 없었다. 감각이 인간의 정신사, 특히 신학의 역사에서 차지하는 위치가 너무 열악했고 그 의미도 부정적이었기 때문이다.

감각을 신학에서 주제로 다루기 어려운 이유는 크게 세 가지인데 하나는 인식론적인 것이고 둘은 존재론적인 것이며 셋은 윤리적인 이유이다. 첫째, 감각은 인식론적으로 믿을 수 없다는 생각이 있다. 신학에서 인식의 대상은 하나님인데 하나님은 영원하고 무한하며 보편적인 존재인 데 반해 감각은 변화무쌍하고 유한하며 구체적이고 개별적인 것에 매여 있다고 생각한다. "모든 육체는 풀과 같고 그 모든 영광이 풀의 꽃과 같으니 풀은 마르고 꽃은 떨어지되 오직 주의 말씀은 세세토록 있도다"(벧전 1:24f.; 사 40:8) 하는 말씀은 감각적 존재의 무상함과 하나님 말씀의 영원함을 대변해준다. 데카르

---

25 프리드리히 슐라이어마허, 『종교론』, 62.
26 심광섭, 『예술신학』(서울: 대한기독교서회, 2011), 53-62.

트 이후의 근대 인식론에서도 참되고 엄밀한 인식을 위하여 몸이 차별당하고 감각이 주변화되면서 몸과 감각에 대한 비판적 인식이 지배적이었다. 몸은 실재의 객관적 인식을 얻는 데 방해물일 뿐이며 감각은 속임수의 창고에 불과하다. 그래서 발생한 것이, 만일 감각이 속이는 것이라면 최소한 정돈된 쾌락이라도 얻자는 경험주의와 공리주의적 생각이다.

둘째, 인식론과 관련된 것인데 영육의 존재론적 이원론이다. 기독교 신학은 영과 육, 영혼과 감각을 무의식중에서라도 이원론적으로 구분하여 가치 평가하는 습성이 있다. 영에 따라 사는 삶은 영원하고 훌륭한 삶이요, 육에 따라 사는 삶은 허무하고 죄악에서 벗어나지 못한 삶이다. "살리는 것은 영이니 육은 무익하니라"(요 6:63), "혈과 육은 하나님 나라를 유업으로 받을 수 없고 또한 썩은 것은 썩지 아니한 것을 유업으로 받지 못하느니라"(고전 15:50). '영성'이란 단어가 17세기 프랑스에서 처음 쓰일 당시 "하나님의 눈에 완전해지는 것만을 추구하기 위하여 감각을 벗어나는 영혼의 내적 수련들과 관계되는 모든 것을 지칭하였다."[27]

셋째, 감각은 도덕적으로 유혹을 투시하는 창이라는 생각이다. 아담과 이브의 유혹에서 시작하여 인간을 파멸에까지 이르게 하는 온갖 현혹과 미혹은 모두 육체의 감각과 관련된다. 이럴 때마다 "너희는 유혹의 욕심을 따라 썩어져 가는 구습을 좇는 옛 사람을 벗어 버리라"(엡 4:22)는 하늘의 경고를 반복적으로 상기하고 들어야 한다.

그러나 이러한 사실에도 불구하고 독일어에서 감각과 의미를 나타나는 단어가 동일한 것처럼 감각(Sinn)이 없으면 사실상 의미(Sinn)도 없다. 감각이 둔해질수록 신앙과 도덕과 생태적 행동이 둔해진다. 감각이 적어질수록 생명도 적어지며, 감각이 많아지고 예민해질수록 생명도 풍성해지고 다채로워지며 활발해진다. 에덴동산 안에는 보기에 아름답고 먹기에 좋은 열매

---

27 샤를 앙드레 베르나르, 『영성신학』, 정제천 · 박일 옮김(서울: 가톨릭출판사, 2013), 44.

를 맺는 온갖 나무들이 자라며, 먹고 싶은 대로 먹을 수 있는 나무의 열매들로 그득하다(창 2:9, 16). 감각을 완전히 상실한다는 것은 죽음을 의미한다. 싱그럽고 생동적인 것은 생생한 감각으로부터 비롯된다. 경건주의자 프리드리히 외팅어(Friedrich Oetinger)는 "신체성은 하나님의 모든 사역의 활동과 목적이다"라는 말을 남겼다. 신체성 곧 몸은 감각 덩어리이다. 성육신의 진리는 하나님의 말씀이 개념과 관념이 된 것에 있는 것이 아니라 물질이 되고 감각이 된 말씀임을 기억하게 하는 말이다.

앞으로 기독교 신학은 신앙에서 망각하거나 주변화한 감각을 회복하고 섬세하게 다듬는 데 그 역량을 집중해야 한다. 포이어바흐(L. Feuerbach)의 기독교 비판의 핵심은 감각의 상실에 있었다. 미래의 신학은 감각의 회복을 통해 유물론의 기독교 신앙 비판이 빗나간 것임을 밝히고 넓어지고 심화되어야 한다. 이러한 학문 분야를 나는 '기독교 미학'이라 칭한다. 기독교 미학은 단순히 계시의 메시지를 전달할 뿐 아니라, 또한 그것을 지성적 이해로만 만족하지 않고 의지와 감성을 통해 이해하고 몸과 삶을 통해 살 속 깊은 이해를 추구하는 새로운 신학적 글쓰기이다.

하나님을 인간의 감각, 오감을 통해 보고(시각), 듣고(청각), 맛보고(미각), 흠향하고(후각), 접촉(피부감각)할 수 있으며 또 그렇게 하는 것이란 무엇을 의미하는가? 마음이 청결한 자는 하나님을 볼 것이라는 성경의 약속을 우리는 어떻게 이해해야 하는가? 하나님의 은총을 받은 인간은 성육신의 조건, 즉 영과 육이 본질적으로 결합된 주체로서 살아가야 한다. 영성생활에서 육체의 역할이 다양한 측면에서 등장하면서 신학에서 육체와 감각의 역할이 새로운 주제로 떠오른다.

일찍이 감각활동은 기도생활과 성화상(이콘)의 활용에서 긍정적으로 수용되었다.[28] "형상은 원형의 단순한 복제품이 아니라 그 원형을 인격적 전

---

[28] 베르나르, 앞의 책, 228ff.

체성 안으로, 즉 그리스도를 통하여 하나님 아드님의 신성으로 그리고 성인들을 통하여 그들이 도달한 성덕으로 우리를 이끄는 기능을 지니고 있다." 그러니까 형상을 관조하는 이유는 지성적 관조의 수준에 머물기 위해서가 아니라 "신앙에 열렬하게 하고, 성화상 안에 현존하는 영적 실재에 역동적으로 참여하는 수준"에 이르기 위함이다.29 신비주의자 클리마쿠스는 이렇게 말한다. "인간의 감각이 완전히 하나님과 일치할 때 하나님께서 말씀하신 것이 어떻게든 신비하게도 해명된다. 그러나 이러한 종류의 일치가 없는 곳에서는 하나님에 대하여 말하기가 지극히 어렵다."30

하나님은 만물 안에서 자기를 알리고 만물에 사무치며 만물 안에서 빛을 밝히는, 절대적이며 근본적인 신비로서 인간에게 나타나신다. 존재하는 모든 것은 하나님의 계시이다. 이런 방식으로 하나님을 체험하는 사람들에겐 내재저인 세계가 이 신적이며 초월적인 실재를 투시할 수 있다. 세계가 신적 실재를 향하여 투명해진다. 이레네우스의 말대로 "하나님 앞에서는 공허한 것이 없다. 모든 것은 하나님의 표징이다."

성경의 저자들은 하나님과 인간의 만남을 표현하기 위해 감각적인 언어를 사용해왔다.31 구약의 신앙인들에게는 "너희는 여호와의 선하심을 맛보아 알지어다"(시 34:8; 벧전 2:3)라고 미각(味覺)을 사용하여 명령한다. 예언자들은 "여호와의 말씀을 들을지어다"(사 1:10; 호 4:1)라고 청각(聽覺)을 통해 외친다. 예수께서는 팔복에서 "마음이 청결한 자는 하나님을 볼 것"(마 5:8)이라고 시각(視覺)적으로 약속한다. 사도 바울은 종말에 하나님을 "얼굴과 얼굴을 대하여 볼 수"(고전 13:12) 있을 뿐 아니라 "거울로 보는 것 같이 주의 영광을 본다"(고후 3:18)라고 시각적으로 선언한다. 신실한 자들은 후

---

29 베르나르, 같은 책, 229.

30 John Climacus, *The Ladder of Divine Ascent*, trans. Colm Luibheid and Norman Russell (New York: Paulist Press, 1982), 288.

31 Paul L. Gavrilyuk/Sarah Coakley(ed.), *The spiritual Senses: Perceiving God in Western Christianity* (New York: Cambridge University Press, 2012), 1.

각(嗅覺)적으로 "하나님 앞에서 그리스도의 향기"(sweet aroma of Christ; 고후 2:15)이다. 요한은 성육신 사건을 "생명의 말씀에 관하여 우리가 들은 바요 눈으로 본 바요 자세히 보고 손으로 만진 바"라고 청각과 시각, 촉각(觸覺)을 사용하여 생명의 말씀의 생생함을 표현한다. 이상의 성경 본문들은 인간이 하나님을 지적으로만이 아니라 감각적으로 만날 수 있음을 증언하는 구절들이다. 이러한 감각적 지각을 어떻게 해석하고 이해하여야 하는가? 이러한 감각적 지각이 신학적 인간학을 위해 갖는 함의는 무엇인가? 신성한 실재(하나님, 예수 그리스도 등)를 지각하는 감각들이 육체적 오감과는 다른 특별한 양상이 있는 것인가? 풀어야 할 질문들이 많다.

하나님과 직접 접촉할 수 있는 특별한 지각기관이 존재한다는 주장은 인식론적으로나 형이상학적으로 문제가 많다. 인간에게 오감이 있다는 일반적인 주장에 대하여 동의하지만 다른 종류의 감각이 있다는 주장에 이외 비견될 만한 합의가 없다. 그리고 하나님이 특별한 감각기관에 의해 감지될 수 있다는, 혹은 그와 같은 감관이 존재한다는 주장은 하나님의 초월성과 비물질성을 부정하는 꼴이 된다. 결국 인간이 하나님을 바라볼 때 "볼 수 없는 것을 보는 것"(고후 4:18; 히 11:27)이다. 이것은 믿음의 눈을 통해서만 가능하다.

하나님은 창조주로서 존재론적으로 일반적인 지각의 대상과는 다른 분이다. 그래서 근대의 합리주의와 경험주의는 신적 계시를 지각하고 수용할 수 있다는 주장을 폐기했다. 신학의 역사에서 인간이 지각기관을 통해 신적 계시를 수용했다는 주장에서 인간의 감각기관의 인식 능력의 가능성 여부를 분석하기보다는 그러한 경험의 내용 전달, 곧 하나님의 말씀과 말씀의 전달을 더 중시했기 때문이다. 하나님의 자기소통의 이론은 주로 종교적 경험과 계시를 수용하는 인간의 감각과 지식의 특성보다 하나님 행위의 특성에 관해 연구한다. 그러나 최근 신학은 하나님과 인간 사이의 만남의 조건과 가능성을 중시해야 하고 그중 하나가 영적 감각론의 사상이다.

영적 감각(αἴσθησις πνευματική, sensus spiritualis)은 오리게네스에게서 출발하여 닛사의 그레고리와 아우구스티누스, 고백자 막시무스와 보나벤투라 그리고 토마스 아퀴나스, 존 웨슬리와 조나단 에드워즈에게서 다양하게 언급되다가 20세기에 와서 칼 라너와 한스 우어즈 폰 발타자르에게서 영적 감각론으로 정립된다.32 영적 감각의 범위는 시각과 청각, 후각, 미각, 촉각을 망라한다. 영적 감각은 성경 그리고 고대부터 현대에 이르기까지 지속적으로 보이지 않는 신적 실재와 교감하고 참여하는 데 사용되어왔다. 나는 몸의 오감(五感)에 '장의 감각'[臟覺]과 '뼈의 감각'[骨覺]을 더하여 7감(七感)을 말하려고 한다. 이 두 감각은 동양적인 감각, 특히 한국적인 감각이라고 생각한다.

몸의 여섯 번째 감각은 장의 감각, 장각(臟覺)이다. 예수님의 핵심 심정(心情)인 긍휼과 자비는 그 어원에서 볼 때 내장의 감각이다. 예수께서 무리를 보시고 불쌍히 여기신다는 말씀(마 9:36)은 그리스어 '스프랑크니조마이'(σπλαγχνιζομαι)이다. 이 단어는 명사 splanchnon(창자, 내장)의 동사형으로 가여워서 애간장이 끓는, 창자가 끊어질 듯한 마음을 가리키는 것으로, 성경에서 예수님의 치유와 사역의 동기는 다른 어떤 것도 아닌 바로 이 불쌍히 여기는 마음(막 1:41, 6:43, 8:2)이었다. "내게 이르시되 인자야 내가 네게 주는 이 두루마리를 네 배에 넣으며 네 창자에 채우라 하시기에 내가 먹으니 그것이 내 입에서 달기가 꿀 같더라"(겔 3:3). 나는 팔복의 말씀 중 처음 네 개가 모두 내장의 감각에서 나온 말씀이라고 생각한다. 예수의 하나님 경험은 특히 하나님이 자비로운 분이라는 선언을 통해 도드라진다. "너희 아버지의 자비로우심 같이 너희도 자비로운 자가 되라"(눅 6:36). 자비롭다는 것은 어머니처럼 공감하는 심장을 가진 내적 감각기관을 의미한다.

몸의 일곱 번째 감각은 뼈의 감각이다. 내장 감각이 애절한 연민과 곡절

---

32 앞의 책 참조.

한 한(恨)의 감각이라면 뼈의 감각은 영웅적 결의의 감각이다. 내장 감각이 여성적이라면 뼈의 감각은 남성적이다. 뼛속(骨髓)은 신체의 가장 깊은 곳에 있는 최후의 살(肉)이다. 야훼 하나님은 자신의 계명이 인간의 마음만이 아니라 뼛속 깊이 나무도장이 새겨지듯 한 획 한 획 새겨지길 원하신다. "너희는 내가 일러준 이 말을 너희의 마음에 간직하고 골수에 새겨두어라"(신 11:18). 예레미야는 말씀 선포의 사명이 뼛속까지 사무치게 녹아든 사람이다. "내가 다시는 여호와를 선포하지 아니하며 그의 이름으로 말하지 아니하리라 하면 나의 마음이 불붙는 것 같아서 골수에 사무치니 답답하여 견딜 수 없나이다"(렘 20:9).

그리스도인은 모든 감각을 동원하여 하나님을 사랑하고 신앙을 고백해야 한다. "네 마음을 다하고 목숨을 다하고 뜻을 다하고 힘을 다하여 주 너의 하나님을 사랑하라"(막 12:30) 하신 말씀은 일곱 가지 모든 감각(七感)을 동원하여 사랑하라는 말씀이다. 하나님은 예수 그리스도 안에서 인간이 되심으로써, 보고 만질 수 있게 되었다. 성육신 신앙은 감각 신앙의 대명사이다. "복음은 몸으로 살아져야 한다"(Roger Schutz). 감각은 다채로움과 풍요로움, 생동성과 구체성을 보증한다. 우리는 하나님의 복음을 모든 감각을 다하여, 곧 보고 듣고 만지며, 냄새 맡고 맛보며, 장과 근육(애끓는다) 그리고 뼈의 감각(골수에 사무친다)을 사용하여 생생하고 풍요롭게 표현해야 한다.33 하나님의 임재를 맛보고 느끼며 냄새 맡으며 들으며 보게 하는 모든 것은 감각의 활동이다. 우리가 만물 안에 임한 하나님의 현존을 모든 감각을 통해 경험하지 못할 경우, 하나님은 만유의 주로서 "만유 안에 거하지" 못할 것이다. "그리스도는 만유시요 만유 안에 계신다"(골 3:11; 고전 15:28도 보라). "만물 안에서 하나님을 찾으라"(Ignatius von Loyola). 하나님은 감각적으로 지각할 수 있는 우리 신앙의 환경 속에서 찾아져야 한다.

---

33 Luise Schottroff(Hg.), *Mit allen Sinnen Glauben: Feministische Theologie unterwegs* (Gerd Mohn: Gütersloher Verlagshaus, 1991), 23f.

다중 감각적 체험, 감각적 삶을 풍요롭게 함으로써 우리의 삶이 풍성해진다. 사랑은 결국 각질화되기 쉬운 마음을 언제든 교감 가능한 반응체로 만들어놓는 작업이다. 우리의 몸은 추억과 꿈, 과거와 미래에 의해 풍요롭게 되고, 몸에 스며 있는 기억들과 감각적 사유들을 담지한다. 감각들은 서로 소통한다. 인간은 사물의 시각적 형태와 소리와 촉각을 따로 체험하지 않는다. 몸 자체가 감각과 운동과 세계로 나아가는 주체가 된다는 의미에서 몸을 몸주체(body-subject)로 간주한다. 기독교 신앙에 감각과 몸의 지각은 진리를 인식하는 거룩한 장소이다. 성찬에서 그리스도인은 하나님의 은총을 보고 맛본다. 인간의 목소리를 통하여 선포되는 말씀은 우리의 귀와 마음에 파고든다. 우리의 발은 더 넓은 바닥 위에 놓이게 된다. 기독교 신앙은 감각들의 상호 순환(페리코레시스)을 가능하게 한다.

영적 감각을 통한 신적 실재의 지각은 어떤 철학적 사유의 결과처럼, 단지 사랑하고 아끼는 수준에 머물지 않고, 지각의 대상이 참으로 실제적인 현존이 되는 것이다. 그것은 각 창조물 속에서 당신을 발견하고 감지하는 것이다. 영적 감각은 그렇게 할 수 있고 그렇게 할 수 있는 기관이다. 모든 감각은 하나님과의 영적 접촉의 다양한 양상을 포함한다. 이것이 감각의 독특함과 고유함이다. 영적 감각은 인간을 세계에서 앗아가지 않는다. 오히려 더 깊이 더 근본으로 세계의 새로운 모습으로 만나며 들여다보도록 자극한다. 신앙은 세계 안에 비치는 신적 광명으로 인간을 초대한다.

영적 감각은 그야말로 한 새로운 감각, 지극한 감각, 감각의 지극한 활성의 극점이다. 영적 감각은 하나의 질적 감각, 혹은 새로운 차원의 감각이다. 영적 감각은 존재의 지각 그 자체에 한 변용을 가져다준다. 영적 감각을 통해 존재가 새롭게 감지되고 풍미 있게 된다. 육체의 감각이 우선 먼저 표면의 얕음과 관계한다면, 영적 감각은 사물의 깊이, 삶의 깊이에 뛰어들고자 한다. 영적 감각은 내가 무의식의 "깊은 곳에서 부르짖는"(시 130:1) 희미한 음파를 감지하고 만물의 변용과 만나 "하나님의 깊은 것까지도 통달"(고전

2:10)하고자 한다.

영적 감각은 육체의 감각을 그 안에서부터 변용(transfiguration)한다. 육체의 감각이 즐기고 그 속에 빠져들기 위해 세상을 사랑한다면, 영적 감각은 세계를 더욱 순수하게 하고 그것을 극복하기 위한 힘을 끌어내기 위해 세계를 사랑한다. 일반인은 쾌락 자체를 얻기 위해 모든 감각적인 것과 인연을 맺는다. 그리하여 그는 세계에 매달린다. 그리스도인은 하나님 나라에 가져갈, 혹은 그를 천국으로 인도할 에너지를 붙들기 위해서만 세계와의 감각적 접촉을 배가한다. 세상 사람들이 육체의 감각을 통해 세상에 매달린다면 그리스도인은 영적 감각을 통해 몸의 감각의 깊이에서 사물의 본질에 이르러 하나님에게 밀착하는 것이다.[34] 영적 감각은 세계를 하나님의 창조로 본다는 것이며 나아가 성육신 덕분으로 이 세계에 세속적인 것은 하나도 없다는 관점이다. "하나님은 살아 계시고 성육신하신 분으로 우리로부터 그리고 우리가 보고 만지고 듣고 냄새 맡고 맛보는 세계로부터 멀리 떨어져 계신 분이 아니다. 오히려 하나님은 우리 행동의 모든 순간에서 우리 움직임의 영향 안에서 우리를 기다린다. 그분은 나의 펜촉 끝에 계시며, 나의 삽, 나의 붓, 나의 바늘 끝에 그리고 나의 마음과 나의 생각 속에 어떤 식으로든지 존재한다는 느낌이 있다."[35]

모든 것(만물)의 시작에는 하나님과의 만남이 있다. 하나님은 세계의 '옆'이나 경계선 '안'이나 경계선 '밖'에 계시지 않고 세계와 함께, 세계 안에 그리고 세계를 통하여 계신다. 타자와 함께 나눈 세계 안에서 인간의 고유한 경험의 깊이로부터 하나님이 떠오를 때 인간은 하나님을 실제적이고 유의미하게 경험한다. 틸리히의 통찰대로 "모든 존재의 무한하고 고갈되지 않는 깊이와 근거의 이름은 '하나님'이다."[36]

---

[34] Pierre Teilhard de Chardin, *Divine Milieu* (New York: Harper & Row 1960), 119에서 표현을 빌려왔음.
[35] Pierre Teilhard de Chardin, 위의 책, 64.

인간은 하나님을 일부 사건이나 혹은 특정한 대상이나 특별한 순간에만 경험하는 것이 아니라 원칙적으로 언제 어디서나 경험 가능하다. 위르겐 몰트만(J. Moltmann)은 아우구스티누스의 "내가 하나님을 사랑할 때 나는 무엇을 사랑하는 것입니까?"37라는 물음의 대답을 변형시켜 이렇게 답한다. 몰트만의 아름다운 시적인 표현으로 서술된 답변을 통해 영적 감각이 하나님과 하나님이 창조한 세계를 이어주고 서로 교감하고 사귀게 하며 하나님과 온 피조물이 서로서로 거하게 하는 매개임을 확인하게 될 것이다.

내가 하나님을 사랑할 때, 나는 육체의 아름다움과 활동들의 리듬과 눈들의 광채와 포옹들과 느낌들과 냄새들과 형형색색의 이 창조의 소리들을 사랑합니다. 나의 하나님 당신을 내가 사랑할 때, 나는 모든 것을 껴안고 싶습니다. 당신의 사랑의 피조물들 속에서 나는 나의 모든 감각들을 가지고 당신을 사랑하기 때문입니다. 당신은 내가 만나는 모든 것 안에서 나를 기다립니다.

오랫동안 나는 당신을 내 안에서 찾았고, 내 영혼의 달팽이 집 속으로 기어 들어갔으며, 접근할 수 없는 장갑차를 가지고 나를 방어하였습니다. 그러나 당신은 나의 바깥에 계셨으며, 내 마음의 좁은 데로부터 나를 삶에 대한 사랑의 넓은 영역 속으로 이끌어내셨습니다. 이리하여 나는 내 밖으로 나왔으며, 나의 영혼을 나의 감각들 안에서 발견하였고, 내 자신의 것을 다른 사람들 가운데서 찾았습니다.

하나님 경험은 삶의 경험들을 더 깊게 하였고, 그것을 위축시키지 않았습니다. 하나님 경험은 삶에 대한 절대적 긍정을 일깨우기 때문입니다. 내

---

36 폴 틸리히, 『흔들리는 터전』, 김광남 옮김(고양: 뉴라이프, 2008), 101.
37 Augustinus, 『고백록』, 선한용 옮김(서울: 대한기독교서회, 1997), 10권 6장, 8.

가 하나님을 사랑할수록, 나는 더욱더 여기에 있고 싶습니다. 내가 보다 더 직접적이며 전체적으로 여기에 있으면 있을수록, 나는 더욱더 살아 계신 하나님을, 삶의 무한한 원천을, 삶의 영원을 느낍니다.38

몰트만은 하나님을 사랑한다는 것은 하나님이 창조한 온갖 피조물 속에서 모든 감각을 가지고 사랑하는 것임을 강조한다. 하나님을 사랑하기 위해 내면적 인간 영혼의 비좁고 견고한 달팽이집 속으로만 들어갈 것이 아니라 인간 영혼 바깥으로 나와 찬란하게 펼쳐지고 끊임없이 생성하는 삼라만상을 보고 듣고 느끼며 체험하는 감각들 속에서 하나님을 만나고 사랑하는 접촉점을 찾으라는 것이다. 인간의 일상적인 형편은 영적 실재에 무감각하며, 영적 감각에 둔감하며, 신적인 실재에 무지하고 한마디로 이 모든 것에 무관심하다. 그렇다면 어떻게 찬란하게 펼쳐지고 끊임없이 생성하는 삼라만상을 보고 듣고 느끼며 체험하는 감각들 속에서 하나님을 만나고 사랑할 수 있겠는가?

일상적인 경험에서 하나님을 경험할 수 있고 그 경험을 하나님과 연관된 경험으로 만드는 것은 무엇인가? 그것이 영적 감각이다. 기독교 미학에서 감성의 복권을 진지하게 수용하는 이유는 신적 실재를 머리로 생각하고 상상하는 것으로 그치지 않고 구체적으로 느끼고 표현함으로써 신앙의 생동성과 역동성을 잃지 않기 위함이다. 신학은 전통적으로 거론되었던 영적 감각을 통해 감성의 복권을 시도할 수 있다. 몰트만은 이것을 "성령의 감성"39으로 일컬을 수 있다고 말한다.

---

38 위르겐 몰트만, 『생명의 영』, 김균진 옮김(서울: 대한기독교서회, 1992), 136f.
39 위르겐 몰트만, 『생명의 샘』, 이신건 옮김(서울: 대한기독교서회, 2007), 116.

2) 기독교 미학과 기독교 윤리

기독교 미학은 오늘날 더 이상 형이상학적으로 통일선상에서 깨어지지 않은 진(眞)과 선(善)과 미(美)의 이론으로 다루어질 수 없다. 근대 형이상학의 근본 위기를 언급하지 않더라도 아름다움의 범주는 기독론적으로 성립하기 어려운 종말론적 개념이다. 자연 역시 직접적으로 소박하게 하나님의 좋은 창조로서 경험될 수 없으며 유의미성과 무의미성 혹은 반의미성의 모호한 경험의 원천이다. 창조로서의 자연의 경험을 그리스도의 창조 중보직(요 1:3; 고전 8:6; 골 1:16f.; 히 1:2; 계 3:14)에서처럼 기독론적으로 새롭게 정초하듯 창조의 미학도 십자가의 신학으로부터 새롭게 보아야 한다. 신약성서는 이사야서 53장의 야훼의 종의 노래로부터 십자가의 그리스도를 해석했다. 고난받는 야훼의 종은 고운 모양도 없고 풍채도 없으며 흠모할 만한 아름다움이 없어 모든 사람에게 배척당한다. "그는 멸시를 받아 사람들에게 버림받았으며 간고를 많이 겪었으며 질고를 아는 자라 마치 사람들이 그에게서 얼굴을 가리는 것 같이 멸시를 당하였고 우리도 그를 귀히 여기지 아니하였도다"(사 53:3). 형이상학적인 전체성의 미학과는 달리 예수의 삶과 정신은 십자가의 고난에서 "추(醜)의 미학"[40]으로 인도된다.

우리는 십자가의 아름다움에서 "미학을 미에 대한 학설이라고 규정하는 것은 별로 의미가 없다"는 아도르노(Th. Adorno)의 주장을 받아들인다. 그는 만일 "미학이 아름답다고 칭해지는 것들의 체계적인 목록일 뿐이라면 그것은 미의 개념 자체 속에 포함된 생명에 대해 아무런 관념도 불러일으키지 못할 것이다"[41]라고 말한다. 사실 철학자 헤겔이 말한 것처럼, "채찍질을 당하고 가시관을 쓰고 형장으로 십자가를 끌고 가 십자가에 매달리고 서서히 다가오는 순교적인 죽음의 고통 속에서 죽어 가는 예수의 모습은 고대 그리

---

40 움베르토 에코, 『추의 역사』, 오숙은 옮김(파주: 열린책들, 2008) 참조.
41 Th. W. Adorno, *Ästhetische Theorie* (Frankfurt a.M.: Suhrkamp Verlag 1970), 81f.

스의 미의 형태로는 표현할 수 없다."42

왜 인간은 추한 것을 표현하는가? 침묵이 때로는 위대한 발언인 것처럼, 아름다움의 부정인 추함이 실재의 진면목을 드러내어 생기를 주는 표현적 서술일 때가 있다. 추함이 아름다움의 배경 또는 둘레가 될 뿐만이 아니라 그것을 넘어, 직접 미적 존재의 조건이 되기도 한다. 아름다운 것이 주는 쾌감은 언제나 자유로운 자기활동의 감정을 주지만, 추한 것이 주는 불쾌감은 자기충동의 감정을 준다. 예술은 미적인 것만 말하는 게 아니라, 숭고와 비극과 희극 같은 성격적인 것(das Charakterische)을 포함한 미적인 것을 말한다.43 십자가의 추는 비참하고 참혹한 현실, 죄악과 한과 폭력에 저항하는 예술적 형상화일 수 있겠다. 아도르노는 히틀러의 참혹한 통치를 몸소 겪은 다음 이런 말을 했다. "예술의 형태는 인간 역사를 문서보다 더 합당하게 기록한다. 참혹한 형식은 참혹한 삶을 부정하는 것으로 읽히지 않는 일이 없다." "예술은 추한 것으로 배척당한 것을 자신의 사안으로 삼아야 한다. 이렇게 하는 이유는 그와 같은 것들을 통합하거나 온건하게 만들거나 혹은 가장 역겨운 것을 유머(Humor)를 통하여 그것의 존재와 화해하기 위해서가 아니라, 예술이 그림으로 창작하거나 재생산하는 세계를 그러한 추를 통해 단죄하기 위해서이다."44

십자가 밑에 드리운 어둠과 침묵에서 어떤 빼어난 은유와 상징으로도 그릴 수 없는 현실을 만난다. 시인 송경동은 2007년 10월 11일 일산 주엽역 태영프라자 앞에서 일어났던 노점상 철거 과정에 죽음을 맞이한 붕어빵아저씨 고(故) 이근재 선생님 영전에 바친 시(詩)에서 어떤 그럴듯한 표현으로도 그릴 수 없는 삶, 어떤 그럴듯한 은유로도 보여줄 수 없는 현실, 어떤 아름다운 수사로도 형상화할 수 없는 그 밤, 어떤 상징으로도 새겨줄 수 없

---

42 프리드리히 헤겔, 『헤겔 미학 II』, 두행숙 옮김(서울: 나남출판, 1997), 342.
43 조요한, 『예술철학』(서울: 경문사, 1991), 32ff.
44 Th. W. Adorno, *Ästhetische Theorie*, 78f.

는 그 아침을 이런 말로 노래한다.

> 당신의 죽음 앞에서
> 어떤 아름다운 시로 이 세상을 노래해줄까
> 어떤 그럴듯한 비유와 분석으로
> 이 세상의 구체적인 불의를
> 은유적으로 상징적으로
> 구조적으로 덮어줄까
> ......
> 아, 게르니카의 학살도 이보다 잔인하진 않았으리
> 이렇게 일상적이지는 않았으리
> 이렇게 보편적이지는 않았으리
> 이렇게 평범하지는 않았으리
> ― 송경동, 〈비시적인 삶들을 위한 편파적인 노래〉 중에서

기독교 미학은 은유와 상징 등 그 어떤 수사로도 표현할 수 없는, 언어가 상실되고 단절된 언어의 불모지인 십자가에서 나타난 참혹한 형식인 '추'를 예수의 수난사를 통하여 읽고자 한다. "수난"(Passion)이라는 단어는 고통(고난)과 열정, 격정, 열애, 곧 열정적 사랑이라는 두 가지 의미를 갖고 있다.45 그리스도의 수난 이야기는 하나의 큰 수난, 한 열정적인 사랑의 이야기라는 말이다. 그러므로 십자가의 고난과 사랑은 사실 예수의 삶 전체의 표현이다.

미학이 지각능력과 판단능력에 관한 이론이라면 기독교 미학은 예수의 미의식에 기초해야 한다. 예수께서 날 때부터 맹인 된 사람을 보고 이러한

---

45 위르겐 몰트만, 『오늘 우리에게 그리스도는 누구인가?』, 이신건 옮김(서울: 대한기독교서회, 1997), 60f.

판단을 내린다. "그에게서 하나님이 하시는 일을 나타내고자 하심이라!"(요 9:3). 어떤 사물이나 사건을 보고 옳고 그름, 온당함과 온당치 못함에 대해 내리는 판단을 미의식 혹은 미적 판단이라고 한다. 가다머(H.-G. Gadamer)에 따르면, "건전한 판단을 내리는 사람이란 특수한 것을 일반적인 관점에서 판단할 능력을 가지고 있는 사람을 말하는 것이 아니라, 진정 중요한 것이 무엇인지를 알고 있는 사람이다."[46] 예수는 한 구체적인 사건을 보고 일반적인 관점에서 판단한 것이 아니라 진정 중요한 것이 무엇인지를 알고 판단을 내린다. 예수에게 가장 중요한 것이란 "그(맹인)에게서 하나님이 하시는 일을 나타내고자 하심"을 식별하는 것이다. 모든 사람은 날 때부터 맹인된 사람을 보고 관습이나 전통, 조상이나 본인이 지은 죄 때문이라고, 일반적인 관점에서 판단한다. 그러나 예수는 가장 중요한 것, 사물의 근본을 식별하여 편든다. 그에게서 나타내고자 하는 하나님의 일, 그것이 예수의 미의식이고 미적 판단이다.

성경, 특히 요한복음은 '하나님이 하시는 일'을 '영광'이라는 개념으로 표현한다. 나사로의 병을 보고도 "이 병은 죽을병이 아니라 하나님의 영광을 위함"(요 11:4)이라고 한다. 영광은 요한복음의 중요한 용어이다. '영광'이란 하나님이 자기를 계시하는 능력과 힘이며 아름다움에 대한 성경적 이름이다. 영광은 하나님과 하나가 된 아들 안에 나타나며, 아들을 통하여 교회에 전달된다. 영광은 하나님께서 예수 그리스도를 통해 보여주신 일을 드러내는 집약적인 개념이면서 동시에 미학적 개념이다. '영광'이란 말의 일반적인 뜻은 찬란, 찬연, 휘황하게 빛난다는 뜻이다. 영광이란 '아름다움'의 의미가 함축된 성경적 표현이다. 하나님의 영광은 하나님의 아름다움이다. 성경은 하나님의 영광에서 기독교 신앙의 지고의 아름다운 경지를 본다. 그리스도인은 아름다움을 보고, 느끼고, 말과 행위로 표현하고 그 아름다움을

---

46 한스-게오르그 가다머, 『진리와 방법』(서울: 문학동네, 2000), 79.

온몸으로 맛보고 향유하며 산다. 요한은 주님의 영광을 이렇게 설파한다. "말씀이 육신이 되어 우리 가운데 거하시매, 우리가 그 영광을 보았다"(요 1:14).

예수는 세상의 모든 일에서 하나님의 일을 보는 심미감을 지니고 있다. 예수의 그 같은 미적 판단은 그의 아가페적 사랑에서 나온 것이다. 엔도 슈사쿠는 『침묵』에서 그리스도의 사랑을 이렇게 증언한다. "성경에 나오는 인간들 중 그리스도가 찾아 헤맨 것은 가버나움의 하혈병 앓는 여인이라든가, 사람들에게 돌로 얻어맞는 창녀처럼 아무 매력도 없고 아름답지도 않은 존재였다. 매력 있는 것, 아름다운 것에 마음이 끌린다면 그것은 누구나 할 수 있는 일이다. 그런 것은 사랑이 아니다. 빛이 바래 누더기가 다 된 인간과 인생을 버리지 못하는 것이 사랑이다."[47]

기독교 미학이 포괄적인 신앙의 지각의 이론이라면 그것은 윤리적 지각의 이론을 포함한다. 신앙의 말씀은 이해해야 할 뿐만 아니라 응답과 책임을 요구받는다는 것이다. 산상수훈의 말씀처럼 "예수의 말씀을 듣고 행하는 자"(마 7:24), 다시 말해, 말씀에 따라 살고 행동하는 자라야 지혜 있는 사람이다. 신앙의 응답은 "예- 예- 남발"과 "주여- 주여- 부르짖음"이나 "입술고백" 속에서 이루어지는 게 아니라 입으로 시인하며 마음으로 믿으며(롬 10:10), 이에 상응하는 거룩한 몸짓과 진실한 삶의 행위로 이루어진다.

그리스도인은 말씀을 행하는 자여야지 듣는 자로 그쳐서는 안 된다. 그렇게 되면 그는 자신을 속이는 자가 된다(약 1:22). 이러한 인식은 바로 기독교 미학에 속한다. "누구든지 말씀을 듣고 행하지 아니하면 그는 거울로 자기의 생긴 얼굴을 보는 사람과 같아서 제 자신을 보고 가서 그 모습이 어떠했는지를 곧 잊어버린다"(약 1:23-24). 신앙에서 나온 행위가 없다면 이 신앙은 새로운 자기인식의 방식이 아니라 자기망각에 불과하다는 것이다.

---

47 엔도 슈사쿠, 『침묵』, 공문혜 옮김(서울: 홍성사, 1989), 204.

3) 기독교 미학과 예배

교회와 신학의 출발과 궁극적 목적은 예수 그리스도의 얼굴에 나타난 하나님의 영광을 (1) 보고 거기에 (2) 머물면서 (3) 예배를 통해 향유하는 것이다. 이 과정 전체가 복음의 예술적 표현이다.

(1) 하나님의 영광을 봄

미학과 윤리는 삶을 영위하는 태도와 삶의 형식을 보는 두 가지 형식이다. 이 두 형식은 하나가 다른 하나를 포섭하거나 어느 한쪽으로 환원될 수 없으나 서로 밀접하게 연관되어 있다. 나는 미학과 윤리의 상호관계를 고린도후서 3장의 예를 통해 서술하면서 기독교 미학의 근본 개념을 제시하려고 한다.

바울의 편지들은 처음 기독교의 가장 오래된 문서이다. 바울은 후기의 복음서와 달리 예수의 삶에 대하여 구체적으로 이야기하지 않는다. 바울은 예수의 삶과 사역 그 자체가 아니라 그 의미에 더 역점을 두어 서술한다. 바울은 고린도후서 3장 2절에서 고린도의 남녀 그리스도인들을 사도를 위한 편지(추천서)요 심지어 그리스도의 편지라고 말한다. "너희는 우리로 말미암아 나타난 그리스도의 편지니 이는 먹으로 쓴 것이 아니요 오직 살아계신 하나님의 영으로 쓴 것이며 또 돌판에 쓴 것이 아니요 오직 육의 마음판에 쓴 것이라"(고후 3:3).

고린도의 그리스도인들의 삶은 하나의 텍스트인바, 그 텍스트의 저자는 그리스도 자신이라는 것이다. 이 살아 있는 편지는 모세가 돌판에 기록한 율법과 차원이 다른 것으로서, 이 차이는 영과 문자의 차이이며 복음과 율법의 차이이다. 벗어야 할 수건은 옛 계약 문서에 덮인 수건이 아니라 이스라엘 백성의 마음에 덮인 수건을 벗고 주님의 영광에 이르러야 한다. 그리스도인은 다 "수건을 벗은 얼굴로 거울을 보는 것 같이 주의 영광을 보매 그와 같은 형상으로 변화하여 영광에서 영광에 이르니, 곧 주의 영으로 말미암음이니라"(고후 3:18).

그러나 구약이 얼굴을 가릴 수 있었듯이 우리의 복음도 가릴 수 있다. 그들에게는 "이 세상의 신이 믿지 아니하는 자들의 마음을 혼미하게 하여 그리스도의 영광의 복음의 광채가 비치지 못하게 함이니 그리스도는 하나님의 형상이니라. 우리는 우리를 전파하는 것이 아니라 오직 그리스도 예수의 주되신 것과 또 예수를 위하여 우리가 너희의 종 된 것을 전파함이라. 어두운 데에 빛이 비치라 말씀하셨던 그 하나님께서 '예수 그리스도의 얼굴에 있는 하나님의 영광'을 아는 빛을 우리 마음에 비추셨느니라"(고후 4:4-6).

구약의 텍스트, 다시 텍스트가 된 예수 그리스도의 복음과 예수에 대한 믿음을 발견하는 그리스도인의 삶 사이, 즉 그리스도의 복음과 그리스도인의 삶 사이에 해석학적 순환이 결성된다. 예수 그리스도의 복음은 그리스도의 모습을 우리에게 펼쳐 보임으로써 구약성서의 궁극적 의미를 완성한다. 그리스도의 얼굴은 구약성서가 설명하고 찬양했던 이스라엘의 하나님의 얼굴이다. 이 하나님의 얼굴에서 빛나는 영광이 십자가에 달린 예수 그리스도에게서 빛난다. 하나님의 영광에 감촉된 신앙은 인식론적 과정만이 아니라 감성적 과정이며, 이 과정을 통해 접촉되고 설득당하고 사로잡힌 그리스도인들의 생활 전체를 붙잡는다. 복음의 말씀 속에 그려진 그리스도의 얼굴에서 하나님의 영광의 빛을 보는 자는 그 자신 그리스도 상에 자신의 이름을 새길 것이고 그 모습으로 변할 것이다. 말로 선포되고 문자로 기록된 복음의 의미는 인간의 삶 속에서 만나는 역사적 결단 속에서 마침내 완성된다. 복음을 듣고 읽는 행위는 삶의 이행 속에서 완성된다. 성서로 문자화된 그리스도의 초상이 그의 실재의 모방이듯이 신앙의 삶은 그리스도의 모방이다. 그러므로 바울은 고린도교인들에게 "내가 그리스도를 본받는 자가 된 것 같이 너희는 나를 본받는 자가 되라"(고전 11:1)고 권면한다.

바울에게 그리스도의 얼굴은 곧 십자가에 달린 그리스도의 얼굴이다(갈

3:1). 십자가에 달린 자의 얼굴에 하나님의 영광이 빛난다. 그러나 이것은 나사렛 예수의 자연적인 초상이 아니라 신앙의 눈으로 보는 부활의 빛에 의해 조명된 그리스도의 얼굴이다. 신앙은 십자가에 달린 자를 다른 눈, 곧 밝은 눈으로 관찰한다. 신앙은 눈앞에 전개된 사실 너머를 본다. 그러므로 신약성서에서 맨눈으로 사실과 허구를 구분하기가 어렵다. 예수의 삶과 인격의 부분적 특징이 문제가 되는 것이 아니라 그의 삶 전체와 사역 그리고 죽음이 신앙에 새로운 빛, 즉 새로운 창조의 빛으로 나타나기 때문이다. 그러므로 그리스도인은 어떤 사람도 육신을 따라 알지 않는다. 그리스도 안에서 새로운 피조물이 되었기 때문이다(고후 5:16-17). 신앙의 눈으로 보는 그리스도 상은 단지 발명품이나 종교적 환상이 아니라 교회와 신앙인에게 인상을 주고 감동시킴으로써 그 삶을 변화시키고 참되게 만든 발견된 진리이다. 미학적 성경 읽기는 그리스도의 진리에 대한 설명과 찬반(贊反) 논쟁을 요구하는 것이 아니라 '십자가에 달린 자의 부활'과 '부활한 자의 십자가' 앞에서 새로운 삶으로 변하기를 원한다. '십자가의 부활'과 '부활의 십자가'가 기독교 미학의 시점이라는 점에서 이 학문은 '슬픈 학문'이며 동시에 '즐거운 학문'이다.

'영광'은 성서와 신학에서 하나님의 자기계시 때 나타난 현상과 경험을 제시하기 위한 개념이기 때문에 기독교 미학의 근본개념으로 삼아도 좋다고 본다.[48] 기독교 정통주의의 마지막 가르침은 하나님의 영광으로 끝난다. *Soli Deo gloria*!(오직 주님께만 영광!) 웨스트민스터 간추린 교리문답이 말하듯이 인간의 주요 목적은 하나님을 영화롭게 하는 것이며 그를 영원히 즐기는 것이다(Man's chief end is to glorify God and to enjoy him forever). 인간은 인간의 이기적인 삶을 넘어서 하나님의 영광을 드러내기 위하여 살아야 한다. 존 웨슬리에게 이것은 마음과 삶의 성화로 전개된다. 사실 초기 교부

---

48 심광섭, 『예술신학』, 4장: "글로리아. 예술신학의 근본개념" 참조.

들 이래로 신학 전통은 항상 하나님이 세계를 창조한 목적은 하나님의 영광 때문이라고 말해왔다. 주님의 영광을 보고 즐거워하는 것이 창조의 목적이요, 인생의 최고의 목적이다. 이 관념은 인생이 만든 모든 목적을 부정하는 예술작품의 목적과 같은 것이다.[49] 하나님의 영광은 인간의 이해관계를 떠나 행복을 주는 대상 자체 속에서 빛나는 미적 능력이다. 이해관계를 떠나 있으면서도 인간의 마음을 극도로 사로잡는다면 대상 자체가 가지는 탁월한 질(質) 때문이다.

하나님을 영화롭게 하고 그를 영원히 향유하는 것, 이것이 인생과 창조의 궁극적 목적이라 한다. 모든 사물이 존재하는 목적은 하나님을 영화롭게 하는 것이요, 하나님은 모든 열락(悅樂)과 복의 궁극 원천이라는 것이다. 인간이 처한 곤경과 모순된 사회 속에서 영광을 말하기가 어렵고, 하나님이 경험의 실제가 되기 어려운 것이 사실이다. 그래서 현대 회화에 기독교 주제가 남아 있다면 부활의 영광보다 십자가상을 통한 인간의 곤경과 소외이다. 이것은 실제에 교감할 수 있는 그리스도의 영광을 묘사할 상징이 사라져 없고 새로운 상징이 나타나지 않았다는 현실을 반영한다. 그럼에도 불구하고 하나님이 그리스도인들 가운데서 자기를 영화롭게 하고자 하기 때문에, 신자들은 그리스도의 은혜를 누릴 뿐 아니라 그리스도의 영광에 참여하기 위하여 이 세상 안에서 아버지의 부름을 받는다.

바울은 고린도후서 4장에서 하나님의 영광을 구체적으로 십자가에 달린 예수 그리스도의 얼굴에서 보며 이 빛이 그리스도인들의 마음 가운데 비추었다고 말한다. 바울은 이로써 영광을 삼위일체론적으로 해석할 수 있는 터전을 마련했고 그것을 새 창조론과 연결하여 해석할 수 있는 실마리를 제공한다. 영광(榮光)은 아름다움(美)의 성경적 이름이다. '영광'이 기독교 미학의 근본 개념이라면 '평화'는 온 땅에 이루어져야 할 하나님의 덕(德), 곧

---

49 테오도르 아도르노, 『미니마 모랄리아: 상처받은 삶에서 나온 성찰』, 김유동 옮김(서울: 도서출판 길, 2007), 295-300 참조.

윤리이다. 천사들의 성탄절 선포, "지극히 높은 곳에서는 하나님께 영광이요 땅에서는 하나님이 기뻐하신 사람들 중에 평화로다"에서 미학과 윤리가 만난다. 평화는 아름다움의 내용이고 영광은 평화가 드러내는 그림자를 만들지 않는 은은한 빛(아침, 저녁 빛)이다. 이래서 영광(榮光)은 영적인 빛, 곧 영광(靈光)이다. 신앙의 진리(진실, Dogmatics)의 새싹은 평화의 윤리(올바름, Ethics)로 무성하게 자라고, 평화의 윤리는 영광의 미학으로 아름답게 꽃 피고 주렁주렁 열매 맺는다.

그리스도인의 삶에서도 이 윤리와 미학은 서로 만나 하나를 이루어야 한다. 성화(聖化)는 윤리이고 영화(榮化)는 미학이다. "미학과 윤리학은 통(通)해야 해요." 진공묘유(眞空妙有), "만상(萬象)이 공(空)으로 가는 길에 윤리학이 있고, 공(空)이 묘유(妙有)로 통하는 길에 미학이 있다." 시인 이성복의 말이다. 여기서 윤리보다 미학이 앞선다. "우리는 이 세계를 변화시키기 위해 하나님을 필요로 하는 것이 아니라, 오히려 하나님을 향유하기(누리기) 위해 이 세계를 변화시키고자 한다"(위르겐 몰트만). 이 세계를 변화시켜 평화로운 세계를 만들고자 하는 목적은 하나님을 향유하기 위함, 곧 영화롭게 되기 위함이다. 윤리적 실존은 찬미의 미적 실존 속에서 지양되며 완성된다.

(2) 하나님의 영광(아름다움) 안에 머무름

머무름(거주)은 예술적 사유가 잉태할 수 있는 자궁이다. 머무름은 기독교가 처음(창조)에서 나중(종말)을 향하여 끊임없이 이동하는 시간과 역사의 종교만이 아니라 공간과 장소의 종교임을 재인식시킨다. 머물러 거주함으로써 추상적인 시간과 공간은 구체적이고 살아 있는 실재로 태어난다. 머물러 산다는 것은 사랑으로 삶을 사르며 산다는 뜻이다. 사실 우리는 공간 안에 살기 때문에 늘 시간 안에 존재하며 공간과 시간이 서로 다툼에도 불구하고 둘은 서로 만난다.

이스라엘의 종교사에서 유래하는 기독교는 역사와 시간의 종교이고 공간과 장소의 종교는 이방 종교의 특징으로 과도하게 알려져 있다. 하지만 모세 자신은 출애굽적이고 노마드적 시간과 역사 종교의 창시일 뿐만 아니라 성소와 성막이라는 예배 공간을 마련하고 지은 자이기도 하다(출 25-31장). 종교의 공간성 확보는 거듭 주장되는 출애굽의 목적이기도 하며(출 3:12; 5:1, 9:1, 9:13, 10:3)[50] 광야생활 동안 정기적으로 예배를 드리는 것이 주요 과제이기도 했다.[51] 물론 이동하는 시간 종교와 거주하는 공간 종교 사이에 갈등이 없는 것은 아니다. "내가 이스라엘 자손을 애굽에서 인도하여 내던 날부터 오늘까지 집에 살지 아니하고 장막과 성막 안에서 다녔나니"(삼하 7:6) 하는 이 말씀은 이 둘 사이의 갈등을 대변하는 말씀이다.

그러나 왕조시대로 접어들면서 이스라엘 종교는 성전 안에서 음악과 노래로 하나님의 현존을 경험하는 공간의 종교로 점점 전환된다. 솔로몬의 성전이 지어지면서 이스라엘의 하나님 표상은 드라마틱한 전환을 맞게 된다. 야훼 하나님은 모세의 무리를 이끄는 출애굽의 하나님이 아니라 아름다운 대들보와 백향목으로 지어진 성전에 거하는 장소의 하나님이 된 것이다. 성전은 하나님의 이름이 머물고 하나님의 영광(아름다움)이 임하는 장소이다. 다윗은 주님을 위한 성전 건축(성전 짓기)의 허락을 요청한다. "다윗이 그의 궁전에 거주할 때에 다윗이 선지자 나단에게 이르되 나는 백향목 궁에 거주하거늘 여호와의 언약궤는 휘장 아래에 있도다"(대상 17:1). 다윗의 일차적 관심은 예배의 편의성을 추구하려는 것이 아니라 언약궤 위에 주님의 현존이 항상 머무는 영구적인 공간(Shekhina, dwelling-place)의 확보에 있음은 자명하다. 성전은 이스라엘 백성의 영혼이 돌아갈 생명의 둥지요 자궁이다.

---

50 이사야, "출애굽과 예배공동체", 『구약성서의 경건, 구약성경의 영성』, 김덕중 외 엮음(서울: kmc, 2014), 63-88.

51 오택현, "제사장들의 예술목회", 『예술신학 톺아보기』(서울: 신앙과지성사, 2017), 20-47.

내가 여호와께 바라는 한 가지 일 그것을 구하리니
곧 내가 내 평생에 여호와의 집에 살면서
여호와의 아름다움을 바라보며
그의 성전에서 사모하는 그것이라……
이제 내 머리가 나를 둘러싼 내 원수 위에 들리리니
내가 그의 장막에서 즐거운 제사를 드리겠고
노래하며 여호와를 찬송하리로다(시 27:4, 6).

사무엘하 7장에서는 다윗이 예루살렘에 모셔 온 하나님의 법궤를 위해 하나님을 위한 '집'을 지어드리겠다고 제의하자 하나님께서 나단 선지자를 통해 오히려 하나님이 다윗을 위해 '집'을 지어주시겠다고 선언한다(삼하 7:4-13).

역대기는 다윗이 하나님의 전을 지으려는 자세한 설계를 보도한다(대상 28장). 역대기의 다윗은 이스라엘 예배의 창시자이다(대상 11-29장). 성전에 대한 다윗의 개념은 지속적으로 주의 현존의 기쁨을 체험하고 그분을 찬송하는 것이다. 시간은 공간 안에서 현존을 얻는다. 현존은 시간이 공간에 가까워졌다는 시간의 양상이다. 현존 안에서만 공간과 시간이 연합한다. 성전은 하나님의 말씀과 그분의 현존의 약속인 언약궤 앞에서 하나님을 영속적으로 찬양할 수 있는 거룩한 장소이다. 성전이 있음으로써 도시는 하나님의 도시가 되고 하나님의 정원이 된다. "한 시내가 있어 나뉘어 흘러 하나님의 성 곧 지존하신 이의 성소를 기쁘게 하도다"(시 46:4).

다윗과 솔로몬의 성전신학은 포로기 이후 성전이 파괴되면서 제2 이사야에 의해 창조신학으로 확장된다(사 40:12-26, 44:24). 하나님은 인간의 건축(집짓기)인 성전에 대하여 이렇게 묻고 대답하신다.

여호와께서 이와 같이 말씀하시되

하늘은 나의 보좌요 땅은 나의 발판이니

너희가 나를 위하여 무슨 집을 지으랴

내가 안식할 처소가 어디랴

나 여호와가 말하노라

내 손이 이 모든 것을 지었으므로 그들이 생겼느니라

무릇 마음이 가난하고 심령에 통회하며

내 말을 듣고 떠는 자 그 사람은 내가 돌보려니와…(사 66:1-2)

　유한한 공간 안에 무한자를 모실 수 있는 인간에 의한 공간 창조는 불가능하다. 하나님 자신께서 지으신 창조의 집인 하늘과 땅만이 그분이 거하실 적합한 집이며 따라서 창조 전체가 하나님의 성전이 된다. 이사야 44장 24-28절에 따르면 창조, 혼돈에 대한 투쟁, 역사적 변혁, 도시와 성전의 재건축 등은 모든 것을 창조하신 하나님만이 진행하신다. 여기서 혼돈에 대한 투쟁이 생명을 위협하는 모든 위협과 질서를 파괴하는 권세들에 대한 투쟁이듯이 도시와 성전의 재건은 우주론적 차원을 획득하고 있다는 점을 주목해야 한다. 하나님의 성전은 하나님의 정원으로서 새 하늘과 새 땅이다(사 65:17). 다윗의 성전 건축이 처음부터 창조론적 차원을 확보한 한자의 본래 의미인 하나님의 집, 우주(宇宙)적 건축으로 이해되어야 하는 소이가 여기에 있다.

　건축(집짓기)은 조각과 회화보다 어느 정도 영속적으로 존재하는 것을 산출하는 것에 있다고 믿던 세계에서 건축은 "영속할 정도로 지속적이고, 기억될 정도로 위대한" 작품의 전형이었다. 건축은 사라질 존재인 인간 자신과 그가 살았던 시대를 웅변하는 불멸의 기념비였고, 공동체의 염원을 담기에 가장 적합한 표현 매체였다. 폴 틸리히는 건축은 공간을 창조하는 훈련이라고 말한다.[52] 공간은 사물이 아니며 사물이 들어앉은 용기도 아니다.

---

[52] Paul Tillich, "Theology and Architecture", in: *On Art and Architecture* (New York: Crossroad, 1987), 188-198.

공간은 살아 있는 사물들이 출현하는 방식이며 삶이 실제가 되는 수단이고 방법이다. 건축은 그 자체로서 두 가지 필연적인 특징을 갖고 있다. 첫째, 방이나 집 같은 사적(私的)인 공간이거나 좀 더 넓은 공적(公的)인 공간이거나 우리의 공간을 창조한다는 것이다. 둘째, 건축은 유한한 공간을 무한한 공간으로 열어젖힌다는 것이다. 건축은 우리의 유한성을 표현해야 하며 그리고 무한자를 향한 우리의 개방성을 표현해야 한다.[53]

종교와 관련된 건축은 보통 교회 건물로 표현된다. 예배를 드리는 목적에 봉사하는 교회 건물은 또한 상징이다.[54] 그러나 교회의 상징적인 성격은 교회의 형식과 양식으로써 표현되어야 한다. 다시 말해, 공간의 창조는 그것이 무엇을 의미하는가를 지칭하는 특별한 장구나 표시가 없이도 그 자체로서 공간의 목적과 존재를 선언하는 것이다. 틸리히는 신학적 이유로 종교 건축 자체의 "거룩한 비움의 공간"(sacred emptiness)을 더 좋아한다.[55] 하지만 그는 단지 비움 자체를 말하는 것이 아님을 분명히 한다. 이 빈 공간은 궁핍의 공간이 아니라 영감의 공간이다. 이 빈 공간은 공허함을 느끼는 곳이 아니라 유한한 형식으로 표현될 수 없는 현존의 충만함으로 채워진 빈 공간이다. 목적 지향적인 건물은 보통 밖으로 드러나는 의자, 탁자 등으로 채워진다. 그러나 교회 건축의 성취는 창조된 공간이 모든 혼란과 표시에 대한 욕구를 넘어 거룩한 것(the numinous)을 표현하는 것과 하나가 되어야 이루어진다. 그와 같은 건물의 공간을 창조하는 일은 분명 위대한 건축가의 공헌임에 틀림없다.

회화가 시각적인 것에 치중한다면 건축은 '사용과 지각', 더 정확히 말하면 '촉각과 시각'을 통하여 수용된다. 건축은 관광객이 "유명한 건물 앞에서

---

53 Paul Tillich, "Dwelling, Space, and Time"(8장)과 "Theology and Architecture"(17장), *On Art and Architecture* (New York: Crossroad, 1987).
54 "On the Theology of Fine Art and Architecture", 앞의 책 19장을 보라.
55 "Theology and Architecture", "Contemporary Protestant Architecture", "Honesty and Consecration in Art and Architecture", 앞의 책 17, 20, 21장을 참조하라.

주의를 집중하는 방식으로 수용되지 않는다. 건축은 시각보다 몸의 감각인 촉각에 호소한다. 건축은 피부의 눈이다.56 시각적인 것에서 이루어지는 관조적 몰입에 해당하는 것이 촉각적인 면에는 없기 때문에 촉각적 수용은 주의력의 집중을 통해서라기보다는 익숙해짐을 통해 이루어진다. 건축은 그림이나 조각과 달리 긴장한 상태에서 일시적으로 집중하는 시각이 아니라, 방심하고 산만해진 상태에서 온몸으로 익숙해지는 방식을 통해서만 진정으로 수용될 수 있다. 건축(집짓기)은 머물러 체류하면서 곁을 돌보고 사방을 보살피는 마음의 감각을 전제한다. 이것이 인간의 본래적인 삶의 방식이다. 건축의 의미는 일상 속에서 더불어 살면서 체득되는 것으로서 얼핏 보고 순간의 매력에 끌려 사진에 담고 이내 떠나는 관광객의 삶이 결코 포접(抱接)할 수 없는 것이다. 진정한 체험이 다 그렇듯이 건축 체험은 대체되거나 요약되지 않는다. 건축에서는 습관이 시각적 수용을 규정하는 것이기 때문에 성전 건축에서도 지속적 거(居)함에서 이루어지는 교류와 교감, 신성과의 교감과 신의 창조인 하늘과 땅과의 감응(感應), 교감(交感), 공감(共感), 감통(感通)이 중요하다.

    건축의 전통은 하나님 안에 머무는 것을 강조한다. 하나님 안에 머무는 것은 성전 안에서 성전 예배를 엄수하는 것만은 아니다. 예언자 아모스는 성전 예배와 제의의 허상에 대하여 가장 철저하게 비판하고 하나님 안에 머묾의 의미를 제시한다. "시끄러운 너의 노랫소리를 나의 앞에서 집어치워라! 너의 거문고 소리도 나는 듣지 않겠다. 너희는, 다만 공의가 물처럼 흐르게 하고, 정의가 마르지 않는 강처럼 흐르게 하여라"(암 5:23-24). 예수님의 제자들이 예루살렘 성전의 웅장한 아름다움에 감탄했을 때도 예수님은 아모스의 성전 파괴 예언을 되풀이하실 뿐이다(막 13:1-2). 이제 성전은 예수님의 몸이다(요 2:21). 하나님은 예수 그리스도의 몸이 되어 우리 가운데 집

---

56 Juhani Pallasmaa, *The Eyes of the Skin: Architecture and the Senses* (Chichester: Wiley, 2012).

을 짓고 머무신다. 하나님 안에 오래 머물수록 하나님의 생명인 은혜와 진리가 우리 안에 충만해지고 차고 넘친다. "그 말씀은 육신이 되어 우리 가운데 사셨다"(ὁ λόγος σὰρξ ἐγένετο καὶ ἐσκήνωσεν ἐν ἡμῖν, 요 1:14). 우리 가운데(ἐν ἡμῖν) 집을 짓고 머무심(ἐσκήνωσεν), 이것이 성육신 사건의 요체이다.

(3) 예배와 하나님의 영광

루돌프 보렌(R. Bohren)은 하이델베르크 대학 마지막 강의(Daß Gott schön werde, 1975)에서 예배란 하나님의 아름다움을 체험하고 사귀며 즐기는 거룩한 시간이이라고 말한다.57 그에게 실천신학은 실천적이 되시는 하나님에 관하여 성찰하는 학문이다. 실천적이 되시는 하나님은 아름답게 되심을 말한다. 왜냐하면 하나님 자신이 아름다우신 분이기 때문이다. 하나님은 그의 현존 속에서 우리에게 아름다우신 분이기 때문에 우리도 그분의 현존 속에서 그분에 대하여 아름답게 된다.

출애굽의 목적은 '세겜'에서의 예배(수 24장)에서 달성된다. 이사야의 비전은 "온 땅에 주님의 영광이 충만한"(사 6:3) 것이다. 영광이란 교의학적으로 하나님이 자신을 알리고 드러내는 계시와 하나님의 현존을 의미하지만 그것은 예전적으로도 매우 중심적 역할을 담당해왔다.58 음악가 헨델(G. F. Händel, 1685~1759)의 오라토리오 〈메시아〉 전곡은 그리스도의 생애를 표현한 곡이다. 처음 도입 부분에 테너가 부르는 아리아 두 개가 나오고, 다음으로 웅장한 코러스가 나오는데, 그것이 유명한 "주께 영광"이다. 가사의 내용을 보면, "하나님의 영광, 주의 영광이 나타날 것이다. 모든 백성이 주의 영광을 볼 것이다. 우리 주 하나님이 그것을 약속하셨기 때문이다." 헨델은

---

57 Rudolf Bohren, *Daß Gott schön werde: Praktische Theologie als theologische Ästhetik* (München: Chr. Kaiser Verlag, 1975).
58 Albert Gerhards, Das Gloria - die "Große Doxologie", in: *Liturgie und Trinität*, hg.v. Bert Groen/Benedikt Kranemann(Herder, 2008), 211-230.

〈메시아〉를 통해 주의 영광을 드러내고, 주의 영광을 찬양한다. 헨델 이전에 비발디(A. Vivaldi)는 아예 자신의 작품 전체를 〈Gloria〉라고 이름 붙였다. 대개 6부로 구성된 미사(예배)곡의 순서에도 영광송이 꼭 들어간다. 주여(Kyrie), 영광(Gloria), 신앙고백(Credo), 거룩송(Sanctus), 축복송(Benedictus), 하나님의 어린양(Agnus Dei)이다.

예배 찬송가를 보아도 하나님의 영광을 표현한 가사들이 많다. "하늘에 가득 찬 영광의 하나님"(53장), "저 해와 달과 별들이 주 영광 드러내도다"(76장), "참 아름다워라 주님의 세계는, 저 아침 해와 저녁놀 밤하늘 빛난 별, 망망한 바다와 늘 푸른 봉우리 다 주 하나님 영광을 잘 드러내도다"(78장 2절). 이렇게 대개, 자연, 해와 달과 별, 바다와 푸른 산 등 자연을 통해 하나님의 영광을 선포한다. "주님께 영광, 다시 사신 주…"(155장). 부활하신 그리스도의 생명의 광채가 하나님의 영광이다. 예전과 찬양은 그리스도인의 삶과 신앙이 하나님의 영광을 생각하고 말하고 표현하고 밝히 드러내야 함을 강조한다. '영광'은 성경과 신학에서 하나님이 자기 자신을 드러낼 때 나타난 현상과 경험을 제시하기 위한 개념이기 때문에 기독교 미학의 근본 개념이 되기에 가장 적합하다.

청교도(영국, 미국, 한국)와 경건주의의 영향을 받은 한국교회와 예배는 미적으로 건조하다. 칼 슈타트를 비롯한 과격한 종교개혁자들의 성상 파괴운동 이후 교회 안에 각종 회화적 상징물이 없어지고, 춤과 노래는 극소화된다. 종교개혁은 교회와 예술을 분리한다. 종교개혁은 예배에서 예술작품의 역할을 배제한다. 개혁교회 건물 안에 있는 스테인드글라스, 상(像)과 조각들을 모두 파괴해버려 예배에서 시각적 상징물은 거의 볼 수 없게 되었고 성경을 읽고 신앙을 이해함에서 상징적 사유의 영역이 봉쇄되었다. 침침한 검은 색의 목사 가운을 입은 설교자와 심플한 십자가가 뎅그렁 강단의 중앙에 걸리고 좌우에는 그리스도와 성모와 성인을 그린 다양한 이미지 대신 교회의 표어를 알리는 펼침막(최근에는 영상 스크린)이 교회의 중심이 되었다.

예배학자 화이트에 따르면 "성례전은 우리로 하여금 '하나님의 선하심'을 맛보아 알고(시 34:8), 만져보고, 듣고 심지어 냄새를 맡도록 한다. 그렇게 하는 중에 물질적인 것이 신령한 것을 싣고 오는 수단이 된다."[59] 그런데 개신교에서 제단은 단순한 "교제의 식탁"(communion table)이 되어버렸다. 빵과 포도주는 그리스도의 몸의 현존을 맞이하는 성체(聖體)가 아니라 단지 예수의 최후 만찬을 상기하는 이성적 기억이 되어버렸다. 오직 귀만 하나님을 경험하는 통로이고, 성서와 설교 안에서 선포된 말씀만이 하나님의 현존을 수용하는 주요 수단이 되었다. 음악도 말씀과 예배를 위한 보조 수단일 뿐이다. 모든 다른 감각(sense)은 의문시되어서, 보고 만지고 맛을 보는 어떤 행위도 신성을 전달할 수 있는 미쁜 통로라고 생각하지 않는다.

이렇게 개혁교회는 시각적 문화에 대한 언어문화의 승리를 촉진하였다. 다시 말해, 몸에서 이탈한 '탈몸화된 말씀'만이, 선포된 말씀을 통해 읽고 해석할 수 있는 말씀만이 계시의 유일한 통로이다. 특히 개신교는 '귀'의 종교이지 눈, 코, 혀 등의 종교는 아니다. 사람이 피부로 접촉하고 냄새 맡고 먹고 손으로 만질 수 있는 자연적인 것이나 물질적인 것, 그 어떤 것도 성스러움의 전달자가 될 수 없다. 회화와 상징물을 제거한 개혁교회의 예배는 인쇄된 언어와 일상적인 언어의 발견으로 융성해진 근대시대에 커다란 영향력을 발휘했다. 한국 개신교 성찬은 인쇄된 성찬 예문에 크게 의존하는 경우가 많다.[60] 그러나 오늘날 이미지와 상징으로 가득한 문화 속에서 지금까지 서양 기독교의 이성 중심적인 신학과 엄숙주의적인 예배의 유산은 예배와 삶 전반에 스며들어 삶에 영향을 주고 생동감을 주며 살아 있는 신앙을 느끼게 하는 것과 점점 거리가 멀어져간다.

개혁교회적 전통과 청교도적 영향을 받아 더욱 강화된 금욕주의적 미학의 전통을 계승하는 한국교회는 예술에 대한 소극적이고 비판적인 태도를

---

[59] 화이트, 『기독교예배학 입문』, 정장복·조기연 옮김(서울: 예배와설교아카데미, 2013), 192f.
[60] 조기연, "성찬예배와 예술목회", 『예술신학 톺아보기』, 342-369, 특히 354ff.

받아들였다. 신앙 표현을 형상화할 것에 대한 요구는 말씀 듣기와 읽기, 쓰기에 집중되었고, 찬양과 음악 및 다양한 전자 악기들을 예술적 수단으로 무분별하게 사용하고 있는 형편이다. 한국교회가 신앙의 형성과 부흥을 위해 성례전을 은총의 수단으로 중시한 역사는 없다. 오직 선포에 봉사하는 말씀과 심령적 회개와 대중적 부흥운동만이 강조되었다. 기독교는 영적인 종교라는 표어가 영을 물질을 통해 표현한다는 사실을 수용하지 못하게 했으며, 신앙의 표현을 미학적으로 다듬고 성찰하지 못한 채 신앙의 거룩한 품격은 세속주의에 깊이 물들어간다.

미학으로 이해되고 표현된 복음이란 공동체 안에서 일어나는 성령의 역사를 조형하고 삶을 통해 연주하는 것이다. 이때 공동체는 영광스러운 하나님의 회화와 연주가 될 것이며 마침내 지선지복(至善至福)에 이르게 될 것이다. 하나님의 아름다움(영광)이 머무는 곳에 구원이 생기(生起)한다.

4) 기독교 미학의 실천

기독교 미학은 오늘 여기에서 일어나는 온갖 반(反)하나님의 나라의 행태에 분노하고 저항하며 그럴수록 도래하는 하나님 나라를 열망하고 그리는 환희와 열락(悅樂)을 실천으로 삼는다. 독일의 여신학자 도로테 쬘레(Dorothe Sölle)는 하나님을 그리는 이유를 복음에 대한 환희와 반(反)하나님 나라에 대한 분노로 요약한 바 있다.61 그러나 기독교 신학의 본래적 언어는 예언자적 저항과 분노의 언어이기보다 기쁨과 평화의 언어이다. 그녀는 다른 곳에서 저항은 아름다움에서 태어난 것이라고 덧붙인다. "성 프란치스코나 튜링엔의 엘리자베스 혹은 마르틴 루터 킹의 저항은 아름다움의 지각에서부터 자란 것이다. 가장 오래되고 가장 위험한 저항은 아름다움에

---

61 도로테 쬘레, 『현대신학의 패러다임』, 서광선 옮김(천안: 한국신학연구소, 1993), 9.

서 태어난 것이다."62 월터스토프도 "평화의 가장 고등한 수준은 즐거움을 누리는 것"63이라고 말한다. 저항은 하나님의 사랑의 감미로움과 달콤함의 맛을 가직할 때 단지 파괴에 머무르지 않고 새로운 창조로 나아갈 수 있다. 시편에서 '기쁨'은 '찬양 시'의 직접적인 동기이고, '고난'은 '탄식 시'의 직접적인 동기이다.64 기쁨과 탄식, 이것은 생리적으로 나오는 인간의 대극적 근본 감정이며 열정이다. 감정과 열정을 담아낸 신학의 언어에는 놀라운 힘이 있다. 아우구스티누스는 "내가 나의 하나님을 사랑할 때 나는 무엇을 사랑하는가?" 하고 질문했다. 나는 '아름다운 힘'을 사랑한다고 답하고 싶다. 성 프란체스코, 디트리히 본회퍼 그리고 마르틴 루터 킹의 저항의 힘은 하나님의 아름다움을 인지하고 체험함으로부터 자란 것이다.

개신교인들은 "예술품이 언제나 작가가 믿는 종교의 표현이거나 종교를 표현하는 것이라고 주장"하거나 혹은 "작가는 자신의 종교를 표현하기 위해 예술을 창작한다는 논제를 개발해왔다."65 그러나 예술과 신앙(신학)의 관계에서 예술은 단지 우리가 이미 알고 있는 성서의 이야기와 교리를 설명하거나 예배를 잘 드리기 위한 수단과 도구로써만이 아니라 예술 자신만이 가지는 독특함과 고유함으로 신앙(신학)과 관계해야 한다. 기독교 신학은 성경과 공교회가 인정한 가르침만을 신학적 인식의 자료로 삼을 것이 아니라 교회의 찬양, 찬송 시, 그림과 음악 그리고 문학 작품 등도 신학적 인식론의 자료로 받아들여야 한다. 교회의 예술작품은 교회를 꾸미는 주변 장식(ornamenta ecclesiae)이 아니라 신학의 원천(fontes theologiae)이 되어야 한다. 신학의 역사가 옛것, 본질적인 것, 같은 것, 동일한 것을 고수하는 정통의 역사, 동일성의 역사라면 예술사는 새것, 다른 것, 창조적인 것, 본질의 변형

---

62 Dorothe Sölle, *Mystik und Widerstand* (München: Piper Verlag, 2003, 6판), 14.
63 니콜라스 월터스토프, 『행동하는 예술』, 152.
64 김이곤, 『시편 시문학의 신학』(서울: 한들출판사, 2006), 76f.
65 니콜라스 월터스토프, 『행동하는 예술』, 162.

적 표현, 차이를 추구해온 이단의 역사이다. 신학에서 이성의 논리를 통해 동일성이 확고하게 자리 잡혔다면 예술에서는 감성을 통해 차이가 배양되었기 때문이다. 기독교 미학은 신학과 교회가 예술을 통해 자기혁신의 시각에 눈뜨는 데 기여할 것이다.

미래의 신학 방법론에는 예술적 감성론이 추가되어야 한다. 인류 문명은 최근 새로운 세계문화(Weltethos)를 기대하고 있다. 지금까지 과학기술과 경제개발이 많은 공헌을 해왔음에도, 생태계 위기와 빈부 격차 심화, 인간성 파괴, 생활세계 파편화 등 인류를 파멸의 벼랑으로 몰아가고 있다는 사실에 인류는 당혹하고 있다. 이제는 인간과 자연을 착취하면서까지 물질적 편리와 풍요를 바라보는 성장 이데올로기를 넘어선 본래적인 인간성의 실현과 성취를 예술을 통해 바라보아야 할 중요한 시점이다. 그동안 자연과학적 사유는 세계를 대상화·사물화하고 물질의 표피적 차원에만 머물러 있었다. 생명공학과 뇌과학 등 고도의 과학기술 문명 속에서도 인간성을 하나님과 잇대어 이해할 수 있는 전체적 감성으로써 신학하기가 요청되고 있다.

계몽주의와 근대화 이후 신학과 교회는 올바르고 지적인 교리의 형성(정통 교리), 성서에 대한 역사-비평적 분석과 정치적·경제적·사회적 행동(정통 행위)에만 지나치게 전념함으로써 전일적(全一的) 기독교 영성 형성에 큰 어려움을 주고 있다. 인간과 자연 및 우주의 전체성은 큰 이야기나 이성적 체계로써만이 아니라 작은 이야기, 느낌과 체험, 곧 미학적 감성을 통해 감지하고 이해할 수 있어야 한다. 미감적 경험(느낌, 체험)은 물질의 깊이 안에서 생동하는 영을 찾고, 그렇게 함으로써 세계는 단지 물질이나 영이 아니라 신적인 것을 투시하고 구원을 매개하는 성례(sacrament)임이 드러나게 된다.[66] 기독교 미학의 힘은 성령 안에서 역사하는 감수성과 상상력,

---

[66] Anthony Padovano, "Aesthetic Experience and Redemptive Grace", in: *Aesthetic Dimensions of Religious Education*, ed., G. Durka & J. Smith (New York, Ramsey, Toronto: Paulist Press, 1979), 3-12.

이성을 해방하여 기존 리얼리티의 독점을 타파하고 하나님 나라 곧, 새 하늘과 새 땅을 꿈꾸는 데 있다.

5) 기독교 미학과 예술 목회

예술 목회란 '하나님의 예술적 선교'를 인지하고 그것을 교회의 목회와 공동체적 삶 속에서 실천하는 것을 말한다. 루돌프 보렌에게 실천신학이란 하나님이 '실천적으로 되어감'에 대한 성찰이며, '하나님이 실천적으로 되어감'이란 아름답게 되어감을 의미한다. 하나님의 현존이 우리에게 아름다움이 됨으로써 우리의 현존 또한 그분에게 마침내 아름다움이 된다.

최근 목회와 직접적 관련이 있는 신학 분야들이 미학과 깊은 열애에 들어갔다. 실천신학은 미학의 관점에서 근본적으로 새롭게 시작하는 방법을 익히고 있다. 실천신학은 미학의 도움으로 한갓 행동과학으로 기우는 편향성을 멈출 수 있다. 기독교 교육은 미학과의 이론적 대결을 통해 종교 경험과 미감적 경험 사이의 구조적 상응을 발견하고, 이것을 토대로 예술을 교육에 적극 도입하고 있다.[67] 최근의 교육가들은 감성적 경험이 지적 성장을 고무한다는 데 일치한다. 따라서 교육 과정에서의 오감의 작용(맛, 접촉, 듣기, 냄새 맡기, 보기)을 고무한다.

설교 예술은 말씀에 대한 신학적 반성과 예술이 상징적 예전의 맥락에서 합류할 수 있는 장이다. 예술작품과의 생산적인 대화는 설교 등의 분야에서도 일어나고 있다. 독일의 선교학자 테오 순더마이어는 예술과 설교의 관계를 이렇게 말한다. "예술을 통한 현존의 조명이 말씀을 통한 현존의 조명을 능가하기 때문에 설교자는 예술의 안내를 받아야 한다." 설교자가 예술의 안내를 받아야 하는 이유로써 그는 위대한 예술은 시대의 지진계이며 어느

---

[67] 손원영, "예술영성형성과 예술목회", 『예술신학 톺아보기』, 342-369.

정도 예언적 기능을 지니고 있기 때문임을 지적한다. "설교의 언어는 분명해야 한다. 그러나 예술적 언어는 다의적이고 다층적이다. 예술은 언제나 새로운 이해의 지평을 창출한다. 예술은 그 시대와 문화와 문제의 상태를 앞서 이해한다."

진리는 논리적이고 윤리는 진지하다. 진리는 실재를 분석하고 판단하여 진리를 독점하려고 든다. 그 결과 있는 자와 없는 자를 가르고 분리하여 차별한다. 그러나 아름다움은 판단하여 가르지 않는다. 아름다움은 사물, 사건, 사람이 서로 어울리는 통합적 사건이다. 아름다움은 균형 잡힌, 시중(時中)적 삶과 같다. 무엇보다 사랑이 있어 아름답다. 삶에 놀람과 새로움을 선사해주고 기쁨을 자아내는 것은 사랑이다. 사랑과 아름다움, 곧 아름다운 사랑과 사랑의 아름다움은 살아 있는 존재들의 몫이다. 예술 없는 종교는 도덕적 계명을 지키기 위한 도덕주의로 변하든가, 영적 구원을 파는 상업종교로 변해간다. 한편 종교 없는 예술은 자신을 우상화한 예술지상주의로 흐르든가, 아니면 냉정한 기술이 되어 인간이 종속되는 인간의 비인간화를 초래한다.

하나님은 그가 선택한 백성들 속에서 아름답게(멋있게) 된다. 하나님은 먼저 이스라엘 백성들 가운데서 아름답게 되었고, 그리고 예수 그리스도의 공동체 안에서 끝내는 모든 세계를 위해 아름답게 된다. 이스라엘의 처녀들과 어머니들은 아름답다. 사라, 리브가, 라헬, 우리아의 아내. 이스라엘의 어머니의 아들들도 아름답다. 요셉, 다윗, 압살롬, 다니엘은 아름다운 사람들이다. 아가서는 아름다운 남녀(男女)의 사랑의 노래이다. "나의 귀여운 짝이여, 흠잡을 데 하나 없이 아름답기만 하여라"(아 4:7). 그러나 신약에 와서는 외모의 아름다움에 대한 언급이 전무하다. 마리아와 엘리사벳의 용모에 대한 언급이 없다. 예수의 제자들도 마찬가지다. 바울 사도는 "내가 구태여 자랑을 해야 한다면 내 약점을 자랑하겠습니다"(고후 11:30) 하고 말한다. 신약은 피조적인 아름다움에 대한 언급이 없다. 아름다움은 그리스도의 십자가의 그늘 아래에서 발생하기 때문인가.

사실 처음 공동체는 아름답지 못한 집단이다. "형제 여러분, 여러분이 하나님의 부르심을 받았을 때의 일을 생각해 보십시오. 세속적인 견지에서 볼 때에 여러분 중에 지혜로운 사람, 유력한 사람, 또는 가문이 좋은 사람이 과연 몇이나 있었습니까?" 처음공동체는 가난한 사람들의 공동체, 그래서 세상적인 아름다움을 드러내 보일 수 없는 공동체였다. 그런데 하나님은 아름답지 못한 것에서 아름다움을 만들어낸다. 그 능력은 오로지 사랑이다. 하나님께서는 "지혜 있다는 자들을 부끄럽게 하시려고 이 세상의 어리석은 사람들을 택하셨으며, 강하다는 자들을 부끄럽게 하시려고 이 세상의 약한 사람들을 택하셨습니다. 또 유력한 자를 무력하게 하시려고 세상에서 보잘 것없는 사람들과 멸시받는 사람들, 곧 아무것도 아닌 사람들을 택하"(고전 1:26-28)여서 그리스도 안에서 아름답게 하신다. 오늘날 교회에는 그 반대 현상이 일어나 문제가 되는 경우가 많다.

추함이 깊어지는 곳에 공동체의 아름다움(영광)에 대한 희망은 더욱 커진다. "우리는 모두 얼굴의 너울을 벗어버리고 거울처럼 주님의 영광을 비추어줍니다. 동시에 우리는 주님과 같은 모습으로 변화하여 영광스러운 상태에서 더욱 영광스러운 상태로 옮아가고 있습니다. 이것이 성령이신 주님께서 이루시는 일입니다"(고후 3:17f.).

예술 목회란 공동체 안에서 일어나는 성령의 이 역사를 가만히 경청하여 삶의 오선지에 그리고 마침내 삶을 통해 연주하는 일이다. 이때 공동체는 그리스도의 얼굴에 나타난 영광스러운 하나님의 빛을 발할 것이고 끝내는 지선지복(至善至福)에 이를 것이다. 하나님의 아름다움(영광)이 생기는 곳에 구원이 완성된다. 유동식 선생은 한 세미나에서 "예술이란 예수를 자기 안에 품은 것이다"(예술 = 예수 + 己)라고 글자 풀이를 했다. 이 글자 풀이가 아직도 가슴에 여운으로 남아 예술 목회의 방향과 요체를 제시해주는 듯하다.

제2장
영적 감각과 신앙

예배학자 화이트는 우리는 성례전에서 '하나님의 선하심'을 맛보아 알고 (시 34:8), 만져보고, 듣고 심지어 냄새를 맡는다고 했다.[1] 그렇게 하는 중에 물질적인 것이 신령한 것을 싣고 오는 수단이 된다. 성찬은 감각을 통해 그리스도와 교제할 수 있게 하고 구원은 감각의 회복을 통해, 다시 태어나는 감각을 통해 실현된다. 그렇다면 '감각'을 아예 신학과 신앙의 중요한 주제로 삼아 성찰하여 숨겨져 있던 것들, 혹은 편견 속에 있었던 것들을 꺼내고 바로 묘파하여 신앙을 획기적으로 새롭게 이해하는 데 도움이 되면 좋을 것이다.

감각은 몸이 사물(실재)과 만나 자극과 감응의 관계가 될 때 발생한다.[2] 감각은 아직 마음이 개입되지 않은 상태에서 단순히 몸이 대상의 자극에 감응하는 단계만을 말한다. 감각된 것을 마음으로 감지하는 과정에서 느낌과

---

1 제임스 화이트,『기독교예배학 입문』, 정장복·조기연 옮김 (서울: 예배와설교아카데미, 2013), VIII장.
2 최봉영, "감각",『우리말 철학사전 3』(서울: 지식산업사, 2003), 9-32.

정, 생각과 대상에 대한 판단 등 이해의 과정이 발생한다. 몸의 감각으로만 느낌과 정이 생기는 것은 아니다. 대상을 만나 물정(物情)이 생기고, 사물과 사건을 만나 사정(事情)이 생기고, 인간을 만나 인정(人情)이 생기고, 세상사와 만나 세정(世情)이 생긴다. 이 모든 발전과 분화의 과정에 몸의 감각이 있음은 틀림없다.

서양의 주류 철학사와 신학사는 감각 천시와 억압의 역사다. 감각과 신앙은 무관할 뿐 아니라 대립적이고 적대적일 것이라고 생각한다. 감각을 신학에서 주제로 다루기 어려운 이유는 크게 세 가지인데 하나는 인식론적인 것이고, 둘은 존재론적인 것이며, 셋은 윤리적인 이유이다.

첫째, 감각은 비규정적이고 불규칙적이기 때문에 인식론적으로 믿을 수 없다는 생각이다. 이러한 전제는 플라톤 이후 서양 철학과 신학에서 지속되었다. 플라톤에게 영원하고 완전하고 불변하는 신적 영역은 우리가 살고 있는 질료의 세계가 아니라 형상(Form)의 영역이다. 이 영역 안에 최종적으로 실재와 진리가 놓이게 된다. 플라톤에 따르면 예술은 물질성과 떼려야 뗄 수 없는바, 형상에 대한 원래의 복사를 다시 한 번 더 복사한 것으로 예술에서 진리와 더욱 멀어진다고 본다. 신학에서 인식의 대상은 하나님인데 하나님은 영원하고 비물질적, 비가시적 존재인 데 반해 감각은 변화무쌍하고 유한한 것에 매여 있기 때문이다. 합리주의적 이해를 따랐던 신학은 감각에 대해 플라톤에 이어 근대에는 데카르트와 같은 생각을 한다.

데카르트는 모든 감각을 의심하고 부정했으며, 감각을 부정하고도 남는 선험적 영역에 의식의 확실성이 자리하고 있다고 믿었다. 그에게 지각은 지성의 활동이다. 사물은 지성적 판단의 대상이지 감각이나 상상력의 대상이 아니다. 이 말은 인식은 외부로 열린 감각을 통해 들어오는 것이 아니라 내부에서 수행되는 순수한 지성의 활동을 통해 정립된다는 뜻이다. 신앙도 우선 이해하고 진리를 판단하는 것이지 느끼고 실제에 힘쓰는 것은 뒷전이었다. 그러나 감각은 가장 직접적인 인식의 원천이다. 의식은 우리가 보거나

듣거나 접촉할 때 일어나는 것의 느낌으로서 시작한다.3

둘째, 물질과 정신, 육(肉)과 영(靈)의 존재론적 이원론이다. 그리스도교 신학은 영과 육, 영혼과 감각을 무의식중에서라도 이원론적으로 구분하여 가치 평가하는 습성이 있다. "살리는 것은 영이니 육은 무익하니라"(요 6:63) "혈과 육은 하나님 나라를 유업으로 받을 수 없고 또한 썩은 것은 썩지 아니한 것을 유업으로 받지 못하느니라"(고전 15:50). '영성'이란 단어는 17세기 프랑스에서 처음 쓰일 당시 하나님의 눈에 완전해지는 것만을 추구하기 위하여 감각을 벗어나는 영혼의 내적 수련들과 관계되는 모든 것을 지칭하였다.

성경의 이러한 흔적은 플라톤의 이원론이 기독교에 강하게 침투하면서 강화되고 지속되었다. 플라톤에서 헤겔까지 철학은 감각과 감정을 벗어나는 훈련이며 몸을 죽이는 죽음의 연습이며 금욕주의로 계승된다. 물질과 육은 금욕적 훈련을 함으로써 물러서고 버려야 할 대상이거나 적극적으로 성화해야 할 대상이다. 동양의 성리학도 마음이 몸을 주재함을 기본으로 한다. 그러나 신약성경은 질병에 걸린 몸을 치유하고 죽은 자를 살린다. 그리스 철학자들에게 신성은 불변, 무감동, 영원한 안정이지만 신약성경에서 예수 안에 역사하는 하나님의 힘은 변화와 변형의 힘이다. 영혼은 육체를 경시하면 안 된다. 영혼은 육체를 통해서만 실제가 되며 완전함에 이를 수 있기 때문이다. 몸의 아름다움과 우아함은 사랑과 친절과 공동의 사귐의 영을 표현한다. 영은 몸의 여기와 지금을 결코 떠나지 않는다. 우리는 수용하고 표현하는 몸을 신뢰하며 살기 원한다. 우리는 거룩한 삶을 접촉하는 것과 같은 방식으로 우리의 몸을 접촉한다.

셋째, 감각은 도덕적 유혹을 불러일으키는 기관이라는 주장과 편견이다. 아담과 이브의 유혹에서 시작하여 인간을 파멸에까지 이르게 하는 온갖

---

3 Antonio R. Damasio, *The Feeling of What Happens: Body and Emotion in the Making of Consciousness* (San Diego, NY: Harcourt/Harvest Book, Inc., 1999), 26.

유혹은 모두 육체의 감각(정욕)과 관련되어 있다고 본다. 이럴 때마다 "너희는 유혹의 욕심을 따라 썩어져 가는 구습을 좇는 옛 사람을 벗어 버리라"(엡 4:22)는 하늘의 경고를 반복적으로 상기하고 들어야 한다.

감각의 부정적 성질 때문에 중세기와 르네상스기에 화가들이 그린 천국의 모습은 감각적 변화가 없는 정지 상태다. 천상에는 부활하신 그리스도와 사도들과 성인들이 정지 상태로 질서정연하게 있다. 천상의 형상은 지상에서 투쟁하는 인간의 군상보다 훨씬 수월하게 느껴진다. 그들은 비실재적일 뿐 아니라 지옥의 형상들과도 판연히 다르다. 그들은 생명이 없고 긴장이 없으며 따라서 궁극적인 역동성, 삶이 없어 보인다.

그러므로 감각이 없으면 사실상 생명도 없고 의미도 없다. 그래서인지 독일어 'Sinn'은 '감각'과 '의미'라는 두 가지 뜻을 지니고 있다. 감각이 둔해질수록 신앙과 도덕과 생태적 행동이 둔해진다. 감각이 적어질수록 생명도 적어지며, 감각이 많아지고 예민해질수록 생명도 풍성해지고 활발해진다. 감각을 통한 느낌을 몸에 스쳐 흘려보내는 것으로 끝내는 경우가 많다. 그런 몸은 하늘에서 비가 내려도 흡수하지 못하고 순식간에 흘려보내는 사막 땅과 같다. 모세는 이스라엘 백성이 요단 강을 건너가 "차지할 땅은 산과 골짜기가 있어서 하늘에서 내리는 비를 흡수하는 땅"(신 11:11)이라고 말한다. 땅이 몸이라면 산과 골짜기는 몸의 열려 있는 감각이고 하늘에서 내리는 비는 하나님의 말씀이라 할 것이다. 우리는 살아 있는 감각을 통해 말씀을 느끼고 몸에 스미어들게 기다리면서 내버려두어야 한다. 감각을 상실하거나 무뎌진다는 것은 죽음을 의미한다. 성경에서 무감각은 죽음의 모형인 우상(idol)이다.

>이방 나라의 우상은
>금과 은으로 된 것이며,
>사람의 손으로 만든 것이다.

입이 있어도 말하지 못하고
눈이 있어도 볼 수 없으며,
귀가 있어도 듣지 못하고,
코가 있어도 냄새를 맡지 못하고,
손이 있어도 만지지 못하고,
발이 있어도 걷지 못하고,
목구멍이 있어도
작은 소리조차 내지 못하니라.
우상들을 만드는 사람이나
우상을 의지하는 사람은
모두 우상과 같이 되고 만다.

(시 115:4-8, 135:15 18; 신 4:28도 보라)

예수님의 영광을 본 요한은 이사야를 인용하여 무뎌진 감각을 탄식한다. "주님께서 그들의 눈을 멀게 하시고, 그들의 마음을 무디게 하셨다. 그것은 그들이 눈이 있어도 보지 못하게 하고, 마음으로 깨달아서 돌아서지 못하게 하여, 나에게 고침을 받지 못하게 하려는 것이다"(요 12:40). 고대교회의 수도원주의, 사막 수도승들의 등장과 함께 강조된 금욕생활은 감각의 억압이 아니라 사실 박해가 끝나고 기독교가 국교로 공인되면서 화려한 세상으로 올라온 교회의 무뎌진 감각을 정화하고 생명의 감각을 강화하자는 운동이었다. 예수께서는 올바른 금식의 태도에 대하여 "머리에 기름을 바르고, 낯을 씻어라"(마 6:17)라고 말씀하신다. 금식은 자기 자신을 겨냥한 싸움이 아니라 내적 자유와 기쁨을 위한 자신의 영적 감각을 벼리는 시간이며, 이로써 내적 아름다움(內美)이 두루 빛날 것임을 겨냥하는 말씀이다.

야훼 하나님은 지각하고 느끼시는 분이다. 그는 만물의 좋음(고움, 아름다움)을 향유하는 분이다(창 1장). 그는 석양이 질 무렵 에덴동산에 이는 산들바람을 느끼기 위해 거니시는 분이다(창 3:8). 그는 "고통받는 사람의 아픔을 가볍게 여기지 않으신다. 그들을 외면하지도 않으신다. 부르짖는 사람에게는 언제나 응답하여 주시는"(시 22:24) 분이다. 그분의 공감 능력은 매우 뛰어나다. 헤셸은 『예언자』에서 하나님의 열정(정념)과 동정(공감, sympathy)에 관해 말한다. 그는 예언자의 가장 근본적인 경험은 하나님의 느낌을 함께 나누는 것이라고 말하면서 자신이 '동정'이란 말을 종교적 범주로 사용한 최초의 인물일 것이라 자랑한다. 가령, 사람은 불의한 일(암 2:6-7)을 보고도 무감각할 수 있지만 하나님은 잠자코 있을 수가 없으시다. 그분에게는 심장이 있으므로 그 음성은 무시무시하다(암 8:7, 9-11).

모세가 단단한 바위를 쳐서 신선한 샘물이 쏟아져 나왔듯이 살아 있는 감각은 온몸으로 세상과 신선하고 생생하게 만나는 온 세계다. 세계는 우선 감각으로 만나는 세계라는 의미에서 그렇다. "나는 감각 속에서 되어지고 동시에 무엇인가가 감각 속에서 일어난다."4 '봄'의 만남, '들음'의 만남, '냄새 맡음'의 만남, '맛봄'의 만남, '만짐'(터치, 포옹)의 만남. 이 만남들은 한꺼번에 겹쳐 있고 하나로 섞여 있으며, 한없이 뭉쳐지며 하나로 통섭된다. 통섭적 작용 속에서 눈은 보고, 봄을 듣고, 봄을 냄새 맡고, 봄을 맛본다. 감각은 다채롭고 풍성하며, 구체적이고 생생한 나의 세상을 접하고 이해하고 소통하는 통로다. 그러므로 감각적인 것은 사유해야 하고 사유될 수 있는바, 그것은 내적으로 지도되거나 원리에 따라 지도되는 활동성과 함께 해소될 수 없는 비규정성을 사유한다.

토마스 아퀴나스는 "무감각은 악이며 사람이 자신의 감각을 거부하면 신성모독으로 나가는 경우가 많다"고 말했다. 악의 뿌리는 열정 속에, 고동치는 가슴 속에 있지 않고 오히려 굳어진 가슴에, 그 냉담과 무감각 속에 바위처럼 박혀 있다. 모세가 지팡이로 바위를 치자 그곳에서 물이 터져 나

---

4 G. 들뢰즈, 『감각의 논리』, 하태환 옮김(서울: 민음사, 1995), 63.

왔다(출 17:1-7). 바위는 우리 안에 있는 완고함과 경직성을 상징한다. "사람들의 마음이 차돌처럼 굳어져서, 만군의 주님께서, 이전 예언자들에게 당신의 영을 부어 전하게 하신 율법과 말씀을 듣지 않았다"(슥 7:12). 그러므로 죄란 물리적이며 정신적인 감수성(감각)의 마비이며 지독한 냄새의 감옥이기도 하다. 성경의 저자들은 감정이나 열정을 말소시키기는커녕 오히려 그것들을 위로부터 받은 영감으로, 더 높은 힘의 반영으로 생각한다.

경건주의자 프리드리히 외팅어(Friedrich Oetinger)는 "신체성은 하나님의 모든 사역의 활동과 목적이다"는 말을 남겼다. 20세기 초 프랑스의 위대한 시인 아르튀르 랭보는 시인답게 "모든 감각을 자유분방하게 해방시킴으로써 미지의 것에 도달하는 일이 제게는 중요합니다" 하고 과감하게 말한다. 싱그럽고 생동적인 것은 생생하고 청초한 감각에서 비롯된다. 신체성 곧 몸은 감각 덩어리다. 자기 자신을 느끼고 견디고 사랑하는 삶이 최초의 자기를 형성한다. 말씀이 육신이 되었다는 성육신의 진리는 하나님의 말씀이 응고된 개념과 딱딱한 관념이 되는 것이 아니라 말랑말랑한 물질이 되고 부드러운 감각이 된 살아 있는 신체, 체험된 신체라는 복음적 진리의 핵심을 선언하는 메시지이다. 말씀이 육신이 되었듯이 영적인 것을 감각적인 것으로 구현해내고 감각적인 것을 통해 영적인 것, 보이는 것을 통해 보이지 않는 것을 보는 것이 아이콘(icon)의 예술이고 기독교 미학의 근본 관심사이다. 우상은 보이지 않는 것을 감추지만 아이콘은 보이지 않는 것을 보이게 만든다.5 기독교 미학의 창조 과정은 생명의 체험 과정이다.

앞으로 기독교 신학은 신앙에서 망각되거나 주변화된 감각을 회복하고 섬세하게 다듬어 감각적 성성(聖性)의 새로운 미적 체험의 소통에 그 역량을 집중해야 한다. "나는 나의 율법을 그들의 가슴(감각) 속에 넣어 주며, 그들의 마음 판(감각)에 새겨 기록하여, 나는 그들의 하나님이 되고 그들은 나

---

5 Jean-Luc Marion, *God without Being: Hors Texte* (Chicago, London: University of Chicago Press, 1991), 106.

의 백성이 될 것이다. 나 주의 말이다"(렘 31:33). 호끈거리는 하나님 경험은 일반적 경험은 물론 마음 속 가장 깊이 숨겨져 있는 경험의 영역을 포함해야 한다. 우리의 감각 경험은 깊은 하나님 현존의 표지이다.

기독교 미학은 감각에 대한 새로운 사유에서 출발한다. 미학(Aesthetics)은 고대 그리스어로 '감각적 지각'을 뜻하는 '아이스테시스'(Aisthesis)를 어원으로 한다. 미학은 미와 순수예술에 한정되는 것이 아니라 신체적·물질적 실제를 탐구 대상으로 삼으며, 보기·듣기·냄새 맡기·맛보기·만지기 등의 신체의 감각중추를 통해 이루어지는 모든 인식 형태를 아우른다. 그러므로 기독교 미학은 기독교적 지각이론이라 할 것이다. 기독교 미학은 감각적인 것의 내적 원리와 규정할 수 없는 감각적인 것의 활동성을 은총과 신앙의 빛에서 사유하려는 시도이다. 기독교 미학은 자기 자신을 계시하는 하나님의 영광의 광휘를 다양한 인간의 상징체계를 통해 표현하는 학문이다. 미학은 단지 물리적 현상과 물리적 지각의 차원에 국한되지 않으며 예술적 행위를 통해 그 행위가 아니면 우리에게 감추어져 있을 어떤 다른 것을 보게 하고 경험하게 함으로써 사물의 표면 깊이로, 사물을 넘어 더욱 앞으로 나아가게 한다.

포이어바흐와 니체의 기독교 비판의 핵심은 기독교의 감각 상실에 있었다. 미래의 신학은 객관적 사고 뒤에 있는 경험을 되찾으며 감각의 회복을 통해 활력을 얻고 풍성해져야 한다. 이러한 학문 분야를 나는 '기독교 미학'이라 칭한다. 기독교 미학은 단순히 계시의 메시지를 지성적인 이해로만 만족하지 않고 의지와 감성을 통해 느끼고 움직이는 새로운 신학적 글쓰기이다.

하나님을 인간의 감각, 오감을 통해 분명히 보고(시각), 솔깃하게 듣고(청각), 화끈하게 맛보고(미각), 진하게 흠향하고(후각), 도탑게 감촉(피부감각)하는 것이란 무엇을 의미하는가? 마음이 깨끗한 자는 하나님을 볼 것이라는 산상수훈의 선언을 우리는 어떻게 이해해야 하는가? 인간의 오감은 하나님의 은총에 관여하여 안으로 내재화하고 밖으로 표현하는 수단이다. 하나님의 은총을 받은 인간은 성육신의 삶, 즉 영과 육이 본질적으로 결합된 주체로 살아간다. 신비주의자 클리마쿠스는 이렇게 말한다. "인간의 감각이 완전히 하나님과 일치할 때 하나님께서 말씀하신 것이 어떻게든 신비하게도 해명된다. 그러나 이러한 종류의 일치가 없는 곳에서는 하나님에 대하여 말하기가 지극히 어렵다." 마음이 청결한 자가 누리는 복은 그가 보는 곳마다, 그가 바라보는 것마다 하나님을 볼 수 있다는 것을 의미한다.

18세기 프랑스 철학자 콩디야크는 감각을 우리 인식의 유일한 기원이라고 했다. 합리주의자 데카르트는 감각이 절연된 암흑 상태에서도 스스로 발현되는 내부의 빛을 보았다. 그는 감각이 아닌 오직 지성만이 인식할 수 있다고 생각한다. "인식은 봄도 아니요, 감촉함도 아니요, 상상도 아니라, … 차라리 그것은 오로지 지성의 통찰이다."6 이에 반해 콩디야크는 캄캄하고 텅 빈 내부에 비쳐드는 외부의 빛을 감각에서 본다. 복음사가 요한의 태도는 유비적으로 콩디야크의 태도와 같다. 요한은 복음을 성육신으로 제시한다. 로고스가 육신이 된 사건이다. 로고스마저 감각적으로 소통한다. 오늘날 로고스는 감각적 표지인 로고로 소통된다.

> 이 생명의 말씀은 태초부터 계신 것이요, 우리가 들은 것이요, 우리가 눈으로 본 것이요, 우리가 지켜본 것이요, 우리가 손으로 만져본 것입니다. 이 생명이 나타나셨습니다. 우리는 그것을 보았습니다. 그래서 우리는 이 영원한 생명을 여러분에게 증언하고 선포합니다. 이 영원한 생명은 아버지와 함께 계셨는데, 우리에게 나타나셨습니다(요일 1:1-2).

요한은 생명의 말씀에 관하여 들은 바요(청각), 눈으로 본 것이요(시각), 지켜본 것이요, 손으로 만져본 것(촉각)이라고 해석한다.7 나는 이 구절을

---

6 데카르트, 『성찰』, II.12,55.

다음 시편과 함께 '감각 신학'을 위한 마그나 카르타(대헌장, *Magna Carta*)라고 생각해왔다.

너희는 여호와의 선하심을 맛보아 알지어다.
Taste and see that the LORD is good(시 34:8).

구약의 예언자 에스겔도 주께서 그에게 "보여 주는 모든 것을 눈으로 잘 보고, 귀로 잘 듣고, 마음에 새겨 두어야"(겔 40:4) 했다. 감각은 개방성을 요구한다. 우리가 자신 안에 폐쇄적이면 하나님의 선한 아름다움을 경험할 수 없다. 몸에는 오감(시각, 청각, 후각, 미각, 촉각)이 있다. 오감이 활발하게 살아 있을 때 몸도 활기차고 건강하며, 단지 생각과 행실의 주체로서의 인간이 아니라 삶을 깊은 느낌 속에서 살아가며 생생하게 활동하는 인간을 생각할 수 있다. 몸으로 성경과 만난다는 것은 오감으로 성경과 만난다는 것이고, 오감으로 신앙생활을 할 수 있다는 것이다. 감각은 몸에 속한 것이고 살아 있는 몸은 감각이 살아 있음으로 가능하다. 말씀이 육신(몸)이 되셨다는 성육신의 진리는 감각의 집합체인 몸을 통해 말씀이 형상화된다는 뜻이다.

하나님은 만물 안에서 자기를 알리고 만물에 사무치며 만물 안에서 빛을 밝혀 각각 독특하고 고유한 만물상으로 형태화하는, 절대적이며 근본적인 신비로서 인간에게 나타나신다. 존재하는 모든 것은 은총 안에서 하나님의 계시가 된다. 이런 방식으로 하나님을 체험하는 사람들에겐 이 창조세계가 신적이며 초월적인 실재를 투시하는 창이 된다. 세계가 신적 실재를 향하여 투명해짐으로써 세계를 하나님의 영 안에서 살아 있는 대상으로서 생생하게 경험한다. 이레네우스의 다음 말씀이 진리로 받아들여진다. "하나님 앞

---

7 Trevor Hart, "Through the Arts: Hearing, Seeing and Touching the Truth", *Beholding the Glory: Incarnation Through the Arts*, ed. by Jeremy Begbie (Grand Rapids, MI: Baker Book House Company, 2001), 1-26.

에서는 공허한 것이 없다. 모든 것은 하나님의 표징이다."

삶과 목회에서 받는 압력은 어마어마하며 요구는 점점 많아지지만 실제적 만족감은 반대로 줄어든다. 우리는 어떻게 복음의 창조적 생동성을 스스로 충만히 누리며 충분히 전할 수 있을까? 우리는 어떻게 하나님의 말씀에 대한 열정을 유지하고 그 말씀을 따르려 하며, 종종 믿음과 사랑에 무감각해지는 공동체에 영감을 불어넣을 수 있을까? 우리는 어디서 화육(化育)되며 힘을 얻을 수 있는가? 우리는 어떻게 영적 배고픔과 굶주림을 채울 수 있는가? 나는 이에 대한 대답으로 '살아 있는 영적 감각'[8]을 제시하고 싶다. 영적 감각은 신앙의 묘음(妙音)을 듣고 묘미(妙味)를 맛보는 감각의 영적 변형이다. 영적 감각론은 기독교 미학의 인식론이다. 릴케의 다음 시는 영적 감각을 가장 적확하게 표현한다고 생각한다.

> 내 눈을 감겨주소서
> 나는 당신을 볼 수 있습니다.
> 내 귀를 막아주소서
> 나는 당신의 소리를 들을 수 있습니다.
> 발이 없을지라도
> 나는 당신 곁에 갈 수 있습니다.
> 또한 입이 없어도
> 나는 당신에게 애원할 수 있습니다.
> 내 팔을 꺾어주소서
> 나는 당신을 마음으로 더듬어 품을 수 있습니다.
> 내 심장을 멈추어주소서

---

[8] Paul L. Gavrilyuk/Sarah Coakley(ed.), *The Spiritual Senses: Perceiving God in Western Christianity* (New York: Cambridge University Press, 2013); Mark McInroy, *Balthasar on the Spiritual Senses: Perceiving Splendour* (New York: Oxford University Press, 2014).

나의 뇌가 맥박칠 것입니다.
만일 나의 뇌에 불이라도 사른다면
나는 나의 피로써 당신을 운반할 것입니다.

— 라이너 마리아 릴케, 〈내 눈을 감겨 주소서〉 전문

영적 감각은 종교적 감정의 내적 활화산을 지피는 마그마와 같다. 내적 활화산은 우리 안에 살아 있는 성령의 삶이다. 하나님의 내적 불꽃은 영적 감각을 통해 켜지고 유지된다. 영적 감각이 활발해지면 "우리의 겉사람은 낡아지나 우리의 속사람은 날로 새로워진다"(고후 4:16). 우리는 굴뚝을 통해 밖으로 나오는 연기만을 볼 것이 아니라 안에서 타는 불꽃을 간직해야 한다. 영적 감각은 하나님의 마음에 합한 사람(행 13:22)이 되어가는 통로이다. 하나님의 사람이란 그리스도의 음성을 듣고, 그리스도의 아름다움을 보고, 그리스도의 향기를 흠향하고, 그리스도의 끝없는 자비하심을 맛보고, 육화된 하나님의 말씀을 만지는 사람이다. 예수님을 참으로 만난 그리스도인들은 세상이 완전히 달리보이기 시작했다고 고백한다. 그러나 반대로 종교적이라고 하는 사람들이 아무것도 새롭게 감지하지 못할 수도 있다. 나는 둘 사이의 분기점에 영적 감각이 있다고 생각한다. 영적 감각은 기독교 미학으로 들어가는 입구이며 길(방법)이다.

1. 시각과 신앙: 하나님을 봄(Visio Dei)

2017년 2월 23일(목) 아침, 작업하던 USB의 폴더 해당 파일이 다 망가지고 얼크러진 채 눈에 들어온다. 호흡이 왈카닥 정지하는 듯하다. 그동안 작업했던 아침묵상 등 여기저기 메모해둔 단상들이 순간 날아간 것이다. 정초부터 하루도 거르지 않고 써왔던 터라, 하루라도 빠트리는 것이 마음에

마땅치 않게 생각되어 마음을 추슬러 바로 잡고 글을 쓸까 하다가 기운도 안 나고 슬퍼지기도 해서 푹 쉬면서 오늘 하루는 생각 없이 지냈다. 큰일을 앞두고 몰려오는 스트레스 때문에 목과 어깨근육이 굳어 이만저만 아픈 것이 아닌데, 설상가상으로 이런 사고가 또 덮치니 순간 눈을 꽉 감은 채 아무 생각도 할 수 없었다.

그런데 산책하는 중 이런 생각이 떠오르는 것이다. 사고(事故)를 통해 나의 사고(思考)를 아예 멎게 하시고 이것도 저것도 할 수 없게 하는 허공을 주시고, 그 허공 속에 그냥 머물러 있게 하시니, 이것 또한 주님의 은총을 접(接)하는 통로라 생각되었다. 주님의 은총은 보지 못했던 것, 볼 수 없었던 것을 보게 하는 '마음의 눈', '내적인 눈', '영의 눈', 곧 "영적 감각"을 열어주신다.

그리스의 신적 로고스는 세계와의 관계에서 정적이며 높은 추상적 용어로써 그려진다. 이 로고스는 논리적 원칙을 통해 영원불변의 완전성을 추구하고 사물의 충만한 의미와 진리를 입증하려고 한다. 이 같은 로고스와의 관계에서 인간이 보일 수 있는 적합한 반응은 본질적으로 수동적으로 지적인 확인을 해주는 것이다. 예술과 관련된 놀이적 창조성이나 상상력이 이끄는 추동성은 사물의 논리적 구조에 대한 신적 저작권을 위협하는 명백한 도전으로 여겨진다.

그러나 성경에서 하나님의 말씀은 그리스의 로고스와 전적으로 다른 색조를 띤다. 성경의 말씀은 역사적 우연으로부터 거리를 두고 역사적 영역을 넘어 암시하는 것이라기보다는 세계와 세계의 역사 안에서 하나님의 활동 중 불쑥 나타나는 부름이고 세움이다. 그러므로 성경에 적합한 이미지는 추상적인 신적인 관념이 아니라 인간의 들음과 구체적 행위를 불러일으키는 하나님의 말씀하심이다. 성경의 말씀상은 논리적 원칙이 아니라 대화이며 인간은 대화의 파트너로서 육체성을 숨기지 않고 발휘하며 응답한다. 육체성의 생동감이 감각을 통해 나타나고 표현된다.

하나님이 주신 은사인 영적 감각은 인간의 마음 안에 촛불을 켜 인간의 내면만이 아니라 세계와 자연과 우주 안을 감싸고 있는 하나님의 참 선한 아름다움을 볼 수 있는 눈을 열어주고, 그 아름다움을 느끼고 사랑하고 표현하며 즐거워할 수 있는 감각이다. "주의 빛 안에서 우리가 빛을 보리이다"(시 36:9). 인간의 눈은 주님의 눈의 형상이다. 주님의 눈은 사태를 공평하게 살펴보는 눈(시 17:2)이고, 인간을 항상 지키시며 살펴주시는 눈이며(시 17: 8, 34:15), "주님을 경외하는 사람들을 살펴보시며, 한결같은 사랑을 사모하는 사람들을 살펴보시고, 그들의 목숨을 죽을 자리에서 건져내시고, 굶주릴 때에 살려 주시는"(시 33:18f) 눈이다.

영적 감각은 보이는 대상에 대한 지각기관이 아니라 "과거와 미래를 생각하는 감각"(전 3:11)으로서 "영원을 사모하는 마음"이다. 이 마음은 가톨릭신학 전통에서 말하는 하나님을 지향하는 내적 갈망(*Desiderium naturale*)에 해당한다. 모든 사람이 하나님을 향한 선천적인 욕망을 품고 있다는 뜻이다. 대 마카리우스는 영혼 속에 잠자던 영적 감각이 은총의 임함으로 눈 뜨게 되는 것에 대하여 다음과 같이 말한다.

> 육신의 눈보다 더 속 깊이 바라보는 눈이 있고, 육신의 귀보다 더 속 깊이 듣는 귀가 있다는 것을 누구나 알아야 합니다. 육신의 눈이 친구나 사랑하는 이의 얼굴을 시각으로 알아보듯이, 믿음이 깊은 영혼의 눈은 하나님의 빛을 통하여 영적으로 밝아지면 참된 친구이시며 무척 그립고 다정한 신랑이신 주님을 알아보게 됩니다. 성령의 빛이 내리비추인 영혼은 소망의 대상이며 무어라 말할 수 없는 유일한 아름다움을 마음의 눈으로 바라보면서 하나님에 대한 열렬한 사랑에 휩싸이게 됩니다. 그리하여 영혼은 성령의 온갖 미덕을 향해 일취월장(日就月將)하며 자신이 그리는 주님에 대한 끝없고 한결같은 사랑을 가지게 되는 것입니다(『마카리우스 설교집』 XXVIII.5, IV.7).

사람의 오감(五感) 중에서도 단연 뛰어난 것은 '시각'(봄, 응시)이다. 미각이나 촉각은 감각기관이 사물에 직접 닿지 않으면 대상을 알 수 없다. 청각과 후각이 미치는 거리도 몇 킬로미터를 넘지 못한다. 반면 시각은 찰나를 훑는가 하면, 멀리로는 우주를 가로질러 지구에서 200만 광년 떨어진 안드로메다 성운에 이른다. 봄은 지각의 가장 중요한 양상인데, 상상을 훈련하는 특별한 감각의 형식이다.

고대부터 본다는 것은 인식의 결정적 매개이자 지식의 근원이었다. 봄(I see)은 앎(I know)을 넘어서 생생하게 '살아 있음'과 같은 의미였다. 구약의 야훼는 말씀, 곧 들리는 존재였다. 그러나 신약에서 하나님은 인간 예수로 육화함으로써 '보이는 존재'가 됐다. "나를 본 사람은 아버지를 보았습니다"(요 14:9). 요한복음은 처음부터 봄을 강조한다. 세례 요한은 예수님을 보고 "보아라, 하나님의 어린 양이다"(1:29, 36)라고 말하고 예수님도 멈칫거리는 제자들에게 "와서 보아라"(1:39)라고 말씀한다. 정신분석에서 어린 아이가 자라면서 아이와 어머니 사이의 가장 중요하고 적절한 기본적인 상호작용이 시각적인 영역에 있다는 것은, 봄이 인간학적으로 원형적 의미가 있음을 시사한다.

본다는 것은 눈이 밝아진다는 것이다(창 3장; 요 9장). 눈을 뜨지 못했다는 것은 타인에게서뿐만 아니라 자신에게서 소외된 것이다. 눈을 뜬다는 것은 사물의 표면, 즉 물질성을 알게 된다는 것〔見, 示〕을 넘어 사물의 내면과 의미를 꿰뚫어 아는 것〔觀〕이고, 사물의 관련성을 깨달음〔察〕으로써 사물의 다채로움과 풍요함을 아는 것이다. 예수님의 사역 중 맹인의 눈을 뜨게 한 치유 기적(막 8:22-26, 10:46-52; 요 9:1-12)은 세상을 아름답게 가꾸어가는 아름다움의 신학을 알리는 복음의 모체다. 눈으로 본다는 것은 감각적 체험의 내용을 발견하고 교감하는 즐거움이다.

맹인의 눈을 뜨게 한 기적은 예수님 안에 육화하고 계시된 하나님의 참된 선함의 아름다움을 이해하게 하는 기초이다. 그는 신앙의 눈으로 바라보기를 원한다. 그는 고통 가운데서도 하나님을 바라보기를 원한다. 그는 자신의 삶 위에 열린 푸른 하늘을 바라보기 원한다. 고난 받는 이웃들, 자기 삶의 사건들, 자기 주변의 자연을 바라보면서 그 속에서 보이지 않는 것을 직관하는 사람이라야, 곧 모든 것 안에서 하나님을 바라보는 사람이라야 제대로 볼 수 있는 눈을 가졌다고 말할 수 있다.

기독교 신학의 전통에는 하나님의 말씀을 '들음'을 강조했던 전통과 나란히 하나님을 '보는' 전통이 있다. 나는 하나님을 보는 신앙 전통을 다시 기억하여 신앙의 감수성을 회복하고 연마하여, 신앙의 지고의 복(福)이 바로 '하나님을 봄'에 있음을 가르친 성경과 교부들의 전통을 오늘 한국 기독교에서 다시 보게 되었으면 좋겠다는 염원을 가지고 있다. 기독교 미술은 다시 부활해야 하며, 신앙생활과 예전 및 신학에서 상징 및 상징적 사고의 중요성이 힘껏 인식되어야 한다.

기독교를 청각 중심의 종교, 곧 '들음의 종교'로만 알고 있으나, 기독교는 시각, 곧 '봄의 종교'이기도 하다. 예수님의 사역도 보는 것에서 출발하여 말씀하는 것으로 이행한다. "예수께서 갈릴리 바닷가를 지나가시다가, 시몬과 그의 동생 안드레가 바다에서 그물을 던지고 있는 것을 보셨다. 그들은 어부였다. 예수께서 그들에게 말씀하셨다"(막 1:16-17). 예수께서는 감옥에 갇힌 세례 요한의 제자들이 찾아왔을 때, "너희가 보고 들은 것을 가서 요한에게 알려라"(눅 7:22)라고 말씀한다. 예수님의 여러 사역 중 "눈 먼 사람이 다시 본" 사건이 제일 먼저 언급된다. 다시 눈을 떠 자기를 내어주는 예수님의 사랑 안에 육화된 하나님을 보는 것은 그리스도인의 현재적 경험이며 종말론적 희망이다. "우리가 지금은 거울로 보는 것 같이 희미하나 그 때에는 얼굴과 얼굴을 대하여 볼 것이다"(고전 13:12).

기독교 신앙은 인간 역사에 나타난 하나님의 구원하고 변형하는 사랑의 아름다움을 보는 것이다. 선교신학자 테오 순더마이어는 우리가 처한 현실을 다음과 같이 비관적으로 진단한다. "우리 시대는 두 개의 긴장관계 속에 있다. 하나는 말의 인플레이션으로서 말을 뒤에서 들리는 소음으로 전락시키는 것이고, 또 다른 긴장은 작품들이 지나치게 과도하게 쏟아져 나옴으로써 사람들이 순수한 느낌에 무감각해진다는 것이다. … 누구도 이 딜레마로부터 벗어날 수 없는 것 같다." 그러면서 그는 "'하나님의 위대한 행동'을 볼 수 있는 눈과 생명을 주는 성서의 말씀을 들을 수 있는 귀를 가지고 있지 않다면 신앙도 깊이 위협을 받는다"[9]고 신적 실재를 볼 수 있는 눈과 들을 수 있는 귀를 요청하고 있다.

기독교 신앙과 신학에서 '하나님을 봄', '하나님의 직시(直視)'의 전통을 되살리는 것이 어려운 것만은 아니다. 구약의 야곱은 천사와 씨름하고 환도뼈를 다친 뒤에 이렇게 말한다. "나는 하나님을 얼굴과 얼굴을 맞대고 보았다. 그리하여 구원을 얻었다"(창 32:30). 욥은 통절한 고통의 질문과 고난뿐 아니라 친구들의 고발 이후에 얻은 오묘한 깨달음을 통해 주님에 대하여 더 이상 귀로 듣지 않고 주님을 직접 본다고 고백한다. "주님이 어떤 분이시라는 것을, 지금까지는 제가 귀로만 들었습니다. 그러나 이제는 제가 제 눈으로 주님을 뵙습니다"(욥 42:5). 욥은 남들이 가르쳐주어 귀로 들은 기도문의 하나님을 태워버리고 형언할 수 없는 두려움 속에서 영원하신 하나님을 직접 눈으로 본다. 직접 눈으로 본 하나님은 신명기적 신관, 의로움을 보상하고 불의를 벌주는 신이거나 혹은 그 반대의 도덕적 허무주의를 조장하는 신이 아니라 선악을 넘어서 그 자체로서 존재의 이유를 입증하는, "여전히 자기의 온전함을 굳게 지키는"(욥 2:3) 초월적 가치이다.

하나님의 '말씀을 들음'은 아직 도착하지 않은, 그러나 곧 도래할 살아 계신 하나님의 영광, 하나님의 '아름다움을 보는 것'을 지향한다. 영광의 아름다운 하나님을 봄에 대한 희망은 그리스적인 것만이 아니라 이스라엘에 기원을 둔 종말론적 희망에 뿌리를 두고 있다. 그때가 되면 아무도 다른 사

---

9 테오 순더마이어, 『미술과 신학』, 채수일 엮어옮김 (오산: 한신대학교출판부, 2007), 240f.

람에게 하나님을 가르칠 필요가 없는 때를 말한다. 모든 사람이 얼굴과 얼굴을 맞대고 직접 그가 누구인지 보게 될 것이기 때문이다.

그 때에는 이웃이나 동포끼리 서로 '너는 주님을 알아라' 하지 않을 것이니, 이것은 작은 사람에서 큰 사람에 이르기까지, 그들이 모두 나를 알(볼) 것이기 때문이다(렘 31:34).

예수께서는 산상수훈에서 마음이 깨끗한 사람은 하나님을 볼 것이라고 약속하신다(마 5:8). 예수님의 치유 이적들 중에서 보는 것, 보게 하는 것은 매우 중요하다. 벳새다 맹인이 모든 것을 밝히 보게 된 것처럼(막 8:22-26) 눈먼 제자들이 참으로 눈을 뜨게 되는 치유는 예수님의 죽음을 통해서 이루어지고(막 8:31-32), 그다음으로 예수님의 부활을 통하여 이루어진다(막 9:9). 바울의 케리그마는 자신을 보이신(ὤφθη, 고전 15:5-8) 부활하신 예수님을 본(ἑόρακα) 믿음에서 출발한다(고전 9:1). 요한은 생명의 말씀을 눈으로 본 것이요, 지켜본 것이요, 손으로 만져본 것이라고 응답한다(요일 1:1). 하나님의 영광을 통한 인간의 영화는 하나님 자신이 나타날 때 실현될 종말론적 희망이다.

이제 우리는 하나님의 자녀입니다. 앞으로 우리가 어떻게 될지는 아직 밝혀지지 않았습니다만, 그리스도께서 나타나시면, 우리도 그와 같이 될 것임을 압니다. 그 때에 우리가 그를 참모습대로 뵙게 될 것이기 때문입니다(요일 3:2).

기독교 신앙의 그지없는 갈망은 하나님의 참된 아름다움과 영광과 풍요로움을 맛보는 환희에 있다. 이콘(성화) 공경의 신학적 토대를 놓은 다마스커스의 성 요한의 말을 되새긴다. "육신의 본성과 두터움과 형태와 색깔을 취하신 육신이 되신 하나님, 바로 그분이다. 이렇게(성화를 그리고 공경)할 때 우리는 잘못을 행하는 것이 아니니, 그것은 그분의 모습을 너무나도 보고 싶어 하기 때문이다." 그리스도인은 이 참된 선하신 아름다움을 더욱 한껏 맛보고 싶은 크나큰 소망으로 가슴이 부풀게 된다. 정교인들은 이콘에 사랑의 달콤한 키스를 바친다. 기독교 신학은 신앙을 그리스도의 말씀에만 결부시켜 생각해왔다. 그러나 나는 기독교 신앙이 하나님의 말씀(logos)을 머리로 듣고 아는 것(noesis)에 그치는 것이 아니라 하나님의 아름다움을 지각(aisthesis)하고 경험하며, 하나님의 참 선한 아름다움을 보는 배움의 길에서 완전에 이르게 된다고 믿는다.

기독교 신앙의 감각은 하나님의 참 선한 아름다움을 보는 환희와 열락이다. 아름다움이 없는 신앙과 신앙생활이 이론적으로 가능할지 모르겠으나 얼마나 건조하고 지루하겠는가? 그러므로 신앙의 지밀(至密)한 방은 사랑 안에서 하나님을 봄이며 하나님을 즐김으로써 빛이 나는 생의 미려(美麗)함을 경험하는 것이다. 기독교 신앙은 "새벽처럼 밝고, 보름달처럼 훤하고, 해처럼 눈부신 너의 모습을 우리가 좀 볼 수 있게 돌아오너라, 돌아오너라"(아 6:10, 13) 기원하며 바라는 신앙이다. 성서는 지적 지식과 영적 감각을 분리하지 않는 통전적 배움의 길이다. 영적 감각을 통해 얻어진 지식이 더욱 생동적이며 진리에 가까움을 성서는 말한다.

기독교의 오래된 전통인 동방교회는 '봄의 신앙'이다. 라파엘로의 그림 〈그리스도의 변모〉 이콘(성화상)에서 정교회의 특징이 잘 나타난다. 정교회는 빛이신 그리스도를 형태(idea, icon)로 받아들인다. 이콘에서 왼쪽에 앉은 요한은 변모된 그리스도에게서 나오는 빛(영광)을 바라본다. 봄의 상호응시가 일어난다. 봄의 목표는 얼굴을 마주하고 바라보는 것이다. 거룩한 빛이 영혼뿐 아니라 육신 안으로 가득 스미어든다. 이때 형태는 영광의 기운을 품는다.

주께서 산으로 올라가시어 하늘나라의 영광과 무한한 빛으로 변모하셨을 때 주님의 몸이 영광스럽게 빛났듯이 성인들의 몸도 영광으로 가득하고 번갯불처럼 빛나는 것입니다. 그리스도 안에 있던 영광이 몸 밖으로 퍼지고 반짝인 것과 같이 성인들도 그날이 오면 마음속에 있는 그리스도의 권능이 그들의 몸 밖으로 넘쳐흐르게 될 것입니다(『마카리우스 설교집』, XV.38, XX.3).

하나님의 눈과 인간의 눈이 마치 어린아이와 엄마 아빠의 눈이 마주보는 것처럼, 연인의 눈이 보는 것처럼 서로 마주본다. "그대의 눈이 나를 사로잡으니, 그대의 눈을 나에게 돌려 다오"(아 6:5). 정교회는 요한의 신앙을 계승한다. 정교회는 봄의 신앙이다. 정교회의 신학은 응시, 곧 봄, 정신을 바짝 차리고 사랑의 눈으로 또렷이 바라보는 봄의 신학이다. 응시라는 말은 정교회 영성의 핵심을 찌르는 말이다.

정교회 전통에서 로고스, 우주적 그리스도의 성육신에서 신성이 인간의 몸으로 하강한다는 것은 그의 궁극적 목적과 결과로서 인간에게 힘을 북돋는 것이며, 그래서 신의 성품에 참여하는 데 부족함이 없는 자가 되는 것이다(벧후 1:4). 〈그리스도의 변모〉 이콘은 신의 성품에 참여를 기대하는 것이며 성육신을 통해 인성의 신성화가 이루어진다고 본다.

정교회의 신학적 신념은 "우리가 무엇을 믿는가를 묻기보다는 어떻게 예배해야 하는가를 묻는 편이 나을 것이다"라는 답변에서 그 특징이 나타난다. 그들은 우리가 믿는 것을 사도신경 같은 교리를 통해 먼저 말하지 않는다. 그들은 믿음의 본질을 언어에 의한 이성적 설명을 통해서 배워지는 것이 아니라 아름다운 성찬 예배에 참여함으로써 익혀진다고 여긴다.

총대주교 셀레스틴 1세(422~432)의 다음 말은 정교회의 신앙을 간결하면서도 분명하게 표현하고 있다. "우리가 예배하는 것처럼 우리는 그렇게 믿으며 또한 그렇게 살 것입니다"(As We Worship, So we will Believe and so we will Live = *Lex orandi est Lex credendi et agendi*).

2. 청각과 신앙: 믿음은 들음에서 나며

동방정교회가 하나님의 영광을 '봄'을 강조한 반면 서방교회(가톨릭과 개신교)는 그리스도의 말씀을 '들음'을 강조한다. 서방교회는 십자가에 달리신 로고스를 강조하고 그리스도를 말씀(*verbum*)으로 받아들인다. 정교회 교부들이 이콘을 통해 그리스도의 얼굴을 바라봄에 초점을 둔 반면, 서방 영성의 기조를 마련한 성 베네딕투스(베네딕트)는 무엇보다 먼저 들으라고 권고한다. 르네상스기 이탈리아 시에나에서 활동한 두초의 변모 그림에서 제자들은 말씀을 들고 선포하시는 그리스도의 말씀을 바로 앉아 열심히 듣는다. "하나님께서 무엇을 말씀하시든지, 내가 듣겠습니다"(시 85:8). 이 세상에서의 하나님의 만남과 접촉(contact with God)은 설교를 통해 선포된 말씀을 마음으로 듣는 데서부터 시작된다. 야훼 하나님은 나의 간구와 나의 부르짖음을 당신의 귀로 듣는 분이다(시 18:6, 102:2).

가톨릭과 개신교, 특히 개신교회는 바울적 교회, 말씀의 교회이고 말씀을 들음과 말씀을 말함(말로 전함)의 교회이다. 교회의 중앙에 말씀을 전하는 강대상이 배치된다. 출애굽 후 이스라엘 백성은 야훼의 말씀을 듣는 공동체로 자리매김한다. 주님은 형상을 통해서가 아니라 불길 속에서 말씀하신다(신 4장). "이스라엘아 들으라 שמע ישראל, 쉐마 이스라엘"(신 6:4). 이스라엘은 하나님의 말씀을 들음으로써 하나님은 그들의 주님이 되고 이스라엘은 하나님의 백성이 된다. 교회는 "순종이 제사보다 낫고 듣는 것이 숫양의 기름보다 나음"(삼상 15:22)을 가르쳤고 '믿음은 들음에서 나며'(*fides ex auditu*) '들음은 그리스도를 전하는 말씀에서 비롯됨'(롬 10:17)을 강조하는 전통 속에 있다. 교회에서는 접대하기 위해 여러 가지 일로 분주하게 일하는 마르다보다는 예수님 발 곁에 앉아서 떠나지 않고 말씀을 경청했던 마리아를 더 칭송한다(눅 10:38-42).

기독교는 시각보다 청각 중심의 신앙생활을 강조해왔다. 시각이 청각에 밀려나 있는 느낌이다. 예배에서는 시종일관 말씀을 듣고 찬양을 듣는다. 교회의 예술도 시작 중심의 조각은 우상숭배로 여겨 모두 타파되었고, 회화도 신앙생활과 예배에는 사용될 수 없고 단지 교육용으로 간간히 쓰일 뿐이다. 과거에는 교회가 곧 갤러리였으나 지금은 성화를 보기 위해서 갤러리에 가야 한다.

시각은 공간을 중시하고 청각은 시간과 역사와 연관된다. 기독교는 공간 중심의 종교를 이방인의 종교라고 생각했고, 출애굽과 예언자들의 역사와 예수 그리스도에 의한 구속사를 중심으로 시간과 역사의식을 발양시켰다. 개신교회에서도 공간예술이라 하는 미술 분야는 자리가 없지만 시간예술이라고 하는 음악은 여전히 활발하다. 음악가 중에 성가대 출신 아닌 사람이 없을 정도다. 오랫동안 "약속의 하나님은 역사의식을 주지만, 사물에 현현하는 하나님은 자연을 경배하게 한다"는 명제에 익숙해 있다. 그러나 이 명제는 다음과 같이 수정되어야 한다. "역사의식을 준 약속의 하나님은 사물에 현존하는 하나님 경험을 통해 그 약속이 창조 안에서 꼴을 갖춘다."

들음은 하나님께 향해 있는 경청의 자세를 의미한다. 말씀은 공중에서 울리는 목소리와 다르다. "들을 귀 있는 자는 들으라"(막 4:23). 복음이 말씀이라고 불린 이유는 영혼이 들을 귀를 가지게 될 것이기 때문이다. 모든 사람이 자신이 말하려고 하지 타인의 말을 귀 기울여 들으려고 하지 않는 시대에 정현종 시인의 다음 시(詩)는 입만 열리고 귀는 막혀 있는 기(氣)막힌 세상을 향해 경종을 울린다.

불행의 대부분은
경청할 줄 몰라서 그렇게 되는 듯.
비극의 대부분은
경청하지 않아서 그렇게 되는 듯.
아, 오늘날처럼

경청이 필요한 때는 없는 듯.
대통령이든 신(神)이든
어른이든 애이든
아저씨든 아줌마든
무슨 소리이든지 간에
내 안팎의 소리를 경청할 줄 알면
세상이 조금은 좋아질 듯.
모든 귀가 막혀 있어
우리의 행성은 캄캄하고
기가 막혀
죽어가고 있는 듯.
그게 무슨 소리이든지 간에,
제 이를 닦는 소리라고 하더라도,
그걸 경청할 때
지평선과 우주를 관통하는
한 고요 속에
세계는 행여나
한 송이 꽃 필 듯.

— 정현종, 〈경청〉 전문

아우구스티누스가 회심한 계기도 계시처럼 임한 말씀을 들고 읽으라는 소리를 경청한 결과였다는 이야기는 아주 유명하다. 계속 노래로 반복되었던 말은 "들고 읽으라, 들고 읽으라"(*Tolle lege, Tolle lege*)는 것이었다.

나는 흘러나오는 눈물을 그치고 일어섰습니다. … 나는 그 소리를 성서를 펴서 첫눈에 들어 온 곳을 읽으라 하신 하나님이 나에게 주신 명령으로밖에 생각할 수 없었습니다(롬 13:13-14). … 그 구절을 읽은 후 즉시 확실성의 빛이 내 마음에 들어와 의심의 모든 어두운 그림자를 몰아내었습니다(『고백록』, IX, 12.29).

말씀을 강조하는 서방 기독교인들은 말씀을 듣고 읽는 훈련에서 신앙을 배우고 신학을 도서관의 책으로부터 배우는 경향이 있는 반면, 정교회 신자들은 특별히 교회에서 베풀어지는 예전(성찬 예배)과 예배로부터 신앙과 신학을 배운다.

나는 루터의 비텐베르크와 말씀 선포로 대변되는 바울의 청각적인 서방교회와 앞서 말한 정교회의 성지 아토스 산의 관상적 기도와 성찬 예배로 대변되는 요한의 정교회 사이에 신앙의 교류와 새로운 통합이 필요하다고 생각한다. 기독교 신앙은 그리스도의 말씀에 해당하는 깃믿이 아니라 "하나님의 선하심을 맛보아 아는 것"(시 34:8)에도 해당하는 것이기 때문이다.

기독교 서방은 오랫동안 미적 체험이야말로 신앙의 본질적 체험임을 소홀히 여기거나 망각하고 있었다. 정교회는 말씀의 계시를 더욱 중시해야 하고 서방교회 특히 개신교는 미학을 더욱 중시해야 한다. 그래야 복음이 강박적 도덕주의의 틀에서 벗어나 '진리의 자유'(요 8:32)와 '넘치는 생명'(요 10:10)을 증거할 수 있다.

수년 전 장신대 총장을 지낸 김명룡 박사가 예술신학 박사학위 논문 부심을 부탁한 적이 있다. 심사 후에 자신이 서울대학교에서 영문학을 공부했는데 1학년 때 한 교수가 영국의 청교도주의가 영문학과 예술의 발달에 치명적인 악영향을 주었다고 말해 너무나 경악했다는 경험을 들었다. 자신은 고등학교 시절까지 교회에서 청교도주의를 신앙의 핵심이요 전부로 알아왔기 때문이라고 말하면서 교회 안에서 굳어진 식견을 벗어나는 데 오랜 시간이 걸렸다고 했다. 미술 작품은 말 못하는 우상에 불과하다는 〈하이델베르크 교리문답〉의 영향이 아닌가 생각한다. 이 편협하고 고루한 견해는 참으로 유감이지만, 오늘날 진지하게 반박할 필요는 없을 것이다. 사실 예술 활동을 하는 많은 사람들이 개인적으로 신앙인이지만 그 신앙이 자신의 예술 활동의 장애가 아니라 적극적이며 창조적인 영향을 주며 예술과 신앙이 상응하는 지평을 넓힐 필요성이 크다.

말씀을 듣고 주님의 얼굴을 봄은 아우구스티누스 이후 성인들이 추구한 변함없는 신앙의 넓은 길이다.

"나로 하여금 그 말씀을 듣게 하소서. 오, 주님, 내 마음의 귀가 당신의 면전에 있사오니 내 귀를 열어 주소서."

이렇게 '들음'으로 시작한 기도문은 주님을 '봄'을 향하여 나아간다.

"내가 당신의 얼굴을 봄으로 내 육신이 죽게 된다고 할지라도 내(내 영혼)가 살기 위하여 당신의 얼굴을 뵙고자 하옵니다"(『고백록』, I,5.5; 49).

주님의 말씀을 듣고 주님의 얼굴을 봄은 이스라엘의 출애굽 공동체가 처음부터 토라를 듣고 준수해야 하는 말씀 공동체이면서 동시에 하나님의 영광을 보는 예배 공동체였다는 것에서도 확인된다. 개신교회는 예술의 장르 중 듣는 분야인 음악과 종교적 시에서 괄목할 만한 성취를 이루었다. 그러나 개신교의 회화에 대한 멸시는 신학적으로 유지할 수 없고 실천적으로 후회스럽다. 종교적 춤과 종교적 놀이가 동시에 중요한 것처럼 듣는 것과 보는 것은 동시에 중요하다. 말씀은 인간의 언어를 통해서뿐 아니라 가시적인 것을 통해서도 전달된다.

후기 중세기부터 눈의 강조에서 귀의 강조로 전환하기 시작했다. 그러나 둘은 균형을 이루어야 하며 눈이 귀보다 강렬하다. 신학자 몰트만은 종말론적 '하나님을 봄'에 관해 이렇게 말한다. "사람이 종말론적으로 하나님을 닮는다는 것은 하나님을 본다는 개념 속에 숨어 있다. 왜냐하면 얼굴로 보는 것과 있는 바 그대로의 하나님을 본다는 것은 보는 사람을 보여지는 자로 변화시키며 보여지는 자의 삶과 아름다움에 참여하기 때문이다. 신적 본성에의 참여와 충만한 '유사성'으로 발전한 하나님에 대한 '상응'은 사람에게 약속된 영화의 특징을 나타낸다."

3. 후각과 신앙: 그리스도의 조각 향기

앞서 시각 및 청각과 신앙을 관련지어 성찰했다. 이제 후각(냄새)과 관련해 생각해보자. 그 전에 다시 한번 육체의 오감과 하나님에 대한 신앙을 관련지어 말할 수 있는가, 여전히 의문이 가시지 않을 수 있다. 육체는 영이신 하나님을 알 수 없을뿐더러 오히려 방해하고 때로는 역행한다는 오랜 관념 때문이다. 그런데 이런 예상과 달리 정말 많은 영성가들과 사상가들은 육체의 오감의 유비를 통해 하나님 사랑을 더욱 직접적이고 깊고 강렬하며, 진하고 충만하며, 생생하고 다채롭게 표현했다.

그 감각을 '내적 감각', '마음의 감각', '영적 감각'(spiritual senses)이라 칭한다. 영적 감각이란 육체의 감각과 별도로 인간의 몸에서 찾을 수 있는 것이 아니라 하나님의 실재를 느끼고 교감하는 은총으로 주어지는 감각을 말한다. 따라서 신적 실재(divine reality)를 부정하는 사람들에게는 있을 수 없는 감각이다. 그래서 이 감각은 은총의 수용을 통해, 믿음을 통해, 세례를 통해, 거듭난 후에, 성령의 역사를 통해, 새 창조 후에, 성찬 등 은총의 수단(기도, 자선, 예배 등)의 참여를 통해, 영적 덕을 닦고 쌓은 후에야 생기는 감각이라고 설명한다.

육체적 오감을 통해 신앙을 표현하고 하나님과 교감한 예들이 많으나 그중 유명한 아우구스티누스의 글에서 찾아보겠다. 우선 하나님은 인간이 욕구하는 물질이 아니다.

하나님은 빵이 아니다. 하나님은 물도 아니다. 하나님은 빛도 아니다. 하나님은 옷도 아니고 집도 아니다. 이 모든 것은 가시적이고 개별적이다.

그러나 하나님은 당신을 위하여 모든 것이며, 우리는 모든 것 안에서 하나님을 만날 수 있다.

당신이 배고프면 하나님은 당신을 위한 빵이다. 만일 당신이 목마르면 하나님은 당신을 위한 물이다. 만일 당신이 어둠 속에 있다면 하나님은 당신을 위한 빛이다. 하나님은 부패하지 않는 분이시기 때문이다. 만일 당신이 헐벗었다면 하나님은 당신을 불멸성으로 입히는 옷이다. 썩어질 몸(corruptible body)이 썩지 않을(incorruption) 옷을 입고 죽을 몸(mortal body)이 죽지 않을(immortality) 옷을 입는다.

다음 회심의 경험을 고백하는 듯한 표현에는 더욱 구체적으로 하나님과 육체의 오감이 결부되어 언술된다.

그래도 당신은 부르시고 소리 질러 귀머거리 된 내 귀(청각)를 열어주셨습니다. 또한 당신은 당신의 빛을 나에게 번쩍 비추어 내 눈(시각)의 어둠을 쫓아 버렸습니다. 당신이 당신의 향기를 내 주위에 풍기시매 나는 그 향기(후각)를 맡고서 이제 당신을 더욱 갈망하고 있습니다. 나는 당신을 맛보고는(미각) 이제 당신에 굶주리고 목말라하고 있습니다. 당신이 나를 한번 만져 주시매(촉각), 나는 불이 붙어 당신이 주시는 평안을 애타게 그리워하고 있습니다(『고백록』, X권에서. 괄호 안의 문자는 필자가 추가).

오감 중에 시각과 청각을 '원격감각'이라 한다. 그중 시각은 대상과 거리를 두지 않으면 작동하지 않는 원격감각이다. 시각은 나머지 감각들을 멀리서 조종하고 제압한다. 보기 위해 듣기, 냄새 맡기, 맛보기, 만지기는 이차적 기능으로 밀려난다. 그렇기 때문에 시각은 태생적으로 패권적이다.

대상과 가까이 하거나 밀착하지 않으면 지각할 수 없는 후각, 미각, 촉각 등은 '근접감각'이다. 이 감각은 산업자본주의가 기승을 부리는 동안 퇴화하거나 왜곡되었다. 바울은 시각 중심의 패권주의를 예견이나 한 듯이 이렇게 경고한다. "온몸이 다 눈이라면, 어떻게 듣겠습니까? 또 온몸이 다 귀라면, 어떻게 냄새를 맡겠습니까?"(고전 12:17).

감각은 지금 과잉과 결핍이라는 양극화에 시달리고 있다. 시각 일변도에 내해 후각, 미각, 촉각을 온전히 인정해주는 것이 인간의 몸을 건강하게 되찾는 길이다. 몸의 치유도 정확하게 감각의 치유, 감각의 복원에 달려 있다.

하나님 사랑을 '후각'에 비유하여 말한 곳은 구약의 아가서가 가장 많고 유명하다.

> 그리워라
> 뜨거운 임의 입술,
> 포도주보다 달콤한 임의 사랑.
> 임의 향내, 그지없이 싱그럽고
> 임의 이름, 따라놓은 향수 같아
> 아가씨들이 사랑한다오(아가 1:1-3).

> 저기 사막에서 올라오는 분은 누구신가?
> 연기 치솟듯이 올라오시네
> 몰약과 유향 냄새 풍기며
> 상인들이 사고 파는 온갖 향수의 냄새를 풍기며

보아라, 솔로몬이 가마를 타고 오신다(아가 3:6-7).

다음 시문은 그 표현의 절정이다.

나의 누이, 나의 신부여
나는 넋을 잃었다
그대 눈짓 한번에
그대 목걸이 하나에
나는 넋을 잃고 말았다
나의 누이, 나의 신부여
그대 사랑 아름다워라
그대 사랑 포도주보다 달아라
그대가 풍기는 향내보다
더 향기로운 향수가 어디 있으랴!
나의 신부여!
그대 입술에선 꿀이 흐르고
혓바닥 밑에는 꿀과 젖이 괴었구나
옷에서 풍기는 향내는
정녕 레바논의 향기로다(아가 4:9-11).

신약에 후각(smell)과 관련하여, 향유를 담은 옥합을 깨 예수의 발에 향유를 바른 한 여자(막달라 마리아라고도 함)의 이야기가 아가서 이상으로 적합하다(눅 7:37-50). 요한복음에는 온 집 안에 향유 냄새가 가득 찼다(the house was filled with the fragrance of the perfume, 요 12:3)고 추가한다. 신비주의 전통은 요한의 이러한 시각을 '하나님의 달콤함'(dulceo dei)의 전통에서 계속 전개한다. 하나님께서는 인간이 당신을 체험하고 느끼게 하신다. 인간의 영혼 안에 있는 하나님의 흔적은 향기, 새로운 맛, 달콤함과 기쁨이다.

마가와 누가에 따르면 그 행위를 본 다른 사람들(가룟 유다〔요한복음〕)이 그 향유를 돈으로 계산하여 가난한 사람을 돕는 일에 쓰면 좋았을 텐데 고액을 낭비한다고 나무란다. 유다는 마리아의 엄청난 사랑을 이해하지 못한다. 그는 우리를 위하여 수난당하시는 예수님의 사랑의 신비를 느낄 수 있는 신앙의 감각이 없다. 그는 모든 것을 매매의 관점에서만 바라본다. 인간의 인격과 사랑은 시장의 가격에 의해 결정되는 것이 아니라 시장에서 "돈이 살 수 없는 것들"(마이클 샌들)에 의해 완성된다. 진화생물학은 생명체가 먹이 사냥과 번식을 잘 할 수 있는 방향으로 유전자가 선택되었다고 주장한다. 그러나 수컷 공작의 경우 그 아름다운 깃은 먹이 수집은 물론이고 자기보호에도 장애가 된다. 그럼에도 고비용을 치르면서 이러한 방향으로 진화한 것에 대해 학자들은 암컷을 유혹하기 위한 '성(性)' 선택으로 설명한다.

하나님께 대한 사랑은 수컷 공작의 성(性) 선택과 비교할 수 없는 고비용과 헌신을 바친다. 그것은 자기비움과 자기희생이라는 사랑의 고비용이다. 인간은 대개 보통의 상식적 모습으로 살아가지만 야만적일수도 있고 정반대로 성스러울 수도 있다. 보통의 인간에게는 자기를 지키기 위해 '자기방어 기제'(프로이트)가 본능적으로 작동한다지만 그와 반대인 자기비움과 자기내어줌의 선택도 할 수 있는 것이 또한 인간이다. 이 행위를 우리는 여기서 "'아름다움〔美〕'의 선택" 혹은 "'성(聖)'선택"이라 칭하고자 한다.

옥합이 깨뜨려졌을 때 나르드 향유가 쏟아져 짙은 향기를 발했는데, 이것은 하나님의 자기비움(kenosis)과 그리스도의 향기를 의미하며, 말씀의 향기를 맡는 코와 그리스도의 향기(고후 2:15)를 맡을 수 있는 후각이 생겼기 때문에 가능한 일이다. 모든 사람이 이러한 감각에 열려 있는 것은 아니지만 최고의 완전은 그리스도의 삶과 일치하기 위해 자기 몸에 해당하는 옥합을 깨뜨려 비우고 쏟아져 바닥에서부터 너울너울 춤을 추며 일어나 너와 나 그리고 우리를 감싸는 조각 향기 속에서 실현된다.

바울은 고린도후서에서 이러한 지식을 "그리스도를 아는 지식의 향기"로 이러한 사람들을 "하나님께 바치는 그리스도의 향기"(we are to God the aroma of Christ)요 "생명의 향기"(the fragrance of life) 등으로 고혹적으로 표현했다(고후 2:14-16).

> 오, 주님, … 당신의 향기를 우리에게 풍기사 우리의 즐거움이 되어 주소서, 우리로 하여금 사랑하게 하시고, 달려가게 하소서(『고백록』, VIII,4,9; 252).

4. 미각과 신앙: 주님의 선하심을 맛보아 알지어다!

아리스토텔레스 이래 서양철학과 신학은 인간의 감각을 시각 〉 청각 〉 후각 〉 미각 〉 촉각 순으로 그 중요성과 우선순위를 정했다. 그 기준은 대상(사물)을 멀리서도 관조할 수 있는 시각 중심의 지성적 진리관(*intellectus*)을 중심으로 세워나갔기 때문이다. 뒤로 갈수록 점점 육체에 친근하기 때문에 진리 인식을 더욱 방해한다고 생각했다. 그런데 이 순서를 뒤바꾼 사람들이 중세의 신학자이며 특히 신비주의 사상가들이다. 정말 놀라운 일이다.

중세에는 신앙과 신학이 참으로 다양하고 무성하게 발양하고 자랐다. 수도원을 중심으로 수도원 신학(monastics)과 수덕(修德) 신학(ascetics, 오늘날 영성신학이라 불림)이, 대학을 중심으로 스콜라 신학(scholastics)과 영성이 그리고 남녀 수도원 안에서 신비신학(mystics)과 영성이 발전했다.

수도원 영성가들과 신비사상가들은 대상을 가까이서 느끼고 체험하길 원한다. 여기서 대상은 물론 하나님과 신성한 것들이다. 그들은 대상을 지성을 통해 간접적으로 추론하거나 추상적으로 아는 것에 만족하지 않고 직접적으로 알고 체험하길 원한다. 그들은 대상에 가까이 접근할 수 있는 방법은 보기(시각)나 듣기(청각)가 아니라고 생각한다. 시각과 청각은 멀리 떨어진 대상을 인식하는 방법이고 냄새 맡고(후각), 맛보고(미각), 만지는 것(촉각)이 대상에 더 가까이 다가가 참으로 아는 방법이라고 생각한 것이다.

그들은 믿음을 통해 하나님의 진리(veritas)를 보고 듣는 것으로부터 출발하여 희망으로 성스러운 것들을 냄새 맡고 하나님의 사랑과 자비의 맛에 이르고 특히 하나님의 선하심(bonitas)을 감촉하는 것에 도달하고자 했다. 그들은 음미의 공간을 원했다. 이 일련의 신앙의 움직임은 하나님을 아는 가장 먼 지식으로부터 가장 가깝고 친밀하고 내밀한 하나님의 지식, 곧 하나님 체험에 이르는 길이며 동시에 완전(완덕, 完德)에 이르는 길이다.

특히 맛(미각)은 은총의 선물을 통해 선을 지각하고 영혼으로 하여금 은총 아래에 있게 한다고 믿었다. 헤일즈의 알렉산더(Alexander of Hales, 1186~1245)는 하나님에 대한 온전한 지식을 '맛본 지식'(tasted knowledge)이라 말하는데, 눈으로 본 지식보다 더 확실한 지식으로 여긴다. '보는 지식'(intellectus)은 자연에 속한 사람의 지식이며 '맛본 지식'(affectus)은 신령한 것을 알 수 있고 하나님의 영에 속한 일도 받아들이며 그리스도의 마음을 가지고 있는 자들이다(고전 2:13-16). 다른 말로 하면, '맛본 지식'이란 하나님에 대한 체험적 지식으로 몸과 삶을 통해 체현(體現)한 지식이라 할 것이다.

미각(taste)과 관련하여, 영혼은 하나님의 영적인 감미로움을 맛본다. "너희는 여호와의 선하심을 맛보아 알지어다"(Taste and see that the LORD is good, 시 34:8). 미각과 관련하여 가장 많이 언급되는 대표적 구절이다. 성경이 생명의 빵을 언급하는 이유는 영혼은 맛보는 혀를 가지고 있기 때문이라고 생각했다. 영혼은 세상에 생명을 주기 위해 하늘로부터 온 빵, 생명의 빵, 살아 있는 빵을 맛보아야 하기 때문이다.

에스겔과 요한계시록에는 말씀의 두루마리를 받아먹었더니 꿀처럼 달다고 언급한다. "'너 사람아, 내가 너에게 주는 이 두루마리를 먹고 너의 배를 불리며, 너의 속을 그것으로 가득히 채워라.' 그래서 내가 그것을 먹었더니, 그것이 나의 입에 꿀처럼 달았다"(겔 3:3; 계 10:9).

토라 찬양시편으로서 시편 중 가장 긴 시편인 119편에는 말씀의 달콤함을 즐겨 노래한다.

> 주님의 말씀의 맛이
> 내게 어찌 그리 단지요?
> 내 입에는 꿀보다 더 답니다.
>
> (시 119:103. 19:10도 보라)

특히 성찬에서 빵과 포도주는 그 요소 속에 현존하신 그리스도를 먹고 마셔 하나가 됨으로써 영혼의 양식이 된다. 부활하신 예수님은 제자들에게 나타나 먹을 것이 좀 있느냐고 물으시고 제자들 앞에서 구운 물고기 한 토막을 잡수신다(눅 24:41). 이처럼 하나님과의 신비적이며 황홀한 사랑의 교감은 하나님과의 영적 감촉(taste and touch)을 통해 완성된다.

하나님과의 사랑을 영적 감촉을 통해 표현하고 완성한 이 중 절정으로 아빌라의 테레사 성녀를 꼽는다. 그는 날마다 하나님과의 깊은 감촉, 더욱이 신비적 기도의 높은 차원에서 길러진 빛을 받아들였다. 그의 기도는 마음을 거두면서 생겨나는 지극히 고요(靜)한 기도다. 이 기도는 머리로 무엇을 생각하려고 애쓰지 않고, 주께서 자기 영혼 안에서 무엇을 하고 계시는지 그것에만 정신을 집중하는 것이다. 영혼은 점점 지밀(至密)의 궁방에 들어가 하나님의 맛에 점점 빨리고 홀려 들어 하나님과 하나가 된다. 이 상태를 '신비로운 결혼', '영성적 결혼'이라고 말한다. "주님과 결합하는 사람은 그분과 한 영이 됩니다"(고전 6:17).

"하나님의 맛에 빨려 들어가는 그 맛, 이것이 영혼에게는 최대의 행복,

베르니니, 〈성 테레사의 법열〉, 1647-1652. Marble
Cappella Cornaro, Santa Maria della Victoria, Rome.

아쉬울 무엇이 없기에 더 그러합니다." "여기서 하나님이 일순간에 영혼에게 내려주시는 바는 하나의 막중한 비밀이요, 숭고한 은혜요, 영혼이 느끼는 즐거움은 너무나 커서 어디에다 비길 수 없는 것입니다. 이 순간 하나님은 하늘의 영광을 그 어느 보임이나 신령한 맛보다 뛰어난 방법으로 영혼에게 나타내시려는 것이라 할 따름이겠습니다. … 하나님은 피조물과 결합하시기를 얼마나 원하시는지, 다시는 떨어질 수 없는 사람들처럼 당신은 피조물을 떠나려 하시지 않으십니다"(『영혼의 성』, 177, 256-57).

17세기 바로크의 뛰어난 조각가이며 건축가인 조반니 로렌초 베르니니는 로마의 한 성당에 이 모습을 황홀하게 조각했다. 긴장된 선을 타고 쏟아붓는 은총에 그는 온 감각을 열어 흥건하게 젖어 아, 틈이 없다. 극적인 고통속에 눈도 귀도 혀도 만지는 손도 사라진다. 법열(法悅), 영혼으로 하여금 자기를 벗어나와 스스로 계시는 하나님에게로 끝없이 끌려들게 하는 그지 없이 눈에 어린 갈망(*epektasis*), 이 같이 황홀경에 빠지게 하는 삼삼하고 아늑한 그리움이 에로스인바, 에로스는 아가페의 황홀한 측면에 다름 아니다.

베르니니(Giovanni Lorenzo Bernini)의 조각의 형상(form)에는 4세기 교부 닛사의 그레고리의 아가서 주해에 나오는 글이 더 어울리는 것 같다.

신부는 눈을 가린 너울을 벗어버리고 순수한 눈으로 형용할 수 없이 아름다운 '신랑'을 바라본다. 그리하여 신부는 에로스의 불같은 영적 화살에 상처를 입게 된다. 이처럼 강렬하게 긴장된 아가페는 에로스라 불리는 것이다. 이 에로스의 화살이 육신을 가진 피조물에서가 아니라 하나님으로부터 오고 오는 것이면 아무도 이를 부끄러워할 까닭이 없다. 신부는 오히려 자신의 상처를 영광스럽게 여기는바, 영적 그리움의 화살촉이 마음 깊이 꽂혔기 때문이다. 그러므로 신부는 이 사실을 분명히 밝히는, 즉 다른 아가씨들에게 '내가 사랑 때문에 병들었다'(아가 5:8)라고 말하는 것이다(『아가서 주해』 XIII 1048CD).

에로스는 아가페의 황홀한 불꽃이고 아가페는 에로스의 바깥이다. 아가페는 에로스의 맛 바깥의 맛이다.

5. 촉각과 신앙: 나를 만져보아라

나를 만지지 말라(*noli me tangere*, Do not touch me)(요 20:17).

감촉(만짐)은 지식을 전달한다(Touch communicates knowledge)(아우구스티누스, 『삼위일체론』, I.9.18).

전통적으로 촉감은 신학과 철학에서 천민적인 감각으로 여겨져왔다. 그러나 기독교 신앙이 감촉으로 대변되는 촉감이 황홀 속에서 하나님의 사랑을 교감할 수 있는 가장 높은 감관임을 인지했다는 사실은 매우 주목할 만한 일이다.

시각과 청각을 이성적 정신작용에 관련된 감각(원격감각)으로 여겨 높이 평가했다. 그러나 미각, 후각, 촉각 등은 신체에 가까이 있으면서 신체의 반응과 결부된 감각(근접감각)으로 여겨 진리 인식과는 먼 감각, 진리 인식을 방해하고 인간을 유혹하게 하는 감각으로 폄하하고 천시해왔다. 그렇지만 이들 몸의 감각은 원격감각보다 생생하고 풍부하며 정서적으로 강렬한 느낌을 준다.

시각이 보이는 대상을 내 앞(before)에 세워 순간에 장악하려는 것이라면, 촉각은 대상과 함께(with) 대상 옆(by)에서 대상 안으로(into) 스미어 들어가 대상을 황홀하게 경험해봄으로써만 가능한 감각이다. 촉각은 필연적으로 대상과 떨어져서는 불가능하며 대상과 더불어 경험할 수밖에 없는 감각이다. 촉각은 몸 전체의 감각이며 그래서 피부의 감각이다. 촉각은 느끼고 느껴지는 육체 전체의 감각이며, 촉각이 일으키는 것은 감각들 사이의 접촉, 즉 서로 접촉하는 상태로의 개입이다. 따라서 촉각은 느끼는 것에 스미어 들어 대상과 일체가 되고 감각들을 느끼게 하는 몸체(corpus)이다. 조각에서 촉각적인 형태는 사람을 형태 안으로 끌어들인다. 그것은 따뜻함이고 사랑의 감정을 일으킨다.

감각은 생생함, 강렬함, 풍성함, 다채로움을 제공한다. 감각은 결코 가벼운 것이 아니다. 가벼운 감각이 가벼울 뿐이다. 감각에는 깊이가 없다는 지적도 마찬가지다. 감각은 몸과 마음의 경계이고, 감각은 자아와 타자 사이에 있는 다리(bridge)이다. 무엇보다 감각은 하나님의 자애를 생생하게 느끼고 찬양할 수 있는 몸의 기관이다.

현상학자 메를로 퐁티는 "지각(perception)은 개념(conception)에 선행한다"고 말했다. 구경꾼의 시각이 남성적인 반면 '참여적인' 촉감은 여성적인 것이다. 몸의 담론은 촉감을 강조하고 우리의 사고에서 시각중심주의의 유령을 쫓아내는 것이다. 앞에서 언급했듯이 전통적으로 촉감은 오감 중 가장 하위의 감각이요, 천한 감각으로 여겨져왔다. 따라서 육체적 기쁨을 통해 사고한다는 것은 사실상 철학적 행위 자체를 뒤집어엎는 일이 된다.

영적 감각(sensus spiritualis)에 대한 가르침은 중세에, 특히 보나벤투라(Bonaventura, 1221?~1274)에게서 활짝 전개된다. 영적 감각은 중세의 신비주의 안에서 논의되며 하나님과의 일치에 이른 황홀(ecstasy)의 경험과 영적 감촉(spiritual touch)으로 나아간다. 영적 감촉은 최고의 영적 감각이다. 하나님을 아는 것(cognoscere)을 넘어 그분 자신을 느끼고 경험하는 것이 최고의 신앙 경지, 사랑 안에서 하나님과 포개어지는 황홀의 경지이다.

그래서 중세의 신학자 헤일즈의 알렉산더는, 촉각은 지식의 절정이며 완성이라고 말했다. 만짐(감촉)은 지식의 완성(finis notionis)이다. 촉각은 최고의 완전한 지식이다. 촉각은 하나님과의 관계에서 가장 가까이 있고 원칙적이며 가장 완전한 감각이다.

"나를 만지지 말라"(noli me tangere, Do not touch me, 요 20:17), 부활하신 예수님께서 막달라 마리아에게 하신 말씀이다. 마리아는 촉각을 제외한 다른 모든 감각으로 예수님을 지각했다. 그러나 그는 아직 부활하신 예수님을 만질 수 없다. 부활하신 예수님 혹은 성자를 만진다는 것은 영적으로 감각하는 지식의 목표이고 완성이기 때문이다. 도마는 부활하신 예수님의 몸을 만지는 것을 허락받았다. 예수께서 도마에게 말씀하신다. "네 손가락을 이리 내밀어서 내 손을 만져보고, 네 손을 내 옆구리에 넣어보아라"(요 20:27). 그러나 도마는 주님의 몸을 만지기 전에 "나의 주님, 나의 하나님!" 하고 고백한다. 하나님과의 관계에서 감각은 시각 〈 청각 〈 후각 〈 미각 그리고 마침내 촉각에 이르면서 감각이 두터워지고 깊어지는 여정이다. 이 감각의 여정은 하나님을 희미하게 알기 시작하여 하나님을 구체적이며 생생하고 가장 친밀하게 알게 되는 여정이다.

20세기 가톨릭 신학자 떼이야르 드 샤르댕은 손으로 만질 수 있는 하나님을 예배한다고 말한다. "이교도처럼, 저는 손으로 만질 수 있는 하나님을 예배합니다. 실제로 저는 이 하나님을 만집니다. 저를 둘러싸고 있는 물질세계의 표면에서 그리고 그 깊은 곳에서 저는 하나님을 만집니다."[10] 하나님과의 만남은 장악(grasp)이 아니라 애무하는 것처럼 일어나는 영적 만짐(touch)이다. "네 몸이 펼치는 모든 말을 구두점 하나 놓치지 않고 귀 기울여 만집니다"(김선우).

하나님을 봄(*visio*)이 지성의 행위라면 영적 감촉에서 일어나는 황홀은 '감성의 첨단'(*apex affectus*)에서 나오는 행위이다. 황홀은 사랑의 일치를 직접적으로 경험하는 순간의 상태. 그것을 이루는 방법이 영적 감촉이다. 영적 감촉에서는 시각적 은유인 '봄'보다 몸의 은유인 '만짐'(촉감)을 더 높게 여긴다.

피부는 사방팔방 열려 있는 몸의 출입문이다. 피부와 피부의 감촉 곧 살과 살의 만남은 타자를 통해 가능한 최초의 자기초월의 몸짓이다. 피부감각 중 에로틱한 터치인 키스처럼 몰입과 집중을 동반하면서도 생생한 감각의 경험은 없을 것이다. "처음 네 입술이 열리고 내 혀가 네 입에 달리는 순간/혀만 남고 내 몸이 다 녹아버리는 순간/내 안에 들어온 혀가 식도를 지나 발가락 끝에 닿는 순간/열 개의 발가락이 한꺼번에 발기하는 순간/눈 달린 촉감이 살갗에 오돌오돌 돋아 오르는 순간/여태껏 내 안에 두고도 몰랐던 살을 처음 발견하는 순간/…/아직 다 태어나지 못한 내가 조금 더 태어나는 순간"(김기택의 〈키스〉 중에서).

신성한 것과의 파르르한 영적 감촉(spiritual touch)은 돌연 생생한 하나님 경험을 가능하게 한다. 영적 감촉은 최고의 영적 감각이다. 하나님을 아

---

10 떼이야르 드 샤르댕, 『세계 위에서 드리는 미사』, 37f.

는 것(*cognoscere*)을 넘어 그분 자신을 느끼고 경험하는 것이 사랑 안에서 하나님과의 일치(*communio mystica*)인 하나님과 가장 깊은 궁방에 들어가는 황홀의 경험이다.

나는 이제야 내가 생각하던
영원의 먼 끝을 만지게 되었다.

그 끝에서 나는 눈을 비비고
비로소 나의 오랜 잠을 깬다.

내가 만지는 손끝에서
영원의 별들은 흩어져 빛을 잃지만,
내가 만지는 손끝에서
나는 내게로 오히려 더 가까이 다가오는
따뜻한 체온을 새로이 느낀다.
이 체온으로 나는 내게서 끝나는
나의 영원을 외로이 내 가슴에 품어준다.

……

나는 내게서 끝나는
아름다운 영원을
내 주름 잡힌 손으로 어루만지며 어루만지며
더 나아갈 수도 없는 나의 손끝에서
드디어 입을 다문다

— 김현승, 〈절대고독〉 중에서

피부를 통하지 않은 감촉이란 있을 수 없다. 피부는 인간적 감촉에서 감각의 첨병이다. 피부는 사회적으로 새겨진 기록이며, 감촉이란 실제적으로 피부 간의 거래이다. 감촉은 살들이 하나로 결합되는 데서 오는 즐거움과 친밀함으로 이루어진 밀교적 순간이다. 감촉은 교섭을 낳으며, 교섭이란 상호적인 것이고 살로서의 몸의 '도의'를 요구하기 때문에 필연적으로 공간적 연속성과 체험된 시간의 '지속'을 같이 나눌 때 몸살이 나기도 한다. 그래서 촉각은 피부의 눈이며, 촉감은 감각의 여왕이다.

촉각(만짐)과 관련된 성경 구절

그 여자는 속으로 말하기를 "내가 그의 옷에 손을 대기만 하여도 나을 텐데!" 했던 것이다 She said to herself, "If I only touch his cloak, I will be healed"(마 9:21).

그들은 예수께, 그의 옷술만에라도 손을 대게 해 달라고 간청하였다. 그리고 손을 댄 사람은 모두 나았다 and begged him to let the sick just touch the edge of his cloak, and all who touched him were healed(마 14:36).

그가 많은 사람을 고쳐 주셨으므로, 온갖 병으로 고통받는 사람들이, 누구나 그에게 손을 대려고 밀려들었기 때문이다 For he had healed many, so that those with diseases were pushing forward to touch him(막 3:10).

그리고 그들은 벳새다로 갔다. 사람들이 눈먼 사람 하나를 예수께 데려와서, 손을 대 주시기를 간청하였다 They came to Bethsaida, and some people brought a blind man and begged Jesus to touch him(막 8:22).

온 무리가 예수에게 손이라도 대보려고 애를 썼다. 예수에게서 능력이 나와서 그들을 모두 낫게 하였기 때문이다 and the people all tried to touch him, because power was coming from him and healing them all(눅 6:19).

내 손과 내 발을 보아라. 바로 나다. 나를 만져 보아라. 유령은 살과 뼈가 없지만, 너희가 보다시피, 나는 살과 뼈가 있다 Look at my hands and my feet. It is I myself! Touch me and see(눅 24:39).

이 생명의 말씀은 태초부터 계신 것이요, 우리가 들은 것이요, 우리가 눈으로 본 것이요, 우리가 지켜본 것이요, 우리가 손으로 만져본 것입니다 That which we have heard, which we have seen with our eyes, which we have looked at and our hands have touched—this we proclaim concerning the Word of life(요일 1:1).

6. 장의 감각: 긍휼과 자비

자비에 대한 그리스어 '엘레오스'(*eleos*)는 실천하는 자비를 뜻한다. 기독교 전통에 일곱 가지 자비 활동이 있다. 카라바조의 그림에서 오른 쪽의 한 여인이 ① 가슴에서 우유를 꺼내 배고픈 자를 먹이고 ② 감옥에 갇힌 자를 방문한다. ③ 여인 뒤에 한 남자가 죽은 자를 운반하여 매장한다. ④ 화면 전면의 헐벗은 거지는 성 마르틴에게서 옷을 받는다. ⑤ 성 마르틴 옆에 콤포스텔라가 여인숙 주인에게 홈리스를 영접할 것을 부탁한다. ⑥ 그들 뒤로 삼손이 물을 들이켜 목마른 목을 축인다. ⑦ 환자의 방문은 이 그림에서는

카라바조, 〈일곱 가지 자비의 행위〉, c.1607. 캔버스에 유채, 390 × 260cm, 피오몬테 델라 미세리코르디아, 나폴리.

분명하지 않다. 아마도 거지 옆의 소년이 자비의 행위를 재현하는 듯 보인다. 기독교 전통에는 자비의 이런 육적 활동 외에도 일곱 가지 영적 활동이 있다. ① 죄인들을 꾸짖고 ② 모르는 이들을 가르쳐주며 ③ 의심하는 이들에게 조언하고 ④ 상처받은 이들을 위로하며 ⑤ 우리를 괴롭히는 자들을 인내로 견디고 ⑥ 우리를 모욕하는 자들을 용서해주며 ⑦ 산 자와 죽은 자들을 위하여 하나님께 기도하는 것이다.

지금까지 눈, 귀, 코, 혀 피부 등의 감각기관에 상응하는 시각, 청각, 후각, 미각, 촉각과 같은 감각작용을 기독교 신앙과 연관지어 살펴보았다. 몸 밖에서 오는 자극을 받아들이는 감각기관을 외수용기라 한다면 몸 안의 장기에서 오는 자극을 받아들이는 기관을 내수용기라 한다. 내수용기에는 호흡기관, 소화기관, 방광 등의 근육벽에서 오는 자극에 의한 통증, 공복감, 목마름, 질식감, 충만감, 오심(惡心) 등을 수용하는 장기(臟器) 수용기가 있다.[11] 이를 근거로 몸의 여섯 번째 감각을 말한 이는 없으나 장의 감각(장각, 腸覺)을 언급할 수 있을 것이다.

예수님의 핵심 심정(心情)인 긍휼과 자비는 그 어원에서 볼 때 "애끈한 마음"(김영랑), 곧 장의 감각이다. 예수께서 무리를 보시고 불쌍히 여기신다는 말씀(마 9:36)은 그리스어 "슈프랑크니조마이"(σπλαγχνίζομαι)인데 이는 스스로 내장을 뒤틀리게 한다는 뜻이다. 이 단어는 명사 슈프랑크논(σπλαγχνον; 창자, 내장)의 동사형으로 가여워서 애간장이 끓는, 창자가 끊어질 듯한 단장(斷腸)의 마음을 가리킨다. 성경에서 예수님의 치유와 사역의 동기는 다른 어떤 것도 아닌 바로 이 불쌍히 여기는 마음(막 1:41, 6:43, 8:2), 자비심에서 비롯한 것이다. 자비의 대상은 고통이다. 예수님은 나병환자를 위해 자신의 내면을 여시어 내장이 뒤틀림을 느끼신다. 그분은 나병환자를 접촉함으로써 상처 받기 쉬운 감정에 그가 들어오게 하신다. 예수님은 만남을 기대하고 다가서려고 힘써 추구하는 병자들과 마음으로 마주친다. 그리스도의 은총은 한 번 마주쳐서 깊어지면 간격 없이 합쳐서 전체(whole)가 되게 치유하는 거룩한(holy) 힘이다.

구약에서 하나님은 자신의 이름을 '자비'로 공표한다.

> 나는 내가 자비(חן, 헨)를 베풀려는 이에게 자비를 베풀고, 동정(라하밈)을 베풀려는 이에게 동정을 베푼다(출 33:19).

하나님은 수준의 차이를 없애는 '정의'라는 틀에 끼워 맞출 수 있는 존재가 아니라 차이의 화해를 구하는 자비의 존재다. 그분의 자비는 그분의 본성과 모세에게 계시하신 그분의 이름을 따른 것이다.

하나님은 당신의 이름을 '자비'로 선포하신다.

---

11 최봉영, 앞의 글, 12.

야훼는 자비(라훔)하시고 너그러우시며(하눈), 분노에 더디고, 자애(헤세드)와 진실(에메트)이 충만한 하나님이다יהוה אל רחום וחנון ארך אפים ורב־חסד ואמת(출 34:6).

호세아는 정의를 거슬러 헤세드(긍휼과 자비 = 사랑)이신 하나님을 선포한다.

내 마음이 나 자신을 거스르는구나(나는 나의 정의를 뒤집어엎었다). 너를 불쌍히 여기는 애정이 나의 속에서 불길처럼 강하게 치솟아 오르는구나 (호 11:8).

구약의 하나님은 세상의 모든 곤경과 죄 저편에 군림하는 몰인정하고 무자비한 하나님이 아니라, 분노에 불타오르다가도 말 그대로 다시 자비로워지는 어진 하나님이시다. 그런 심정의 변화를 통해 하나님은 한편으로 인간에게 깊은 감동을 주고, 다른 한편으로 당신이 모든 인간적인 속성과는 완전히 다른 거룩한 존재임을 드러내신다. 자비를 통해 그분의 고귀함과 절대성, 그분의 거룩한 본성이 드러난다.

자비한 하나님을 보고 싶은 인간의 심정에 간장이 상응한다. 욥의 하소연을, 살갗이 다 썩고 육체가 다 썩은 다음에도, 간장이 녹도록 하나님을 보고자 하는 서슬 퍼런 결의를 들어보자.

"그러나 나는 확신한다.
내 구원자가 살아 계신다.
나를 돌보시는 그가
땅 위에 우뚝 서실 날이
반드시 오고야 말 것이다.

내 살갗이 다 썩은 다음에라도,
내 육체가 다 썩은 다음에라도,
나는 하나님을 뵈올 것이다.
내가 그를 직접 뵙겠다.
이 눈으로 직접 뵐 때에,
하나님이 낯설지 않을 것이다.

내 간장이 다 녹는구나!"(욥 19:25-27).

전능한 하나님과 다투는 욥에게 하나님은 폭풍우 몰아치는 가운데서 대답하신다(욥 38장 이하). 이것은 그의 실존 안으로 깊이 파고든 하나님 체험이다.

두루 불쌍히 여기는 마음, 비슷한 처지에 있는 존재들과 깊이 공명하고 간절히 느끼는 동병상련의 정(情)만이 아니라, 약한 존재들에게 끌리는 마음, 딱한 마음 모두 내장과 연관된다. 시인과 어린아이의 마음을 가진 이들만이 아픔에 순진하게 공명한다(김선우). 누군가 아파서 내가 아프다고 느끼는 이것이 자비이고 긍휼이다. 나는 산상수훈의 팔복의 말씀 중 처음 네 개가 고스란히 내장의 감각에서 나온 말씀이라는 생각하고 있다.

'심령이 가난한자'   — 천국이 그들의 것이다
'애통하는 자'   — 그들이 위로를 받을 것이다.
'온유한 자'   — 땅을 기업으로 받을 것이다.
'긍휼이 여기는 자'   — 긍휼히 여김을 받을 것이다.

바울에게 창에 찔린 예수님의 심장에서 쏟아져 나온 "우리 주 예수 그리스도 안에 있는 하나님의 사랑"은 세상의 심장이고, 세상에 가장 깊이 내재된 힘이며, 세상의 온 희망이다(롬 8:35-39).

기독교 신학에서 치유란 보이거나 느껴지거나 손으로 만져지는 무엇이 아니라 하나님의 말씀을 듣는 데서 오고 오는 것이라고 줄곧 말해왔다. 이처럼 신학자들의 많은 노력에도 불구하고 기독교는 결코 육체를 정신보다, 감각을 마음보다 낮게 평가하는 낡고 영구적인 이원론(플라톤주의, 영지주의, 유심론)에서 세세대대 벗어나지 못하고 있다.

기독교는 결코 영지주의적 이원론을 제대로 벗어날 수 없는 것일까? 하여, 일찍이 샘 킨(Sam Keen)은 "내장신학"이란 말을 사용하여 육체적이 된다는 것이 얼마나 중요한지 역설했다. 은총의 육체성으로써 육체의 음성과 감각의 언어로 성스러움을 분변(分辨)하는 방법이다. 하나님의 말씀은 울림으로 느껴져야 하며, 그 울림은 단단한 껍질이 소리 내어 깨지는 순간을 만들어 터져 나오는 울음에 오장육부(五臟六腑)를 마음껏 적시게 한다.

은총은 육체적인 것이요, 치유는 육신을 통하여 온다. '하나님의 행위'의 원초적인 현장은 고대 이스라엘이 아니라 몸, 내장, 무의식(無意識)에 있다. 성스러움은 육신 위에 근거한다. 칸트와 반대로 의무는 염치로부터 나오고 정언명령(the categorical imperative)은 타자의 아픔에 흔들려 공명하는 자비에서 나온다.

종교개혁 이후 세기란 하나님의 말씀을 귀만으로 듣지 않는 세대라는 뜻이다. 성스러움은 우리를 움직이고 건드리고 불러 세우는 무엇, 우리를 떨게 하고 생각하게 하는 무엇, 먼 것보다는 가까운 것, 특별한 것보다는 일상적인 것, 수입된 것보다는 토속적인 것 속에서 발견되어야 한다.

내장의 신학은 몸의 신앙을 요구한다. 지금 우리는 말, 개념, 교리, 관념, 말, 말, 말, 말의 대양에 빠져 병들어 있다. 빨리빨리 말을 뱉지 말고 느리게라도 말씀(두루마리)을 먹어 몸(육체) 안에서 몸을 통해 소화되어야 한다. "내게 이르시되 인자야 내가 네게 주는 이 두루마리를 네 배에 넣으며 네 **창자**에 채우라 하시기에 내가 먹으니 그것이 내 입에서 달기가 꿀 같더라"

(겔 3:3).

"우리 인간은 구부러진 나무다"(칸트). "경계는 깊은 것이 귀하니, 구부러지지 않으면 깊지 않다. 한 바가지의 물이라도 역시 구부러진 곳이 있으며, 한 조각의 돌이라도 역시 깊은 곳이 있다"(청 초의 문인, 화가 운남전惲南田). 하나님은 구부러진 나무에서도 아름답고 유용한 사물을 만들어내시는 분이시다.

'자비'는 다른 사람을 그만의 고유한 존엄성에 비추어 정당하게 평가하는 것을 말한다. '자비'는 물건이 아니라 사람과 관련된 '정의'(justice)이다. '자비'는 인간이 고유한 존엄성을 통해 자신을 드러내는 가지 안에서 서로를 만날 방도를 찾는다. 자비가 "인간을 자기 자신에게로 돌려줄 수 있습니다"(교황 요한 비오로 2세). 자비는 어떤 의미로 "정의의 가장 완벽한 육화"입니다(카스퍼). "너희의 아버지께서 자비로우신 것 같이, 너희도 자비로운(οἰκτίρμων) 사람이 되어라"(눅 6:36). '오이크티르몬'(oiktirmon)은 '공감하는', '감정을 이입하는' 등으로 번역할 수 있다. 하나님 가까이 가도록 해주는 태도는 영적 장각(腸覺)이다. 하나님의 뜻은 긍휼과 자비, 자기 자신에 대해 몹시 아파하는 인간에 대한 공감과 연민, 곧 고난의 교류(κοινωνία τῶν παθημάτων)이다.

7. 뼈의 감각과 신앙: 골수에 사무친 말씀

몸의 일곱 번째 감각은 뼛속까지 느끼는 뼈의 감각(골각骨覺)이다. 뼈 자체에는 신경이 없겠지만 뼈에 신경망이 연결되어 있으니 뼈의 감각이라고 말해도 완전 틀린 것은 아니라 생각한다. 우리의 경험치도 뼈가 아프다 말하지 않는가? 시편의 참회시는 뼈의 떨림으로 그 지극한 곤고함을 토로한다. "내 뼈가 마디마다 떨립니다"(시 6:2). 기도자는 신음하다 지쳐서 "뼈가 녹아버렸다"(시 31:10)거나 "내 뼈는 화로처럼 달아올랐다"(시 102:3)거나 "뼈와 살이 달라붙었다"(시 102:5)고 탄원한다. 구사일생의 체험 뒤에 주님에 대한 믿음의 고백을 "나의 뼈 속에서 나온 고백"(시 35:10)이라 표현하며, 죄의 용서의 체험을 "주님께서 꺾으신 뼈들도, 기뻐하며 춤출 것"(시 51: 8)이라고 고백하기도 한다.

장의 감각이 애절한 연민과 곡절한 한(恨)과 애틋한 정(情)의 감각이라면, 뼈의 감각은 영웅적 결의와 웅지의 감각이다. 장의 감각이 여성적이라면 뼈의 감각은 남성적이라는 생각이 든다. 뼛속〔骨髓〕은 신체의 가장 깊은 곳에 있는 최후의 살〔肉〕이다. 뼈와 살은 인간의 목숨에 해당한다. 욥기에서 사탄은 하나님에게 욥의 뼈와 살을 치라고 주문한다(욥 2:5).

야훼 하나님은 자신의 계명이 인간의 마음만이 아니라 나무 도장이 새겨지듯 한 획 한 획 뼛속 깊이 새겨지길 원하신다. "너희는 내가 일러준 이 말을 너희의 마음에 간직하고 골수에 새겨두어라"(신 11:18). 또한 하나님의 말씀은 예리하기가 해부도와 같다. "하나님의 말씀은 살아 있고 힘이 있어서, 어떤 양날 칼보다도 더 날카롭습니다. 그래서, 사람 속을 꿰뚫어 혼과 영을 갈라내고, 관절과 골수를 갈라놓기까지 하며, 마음에 품은 생각과 의도를 밝혀냅니다"(히 4:12).

예레미야는 말씀 선포의 사명이 뼛속까지 사무치게 녹아든 사람이다. "내가 다시는 여호와를 선포하지 아니하며 그의 이름으로 말하지 아니하리라 하면 나의 마음이 불붙는 것 같아서 골수에 사무치니 답답하여 견딜 수 없나이다"(렘 20:9). 예레미야는 뼛속에서 일어나는 말씀의 불꽃으로 온몸과 마음이 활활 타고 있었다. 시인들은 시를 쓸 때 "뼛속까지 내려가서 써라" 하고 말한다. 김수영은 1968년 펜클럽에서 한 강의, 〈시여, 침을 뱉어라〉에서 "시는 온몸으로, 바로 온몸으로 밀고 나가는 것이다. 그것은 그림자를 의식하지 않는다. … 시는 온몸으로, 바로 온몸을 밀고 나가는 것이다" 하고 힘주어 말한다.

속이 꽉 찬 배추가 본디 속부터 단단하게 옹이 지며 자라는 게 아니다. 겉잎 속잎이랄 것 없이 저 벌어지고 싶은 마음대로 벌어져 자라다가 그중 땅에 가까운 잎 몇 장이 스스로 겉잎 되어 나비에게도 몸을 주고 벌레에게도 몸을 주고 즐거이 자기 몸을 빌려주는 사이 속이 꽉 차가는 것이라고 한다.

> 빌려줄 몸 없이는 저녁이 없다는 걸
> 내 몸으로 짓는 공양간 없이는
> 등불 하나 오지 않는다는 걸
> ― 김선우, 〈빌려 줄 몸 한 채〉 중에서

빈말, 헛말, 거짓말, 몸을 얻지 못한 말들은 키에 풀풀 날리는 쭉정이 신세다.

> 몸을 얻지 못한 말들이 다가와
> 고래고래 날뛸 때
> 키로 쭉정이를 날리듯 밀어내고
> ― 고진하, 〈몸을 얻지 못한 말들이 날뛸 때〉 중에서

여기서 몸은 살의 온 감각, 곧 시각, 청각, 미각, 후각, 촉각, 장의 감각(腸覺) 그리고 뼈의 감각(骨覺)을 말하는 것이라 생각된다. 노래를 온몸으로 부르듯이, 신앙은 온몸으로 느끼고 경험하며 전신(全身)으로 밀고 나가는 삶이다.

우리의 몸은 추억과 꿈, 과거와 미래에 의해 풍요롭게 되고, 몸에 번지고 스며 있는 기억들과 감각적 사유들을 담아놓는다. 감각들은 서로 소통한다. 인간은 사물의 시각적 형태와 소리와 촉각을 따로 체험하지 않는다. 몸 자체가 감각과 운동과 세계로 나아가는 주체가 된다는 의미에서 몸을 몸주체

(body-subject)로 인정한다.

　감각은 변화 속에서 생동성과 풍요로움 그리고 감각적 깊이 속에서 다채로움을 선사한다. 고통 속에서 감각들은 더욱 생생해진다. 우리는 쑥빛 하늘을 보고, 바람소리와 물소리와 새소리를 듣고, 흙냄새와 꽃향기를 맡고, 과일의 달콤함을 맛보고, 반가운 사람을 포옹하면서 세상을 생생하고 다채롭게 만나고 청초하게 경험한다.

　하나님을 만나고 사랑함도 이와 같은 방식이다. 틸리히는 "마음을 다하고 뜻을 다하고 힘을 다하여 네 하나님 여호와를 사랑하라"(신 6:5)는 계명은 종교의 본래적 의미인 '궁극적 관심'에 대한 성경의 표현이라 했다. 궁극적 관심이란 무제약적이고 무조건적 관심이다. 예비적 관심사, 모든 유한하고 일시적인 관심사가 해결되거나 사라지더라도 사라지지 않는 관심이 궁극적 관심이다. 무한한 관심이고 위협당할 수 없는 관심이다. 궁극적 관심으로서의 종교의 본질은 칠감(七感)을 다하여 하나님을 관심하며 사랑하는데 있다. 우리는 하나님의 복음을 모든 감각(七感)을 다하여, 곧 보고 듣고 만지며, 냄새 맡고 맛보며, 내장과 근육(애끓는다) 그리고 뼈의 감각(골수에 사무친다)을 사용하여 생생하고 풍요롭게 느끼고 받아들이며 표현해야 한다. 사랑은 딱딱하게 굳어 각질화되기 쉬운 마음을 언제든 세미한 것과도 교감 가능한 반응체로 만들어놓는 예술적 행위이다.

　그리스도인은 일곱 가지 감각의 유비를 통해 거룩한 것과 신적인 것을 지적인 배움으로써만이 아니라 겪고 체험함으로써 알게 되면 좋을 것이다. 그리스도의 은총과 사랑 안에서 사물이 나의 영혼에 감응하고 나의 영혼이 사물의 사태(事態)에 감응하면 인간과 인간뿐 아니라 인간과 사물도 이웃이 될 수 있다. 이때 사물과 타인은 관념적으로 생각되는 것이 아니고 체험적으로 만져지고 더듬어지고 포착됨으로써 실재의 새로운 깊이와 두께와 폭과 새로운 차원을 얻게 되는 것이다.

　기독교 신비가들은 신적인 모든 것과 공감(共感, sympathy, 함께 겪음)함으로써 신적인 것에 대하여 배우지 않고 터득한 감춰진 믿음에까지 도달하게 되었고, 신적인 것과 하나가 되어 완성에 이른 사람(디오니시우스 아레오파기타)이라고 하였다. 영혼은 하나님과 결합할 때 충만한 상태가 되며 하나님을 공감하고 체험하게 된다.

그리스도인은 온몸으로, 즉 모든 감각을 동원하여 통감각적으로 하나님을 사랑하고 신앙을 고백한다. "네 마음을 다하고 목숨을 다하고 뜻을 다하고 힘을 다하여 주 너의 하나님을 사랑하라"(막 12:30). 이 말씀은 일곱 가지의 감각(七感)을 동원하여 하나님을 느끼고 자신의 몸과 마음을 거기에 싣는 여일하고 순순(淳淳)한 과정을 의미한다. 다중 감각적 체험과 감각적 경험이 삶을 청초하고 풍요롭게 함으로써 우리의 삶이 사랑의 자유와 자유한 사랑으로 찰랑찰랑 흘러넘치고 풍성해지는 즐거운 온유함과 가을 햇살처럼 깊이 찾아드는 고즈넉한 겸손함에 무연히 머물 수 있을 것이다. 영적 감각은 그리스도인을 지적이거나 도덕적인 사람이 아니라 영적인 사람으로 자라게 한다.

제3장
예술의 진리와 신학적 진리

교회와 그리스도인들의 믿음생활에서 '신앙의 진리'에 대한 물음은 잘 제기되지 않는다. 그 이유는 아마도 생활이란 그때그때마다 삶의 느낌과 경험을 통해 형성된 판단력과 실천을 중심으로 영위되기 때문이라고 생각한다. 그러나 신앙생활이 교회와 사회 안에서 궁극적으로 바른 판단과 통합적 실천과 생명의 조화를 지향한다면 신앙의 진리 물음을 소홀히 한다거나 배제할 수 있는 것은 아니다.

신앙의 진리란 무엇인가? 신앙의 진리란 성경이나 교회의 다양한 전승에서 단순하게 나타나거나 필요할 때마다 물건을 곳간에서 꺼내듯 진리를 편리하게 얻을 수 있는 것도 아니다. 교리에 대한 다양한 교회 전통의 길고 오래된 논쟁과 성경 해석의 다양한 역사가 신앙의 진리가 단순할 수 없음을 잘 말해준다.

일반적으로 진리 물음에 대한 어려움은 신학에서뿐만 아니라 계몽주의 이래 철학에서도 깊게 논의되고 있다. 오늘날 계몽주의 이후의 근대 과학적 진리관은 크게 흔들리고 있다. 그럼에도 불구하고 실제로 일상적 생활세계와 심지어 인문학과 신학에서도 진리의 기준과 모델을 아직까지 과학에 두고 있는 실정이다. 과학은 과학적 방법에 따라 구축된 진리의 보편성과 이에 기초한 학문의 통합을 꿈꾸고 있으며, 이러한 기준에 맞지 않는 학문은 사이비 학문이나 주관적 학문으로 치부되고 있는 실정이다. 과학적 방법에 의한 진리의 지배와 독점이 실현되어가고 있는 듯하다. 계몽주의, 특히 데카르트와 칸트 이후 과학이 아닌 것은 진리를 말할 수 있는 학문의 영역에 속하지 못하는 것으로 제한된다. 특히, 기독교 신학의 영역에서 계시진리는 사이비 진리로서 불가능하거나(무신론의 주장), 인간의 주관적 신앙 경험의 표현이거나(자유주의 신학의 입장), 아니면 교회의 울타리 안에서만 가능한 진리일 뿐이다(정통주의 제한성).

신학적 인식은 초자연적 인식이 아니면 인간의 주관성에 따라다니는 인식이거나 혹은 교회의 울타리 안에 제한된 인식인가? 본 글은 신학적 진리 인식은 가능할 뿐만 아니라 그 인식이 성취한 진리의 보편성을 주장할 수 있음을 보여주고자 한다. 본 글의 과제는 신학적 인식의 확실성을 가능케 하는 근거를 해명하는 데 있다. 이 과제는 다음의 과정을 통하여 수행될 것이다.

첫째, 과학적 진리와 그 진리에 이르는 방법을 근본적으로 문제시한 해석학적 철학자 한스 게오르그 가다머(Hans Georg Gadamer, 1900~2002)의 주저『진리와 방법』에서 행한 자연과학의 방법에 대한 비판적 논의를 출발점으로 삼는다.

둘째, 가다머는 과학적 진리와 인문적 역사와 경험을 구분하면서, 특히 예술작품의 진리 해명에 이른다. 예술은 단지 주관적 감상의 대상이 아니라 "미적 경험이 증명하는 예술의 진리"에 대하여 새로운 길을 열고 있다. 여기서 과학적 인식이 철저하게 배제했던 인문학, 특히 예술에서의 진리 담론에 관한 길이 열린다.

셋째, 가다머가 제시한 예술의 진리를 토대로 종교 경험의 진리, 범위를 좁혀 신학적 진리의 길을 모색하고자 한다. 기독교 신앙의 진리를 탐구하는 신학은 신앙의 주관적 체험 위에만 서 있는 것이 아니라 진리를 보편적으로 인식한다. 성경과 신학은 그 인식을 '하나님을 봄'(Visio Dei)으로 표현해왔다.

1. 과학적 방법에 대한 가다머의 비판

아는 것, 곧 지식은 힘이다. 근대 경험과학의 창시자 프란시스 베이컨(F. Bacon)의 말이다. 베이컨이 말하는 지식은 물론 과학적 지식이다. 그 후 세계를 변화시키고 만들어가는 능력은 주로 과학적 지식에서 나왔다. 몇 년 전 인간의 유전자 지도를 완성했다는 발표에 세계는 놀랐다. 완전히 다른 인간, 전혀 새로운 세계를 만들어낼 수도 있는 그 지식의 힘(능력)에 놀란 것이다. 세계는 그 지식의 힘에 압도되어 과학적 지식을 획득한 방법으로 여타의 학문을 몰아가고 있다. 근대과학이 취한 인식의 길은 과학적 방법의 보편적 이상에 따라 보증된 인식을 구성하는 데 있다. 방법이란 인식을 발생시키는 조건에 대한 예형적인 표현이다. 방법론이란 이름하에 모아진 지식의 근거, 지식의 가능성과 정당성에 대한 탐구는 데카르트 이후 후설(E. Husserl)에 이르는 철학의 핵심 주제이다.

방법 혹은 인식론 일반이란 우선 낯섦(Fremdheit)을 처리하고자 하는 마음, 이 세계 안에서 더 이상 편안하지 않은 조건에 대한 반응에서 나왔다고 말할 수 있다.[1] '고향(집)에 있다'라는 말은 친숙하고 자명하며 하나라도 제거할 것 없고 편한 주변 환경 속에 살고 있음 의미한다. 그와 반대로 낯섦은 과거와 현재의 분열, 나와 타자의 분열, 자아와 세계의 분열 속에 살고

---

[1] Joel C. Weinsheimer, *Gadamer's Hermeneutics: A Reading of Truth and Method* (New Heaven, London: Yale University Press, 1985), 4(a response to Fremdheit, the condition of being no longer at home in the world).

있다는 것을 의미한다. 방법에 대한 모색은 더 이상 내가 속하지 않는다는 느낌이 드는 대상들 속에 살고 있다는 감각에서 출발한다. 16세기에 자연과학은 자연에 대한 이 낯섦을 해결하기 위해 방법론을 발전시켰다. 그래서 자연을 역학적으로 이해하기 시작했다. 자연에 대한 명석 판명(clear and distinct)한 이해를 통해 근대인은 자연에 대한 낯섦을 하나하나 제거하고 자연을 탐험과 실험과 법칙을 통해 이해하게 되었고 자연을 정복하기에 이르렀다.

가다머는 자연과학의 방법을 규정하거나 자연과학의 방법을 획일적이고 결정적이며 그래서 근본적으로 정의할 수 있다고 생각하지 않는다. 방법이란 특별한 해석학적 엄격성에 의해 가공된 공통 지식, 승인된 지식에 속한다는 생각이다. 가다머의 방법에 대한 개념은 추상적이며 본질적으로 비역사적이다. 방법은 개별적인 사례를 통해 예측을 가능케 해주는 법칙성을 증명하려 하며, 구체적인 현상을 일반적인 규칙의 사례로 파악하려 한다. 그러므로 엄밀한 방법을 기초로 세워진 자연과학은 "개별적인 현상 및 과정들을 예측할 수 있게 해준다는 제일성(齊一性, Gleichförmigkeit)과 규칙성(Regelhaftigkeit) 또는 법칙성(Gesetzmäßigkeit)을 인식"한다.[2] 자연과학적 방법과 지식은 18세기 뉴턴이 천체역학에서 거둔 개가를 통해 그 이후의 학문에 사실상 모범을 제시했다.

가다머에 따르면 19세기 이래 정신과학의 논리적 자기반성은 자연과학의 모델을 따르고 있다(WM, 9f.〔31f.〕). 정신과학이란 용어는 존 스튜어트 밀(J. S. Mill)의 『도덕과학의 논리에 관하여』(*On the Logic of Moral Science*)를 요하네스 쉴(Johannes Schiel)이 『정신과학과 도덕과학의 논리에 관하여』라고 옮기면서 시작되었다. 밀은 그의 저서에서 인간과학(moral science)에

---

2 Hans-Georg Gadamer, *Hermeneutik I. Wahrheit und Methode. Grundzge einer Hermeneutik, Gesammelte Werke*, Band I (Tübingen, 1985), 9(아래에서는 본문 안에 약어 'WM'와 쪽을 가리키는 숫자로 표기한다). 역서, 『진리와 방법 I』, 이길우·이선관·임호일·한동원 옮김(파주: 문학동네, 2008), 32. 이하에서는 역서의 쪽수를 괄호 안에 병기한다.

귀납 논리를 적용할 수 있는지의 여부를 탐구하고 있다. 밀은 자신의 책에서 정신과학의 고유한 논리를 인정하고 개발하려고 시도하고 있는 것이 아니라 반대로 이 영역에서도 자연과학에서처럼 귀납적 방법만이 통용될 수 있다는 점을 입증하고자 했다. 이것은 흄이 『인성론』(*Treatise on Human Nature*)(〈지성에 관하여〉, 〈정념에 관하여〉, 〈도덕에 관하여〉)의 서론에서 설득력 있게 피력한 영국 경험론의 전통을 계승하고 있다. 정신과학은 자연과학을 정의하는 사유의 모델, 수학화, 객관화, 계량화, 개념적 결정 가능성 등에 자신을 점점 종속시켜 나갔다. 방법은 이러한 이상을 추종하고 달성하는 안전판이다. 진리는 오직 이러한 방법에 의해 보증된다. 정신과학에서 방법에 관한 물음이 서설(Prolegomena)로 자리 잡게 된 이유도 바로 이러한 사연 때문이다.

그러나 정신과학은 자연과학의 방법 모델을 따를 수 없다. 왜냐하면 정신과학은 구체적인 현상을 일반적인 법칙의 한 경우로 파악할 수 없기 때문이다. 가령, "역사적 인식은 오히려 현상 자체를 그 일회적이고 역사적인 구체성 속에서 파악하는 것을 이상으로 삼는다"(*WM*, 10〔33〕). 매일 해의 뜨고 짐을 자연의 현상으로 관찰하면 하루는 천체의 하루를 이루고 다음날도 그 다음날도 그대로 변함없이 계속 반복할 터이지만, 2018년 1월 1일의 역사적 경험은 유일회적이며 반복되지 않는다. 과학에서 경험은 반복됨으로써 진리라는 것이 입증된다. 그러나 역사는 반복될 수 없는 것이고, 반복될 수 없기 때문에 과학적 방법의 이름으로 학문성을 실격당한다. 역사적 인식은 과학적 인식과 다르다.

가다머는 해석학을 통해 정신과학을 학문으로 자리매김한다. 역사적 인식의 목적은 "일반적 경험들을 증명하고 확장시켜서… 법칙을 인식하는 데 있지 않고, 이 인간이, 이 민족이, 이 국가가 어떻게 존재하며, 이들이 어떻게 되었는가, 쉽게 말해 이들이 어떻게 그렇게 되었는가를 이해하는 데 있다"(*WM*, 10〔33f.〕). 해석학의 과제를 입증이나 설명이 아니라 이해라고 말할 때 가다머는 딜타이를 따른다고 볼 수 있다. 가다머의 중심적 주제는 진리는 방법적 입증과 동일시될 수 없다는 것이다. 가다머는 과학적 경험을 고찰하는 방법으로는 그 진리 인식이 불완전한 역사적 경험, 인문학적 경험을 서양의 인문주의 전통을 대변하는 지배적 개념인 '교양'(Bildung), '공통감각'(sensus communis), '판단력'(Urteilskraft), 그리고 '취미'(Geschmack) 개념을 역사적으로 분석하면서 결국, "예술작품도 진리를 소유하고 있다는 사실을 인정해야 하지 않는가?"(WM, 47)라고 질문한다.

2. 주관주의적 미적 인식에 대한 비판과 예술의 진리

나는 인류의 역사를 통해 동서를 막론하고 인간이 추구해온 최고의 가치가 진(眞), 선(善), 미(美), 성(聖) 등 네 가지로 표현되었다고 보고 그 가치를 탐구하는 학문의 분야를 각각 논리학과 윤리학, 미학, 종교로 상응하여 생각해왔다. 그래서 이렇게 썼다. "지금까지 기독교 신학을 이끌어왔던 사유가 진짜와 거짓, 정통과 이단을 가리는 논리적 사유, 혹은 선과 악을 판단하는 윤리적 사유였다면 앞으로 기독교 신학을 창조해갈 사유는 창조세계의 좋음, 곧 아름다움을 회복하기 위한 예술적 사유여야 한다." 이렇게 되면 논리적 사유만이 진리를 말할 수 있고, 윤리적 사유만이 행위에 상응하고, 예술적 사유만이 아름다움(美)을 말할 수 있는 것처럼 보인다. 그러나 가다머의 도움을 통해 예술적 사유를 추구하되 예술적 사유가 미의식에만 머무르지 않고 진리에로 나아갈 수 있는 길을 찾게 된 것이다.

가다머가 『진리와 방법』에서 진리를 방법을 통해서 추구하지 않고 이해의 지평 안에서 진리물음을 던지는데 그 분야는 세 가지이다. 어떻게 진리의 물음이 예술의 경험 속에서 출현하는가? 어떻게 진리가 역사적 물음의 이해를 통해 제시되는가? 마지막으로 진리가 언어의 근본적인 존재론적 전환의 문제를 통해 다루어진다. 첫째 기획은 칸트의 미학에 대한 분석과 비판을 통해 성취된다. 방법적 이상의 한계를 제시하고 진리의 대안적 개념을 밝히는 데 칸트의 역할은 대단히 크다. 가다머는『진리와 방법』마지막 쪽에서 이 사실을 언급한다. "우리는 미학적 분석에서 여기서는 칸트의 질문 제기를 야기한 인식 개념의 협소함에 대하여 지적해왔다. 그리고 예술의 진리에 대한 물음에서 해석학에 이르는 길을 발견했다"(WM, 492). 가다머 해석학의 첫 무대는 칸트의 미학 비판과 함께 열린다. 가다머의 칸트 미학 비판의 요점은 칸트가 미학을 주관화했다는 것이다.3 가다머가 칸트의 미학을 비판하는 부분은 예술작품의 존재를 이해하려는 형이상학적이며 근대주의적인 기획의 한계와 실패를 다루는 어렵고 결정적인 부분이다. 이 부분에서 가다머는 예술작품의 존재론과 진리에 대한 관계를 발전시키면서 하이데거의 예술과 진리에 대한 이해를 넘어서 독자적인 영역으로 나아가는 면모를 엿볼 수 있다. 가다머가 하이데거와 비판적인 거리를 취하게 되는 입장이 칸트의 제삼 비판인 '판단력 비판'을 통해서 이루어진다.

칸트의 판단력 비판에 대한 비판적 성찰이 왜 가다머에게 필수적 관심사이고 칸트가 이루어낸 업적은 무엇이며 가다머가 칸트의 업적을 넘어서는 부분은 무엇인가? 칸트의 분석은 가다머 자신의 기획과 휴머니즘의 기획을 연결하는 가교 역할을 할 뿐만 아니라 오랜 기간 정신과학을 지배해온 사유의 과학화에 대한 대안이기도 하다. 앞에서 언급한바와 같이 인문주의적 전통은 "자연법칙의 연구에 이용되는 경험과는 전혀 다른 종류의 경험이 결정적인 역할을 한다는 사실을 알고 있다"(WM, 14(39)). 인문주의적 전통은 자연과학의 모델과 이념에 의해 정의되지 않았던 경험과 진리를 보존했던 전통이다. 가다머는 네 개의 지배적인 개념, 교양·공통 감각·판단력·취미를 통해 이 전통을 제시했다. 이 개념들은 자연과학을 기초하는 방법의 규칙과

---

3 가다머의 해석학의 발전 단계에서 칸트가 일정한 역할을 하지만 칸트에 대하여 집중적인 논의를 하는 단원에 가다머는 "칸트의 비판을 통한 미학의 주관화"(WM, 48-87)라는 제목을 붙였다.

객관화에 사로잡히지 않은 진리의 감각을 보존했던 대표적인 인문주의 전통을 대변하는 개념들이다. 과학의 방법과 이념을 통해 회복할 수 없는 경험과 진리의 가능성이 있다는 사실을 인정함으로써 인문주의적 전통은 인간 경험의 물음과 진리의 물음이 정신과학으로부터 회복될 수 있는 역사적 기초를 제공할 수 있게 된 것이다. 인문주의적 전통 안에서 칸트의 위대한 업적은 인문주의적 전통을 대변하는 네 가지 개념을 한데 모았다는 것이며 이 개념들을 통해 미적 판단을 체계적으로 사유한 것이다. 칸트는 미적 판단에서 가장 주목했던 형식인 취미가 개념적 이성을 통해서는 파악될 수 없다는 것을 인식했다.

그러나 가다머는 칸트의 공헌을 인정하면서도, 칸트가 개념적 지식을 위한 진리의 개념을 남겨두었고, 본질적으로 생각하는 예술과 진리의 친밀성을 분리했다는 점을 드러낸다. 이것이 가다머의 주요 관심사이며 칸트 미학에 대한 결정적인 비판이다. 가다머의 칸트에 대한 비판의 요점은 칸트가 인문주의 전통의 중요 요소들을 한데 모았으나, 그가 예술작품을 철저하게 주관화하고 고립시킴으로써 예술작품의 경험을 정당하게 평가하지 못했다는 것이다. 가다머는 이렇게 묻는다. "칸트가 미적 판단력에 부여했던 선험적 기능은 개념적 인식에 대한 경계 설정, 따라서 아름다움과 예술의 현상을 규정하는 데에 충분하다. 그러나 진리의 개념을 개념적 인식에 제한시켜도 좋은가? 예술작품이 진리를 가지고 있다고 인정해서는 안 되는가?"(*WM*, 47〔94〕) 칸트에 대한 가다머의 가장 큰 불만은 칸트가 "취미에 그 어떤 인식 의미도 인정하지 않게 되었다"(*WM*, 49〔97〕)는 것이다.

예술에는 어떠한 인식도 없다는 것인가? 예술의 경험에는 과학의 진리 요구와 분명히 구별되면서 또 분명 그것에 예속되지 않는 진리 요구가 깃들어 있지 않은가? 미학의 과제는 바로 예술의 경험이 독자적인 인식방법이라는 사실을 근거 짓는 데 있는 것이 아닐까? 그러한 인식은 과학으로 하여금 자연의 인식을 정초케 해주는 궁극적인 자료들을 과학에게 매개해주는 감각 인식과는 물론 다르며, 또한 모든 윤리적인 이성 인식 및 모든 개념적인 인식과도 다르다. 그렇지만 이것 역시 인식, 즉 진리의 매개임에는 틀림없는 것이 아닐까?"(WM, 103〔181-182〕).

그러나 미학이 주관화됨으로써 지식의 한 형식이 되려는 예술의 자기주장이 원천봉쇄된 것이다. 가다머는 취미가 판단하는 주체에 대하여 우리에게 올바르게 말해주지만 미적 대상에 대해서는 아무것도 말해주지 않는다는 사실을 알고 있다. 칸트에 따르면, "대상의 표상에서 단지 주관적인 것은 다시 말해 대상과 관계 맺지 않고 주관과 관계 맺는 것은 미적 성질 자체이다."[4] 취미 판단은 일종의 주관의 자기고백이라는 것이다. 취미 판단은 객체가 엄연히 존재함에도 불구하고 객체에 대한 무관심으로 정의된다.

가령, 칸트는 감정을 인식의 특별한 자기관계를 지칭하기 위하여 사용되는 개념으로서 인식에 반대되는 개념이 아니라고 생각했다. 감정은 인식의 지위를 점유하며 특히 탁월한 인식의 자리를 점유한다. 칸트의 감정 개념에는 결정적으로 구성하는 계기가 있다. 그러나 그것은 인식능력을 중재하는 기능은 아니다. 감정은 객체를 규정하는 능력은 없다. 다시 말해 감정은 주어진 비규정적 현상을 의식에 경험의 객체로서 중재하지 않는다는 것이다. 감정의 중요한 역할은 대상을 통해서 새롭게 야기된 자기관계이다. 이 새롭게 생겨난 자기관계 안에서 인식능력은 규범적으로 객체를 구성하는 기능이나 규범적이며 목적규정적인 기능으로부터 자유롭게 된다. 다시 말해 감정은 인식능력으로 하여금 비대상적 자기관계를 맺도록 한다. 이러한 능력은 감정이 개념 없이 발생하기 때문에 가능하다. 따라서 칸트에게 감정은 비반성적이다. 감정은 취미 판단에서 비로소 반성의 대상이 된다.

---

4 I. Kant, *Kritik der Urteilskraft*, B XLII. Werke in Zehn Bänden, Hg. von Wilhelm Weischedel, Bd. 8 (Darmstadt: Wissenschahftliche Buchgesellschaft, 1983).

그리고 취미 판단을 통해 감정은 상호주체적으로 주제화된다. 반면 감정이 개인적이며 직접적인 의미로 주제화되는 곳에서 개념과 언어는 침묵을 지킨다.

가다머가 보기에 칸트에게 미학은 철저한 주관화를 통해 미적 대상이 사라진다. 칸트에게 예술작품은 그 자체로서 평가되는 것이 아니라 그 영향에서만 평가된다는 점을 가다머는 예리하게 짚어낸다. "취미라는 척도가 단순한 전제 조건으로 격하되지 않은 채, '순수 취미 판단'에 미학을 정초시킬 경우, 예술의 인정은 불가능한 것으로 보인다"(WM, 51〔100f.〕). 칸트는 취미 판단과 대상에 대한 지식을 철저하게 분리함으로써 미적 판단은 미적 대상에 대한 지식에 아무런 기여를 하지 못함을 밝히고 있다. 이 점이 칸트에 대한 가다머의 가장 근본적인 비판이다. 칸트가 인문주의의 근본 개념들을 모으고 통일성을 구체화했지만, 그리고 순수예술이라 지칭되는 영역을 인정하려고 했지만, 결국 순수 미적 판단을 우위에 둠으로써 예술작품은 개현(開顯, 열어 나타내는 것)으로서의 진리에 아무런 기여를 하지 못한다.

가다머는 바로 이 지점에서 칸트가 취미로부터 천재에로의 이동에 주목할 수 있다는 점을 지적한다(WM, 59ff〔113ff.〕). 그러나 결국 천재는 주체로써 작품을 수용하는 데 관심이 있는 것이 아니라 작품의 생산에 관심이 있으며 바로 이 점에서 작품 자체가 문제가 될 수도 있다. 그러나 작품 자체의 회복에 관하여 칸트의 천재론은 다루지 않는다. 칸트는 천재란 다른 종류의 자연을 생산하는 자이며, 예술이 완전히 사라지지 않는 한 예술은 자신을 반복하는 자연의 영역에 종속된 채 잔존한다는 것이다. 예술은 칸트 미학의 지평 안에서 자신의 고유한 가치를 결코 발견할 수 없다. 가다머는 칸트가 예술을 평가하는 유일한 부분은 "미의 이상"[5]에서이며, 그러나 여기서도 예술의 과제는 "자연의 이상을 묘사하는 데 있지 않고, 인간으로 하여금 자연

---

5 I. Kant, *Kritik der Urteilskraft*, B 53-62.

과 인간적·역사적 세계에서 자신을 만나게 하는 데 있다"(*WM*, 55(107)). 자연과 예술에서의 아름다움은 "전적으로 주관성 속에 깃들인 하나의 동일한 선험적 원리의 지배를 받는다. 미적 판단력의 자기 자율성(Heautonomie)은 아름다운 대상에 대한 자율적 타당성의 영역을 결코 정초하지 않는다"(*WM*, 61(106)).

칸트의 미학 이론은 강력하고 영향력이 넘쳐, 미적 영역의 주관화는 칸트 이후 미학사에 매우 긴 그림자를 드리우고 있다. 이 그림자는 실러와 헤겔, 그리고 생의 철학을 배경으로 한 딜타이의 역사 이해에서도 나타난다. 인식의 진리를 칸트를 따라 과학적 인식의 개념 및 자연과학의 현실 개념이란 잣대로 측정할 경우 예술작품의 경험도 하나의 경험으로서 이해되기가 어렵다. 따라서 경험의 개념을 확대하여 예술작품의 경험도 하나의 경험으로 확대하여 이해할 필요가 있다(*WM*, 103(182)). 그러나 이 경험은 예술작품을 향유하는 수용자의 경험이 아니다. 이렇게 되면 이 경험은 다시 주관성에 빠질 위험이 있기 때문이다.

가다머는 하이데거가 예술작품에 대한 이해에 근거하여6 창조적인 예술가(천재)나 작품의 수용적 경험이 아니라 작품 자체에 집중한다. 예술작품에 무엇이 일어나는가? 예술작품에서 일어나는 것은 진리이다. 예술작품은 진리가 일어나는 장소이다. 그러나 가다머는 하이데거와 달리 예술작품의 존재방식을 '놀이'(Spiel)를 통해 이해한다. 이에 대한 논의는 본 주제의 범위를 벗어나기 때문에 여기서 줄여야겠다.

---

6 마르틴 하이데거, "예술작품의 근원", 『숲길』, 신상희 옮김(서울: 나남, 2007), 17-127.

3. 역사 경험과 신학적 진리

1) 역사 경험의 해석학

근대 자연과학의 방법적 이상은 인문주의적 전통과 예술뿐만 아니라 종교의 경험까지 재단함으로써 "기독교가 전제하고 있는 것들 자체"를 의심했고 기독교와 기독교 신학은 파멸에 가까운 혼란을 일으킨다. "자연과학의 방법적 이상이 성경 전승에 대한 역사적 증언의 신빙성에 관한 문제에 작용되자, 그 의도와는 전적으로 다른, 즉 기독교를 파멸시키는 결과가 초래될 수밖에 없었다"(WM, 24(58)). 정신과학의 진리가 인문주의적 전통에 근거하듯이 신학적 신리는 종교 경험에 근거한다.

신학을 강의하거나 신학 책을 읽다보면 전통적으로 성경의 개념과 언어, 정식화된 교리적 공식들, 신앙고백, 예전적 고백, 기도문, 신학적 개념 등을 많이 만나게 된다. 예를 들면 '무로부터의 하나님의 창조', '원죄와 타락', '예수 그리스도를 믿음으로 말미암은 죄로부터의 구원', '삼위일체 하나님', '예수는 참 신성과 참 인성을 갖은 분이다', '영생'과 '몸의 부활' 등 그 예는 무수히 많다. 그러나 이런 고백이나 개념들을 곰곰이 생각하면, 도대체 이런 것들이 실제 현실과 어떤 연관성을 맺으며 인간과 세계를 어떻게 새롭게 보여주는 말인지 매우 궁금해진다. 가령 "예수 그리스도는 우리의 구세주이시다"는 문장은 올바른 문장이고 의미를 갖고 있다고 생각한다. 그러나 그것이 지시하는 대상(reference), 지시하는 사태(Sache)가 무엇인지 애매모호하고 대부분의 경우 잘 드러나지 않는다. 과연 이 개념 내지 문장이 경험과 사태와 무슨 관련이 있으며, 이 가르침을 지적으로 아는 것이 구체적 삶과 어떤 연관성을 갖는가?

강의와 설교 그리고 일반적 대화 속에서 신앙의 언어를 그 본래의 의미에서 사용하고 있는가? 가령, 삼위일체 하나님을 설명하기 위해 삼각형을 그려놓고 삼위일체 하나님과 전혀 상관없는 삼각형론을 전개하는가 하면, 쉽게 양태론에 빠지기도 한다. 무엇보다 삼위일체론은 설명하기 어렵다는 이유로 신비라고 단정하고 더 이상 삼위일체 신비의 심오한 뜻을 깨치려고 들지 않는다(하나님의 신비는 말할 수 없기 때문에 신비인 것이 아니라 신비이기 때문에 말로 다 할 수 없는 것이다. 언어는 하나님의 신비의 껍질을 벗기는 것이 목적이 아니라 신비로 이끄는 데 신학 언어의 과제가 있다).

인생과 삼위일체 하나님과는 아무런 관계가 없는 삼각형을 그려놓고 삼위일체론을 입증하려고 시도할 것이 아니라, 인간의 어떤 종교적·신앙적 체험이 하나님을 삼위일체 하나님으로 고백하게 되었는지를 삼위일체론이 문제시되고 발생했으며 살았던 그 언어의 고향, 그 언어의 삶의 자리에 물어야 한다. 하나님을 '야훼'라고 부른다면 인간의 어떤 계시 체험이 하나님을 다른 이름이 아닌 바로 야훼라고 부르게 되었는지 물어야 한다. 부활을 낳게 한 부활이라는 언어의 고향이 어디인가? 무슨 사건이 일어났기에 '부활'이란 언어를 사용하게 되었는가? 부활의 언어를 낳게 한 언어의 고향을 묻지 않고 '예수의 부활을 믿어라'는 식의 신앙은 우리의 현실적인 삶과는 전혀 동떨어진 텅 빈 교의, 내용 없는 공허한 개념이 되기 때문에 현대인이 받아들일 수 없고 심지어 부정하거나 미신의 대상으로 전락하는 경우도 있다.

현대 신학의 핵심 문제들 중 가장 심각한 문제는 신학적 용어와 개념들이 더 이상 새로운 현실성을 불러일으키지 못함으로써 우리의 실제 경험과 관련성이 없는 것처럼 보인다는 점이다. 주님께서 이스라엘 백성과 세우신 언약은 조상과 세우신 것이 아니라 "오늘 여기 살아 있는 우리 모두와 세우신 것"(신 5:3)이라는 해석학적 현재화가 일어나지 않는다. 새로운 경험을 형성하고 경험을 해석했던 처음 개념들이 현대의 새로운 경험을 담아내고 새롭게 의미를 해석해줄 부합성(appropriateness)과 적합성(relevance)을 상실함으로써 점점 죽어가고 있는 것이다.[7] 이들 개념과 언어는 생명의 세계 안에 뿌리내린 실제적 경험을 신학적으로 생생하게 해석할 수 있어야 한다. 언어의 실패는 그것이 지시하는 경험의 실재가 사라지는 곳에서 정점에 이른다.

감옥에 갇힌 디이트리히 본회퍼는 베트게(D. W. R. Bethge)의 조카의 세례식이 계기가 되어 1944년 5월 어느 날 이렇게 썼다. 성경과 신학 개념의 생생한 활성화가 그 관건이다.

> 군은 오늘 세례를 받고 그리스도인이 된다. 그리스도교 선포의 낡은 어마어마한 말들이 전부 군에게 말해지고, 군은 거기에 대해서 아무것도 이해하지 못하지만 그리스도의 세례 명령이 군에게서 성취된다. 그러나 우리 자신도 역시 전적으로 이해의 시작으로 되돌려진다. 화해와 속죄란 무엇인가? 거듭남과 성령이란 무엇인가? 원수를 사랑하는 것, 십자가와 부활이란 무엇인가? 삶과 그리스도, 그리스도를 따름이란 무엇인가? 이러한 모든 것은 너무나 어려운 것이고 우리와는 너무나 거리가 먼 것이기 때문에 우리는 그것을 감히 말할 엄두도 못 낸다. 그것을 이해할 수도 없고, 말로 할 수도 없지만, 역대의 교회에 전해져 내려온 이러한 말들과 행위들에게서 우리는 무엇인가 전혀 새로운 것, 혁명적인 것을 어렴풋이 느끼고 있다.[8]

성경의 언어, 신학적인 개념과 전례의 행위를 통해 전해져 내려온 것은 무엇인가? 참으로 우리는 지금 무엇인가 전혀 새로운 것, 혁명적인 것을 어렴풋하게나마 느끼고 있는가? 근원적으로 무엇인가 전혀 새로운 것, 혁명적인 것이란 무엇인가? 우리는 여기서 어떻게 그것을 다시 처음처럼 경험하고 힘차게 표현할 수 있겠는가? 본회퍼는 이를 해결하기 위해 "기독교의 비종교화" 혹은 "성경의 비종교적 해석"을 내걸었다. 본회퍼에게 그리스도교 선포의 해석학적 문제는 모든 시대에 통용 가능한 내용이 되기 위하여

---

7 카우프만, 『신학방법론』, 기독교통합학문연구소 편(서울: 한들, 1999), 37, 134ff. 참조.
8 D. Bonhoeffer, *Widerstand und Ergebung. Briefe und Aufzeichnungen aus der Haft*, hg.v. E. Bethge (NA München, 1977), 327f. 강조는 필자.

계속 존속할 수 있는 언어, 시대에 적합한 언어로 번역하는 문제가 아니다. 과제는 변화된 세계, 성인이 된 세계, 곧 세속화된 세계 속에서 신앙의 사태와 대면하여 직시하지 못하는 그리스도인의 손상된 삶의 태도가 문제였다.

단어, 개념, 언어는 항상 어떤 사태와 경험을 지시하고 언급하는 경험적 지시대상을 갖는다. 모든 개념은 그들이 성장해온 고유한 삶이 있으며 삶의 표현에서 분리되지 않을 경우에만 의미 있게 이해될 수 있다. 그러나 개념이 그것이 언급했던 경험으로부터 떠나 분리될 때, 그 개념은 현실성을 잃고 한낱 인간 정신의 산물인 공허한 관념, 소외된 개념, 이데올로기, 우상이 된다. 이런 언어는 고향을 상실한 언어로 유령처럼 떠돌다가 사라지는 신세를 면할 수 없을 것이다. 신학적·종교적 개념들은 단순한 설명 혹은 묘사에 그치지 않고, 종교적 체험과 영혼의 훈련(수련)과 더불어 형성되는 의미의 체험직 지층을 갖고 있다. 개념들은 역사와 삶의 깊이를 갖고 있다. 그래서 말한 자(발화자)와 듣는 자(청자)를 고려하지 않고는 이 개념의 적실성과 정당성을 객관적으로 논의하기 어렵다.

가령, 기독교 신학자들은 삼위일체 논쟁을 전개하면서 새로운 개념을 창안하기보다, 오래된 용어에 자기만의 체험과 논리를 부여하는 방식을 택했다. 그렇기 때문에 이견은 해소되지 않고 겉돌았다. 기독교 신학이 해결되지 않는 이유가 바로 여기 있다. 그들은 같은 개념, 하나님과 예수 그리스도, 성령을 말하면서도 같은 지점을 바라보지 않는다. 그렇게 되면 개념, 즉 의미와 사건, 경험을 전달하는 언어는 무의미 혹은 반의미로 변질될 위험을 노출하게 된다. 기독교 신앙의 고백들과 신학의 개념들이 생명의 현실성으로부터 이탈하여 허공에 떠돌아다니는 원인이 바로 거기에 있다. 그러므로 우리는 끊임없이 이렇게 물어야 한다. 이들은 생명의 현실로부터 증명된 개념들인가? 이런 정형화된 언어들이 지시하는 신앙적 현실성의 사태 자체는 무엇일까?

신학의 과제는, 왜 그리고 어떻게 신학의 용어와 개념이 우리에게는 이미 낡고 낯선 문화가 된 그 당시 최초의 삶의 자리에서 상징적으로 만들어졌는지, 그리고 어떻게 이 신앙이 지금 여기, 자연과학, 세속적 자기이해와 자기실현, 기독교와는 전혀 다른 동양의 전통 종교와 문화, 자유와 해방을 향한 전 세계적인 외침이 지배하는 현대 인간의 경험 속에서 의미 있게 보존되고 재구성될 수 있는가 하는 물음이다. 신학의 주 과제는 "현재 상황을 위한 전통의 재해석"9을 통하여 새로운 현실, 곧 하나님의 현실을 열어 보여주는 일이다.

신학적 현실성(하나님, 은총, 속죄, 영생 등등)은 단지 변함없는 존재론적 주장이 아니라 새로운 자기이해의 가능성을 열어주는 신앙인의 인격적이며 신앙적 증언에 속하며 또한 새로운 세계를 열어주는 언어임을 일깨워야 한다. 신앙적이며 인격적 차원을 몰각한 존재론적 주장은 종교적 선전과 구호로 뇌락할 뿐이다. 따라서 모든 신학적 신술에 존재론적 판난 중시(epoché)가 필요하다. 왜냐하면 형이상학적·존재론적 물음이 추상적 물음이라면 종교적 물음은 실존적·구체적 물음이기 때문이다. 신학은 하나님 자체의 구조만을 문제시하는 학문이 아니라 '우리를 위한 하나님'(Deus pro nobis)을 다룬다. 구체성이 추상성을 이월하듯 신학은 형이상학을 넘어간다.10

기독교 신학은 생명의 현실을 직시하자는 신학이어야 한다. 현실(세상, 실재)에 대해 말할 때는 순수한 개념이나 의미만이 아니라, 실천의 복잡하고 구체적인 맥락과 조건을 나는 게 중요하다. 가령, ① 가정 현실: 사랑의 둥지보다는 버스 정류장처럼 변하는 가정 현실; ② 교육(학교) 현실: 자아탐색과 내면성의 성숙보다는 점수 경쟁과 타율성 쌓기의 장으로 변하는 학교 현실; ③ 직장 현실: 자아실현과 참된 생산성보다는 생존경쟁과 파괴적 생산성의 공간이 되어버린 직장 현실; ④ 교회 현실: 하나님 나라의 구현보다는 개교

---

9 D. Tracy, *The Analogical Imagination: Christian Theology and the Culture of Pluralism* (SCM Press, 1981), 64, 340 참조.
10 S. M. Ogden, *Doing Theology Today* (Trinity Press International, 1996), 6.

회의 현실과 성장과 관리에 안주하는 현실. 모든 학문적 탐구는 언어로 매개된 이전의 사태 자체에 주목하고 사태 자체의 생동성 속에서 참된 판단의 실마리를 찾는 것이 무엇보다도 중요하다.

기독교 신학이란 신·구약성경을 통해서 전승된 하나님의 행위(역사)를 오늘의 구체적인 삶(생)의 맥락, 즉 현재적이고 일상적이며, 생활세계적이며 그리고 학문적인 경험들 속에서 함께 이야기하고 숙고하는 경험의 학문,[11] 사건의 학문이다. 신·구약성경은 많은 이야기를 보여주지만 성경을 읽는다는 것은 궁극적으로 하나의 하나님 이야기에 대한 흔적을 찾기 위함이며, 그것을 천차만별 다양하고 중층적인 오늘의 삶의 맥락 속에서 새기는 일이 신학이 할 일이다. 성경 전통의 다양성은 포스트모던 세계의 다양성과 다원적 현실에 상응한다. 신·구약성경이 증언하는 하나의 하나님 이야기는 생을 사랑하고 창조하시는 자비로운 하나님의 역사이다. 하나님의 이 역사는 예수 그리스도 안에서 가장 구체적으로 나타났다.

성경 전승의 역사, 기도, 찬양, 시, 율법과 계명, 예언, 비유, 가르침과 묵시적 잠언, 지혜 등은 그때마다 닫힌 삶을 여는 언어공간이고 능력이다. 인간은 역사 속에 사는 존재이다. 인간이 누구이며 하나님이 누구인가는 역사 속에서 해명된다. 성경이 증언하고 이야기하는 하나님의 역사는 삶을 해방하는 하나님의 역사로 드러난다. 출애굽의 역사는 언제나 역사 속에서 그리고 지금도 항상 애굽에서 이스라엘 백성을 해방한 역사로 이스라엘 백성들에게뿐 아니라 그리스도인들에게도 그렇게 드러난다. 옛 이야기가 현실의 어둠을 밝히고 현실의 억압을 풀어줄 새로운 관점을 제공할 수 있는가?

성경적 역사를 왜곡하고 망각하는 사태(그리스도인은 자신의 고유한 전승〔이야기〕과 그 의미에 대해 잘 알지 못한다)가 오늘날 신앙을 잘못 이해하게 하는 가장 대표적인 원인이다. 오늘날 신앙인들에게 교의학적으로 중요한 핵심

---

11 Gunda Schneider-Flume, *Grundkurs Dogmatik*, 2. Auf. (Vandenhoeck & Ruprecht, 2008), 22.

개념들—창조, 죄, 칭의, 하나님의 형상, 삼위일체, 양성의 교리, 종말 등—은 그 의미가 이야기되는 역사와의 연결 고리가 끊어져 추상화되고 거의 이해 불가능하게 되어버렸다. 대부분의 그리스도인들은 자신의 신앙을 표현할 수 있는 능력을 상실했고 따라서 자신의 신앙을 표현하면서 사는 신앙인들이 흔치 않다. 오늘날 신학과 설교는 교의학적 성찰은 물론이고 성경적 이야기에서도 멀어지고 있다. 신학과 교회의 설교는 성경의 경험을 망각하고 현재의 적합성을 상실함으로써 일상적 상식과 조화되어 상식적으로 받아들일 수 있는 교훈만 말함으로써 성경의 궁극적 새로움의 지평을 상실해 가고 있다.

에벨링은 교리적 개념들이 경험 부족과 경험 상실로 공허하게 되거나 파괴되었음을 지적한 바 있다.12 화석화된 교리적 개념들이 풍부한 성경의 이야기를 통해 생동감과 활력을 되찾아야 한다. 개념을 뒤로 하고 개념을 만들어낸 역사(이야기)를 재포착함으로써 하나님의 역사 속에 살아 있는 생명의 경험을 보존해야 한다. 근대 신학은 학문성과 계몽의 이름으로 소위 전근대의 개념과 사태와 역사에 대한 기억을 근대의 주관주의적으로 구성된 개념을 통해 대체했으며 그로써 구체적인 내용을 도둑맞았다. 조직신학은 성경이 증언하는 살아 계신 하나님의 역사를 오늘의 맥락 안에서 다시 이야기해야 한다는 점에서 성경신학이다. 성경신학에 투철할 때에만 형이상학적 하나님 개념에 비평을 가할 수 있다. 형이상학적 하나님 개념이 오늘날 아직도 그리스도교적 하나님을 말하는 데 적합한 이해의 전제가 되어야하는지 의문이다. 하나님이 모든 것을 규정하는 현실성이라는 사실은 꼭 일반적이고 철학적인 틀 개념을 차용해야 가능한 것이 아니다. 하나님의 역사는 구체적이며 예수 그리스도의 삶과 실존 밖에서 말해질 수 없다.

역사는 경험을 이야기하고 그리고 경험을 해명한다. 불가능해 보이는

---

12 Gerhard Ebeling, "Die Klage über das Erfahrungsdefizit in der Theologie als Frage nach ihrer Sache", *Wort und Glaube Bd. III* (Tübingen: J.C.B.Mohr, 1975), 3-28.

인간의 삶을 가능하게 하고 어둔 삶에 빛을 주며, 절망적인 삶에 희망을 주고 또한 삶의 다차원성을 발견하게 하는 것이 성경에 기록된 하나님의 역사의 고유한 특징이다. 인간은 하나님의 역사 속에서 자신의 고유한 경험과 함께 새로운 경험을 만들어낸다. 신앙이란 하나님의 역사 속에서 사는 삶으로서 이 역사를 해방하는 삶의 지혜다. 그러므로 신학적 진리란 소유할 수 있는 것이 아니며 복음적 이해에 따르면 결코 절대적 도그마로 정의될 수 없다.

2) 예술의 진리와 신앙의 진리

가다머에 따르면, "인간은 예술을 경험할 때 작품에서 진정한 경험을 만나게 된다. 이 경험은 경험하는 사람을 변화시키지 않고는 못 배긴다. 그래서 우리는 이런 식으로 경험하게 되는 것의 존재 양식이 무언인가를 묻는다. 이렇게 함으로써 우리는 여기서 만나는 진리가 어떤 종류의 진리인가를 보다 더 잘 이해할 수 있기를 바란다"(*WM*, 106(185-186)). 우리는 하나님을 경험할 때 기독교 전승에서 진정한 경험을 만나게 된다. 이 경험은 경험하는 사람을 변화시키지 않고는 못 배긴다. 그래서 우리는 이런 식으로 경험하게 되는 것의 존재 양식이 무언인가를 묻는다. 이렇게 함으로써 우리는 여기서 만나는 진리가 어떤 종류의 진리인가를 보다 더 잘 이해할 수 있기를 바란다. 진리가 주체를 변화시키기 때문에 주체는 진리를 소유할 수 없다. 도대체 경험하는 주체의 소유가 아닌 진리는 어떤 종류의 진리인가?

지식은 사태를 이해하고 사물을 다루는 '유익의 기술'이다. 학문 또한 이 같은 테크닉의 집적과 발전이다. 성현의 말씀 또한 그 자체로 진리인 것이 아니라, 현실의 문제를 설명하고 적절한 행동을 위한 조언일 때 비로소 의미를 갖는다. 지식이 있기 이전에 현실적 '관심'이 있고, 그를 둘러싼 '문제'가 있다. 구체적 지식은 그 문제를 형성하는 계기와 역동, 근본과 지엽, 원인과 결과를 파고든 결과물이다. 모든 지식은 그런 점에서 문제 해결에 필요한 기술과 노하우로서 그 가치는 상황에 대한 적응력과 효율성으로 매겨진다. 그러므로 지식이란 구체적 사물과 현실적 인간에 대한 것이어야 실질을 갖는다.13

기독교 신앙도 하나의 지식이다. 중력으로 세계를 설명한다. 그러나 시(詩)도 세계를 이해하는 문법이다. 시도 세계를 이해하는 하나의 방식이라는 점에서 중력과는 다른 차원의 지식이다. 예술작품도 실재의 새로운 차원을 열어 보여준다. 그러므로 인식론적 영역이 예술의 영역에 낯선 것이 아니다. 예수의 비유도 하나님 나라를 여는 언어이다. 기독교 신앙의 언어는 세계를 이해할 뿐만 아니라 새로운 세계를 연다. 그렇다면 그것은 대체 어떤 종류의 지식일까? 그 지식은 인간이 보편적으로 관심할 수 있는 지식인가? 그리고 그 지식은 다른 지식, 과학적 지식과 인문학적 지식, 예술의 진리와 어떤 관계가 있을까? 성경은 하나님을 경외하는 것이 지식의 근본이고(잠 1:7), 그리스도 안에 지혜와 지식의 보화가 감추어져 있다고(골 2:3) 말한다. 도대체 그 지식으로 무엇을 알고, 무엇을 할 수 있는가? 신앙의 지식이 드러내는 성격은 하나님 경외, 그리스도에게서 찾을 수밖에 없다. 한마디로 이 지식은 사물의 본성을 아는 지식도, 인간이 절대 지켜야 하는 도덕적 성취를 위한 지식도 아니다. 그렇다면 신학적 진리는 어떻게 일어나는가?

첫째, 신학의 확실성과 신학의 진리에 이르는 길에 미리 정해진 하나의 유일한 "방법"이 있을 수 없다는 사실이다. 데카르트 이후 근세철학의 모든 학문을 관통하는 단일한 방법에 대한 이상은 인간의 사유 중심적으로 정향되어 있을 뿐 아니라 인간의 사고와 지식으로써 대상과 진리를 장악할 수 있다고 생각한다. 근대철학자들은 고·중세에서처럼 대상 영역에 따라 인식의 방법이 달라지는 것이 아니라 대상 영역이 동종성을 띠고 있다고 생각

---

13 한형조, 『왜 조선유학인가?』(파주: 문학동네, 2008), 39.

했다. 그렇기 때문에 이성이 대상 영역에 자신의 규칙을 보편적으로 적용할 수 있다고 생각한다. 즉 방법적 이성은 본성상 대상이 이성 스스로 설정한 규칙에 복종한다고 믿는 관념주의자이다. 계몽사상의 완성자인 칸트는 이를 자연적 인식의 영역, 종교와 윤리의 영역, 미학과 역사의 영역에서 관철하였다.

둘째, 기독교 신학은 신학의 핵심 주제인 하나님의 구원과 화해 행위에 의하여 이러한 사고의 태도에서 철저히 벗어날 수 있다고 생각한다. 하나님의 구원 행위가 이성 스스로 설정한 규칙에 복종해야만 하는가? 우선 "방법"이란 단어의 의미를 문자 의미 그대로 받아들이는 일이다. "방법"(Methode)이란 단어는 진리에 이르는 길 위에서의 운동을 의미한다. 신학의 방법론적 운동이란 만남과 대화 그리고 경험으로서의 사건이며, 사건은 하나님의 '현존' 가운데서 개방성을 확보하여 진리와 자유와 참된 화해에 이르는 길이다.

셋째, 사건은 생명의 세계와 사유 안에서 전후좌우의 생명과 사유와 관련을 맺으면서 부단히 움직인다는 통찰이다. 가다머가 칸트의 미학을 비판하면서 예술을 진리의 한 형식으로 복권시키려고 한 것처럼 종교 또한 진리의 한 형식으로 복권시킬 수 있다. 종교에서의 종교 체험, 신학에서는 하나님의 계시 사건은 진리의 한 형식이다.[14]

(1) "지금은 과연 먹을 것이 없어서 기근이 아니요 마실 것이 없어 목마른 것이 아니라 다만 진리가 없어 기갈이로소이다."[15] 기독교 신학의 진리 물음은 현실성에 관한 인식이론적이거나 언어논리학적인 참과 거짓의 명제적 진리로 제한되지 않는다.[16] 명제적 진리의 권위는 진리를 말한 자의

---

14 Günter Figal(Hg.), *Klassiker Auslegen: Hans-Georg Gadamer, Wahrheit und Methode* (Akademie Verlag, 2007), 32.
15 이용도, 『이용도 목사 전집 (제1권)』(장안문화사, 1993), 183.
16 W. Pannenberg, "Was ist Wahrheit?", in: *Grundfragen systematischer Theologie* (Göttingen, 1967), 202-222; E. Jüngel, "Wertlose Wahrheit. Christliche Wahrheit-

권위와 진리 내용이 무관해도 성립한다. 진리 내용인 지식 또한 대상을 분석하여 나누어 정복하기 위하여 항존적 원칙/질서를 부여한다. 더욱이 명제적 진리는 진리를 말한 자의 인격과 삶은 그가 말하는 진리의 인식 뒤로 물러나야 한다. 그러나 기독교의 신학의 진리 내용과 진리를 말한 자의 인격과 삶이 결부되어 있다.

그러므로 그러한 진리를 인식한다는 것은 존재에 대한 선험적 자아의 일치(*adaequatio intellectus ad rem*)가 아니라 하나님의 약속을 듣고 지키며 따른다는 것을 의미한다. 진리 안에 있는 존재와 진리로부터 나온 존재와 이와 반대인 비진리의 힘은 인간이 체험하는 생명세계의 질(質)이다. 요한복음에 따르면 "마귀"는 "거짓의 아비"이다(요 8:44). 이와 같은 신화적 사유방식으로써 뜻하는 함축성이 근본적 생명 체험의 지평으로부터 새롭게 인지되어야 한다. 비진리에로의 경향, 생명의 이름으로 생을 고립시키며 그리고 고립을 통해서 관계의 결핍으로 몰고 가며, 파괴하고 죽이는 경향은 개별적 생명체를 넘어 생명 세계에 전반적으로 영향을 끼친다. 소위 "구조악" (strukturelles Böse)의 사상은 악의 현실을 포괄적으로 파악할 수 있는 장치이다. 이 세상에는 비합리성의 이론으로도 파악될 수 없는 권력과 힘이 작용한다. 생을 위협하는 마귀는 생에 대한 이론적 이해보다 더 깊이 침입해 있다. 그러나 생명의 이름으로 생명세계를 파괴하며 멸절시키는 힘과 세력은 일상적으로 경험 가능한 세력이다. 이 세력은 이론적 지식이나 윤리적 계명으로도 퇴치 불가능하다. 이 힘은 하나님의 구원하는 활동과 대치(對峙)된다.

(2) 하나님은 "진리의 아버지"이며 진리에 의한 '탈존'을 가능케 한다(요 18:37). 하나님의 '현존' 안에서, 어떠한 미래도 없으며 어떠한 변화도 원하

---

serfahrung im Streit gegen die 》Tyrannei der Werte《", in: *Wertlose Wahrheit* (München, 1990), 90-109; L. Bruno Puntel, *Wahrheitstheorien in der neueren Philosophie* (Darmstadt, 1983); ders., (Hg.), *Der Wahrheitsbegriff* (Darmstadt, 1987).

지 않는 자기 안으로 굽어진 생명의 세계적 폐쇄성(mundus incurvatus in se)이 악마적 순환을 끊고 진리의 개방성과 비은폐성[17]으로부터의 '탈존'이 가능케 된다. 진리의 사건 속에서 생명세계는 하나님의 진리의 빛을 보게 된다. 그리스도 신앙은 폐쇄성의 힘과 세력에 의하여 규정된 생명세계로부터 실존적으로 싹튼 것이다. 신앙은 새롭고 진실된 삶을 가능케 하는 하나님의 '현존'과 진리를 인지하도록 인격적으로 불러내지는 사건이다. 이 진리의 사건에서 참된 것은 하나님의 진리와 개방성, 하나님의 가까이 다가오심, 하나님의 진실과 신실하심뿐이다. 하나님의 말씀과 지혜는 생명세계를 부르고, 불러내어 촉구하여 새롭게 인지하도록 만든다. 이것이 언어사건 혹은 진리사건 속에 있는 근본적인 사건이다. 진리의 사건 안에서 인간은 스스로를 인지된 자로서 인지하며, 진리의 승인과 진리의 증언을 자신의 과제로 삼는다.

(3) 하나님의 구원의 말씀과 지혜에 관한 인간의 사유로서의 신학은 언어사건과 진리사건에 몰입됨으로써 수행(遂行)된다. 참된 관심과 거짓된 관심, 이데올로기적 방향 설정과 허무주의적 방향 상실, 의미 부여의 위기와 의미의 독점 등으로 혼미해진 사유의 세계 안에서 신학은 이 모든 언어를 부정하는 침묵과 고요함 가운데서 들리는 실존적 물음을 성찰하며, 이는 신앙의 사유와 신앙의 언어를 새롭게 형성하게 한다. 진리의 사건은 사고를 통하여 언어화된다. 고요함 가운데 인지된 것은 사상적으로 형성되고 전개되어야 한다. 이때 생활세계적 일상언어를 통해 신앙의 진리를 매개하는 일은 대단히 중요하다. 신학적 진리사건은 이론적, 도덕적, 심미적 진리를 통해 전달되고 이해될 수 있는 길들을 모색해야 한다. 이것은 신학적 진리가 이들과 공속관계에 있다는 것을 의미한다.

---

17 하이데거는 진리(α-ληθεια)를 "비은폐성"(Unverborgenheit)으로 번역하였다.

(4) 신학이 사상적이고 생활세계적 사건 가운데서 하나님의 '현존'을 향해 개방하고 실존적 관계를 맺으며 동적이 되며 해방적이 될 때 신학은 진리에서 나온 사유가 된다. 신앙의 지각에 대한 내적 시금석은 진리 자체이며 그 외의 다른 것은 없다. 해방하는 진리 자체만이 모든 다른 차원의 진리를 수렴한다. 여기에 신학적 진리의 우월성이 있다. 우월성이란 동근원적이고 포섭하는 것만이 아니라 움직임으로써 부정을 통해 지향하고 초월하는 능력을 뜻한다. 이때 부정과 초월은 기존의 한계를 가시화하고 한계 너머의 새로운 지평을 지시하는 상위 관점의 출현을 말한다. 신학적 이성은 이론적 이성, 실천적 이성, 심미적 이성보다 더 포괄적이다. 그것은 신학적 이성이 다른 형태의 이성이 들을 수 없는 낯선 타자의 음성을 전하기 때문이다. 인간이 경직된 통일성 안에 머물러 있을수록 낯선 것에 불과한 이 이방의 소식과 더불어 신학적 이성은 여타의 이성 능력을 부정하고 초월함으로써 생명의 현실 자체를 위반하고 부정하는 것처럼 보인다. 신학적 초월성의 본질은 부정의 초월을 통한 자유와 해방에 있다.

(5) 신앙의 지각은 생활세계적으로 내적이며 외적인 해방의 사건으로서 나타난다. "진리가 너희를 자유케 하리라"(요 8:32). 하나님의 '현존'은 진리 안에서 그리고 진리로부터 진실된, 조화로운 통합적 삶을 가능케 한다. 따라서 기독교 신학의 일차적 시금석은 전통성(신학과 교회와 신앙의 유래에 적응)이나 현대성(신학과 교회와 신앙의 내외적 상황에 적응)이 아니라 하나님의 구원 행위에 관한 사유에서 지각된 것, 곧 하나님의 종말론적 미래인 신실한 약속뿐이다.

3) 화해로서의 진리 사건

(1) 하나님의 말씀과 인간의 말 사이의 관계는 어떠한가? 하나님의 구

원의 요구는 땅 위에서 구체적으로 전개되는 생명세계를 향한다. 하나님의 '현존'은 자유로운 생명의 공간으로서 생명을 생성케 하고 자라게 하며, 전개하고 형성케 한다. 그러나 반대로 생명에 종지부를 찍거나 사라지게도 한다. 생명의 세계, 특히 땅의 하나님은 생명세계 전체를 가능케 하는 "살아계신 하나님"(אל חי)이다. "내 마음과 육체가 살아계신 하나님께 부르짖나이다"(시 84:2). 하나님은 칸트적으로 표현하면 생명(삶)의 가능성의 조건이다. 인간은 생명세계 안에서 땅의 생명에 속한다. 생명세계 안에서의 인간의 "특수한 지위"(M. Scheler)는 하나님의 화해의 요구에 인격적·실존적으로 응답하거나, 반대로 자기지배의 폐쇄성으로써 이 요구를 거절할 수 있는 인간에게 부여된 가능성이다.

(2) 하나님의 화해의 요구는 생명세계의 자기폐쇄성의 모든 가능성 및 현실성과 모순관계에 있다. 생명세계의 자기폐쇄성과 자기고립은 명백히 "권력에로의 의지"(니체)로 나타난다. "권력의지"는 구체적으로는 계층 간의 갈등, 세대 간의 갈등, 이념 간의 갈등, 지역 간의 갈등, 성(性) 사이의 갈등, 인종 간의 갈등과 대립으로 표출된다. 생명세계의 자기폐쇄성은 생명의 이름으로 생명을 위협하고 멸절하며 급기야 생명의 장소인 지구를 위협하며 황폐케 한다. "생명에로의 의지"(Wille zum Leben)는 하나님의 구원에 대한 요구와는 달리 "권력에로의 의지"로 변질, 격앙되기 쉽다. 그러나 하나님의 요구는 생명의 전개와 형성, 생명의 개방과 자유를 촉진하며, 다른 한편 개방성 앞에서의 불안을 야기한다. 생명의 세계적 불안은 생명의 현세적 안전과 생존의 분명한 보증을 요구하는 자기폐쇄성으로의 경향으로 변하여 달라질 수 있다. 그러나 생명의 개방성과 통풍성은 인지된 하나님의 요구로써 가능해진 생명의 새로운 경향으로서 생명의 불안과 해방적으로 대면한다. 이것은 인간세계 속에서 해방적 신앙으로 나타난다. 신앙이란 위협 아래 있는 생명의 세계 한가운데서의 생명세계의 역사적 회심을 의미한다.

(3) 하나님의 사유로서의 신학은 신앙의 실존운동과 실존적 태도로부터 나와 하나님의 '현존'과 하나님의 진리, 화해와 해방을 동반하는 참된 통일(統一)18의 길로 들어서도록 돕는다. 신학은 온갖 생명이 각축하는 상쟁(相爭)의 세계 안에서의 하나님의 구원과 화해의 현재화, 하나님의 현존에 대한 사색이며 그 결과로서의 형태화이다. 상쟁이란 대결로서 서로 전혀 다른 것들이, 서로 다름에도 불구하고, 바로 서로 다르다는 그 이유 때문에, 공통적인 것을 지니게 되며, 또 이 공통적인 것에 의해 각자 독특한 자기 자신으로 존재하게 되는 대결이다. 그리고 이러한 다름을 통한 같음, 같음에 의한 다름이 신학을 보편적이 아니라 독특하게 하는 것이며, 신학이 영원성 속에서 현재화할 수 있게 해주는 것이기도 하다.19 인간의 예술적 사유는 하나님의 구원 활동을 현재화한다. 현재화된 것은 하나님의 화해에 대한 요구이다. 인간의 신학적 사유는 하나님이 호출(呼出)하는 요구에 자유스럽게 열려 있다. 하나님의 계시적 '현존'에 대한 인간의 상응이 자유로운 개방성과 형태를 낳는다.

(4) 하나님의 현재화로서의 하나님의 구원과 화해 활동에 관한 인간의 사유와 언어로부터 사유와 사유된 것, 사유의 주체와 사유의 객체, 경험과 경험된 것, 경험하는 주체와 경험된 객체 사이의 동일성을 말할 수 없다.20

---

18 『희년신학과 통일희년운동』, 채수일 편(천안: 한국신학연구소, 1995); 박순경, 『민족통일과 기독교』(서울: 한길사, 1986).
19 피에르 마슈레, 『헤겔 또는 스피노자』, 진태원 옮김(서울: 이제이북스, 2004), 374. 마슈레는 '대결'을 매우 의미 있게 풀이했다. "대결은 서로 전혀 다른 것들이, 서로 다름에도 불구하고, 또는 서로 다르다는 바로 그 이유 때문에, 공통적인 것을 지니게 되며, 또 이 공통적인 것에 의해 각자 독특한 자기 자신으로 존재하게 되는 대결이다. 그리고 이러한 다름을 통한 같음, 같음에 의한 다름이야말로 스피노자의 철학을 보편성의 철학이 아닌 독특성의 철학, 독특한 사물의 철학으로 만들어 주는 것이다"(374).
20 P. Tillich, *Systematic Theology I* (New York: The Univ. of Chicago Press, 1951), 94ff. 참조.

"여호와의 말씀에 내 생각은 너희 생각과 다르며 내 길은 너희의 길과 달라서…"(사 55:8). 동일성의 가능성을 모색하는 모든 사유 방식은 인식 행위로써 인식 대상을 사상적으로 조종하고 지배하려는 욕구를 의미한다. 그러나 이것은 형이상학적 인식의 길이다.

이와 달리 기독교 신학은 생명세계에 대한 하나님의 철저한 타자성을 견지한다. 하나님의 타자성은 하나님의 요구에 대하여 실존적이며 인격적인 신앙의 상응과 응답이 일어날 때에도 남아 있다. 신앙은 하나님과 세계, 창조자와 피조물 사이를 구분함으로써 양자 사이의 능가할 수 없는 관계를 바르게 세운다. 하나님과 피조물인 생명세계 사이의 차이는 하나님이 만물보다 "항상 더 크신 하나님"(Deus semper maior)이기 때문이 생기는 것이 아니라, 세계에로 더 이상 가까이 다가오실 수 없을 만큼 가까이 다가오시는 하나님의 구원론적 차이가 하나님과 생명세계 사이의 구체적 차이를 만들기 때문에 생기는 미학적 차이다.

동일성의 원리에 따라 이 차이를 무시하고 합리적 개념들로 체계화할 때 신에 '관한' 학문(Wissenschaft von Gott)이라는 한 우상이 만들어진다. 신앙인은 차이를, 합리적인 것과 비합리적인 것의 차이, 궁극적 차이인 하나님을 받아들이며 산다. 오토의 말처럼 "그리스도교적 신앙론의 과제는 그리스도교적 신관념에 있는 합리적인 것을 언제나 비합리적 요소의 지반 위에서 보호하여 합리적인 것의 깊이를 확보해 주는 일이다."21 기독교 미학은 예배로부터 명상적인 요소와 특유의 종교적인 요소 및 상징적 행위가 무의미하게 되어 제거되지 않도록 해야 한다. 기독교 미학은 교의학의 이상인 개념적인 것과 교의적인 것을 생명의 감정에 살아 있게 하는 것이다. 기독교 미학은 개념과 교리가 말로 형언할 수 없는 것, 그리고 가르침으로써는 전수할 수 없는 것들을 폐기하거나 압도하게 될 때 신학과 신앙이 메마르고

---

21 루돌프 오토, 『쫓스러움의 의미』, 길희성 옮김(왜관: 분도출판사, 1991), 189.

건조하게 되며 화석화될 수 있음을 끊임없이 경고해야 한다. 신앙인은 미적 차이를 인정할 때 삶의 풍성한 관계를 보전하고 유지한다. 구분하는 자, 차이를 만드는 자, 다양함과 다채로움 속에 사는 자는 생명으로부터 더 많은 것을 지각하고 인식한다.

하나님의 구원과 화해 행위에 관한 인간의 미학적 응답으로서의 기독교 미학은 하나님의 예술적 현재화이며, 이 일은 소통 가능한 사상과 상징적 사유를 통해 전개된다. 인간의 상징적 사유는 하나님의 '현존'과 화해의 요구를 중심으로 움직이며 이것에 의하여 규정된다. 반대로 하나님의 화해의 요구는 인간의 사유를 안으로부터 해명하고 개방적인 사건으로 해방한다. 하나님은 상직적 사유의 개방성 속에 있는 빛이다.

(5) 인간의 사유와 언어는 하나님의 구원 활동을 현재화하며 하나님의 요구를 언어화한다. 상징적 사유 활동으로서 기독교 미학은 하나님의 구원 요구를 소통 가능한 언어와 상징으로 형상화한다. 인간의 사유는 신앙을 언어화하는 장소이다. 언어 없는 사유는 맹목이며, 사유 없는 언어는 공허하다. 기독교 미학에서는 진리에 대한 교감과 고요한 성찰이 언어적 발언에 앞서는 행위이다. 하나님의 화해 활동에 관한 인간의 상징적 사유는 생명세계적 사건 가운데서 그 옳음이 입증되어야 한다. 이론과 실천에서의 비판적 개방성이 입증의 근본 태도이다. 여기서 입증이란 과학적 증명이 아니라 생명세계적 관심이 서로 교차하는 사건의 터 위에서 하나님의 현재화가 생명살림의 구체성으로 일어나고 경험되는 것이다. 만남과 대화 그리고 오감을 통한 경험의 사건은 기독교 생명미학의 방법이다. 기독교 미학의 성공적 방법은 논쟁을 위한 논쟁이나 서로 다른 견해들 사이의 대결이 아니라 복음을 감성적 수단을 통해 표현하고 사마리아 사람처럼(눅 10:25-37) 상처받은 다른 존재를 보고 피하여 지나가지 않고 그에게 가까이 다가가 보고 측은한 마음이 들고 지극한 공감과 치유의 태도를 지녀야 한다.

II. 신과 인간

제4장 삼위일체와 하나님의 아름다움
제5장 십자가의 아름다움 – 숭고
제6장 아름다운 인간, 다윗

제4장
삼위일체와 하나님의 아름다움

기독교인들은 대개 기독교 신앙이 하나님의 계시 위에, 그것도 언어로 쓰인 계시인 성경 위에 기초해 있다는 확고한 믿음을 지니고 있다. 그러나 이 언어적 계시에 대한 믿음은 지나치거나 과장되어 있다. 신비주의자가 아니더라도 기독교 역사를 통하여 기독교 신학자들도 하나님에 대하여 말하는 언어의 한계를 지적해왔다. 그럼에도 교리적 정통주의에 대한 믿음과 언어적 우위성에 대한 믿음은 흔들림이 없어 보인다.

이 글에서 나는 예술, 특히 미술에 대한 기독교인의 인식의 게으름과 평가절하는 이러한 전통에 기인한 것이라는 점을 강조하려고 한다. 인간의 생각과 언어를 초월한 하나님에 대한 언어가 상징과 은유일 수밖에 없다면 처음부터 상징과 은유를 자처하는 이미지와 그림이야말로 하나님을 표현하는 가장 적합한 인간의 표현이며 수단일 수 있다. 신앙의 언어 또한 명석판명한 수학적 기호가 아니라 하나님의 구원의 신비를 드러내는 상징과 은유임을 인정해야 할 것이다. 하나님의 아름다움, 특히 삼위일체 신앙의 정립에 이르는 길에서 공헌한 언어의 기여와 한계를 초대 교회사는 잘 기록해주고 있다. 우리는 언어적 논의와 더불어 이 길 외에 화가들이 삼위일체 하나님을 그린 삼위일체도(三位一體圖)에 주목함으로써 미술작가들이 표현한 하나님의 창조와 섭리적 행위뿐 아니라 그것의 모체가 되는 하나님의 아름다움을 감상하고 찬미함으로써 삼위일체 신앙을 예술적으로 이해하고자 한다.

'아름다움(美)'에 대한 정의는 시대마다 지역마다 통일된 견해가 없기 때문에 아름다움을 정의하고 그 정의에 따라 하나님의 아름다움을 논의할 수 없다. 하나님과의 만남에서 느끼는 성스러운 아름다움은 인간이 사람, 사물, 사건, 사상, 사태를 통하여 중재된다. 성스러운 아름다움은 초월적 존재에 대면하여 심미적 만족과 즐거움, 떨림과 경외 그리고 존재의 고양감을 제고(提高)하는 심미적 경험에 대한 이름이라고 생각하면서 주제를 전개하고자 한다.

1. 삼위일체 하나님의 성스러운 아름다움

기독교의 미학은 5세기 성 아우구스티누스에 의해 기초가 놓였다. 아우구스티누스(Augustinus)는 인공적인 미에 대하여 반대했지만 인간의 아름다움이 신적인 아름다움을 표현한다는 점에서 적극적으로 긍정했다. 아우구스티누스의 미관이 중세기 미의 형이상학에 지속적인 영향을 주어 바실리카, 로마네스크 양식과 고딕 양식을 낳아, 아름답고 웅장하고 장엄한 교회 건축, 회화, 예술품을 탄생시켰다.[1]

아우구스티누스는 하나님을 "가장 선하시고 아름다운 것들 중에서 가장 아름다우신 분"(*summum bonum, pulchritudo pulchrorum omnium*, 『고백록』,

---

[1] 손호현, "아우구스티누스의 미학에 관한 포괄적 이해에 관하여", 『아름다움과 악 2권: 아우구스티누스의 미학과 신정론』(서울: 한들출판사, 2009).

III.6)이시며, 아름다움 자체라고 고백했다.

> 늦게야 님을 사랑했습니다. 이렇듯 오랜, 이렇듯 새로운 아름다움이시여! 늦게야 당신을 사랑했습니다. 내 안에 님이 계시거늘 나는 밖에서, 나 밖에서 님을 찾아 당신의 아리따운 피조물 속으로 더러운 몸을 쑤셔 넣었사오니! 님은 나와 같이 계시건만 나는 님과 같이 아니 있었나이다!(『고백록』, IV.16).

(1) 그렇게도 오래되셨지만 동시에 그렇게도 새로운 '아름다움'이 되시는 당신을 나는 너무 늦게야 사랑하였습니다. (2) 당신이 내 안에 계셨건만 나는 나 밖에 나와서 당신을 찾고 있었습니다. 그리하여 흉하게 되어버린 나 자신은 당신이 아름답게 만드신 피조물 속으로 거꾸로 떨어져 들어가고 말았습니다. 당신이 나와 함께 계셨건만 나는 당신과 함께 있지 않았습니다. 그 피조물들의 외형적인 아름다움이 나를 당신에게서 멀리 떠나게 한 것입니다. (3) 그러나 실은 그 피조물들의 아름다움도 당신 안에 있지 않으면 존재할 수도 없는 것이 아닙니까? (4) 그래도 당신은 부르시고 소리 질러 귀머거리 된 내 귀를 열어주셨습니다. 또한 당신은 당신의 빛을 나에게 번쩍 비추사 내 눈의 어두움을 쫓아 버렸습니다. 당신이 당신의 향기를 내 주위에 풍기셨을 때 나는 그 향기를 맡고서 당신을 더욱 갈망하였습니다. (5) 나는 당신을 맛보고는 이제 당신에 굶주리고 목말라 합니다. 당신이 나를 한번 만져주시매 나는 당신의 평화를 애타게 그리워하고 있습니다(『고백록』, X.27.38).

위 인용 부분을 다음과 같이 5부분으로 나누어 성찰해보자. (1)은 아우구스티누스가 진리에 대한 열정적 탐구 끝에 드디어 도달한 영원한 품이고 안식이다. 아름다움이 되시는 당신 하나님은 존재론적 차원에서 그렇게도 오래된 아름다움이지만 실존적으로 만난 아우구스티누스에게는 그렇게도 신선하고 새로운 아름다움이다. 아름다움은 만날 때마다 새롭다. (2)는 자신의 과거의 생애에 대한 반성이고 참회이다. 하나님은 내 밖에 계신 것이 아니라 내 안에 계시다. 내 밖에서 당신을 찾으려 했던 나의 모습은 흉하다. 왜냐하면 나는 만물의 피상적 아름다움에서 당신을 찾으려고 했지만 그러나 그것은 당신으로부터 더욱 멀어지게 했기 때문이다. 당신은 나보다 더 깊이 내 안에 계신 분으로서 아름다움 자체이시다. (3)을 중심으로 하나님 사랑과 피조물 사랑이 나뉘고, 피조물 사랑은 하나님 사랑 안에 있음을 말하고 있다. (4)는 최고의 아름다움이신 하나님의 거룩한 부름이다. 하나님은 나의 오감을 자극하고 오감을 모두 열어 그 오감을 통해 신적 실재와 만나게 하신다. (5)는 아름다움 자체이신 하나님을 보고 맛본 인간의 사랑의 열정과 행복이다. 아름다움에 대한 굶주림은 아름다움을 먹고 먹을수록 가시는 것이 아니라 더욱 목말라하고 굶주려한다. 아름다움의 향유에 대한 욕망은 당신의 평화에 대한 그리움, 하나님의 충만에 대한 그리움이기도 하다.

위 글은 아우구스티누스의 생애와 사상에 비추어 각 부분에 대한 해석과 조명이 필요하다. 참으로 아름다운 명문으로 된 하나님 사랑에 대한 사랑의 고백이다. 아우구스티누스는 삼위일체의 존재, 생명, 사랑의 조화(*consonantia*)가 하나님의 아름다움이라고 했다. 하나님은 아름다움의 근원이고, 모든 아름다움은 하나님의 아름다움에서 나오며, 이 아름다움의 반영이다. 하나님은 아름다움의 원인(*causa efficiens*)이며 아름다움의 목적(*causa finalis*)이다.

중세의 기독교와는 반대로 종교개혁과 정통주의, 19~20세기 신학과 교회는 줄곧 '하나님의 아름다움'에 대해 침묵한다. 그러나 미국의 신학자요 부흥사인 요나단 에드워즈(Jonathan Edwards, 1703~1758)는 "하나님의 아름다움"의 역사에서 혜성과 같은 존재라고 할 것이다. 20세기에 새로운 신학의 문을 연 바르트(K. Barth) 또한 신학을 모든 학문 중에 가장 아름다운 학문이라고 했다. 왜냐하면 계시된 하나님의 본질은 그의 아름다움을 대변하기 때문이다.[2] 바르트는 신론에 이 개념을 도입하여 논쟁을 불러일으키기도 했다.³ 바르트는 이 논쟁에서, 만일 복음이 자신의 실체를 상실하지 않은 채 이 개념을 말하지 않을 수 있을 것인가 오히려 반문한다. 복음의 실체는 하나님의 아름다움에 있다는 것이다. 인간의 욕망의 범주라고만 생각한 '아름다움'을 하나님에게 적용할 수 없다고 생각해온 것이 잘못이었음이 드러난다.

기독교 신학(신앙)은 기독교 미술을 통해 기독교 신앙이 그리스도의 말씀에 해당하는 것만이 아니라 신의 아름다움과 아름다움을 '봄'에 해당하는 것임을 재인식해야 한다. 신앙의 체험은 지적 성찰의 대상일 뿐 아니라 미적 체험에 속한다. 하나님의 말씀을 '들음'과 더불어 하나님의 아름다움을 '봄'이 보완되어야 한다. 신학자 몰트만은 종말론적 '하나님을 봄'에 대하여 이렇게 말한다. "사람이 종말론적으로 하나님을 닮는다는 것은 하나님을 본다는 개념 속에 숨어 있다. 왜냐하면 얼굴로 보는 것과 있는바 그대로의 하나님을 본다는 것은 보는 사람을 보여지는 자로 변화시키며 보여지는 자의 삶과 아름다움에 참여하기 때문이다. 신적 본성에의 참여와 충만한 '유사성'으로 발전한 하나님에 대한 '상응'은 사람에게 약속된 영화의 특징을 나타낸다."⁴

(도판 1과 2를 보라.) 도판 1~2는 변화산에서의 예수님의 변모를 그렸다. [도판 1]은 서방의 기독교를 대변한다. 예수님의 말씀을 제자들은 듣는다. "이는 내 사랑하는 아들이다. 너희는 그의 말을 들어라"(막 9:7). 말씀을 들음에 초점에 놓여 있다. 이에 반해 [도판 2]는 정교회의 전통을 대변한다.

---

2 Karl Barth, *Kirchliche Dogmatik II*, 1, 740-741. "Es darf hier gewiß einmal hingewiesen werden auf die Tatsache, daß die Theologie als ganze ... eine eigentümlich schöne Wissenschaft, man darf ruhig sagen: unter allen Wissenschaften auch die schönste ist"(신학은 전체로서 특이하게 아름다운 학문이란 사실이 여기서 한 번 확실하게 제시될 필요가 있다. 신학은 모든 학문들 중 가장 아름다운 학문이라고 조용하게 말해도 괜찮다, 740).
3 P. Althaus, *Die christliche Wahrheit* Bd. 2, 37ff.; J. Moltmann, *Die ersten Freigelassenen der Schöpfung*, 43-50.
4 위르겐 몰트만, 『창조 안에 계신 하나님』, 김균진 옮김(천안: 한국신학연구소, 1991), 271.

◀ [도판 1] Duccio di Buoninsegna, The Transfiguration of Christ, 1308-1311.
▶ [도판 2] Feofan Grek, 모스크바, 14세기 말.

두 제자는 예수님의 영광이 눈이 부셔 엎드려 있으나 한 제자는 영광의 얼굴을 바라본다. 사도 요한이라 생각된다. "우리는 그의 영광을 보았다"(요 1:14). 서방교회가 말씀을 들음과 구원에서의 칭의를 강조하는 바울의 전통을 계승한다면, 동방정교회는 영광을 봄과 구원에서의 신성에의 참여(神化)라는 요한의 전통을 계승한다. 눈부신 주님의 모습을 보고자 한다. "그대의 눈이 나를 사로잡으니, 그대의 눈을 나에게 돌려다오"(아 6:5).

구약의 야곱은 천사와 씨름하고 환도뼈를 다친 후에 이렇게 말한다. "나는 하나님을 얼굴과 얼굴을 맞대고 보았다. 그리하여 구원을 얻었다"(창 32:30).5 욥은 통절한 고통과 고난 후 깨달음을 통해 주님에 대하여 더 이상 귀로 듣지 않고 주님을 직접 본다고 고백한다. "주님이 어떤 분이시라는 것을, 지금까지는 제가 귀로만 들었습니다. 그러나 이제는 제가 제 눈으로 주님을 뵙습니다"(욥 42:5).

---

5 vidi Deum facie ad faciem et salva facta est anima mea.

하나님의 말씀을 들음은 궁극적으로 도래할 하나님의 영광, 하나님의 아름다움을 보는 것을 지향한다. 영광의 아름다운 하나님을 봄에 대한 희망은 그리스적인 것만이 아니라 이스라엘에 기원을 둔 종말론적 희망에 뿌리를 두고 있다. 그때가 되면 아무도 다른 사람에게 하나님을 가르칠 필요가 없다. 모든 사람이 얼굴과 얼굴을 맞대고 직접 그가 누구인지 보게 될 것이기 때문이다. "그 때에는 이웃이나 동포끼리 서로 '너는 주님을 알아라' 하지 않을 것이니, 이것은 작은 사람에서 큰 사람에 이르기까지, 그들이 모두 나를 알 것이기 때문이다"(렘 31:34).

산상수훈에서 예수는 마음이 깨끗한 사람은 하나님을 볼 것이라고 약속하신다(마 5:8). 예수의 치유 이적들 중에서 보는 것은 매우 중요하다. 벳새다 맹인이 모든 것을 밝히 보게 된 것처럼(막 8:22-26) 눈먼 제자들이 참으로 눈을 뜨게 되는 치유는 예수의 죽음을 통해서 이루어지고(막 8:31-32), 그 다음으로 예수의 부활을 통하여 이루어진다(막 9:9). 요한은 생명의 말씀을 눈으로 본 것이요, 지켜본 것이요, 손으로 만져본 것이라고 응답한다(요일 1:1). 그러나 하나님의 영광을 통한 인간의 영화는 하나님 자신이 나타날 때 실현될 종말론적 희망이다. "이제 우리는 하나님의 자녀입니다. 앞으로 우리가 어떻게 될지는 아직 밝혀지지 않았습니다만, 그리스도께서 나타나시면, 우리도 그와 같이 될 것임을 압니다. 그 때에 우리가 그를 참모습대로 뵙게 될 것이기 때문입니다"(요일 3:2).

기독교 신앙의 궁극적인 목적은 하나님의 아름다움을 보는 넘치는 즐거움과 솟아오르는 내적 기쁨에 있다. 기독교 신앙은 신앙을 그리스도의 말씀에만 결부시켜 생각해왔다. 그러나 기독교 신앙은 하나님의 말씀에만 해당하는 것이 아니라 하나님의 지각(aisthesis), 곧 하나님의 아름다움을 봄에도 해당한다. 기독교 신앙의 진수는 하나님의 아름다움을 보는 환희와 열락에 있다. "모든 사람에게는 무목적성을 위한 장소가 주어져야 한다. 그것은 바로 하나님을 봄이며 생의 아름다움을 지각하는 것이며 하나님을 즐기는 것이다."6 성경은 감각과 지식을 분리하지 않는다. 주님의 사랑은 "포도주보다 더 달콤하고" 임에게서 "향긋한 내음이 풍긴다"(아 1:2f). 성경은 감각을 통해 얻어진 체험적 지식이 더욱 생동적이며 진실에 가까움을 말한다. "항상 우리를 그리스도 안에서 이기게 하시고 우리로 말미암아 각처에서 그리스도를 아는 냄새를 나타내시는 하나님께 감사하노라. 우리는 구원받는 자에게나 망하는 자들에게나 하나님 앞에서 그리스도의 향기라"(고후 2:14-15).

2. 삼위일체의 회화

삼위일체에 대한 교회의 가르침은 기독교 신앙의 근간이며 정교회와 가톨릭, 개신교 모두가 받아들인 가장 보편적인 신앙고백이다. 초대교회에서는 이 신앙고백을 정립하기 위하여 300여 년간의 치열한 논쟁과 뜨거운 공방이 있었으나 근대 이후 불행하게도 이 신앙의 진리는 신학과 교회의 자리에서 차갑게 잠적했다. 칸트(I. Kant)는 도대체 삼위일체론은 하나의 실천적 진리인가라고 묻는다. 삼위일체론은 문자적 의미에서 우리가 그것을 이해할 수 있다고 믿을지라도 아무런 실천적 의미를 지니고 있지 않다는 것이다. 삼위일체론은 가능한 한 모든 경험의 한계를 넘어서기 때문에 윤리적 일신론으로 충분하다고 주장한다.7 20세기 초부터 다시 삼위일체론이 신학과 신앙의 전면에 나서기 시작했고 최근 수십 년 세계 교회와 신학계는 삼위일체 신앙을 다시 계승하여 시대의 정신과 요구에 적합하게 발전적으로 전개하고 있다. 현대 신학은 삼위일체의 르네상스라고 말할 수 있다. 이 르네상스의 핵심은 교리적이고 논리적인 회생이 아니라 교회와 신앙생활, 더 나아

---

6 Dorothe Sölle, *Mystik und Widerstand* (München: Piper Verlag, 2003, 6판), 14.
7 I. Kant, *Der Streit der Fakultäten*, PhB 252, 33-34.

가 창조와의 관련성 속에서 신앙과 예배 그리고 삶의 영성을 위한 삼위일체론의 실천적 의미를 탐구한다.

서양의 미술사에서 매우 다양한 삼위일체도(三位一體圖)가 그려졌지만 단순화의 위험을 무릅쓰고 세 가지 유형으로 정리하고자 한다. 일반적으로 유형론은 어떤 사태에 선입견을 가지고 보게 만들 수도 있으나 다른 유형에서 생각하지 못한 것들을 두드러지게 이해할 수 있는 손쉬운 방편이기도 하다. 나는 이 글에서 삼위일체도를 첫째 삼중성의 유형, 둘째 공동체의 유형 그리고 마지막으로 성육신의 유형으로 나누어 서술할 것이다.8

삼중성의 유형에서는 삼각형이나 삼중의 얼굴로 나타난 삼위 하나님의 삼중성의 상징에 초점이 있다가 현대에 와서 추상화되고, 공동체 유형에서는 삼위 하나님의 내재적 관계성에 관심을 두며, 성육신의 유형에서는 그리스도의 삶에서의 특별한 사건, 곧 탄생이나 십자가에 초점이 놓인다. 삼위일체도의 의도는 정확한 신학적 설명이 아니라 문자와 언어를 통해 경험할 수 없는 삼위일체 하나님에 대한 믿음의 탐사와 상징적 참여를 시각적 이미지와 은유로써 불러일으키는 것이다.

1) 삼중성의 유형

삼중성의 유형은 가장 오래된 유형이면서 또한 가장 현대적이다. 삼중적 이미지는 기독교 예술에서 가장 대중적인 것이었으며 이교와의 만남과 타협이 이루어진 결과이기도 하다. 특히 켈트의 종교적 세계에서 그들은 신성을 지극히 공통적인 방법인 삼중의 이미지로 표현했다. 그것은 때로 동일한 형상이나 약간의 차이가 있는 얼굴 모양으로 그려진다. 또 이 차이는 연령별, 성별 차이로 나타나기도 한다. 작가나 예배자의 마음에 세 신성 혹은

---

8 이하의 글에서는 David Brown, "The Trinity in Art", Stephen T. Davis ed., *The Trinity* (New York: Oxford University Press, 1999), 329-356을 대본으로 하여 참조하였음.

▲◀ 〔도판 3-1〕 Three faced god.
▲▲ 〔도판 3-2〕 Celtic Three faced God.
▲▶ 〔도판 3-3〕 Fyvie Stone, Pictish symbol.
▶ 〔도판 4〕 Kildalton Cross, 9c.
▼◀ 〔도판 5-1〕 Misericord, Cartmel-Priory.
▼▶ 〔도판 5-2〕 Cartmel priory, triple faced green man misericord.

신성의 단일성을 생각했는지 알 수 없으나, 이 유형에서 확실한 것은 상황에 따라 비교할 수 없는 상이한 신성의 현존의 강력한 힘을 드러내고자 한 것이다. 켈트의 종교세계에서 삼중성(삼인조 한 쌍)은 자연의 힘보다 강한

어떤 것, 즉 신성을 드러내고자 하는 방법이다(도판 3-1).

왜 둘이나 넷이 아니라 셋이 선택되었는가에 대한 이유를 설명하기란 쉽지 않다. 어쨌든 이 방법은 기독교 영역에 잘 받아들여져 삼위 하나님을 설명하는 방식으로 자리 잡게 된다. 7세기에 새겨진 것으로 추정되는 Fyvie 石(도판 3-3)에는 큰 원 안에 세 개의 작은 원이 그려져 있으며, 9세기에 나타나는 유명한 키달톤(Kildalton) 십자가(도판 4)에서는 새 둥지 안에 세 개의 달걀의 모습으로, 상당히 추상적인 방법으로 나타난다. 세 개의 얼굴을 지닌 형상은 매우 흔한 것이었는데 종교개혁기에 대부분 파괴되었으며, 남아 있는 것으로서는 15세기경의 카트멜(Cartmel) 수도원 지역에서 발견된 것이다(도판 5-1, 5-2).

초기 로마의 기독교에서는 인간의 타락과 구원에서 하나님을 서로 연결된 수염달린 세 인간으로 그렸으며, 하나님은 젊은 사람으로서 땅에 누워 있는 아담에게서 이브를 창조하고 다음 장면에서는 아담과 이브에게 계명을 말한다(도판 6).9 로마의 종교는 삼중성에 대해 알지 못했지만 성경의 삼위 하나님 전통이 켈틱의 종교성과 결합되어 표현되었음을 추론할 수 있다. 삼위 하나님은 인간의 인격성보다 더 위대한 비자연적 형상이다. 아담은 하나님의 형상을 닮았지만 세 얼굴의 형상은 관찰자로 하여금 창조자와 피조물 사이의 차이를 드러냈음을 알게 한다. 하나님은 우리 인간의 형상이지만 그러나 그보다 더 위대한 것이다. 그러나 여기서 세 명의 남자는 삼위일체를 상징하지만 세 명의 남자가 하나의 신적 단일성으로 통합될 수 있는 기호적 상징은 아직 마련하지 못하고 있다. 세 개의 위격이 동일한 본성을 지닌 절대적 통일성에 도달하지 못하고 있는 것이다.

르네상스 시기에 접어들어 우선 프로렌스의 성 안토니우스(St. Antonius)는 세 두상을 지닌 한 인격으로서의 하나님 상에 대해 자연 속에 있는 괴물

---

9 R. Milburn, *Early Christian Art and Architecture* (Aldershot: Scolar Press, 1988), 67-68, 82 n.15.

◀▲ 〔도판 6-1〕 Trinity Sarcophagus, Vatican Museum Sarcophgus 104.
◀ 〔도판 6-2〕 Trinity Sarcophagus, Vatican Museum Sarcophgus 104.
▲ 〔도판 6-3〕 Trinity Sarcophagus, Vatican Museum Sarcophgus 104.

이라는 이유로 강하게 비판했다. 안토니우스의 이 비판은 르네상스 예술의 자연주의화 경향과 그 맥을 같이할 뿐만 아니라 그 경향을 촉진한다고 볼 수 있다. 앞에서 본 것처럼 이 이미지는 신성을 드러내기 위한 방법이 비자연성(unnaturalness)에 있었기 때문이다. 교황 우르반 VIII세가 1628년 결정적으로 이 이미지에 대해 저주했으나 완전히 사라지지는 않았다. 추상적인 삼각형의 구조가 16세기 영국의 가톨릭 지역의 이미지였으며 19세기 후반기에 알프스의 티롤 부근에서 삼중형 형상의 신을 특별히 변형한 형상이 공경 받기도 했다.

안토니우스의 비판과 교황의 저주에도 불구하고 이 이미지는 계속 잔존

◀ [도판 7-1] Andrea del Sarto, disputation over the trinity, 1511.
▶ [도판 7-2] Donatello, 1413, Orsanmichele - Tympanum of the niche of the Merchants Guild.

◀ [도판 8-1] Francesca, Baptism of Christ, c.1450.
▶ [도판 8-2] Lippi, Vision of St Augustine, c.1438.

했는데, 초기 르네상스(1420년대 추정)의 예로서 도나텔로의 Orsanmichele의 벽감에 있는 팀파눔을 들 수 있다(도판 7-2). 또한 필리포 리피(Filippo Lippi)의 1438년 작인 아우구스티누스의 삼위일체 하나님에서 삼두 형태의 신이 그의 마음을 꿰뚫는 그림을 볼 수 있다(도판 8-2).

이상의 모든 작품은 당대의 사상이었던 신플라톤주의의 사상의 배경에서만 공정하게 평가될 수 있다. 신플라톤주의가 일반 신학을 강하게 보증하던 시기이다. 교회는 이교의 주제나 모티프를 수용하는 일에 인색하여 화가들의 예술적 입지가 제한되었지만 고대의 예술을 포기할 수 없었다. 이때 신플라토니즘은 좋은 변증의 수단이 되었다. 이교도들은 기독교를 강렬하게 기다리고 있다는 것이다. 신플라토니즘의 재생인 이른바 르네상스의 인문주의는 피코 델라 미란돌라(Pico della Mirandola, ~1494)와 피치노(Ficino, ~1499)와 같은 인물들이 한 단계 진전시키는바, 그들은 삼중성을 세계의 도처에서 발견하며 이의 반성을 통해 하나님의 삼중적 구조와 하나님의 궁극적 통일성을 생각한다.

그러나 당혹스러운 점은 동일한 사태에서 부정적인 삼중성을 말할 수도 있다는 사실이다. 가령, 고대의 신화에서 삼중의 머리를 한 케르베루스(Cerberus) 동인데, 문제는 동일한 세 머리를 한 이미지가 이 경우에는 하나님 자신을 표현하기 위해서가 아니라 악마의 형상이나 투쟁 속에 있는 인간의 모습을 그리는 데 사용된다는 것이다.

▲ [도판 9-1] Tiziano, Allegory of Time Governed by Prudence, c.1565.
▶ [도판 9-2] Dürer, The Adoration of the Holy Trinity (Landauer Altar), 1511.

이 양자를 통합할 방식은 없을까. 티치아노(V. Tiziano)의 〈신중의 알레고리〉(1565)는 세 동물을 그리고 그 위에 세 얼굴을 가진 인간을 그렸다(도판 9-1). 중년의 얼굴 모습인 중앙의 얼굴은 오른쪽 열정과 욕망으로 가득 찼던 젊은 시절, 늑대로 상징되는 흉포한 기질과 왼쪽의 미래의 늙은 모습의 인생으로써 말하고자 하는 개의 충실함의 기질을 성공적으로 통합한 바로 밑에 있는 사자의 얼굴과 상응한다. 이 그림은 과거의 기억과 미래의 기대가 현재의 모습 속에서 적합한 균형과 변형을 이루면서 멋지게 통합된다.

삼중성으로 표현된 라인에서 가장 중요한 그림은 역시 삼미신(the three Grace)이다. 르네상스 이후 화가들은 차츰 기독교적 우의를 신화의 알몸에 덧씌우는 해결이 허용되기 시작하면서 교회가 요구하는 도덕적 우의에 만족하지 않고 그림의 우의를 중층화하는 시도가 나타나기 시작했다. 삼위일체 하나님의 아름다움은 미술사에서 삼미신의 형태로 나타났다. 삼미신은 궁극적인 일치를 가져오는 사랑의 상호관계를 표현하며 보티첼리의 프리마베라(Primavera)에서 그려지기 시작했다. 이 그림에서 "비너스의 일치가 삼미를 통해 전개되고 있다"[10](도판 10).

근대 이후 삼위일체의 삼중적 표현은 그 교리의 이해를 위해서도 어렵게 되었고, 조야하고 유치하다고 생각하게 되었다. 아우구스티누스 이후 피조물 속에서 삼위일체의 흔적(*Vestigia Trinitatis*)을 찾는 것은 정상적인 신앙의 활동으로 이해되어왔으며 세상의 일치를 모색할 수 있는 좋은 방법으로 생각해왔다. 그러나 신학과 기독교 영역에서 본 유형의 표현 방식이 중단되게 되었다. 아이러니이지만 기독교 내에 자연주의에 대한 이해 부족을 그 원인으로 지적할 수 있다.

20세기에 들어서서 삼중의 형상이 추상적인 형태로 재현되기 시작했다. 새로운 유형은 삼위일체 교리를 이해하거나 삼위일체의 적합성을 위한 암

---

10 E. H. Gombrich, *Symbolic Images*, 3rd edn (London: Phaedon, 1985), 31-81.

▲◀ 〔도판 10〕 Botticelli, Primavera, 1482.
▲ 〔도판 11〕 Louise Nevelson, The Erol Beker Chapel of the Good Shepherd-1, NY.
◀ 〔도판 12〕 John Piper, tapestry, Chichester Cathedral, Holy Trinity, 1966.

시를 주는 것은 아니다. 그들은 종교적 감수성이나 믿음을 우선하기보다는 "느낌의 이미지"를 중시한다(도판 11).

영국의 치체스터(Chichester) 성당에 그려진 존 피퍼(John Piper)의 타페스트리(tapestry)는 직접적이지만 차분한 느낌이다(도판 12). 먼저 인식되어야 하는 것이 세 인격의 상징이어야 하고 그리고 난 다음 삼각형이 주는 일치여야 한다. 노랑 삼각형 배후에 있는 상징들을 섬세하게 읽을 때 삼위의 상징임을 알아차릴 수 있다. 태양의 원반은 성부 아버지 하나님을, T자형 십자가는 성자 예수 그리스도를, 그리고 불꽃은 성령 하나님을 상징한다. 이 타페스트리를 탐구할 때 미학적이고 지적인 즐거움이 발생할지 모르지만 종교적 이해를 심화시킬지는 상당히 의문이다.

안셀름 키퍼(Anselm Kiefer)가 1973년 설치한 2단의 〈성부, 성자, 성령〉의 삼위일체상은 더 많은 토론을 불러일으켰다(도판 13). 아래의 짙은 숲 속의 전면에 눈에 띄는 세 개의 굵고 큰 기둥은 위층의 그림의 구도를 받쳐주는 역할을 한다. 그러나 위층 창으로 투시되는 밖에는 흰 눈만 높이 쌓여

◀ 〔도판 13〕 Anselm Kiefer, Vater, Sohn, Heiliger Geist, 1973.
▲ 〔도판 14〕 이병일, 삼위일체.

있다. 기독교가 더 넓은 이방 세계와 소통하려는 능력을 비판하는 것인가? 그러나 여기서 중요한 점은 삼중성에 관한 이방의 관심 위에 삼위일체의 주제가 그려진 것이다. 삼중성이 기독교 예술에 그렇게 일반화된 이유는 앞에서 다뤘던 그들의 이방인의 조상의 전통과 유관한 것이다. 마지막으로 강남향린교회 이병일 목사(도판 14)는 2013년 성금요일 예배에서 삼위일체 상징을 사용하였다.

2) 공동체의 유형

오늘날 가장 대중적이면서 이 유형을 대변하는 작품은 마므레에서 아브라함에게 나타난 천사들의 영접을 기초로 한 안드레이 루블료프(Andrei Rublev)의 삼위일체 이콘(성상)일 것이다(도판 16). 천사들의 얼굴의 유사성

▲ 〔도판 15〕 아브라함의 환대.
▶ 〔도판 16〕 Andrei Rublev, The Holy Trinity, 1411.

때문에 앞의 유형과의 연관성을 부정할 수 없다. 삼미신은 점점 사라졌는데 왜 이 이콘만은 더 큰 대중성을 얻게 되었는지도 의문이다. 삼위일체를 세 천사가 식탁을 중심으로 둘러앉은 원형구도 속에서 삼각형의 정점에 중앙의 천사가 위치하게 되는 것이므로 성자인 그리스도가 신성과 인성을 매개하는 존재로 쉽게 인식될 수 있도록 형상화한 것이다. 이 이콘의 세 인물이 상징하는 성부와 성자, 성령의 눈빛과 응시에서 자분자분 감촉되는 말 없는 사랑의 지속적인 대화는 백 마디 말보다 더 강렬하며, 원으로 이어 암묵적으로 그들을 모두 감싸 안는다. 이 이콘은 그 안에 들어가 머물기 위한 거룩한 장소로 그려졌다는 것을 점점 깨닫게 된다. 세 거룩한 천사가 나누고 있는 친밀한 대화에 참여하리라.

성자에게 몸을 기울이신 성부의 움직임과 성부한테로 몸을 기울이신 성자와 성령, 두 분의 움직임은 하나의 움직임을 이루게 되고 기도하는 사람은 그 안에서 마음이 드높여지고 든든해진다. 관람자의 시선은 성자가 두 손가락을 펴 가리키는 중앙에 위치한 성배에 모아진다.

독일의 신학자 위르겐 몰트만은 자신의 저서 『삼위일체와 하나님 나라』

에서 자신의 삼위일체론을 "사회적 삼위일체론"이라 칭하면서 루블료프의 이콘이 바로 자신의 삼위일체론의 정수를 말해준다고 해석한다. "이 그림에 의하면 삼위의 세 인격은 내적인 지향을 통하여 깊은 일치를 보여주는데, 이 일치가 그들을 함께 결합시키며 이 일치 안에서 그들은 하나이다. … 세 인격이 책상 위에 놓여 있는 잔을 중심으로 있는 것처럼 아들의 십자가가 영원 전부터 삼위일체의 한가운데 서 있다." 몰트만은 서로를 향한 그들의 자유로운 지향

〔도판 17〕 Stanley Grenz, *Theology for the Community of God.*

속에서 그들 자신의 진리에 이르는 이 그림의 진리를 인식하는 사람은 사회적 삼위일체론을 이해하게 될 것이다, 라고 말한다.11 복음주의 신학자 스탠리 그렌츠도 그의 조직신학12에서 루블료프의 이 이콘을 표지그림으로 사용하고 있다(도판 17). 동·서방 교회의 소통이 신학적인 차원에서나마 일어나는 놀라운 일이다. 현대 신학의 전체적인 경향은 서방교회의 아우구스티누스의 심리학적 삼위일체론이 동방의 공동체적 삼위일체론을 수용하여 보완하는 입장으로 진전하고, 내재적 삼위일체와 경륜적 삼위일체를 동등하게 취급한다.

서방교회에 이 그림은 환대의 덕목이 주제가 되었다. 5세기 로마의 산타 마리아 마이오르(Santa Maria Maggiore) 교회에서 채택된 이래, 종교개혁 이후와 근대에서 렘브란트와 현대의 샤갈도 삼위일체와 관련시켜 다루지 않는다(도판 18~20). 삼위일체가 종교개혁 이후 교회나 생활에서 그 영향이 저하되었기 때문이라고 짐작한다.

---

11 위르겐 몰트만, 『삼위일체와 하나님의 나라』, 김균진 옮김(서울: 대한기독교출판사, 1982), 11-12.
12 스탠리 그렌츠, 『하나님의 공동체를 위한 조직신학』, 신옥수 옮김(고양: 크리스챤다이제스트, 2003).

▲◀ [도판 18] The Hospitality of Abraham 1, in Santa Maria Maggiore in Rome, 5c.
▲▶ [도판 19] Rembrandt, Abraham entertains the Three angels, 1656.
◀ [도판 20] Chagall, Abraham et les trois anges, Musée national Message Biblique Marc Chagall in Nice, 1960-1966.

 그러나 무리요(Murillo, 1617~1682)의 그림은 우리의 주목을 끈다(도판 21). 무리요가 두 삼위일체를 그린 최초의 사람은 아니지만 그의 그림이 가장 잘 알려져 있는 그림인 것은 분명하다. 그의 도상에서 우리가 보는 것은 신성과 인성을 지닌 어린 그리스도가 성부와 성령과 연결된 성가족(the holy family)이다. 이 그림은 천상의 가정과 지상의 가정 사이의 유비를 암시한다. 이 그림은 무리요가 처한 개인의 경험과 스페인의 시대적 배경 속에서 읽을 필요가 있다. 그의 고향인 세빌(Seville)은 역병과 기근과 지진의 위협에 처했고 그는 그의 부모를 일찍 여의었을 뿐 아니라 그의 아내와 자녀마저도 먼저 떠나보냈다. 이 그림의 배경은 어두침침한 무덤과 같은 곳이다. 성가족은 불안과 슬픔으로 위협은 받을지언정 파괴될 수 없는 것처럼, 우리의 지상의 가족도 비극과 죽음을 통과하여 죽음의 세력인 무덤을 넘어 새롭고 깊은 일치에로 옮겨진다는 것이다. 따라서 이 그림은 단순한 감수성의 표현이 아니라 아내와 가족을 상실한 경험이 예외적 경험이 아니라 하나의 규범으로 작용했다는 점을 현대인이라도 피할 수 없을 것이다.

[도판 21] Murillo, The Two Trinities, 1675-1682.

성가족을 소재로 한 삼위일체론에는 부작용, 즉 유사삼위일체론이 있다. 이것은 중세 후기부터 발생한 것인데, 요셉과 함께 아기 예수가 성모 마리아의 무릎에 앉아 있는 그림이다. 대중적으로 알려진 그림은 독일 이름 젤프스트드리트(Selbstdritt)로 많이 알려진 성 안나 트리니티이다(도판 22). 이 그림은 삼위일체를 그 근거로 받아들임으로써 한 가족을 강화하려는 의도가 내재해 있다. 요셉에게 성부와 같은 권위를 부여함으로써 가족의 권위와 가부장적 체제를 공고히 하려는 의도도 보인다.

[도판 22] Saint Anna Trinity - Anna Selbstdritt, 1480

그러나 무리요의 그림에서는 하나님 아버지가 규모나 위치에서 요셉과 지극히 다르며 마리아와 요셉은 예수 그리스도보다 낮은 위치에 있다. 예수의 부모는 천상의 아버지를 바라보는 예수의 응시에 의존하며 이 관점이 그림의 중심이 되고 있다.

결론적으로 공동체의 삼위일체 형상이 사회적 삼위일체를 보증하는 데 사용되어왔으며 이것이 그 그림의 불가피한 결론은 아니지만 사회적 삼위일체론으로 해석되고 있다. 그리고 이러한 결과는 서로 독립된 기준에 의해 판단되어야 할 것이다.

3) 성육신의 유형

성육신의 유형은 예수 그리스도의 구속 사건에 성부와 성령이 참여하는 전형적인 방법이다. 아버지는 하늘에 계신 옛날의 어르신으로서, 성령은 비둘기로서 아들을 공중에서 감싸 안는다. 아들 위에 내려오는 성령의 비둘기는 분명 그리스도의 세례에서 차용한 것으로 보인

[도판 23] German Portable Altar with Scenes of the Life of Christ, 11c.

다. 그러나 이 유형의 가장 잘 알려진 이미지는 십자가 책형의 도상이며, 19세기 독일의 예술사가들에게서 "은총의 의자"(Gnadenstuhl)라는 고유한 명칭을 얻게 된다. 이것의 가장 오래된 형태는 1132년의 것이다(도판 23). 이것이 점점 발전되어 성부 아버지께서 앉아 계시면서 죽음에 이르는 그리

[도판 24] Hugo van der Goes, The Trinity Altar Panels, 1478.

스도를 잡고 계신 모습으로 발전했다(도판 24).13 예술가들이 이를 통해 성취하려고 했던 것은 무엇인가?

영국의 종교개혁 역사에서는 위클리프와 엘리자베스 여왕과 1643년 의회 등, 여러 과정을 통해 이 이미지가 하나님의 의미를 퇴색한다는 명분으로 공격받고 제거되었다. 그러나 이미지의 독자들이 이 이미지를 매우 문자적으로 읽는다는 반성과 함께 고대의 다면적 가능성을 재고하게 되었다. 또한 성상 파괴 논쟁이 가장 오래 지속됐던 정교회 전통(730~843)에서 이콘 신학을 가능하게 했던 신학적 근거는 바로 그리스도의 성육신의 사건이다.

이 주제의 걸작은 단연 마사초가 죽기 전(1428년)에 그린 피렌체 산타 마리아 교회에 있는 〈성삼위일체〉도이다 (도판 25). 작가는 궁륭의 볼트를 우리 눈에서 멀어지게 하는 원근법을 사용함으로써 헌납자와 그리스도와 하나님 사이의 층위를 구분할 수 있게 했다. 이를테면 아들은 우리의 시공간의 지평 안으로 들어오지만 아버지는 우리의 삼차원의 공간 밖에 계시면서 십자가를 떠받치고 있는 측량할 수 없는 존재인 것처럼 보인다. 요컨대, 아버지는 보여지는 분이 아니라 상상되는 것이다. 그리고 전체적인 구성은 우리로 하여금 바닥에 길게 뻗어 있는 해골의 모습에서부터 십자가에 달린 그리스도를 통하여 시간과 공간을 전적으로

[도판 25] Masaccio, Trinity, 1425-1428.

---

13 Hugo van der Goes의 제단화(출 25:17-22; 롬 3:25; 히 9:5).

[도판 26] Jusepe de Ribera, Holy Trinity, 1635-36.

[도판 27] El Greco, The Trinity, 1577.

벗어난 하나님에게 이르게 한다. 따라서 은총의 의자 이미지를 사용하는 모든 화가들에게 자연주의의 한계를 일반적으로 적용할 수 없다.

뒤러(A. Dürer)는 하나님 아버지의 머리에 작은 왕관을 씌움으로써 인간의 그분이 우리의 세계로 오신 느낌이 들지만, 리베라(Ribera)의 삼위일체도(도판 26)는 감사의 희생제물에서 새롭게 변화하는 유일한 영원한 순간을 포착하려는 듯하다. 엘 그레코(El Greco)의 삼위일체 도상이 탁월한 예를 보여준다(도판 27). 뒤러 작품에서의 교황이 쓰는 왕관이 유대의 대제사장이 쓰는 헤드기어를 대체하게 되었고 여러 천사들이 왕좌를 드러내기 위해 보좌하고 있으며, 더욱 중요한 것은 지상에서 신성한 세계로 이동하는 심오한 움직임이 감지된다는 것이다. 더군다나 새로운 세계로 들려지는 것은 아들의 인간적 몸이기 때문에 이 그림은 우리에게도 유사한 가능성을 제시하고 있음을 알 수 있다.

"은총의 의자" 이미지에 문제의식을 느끼게 되었다. 후원자나 화가 모두 어려움을 알고 있었고 따라서 많은 대안들이 제안되고 탐구되었다. 이하에서는 각각 서로 상이한 성취도를 이룬 일곱 가지 대안적 탐구를 제시하겠다.

◀ 〔도판 28-1〕 Van Eyck, The Ghent Altar (central section), Virgin, Christ, John the Baptist, Adoration of the Lamb, 1432.
▲ 〔도판 28-2〕 The Ghent Altarpiece, Adoration of the Lamb (detail-m)

(1) 〔도판 28〕 마사초의 삼위일체도(1425~1428)와 거의 동시대 작품인 얀 반 에이크(Jan van Eyck, 1395~1441)의 헨트의 제단화의 중앙 부분인 어린양의 경배(1432)이다. 제단화의 아랫부분에서 그리스도는 제단의 성배에 피를 쏟는 어린양으로 그려진다. 반면 제단 윗부분의 아버지는 인간적인 모습으로 그려져 있다. 그리고 그 아랫부분 꼭대기에서 성령의 빛이 아버지와 아들을 연결한다. 사실상 상징적 의미가 크기 때문에 삼위일체를 의미하는 이전의 암시를 탐구할 수 있다. 예술사가 중에는 판 에이크의 이 회화가 그의 후기의 그림과 비교할 때 본질적으로 보수적이라고 평가한다.[14] 그러나 이 그림에서 매우 흥미로운 점은 화가가 성령을 다루는 방법이다. 성부,

---

14 C. Harbison, *Jan van Eyck: The Play of Realism* (London: Reaktion, 1991), 193-197.

성령, 성자 삼위 하나님의 수직적인 축이 비둘기로부터 방출되는 찬란하게 빛나는 빛의 광선에 강한 초점이 형성되는바, 그 빛의 원천은 비둘기를 포함하고 있는 태양이고, 이 태양은 전통적으로 전적으로 현존하는 하나님을 의미한다. 이것은 성령을 어떤 식으로든지 낮게 평가하려는 움직임을 피하는 것으로서, 위로 열려 있는 미완의 태양의 절반의 궁형은 위에 계신 아버지를 통합함으로써 태양의 원형이 완성됨을 암시한다. 이것은 아버지의 인간적인 모습을 포함한 모든 이미지를 너무 문자적으로 읽으면 안 된다는 것을 의미하기도 한다.

(2) 〔도판 29〕 15세기 말 필리포 리피(Filippo Lippi)는 그리스도의 탄생을 매우 다른 맥락에서 그리고 있다. 표면적으로 보면 반 에이크의 신비스러운 깊이에 이르지 못하는 것 같지만, 주시해서 보면 기도와 희생과 그리스도의 부인 등의 상징을 읽어낼 수 있다. 처음에 성모 마리아와 하나님 아버지의 아기를 향한 자비스러운 눈빛에

〔도판 29〕 Filippo Lippi, The Adoration in the Forest, 1459.

이끌리지만 우리가 배경을 깊이 들여다보면 아기의 손가락이 입술에 놓인 이유를 발견할 수 있다. 그림의 오른쪽에는 희생 제사를 드리기 위한 장작이 쌓여 있고, 그림의 왼쪽에는 바위 계단에 서서 우리를 기도하는 성 버나드에게 안내하는 젊은 세례 요한을 만난다. 수직선이 삼위일체의 세 위격을 연결하지만 그 어떤 단계에서도 우리가 신성한 삶에 참여할 수 있는 가능성은 어려워 보인다.

(3) 〔도판 30〕 벨리니(Bellini)의 〈그리스도의 세례〉는 16세기가 막 시작

할 무렵 작품이다. 이 작품보다 더 유명한
프란체스카의 동일한 작품(도판 8-1)에서
와는 달리 여기서는 아버지의 얼굴이 보인
다. 많은 천사들이 그려진 것은 삼위일체적
연합을 암시하기 위한 장치였다. 그러나
벨리니는 옷의 색깔을 통해 일치를 추구한
다. 그리스도께서 허리 아래에 입으신 옷
의 엷은 핑크색은 아버지의 외투색을 암시
한다. 무엇보다 그리스도 옆에 있는 두 천
사의 옷은 각각 빨강과 녹색의 외투를 입
고 있다. 동일한 빨강 빛의 제2의 새(잉꼬)
를 전면에 등장시킴으로써 신성의 일치에

〔도판 30〕 Bellini, Baptism of Christ, 1500-1502.

성령이 참여하는 고안은 매우 반짝이는 혜안이다. 그리스도의 세례를 섬기고 있는 천사들의 태도를 통해 관람자들의 참여를 유도한다. 한 천사는 이미 무릎을 꿇고 있고 앞에 있는 천사도 참여의 과정에 들어서고 있다. 하늘과 땅의 교차가 보여짐으로써 인간 세계에 영향을 주며 하늘과 땅에서 천사들이 동시에 이 일을 돕고 있다.

(4) 〔도판 31〕 10년 쯤 뒤에 알브레히
트 뒤러는 매우 다른 모습으로 〈삼위일체
의 경배〉를 완성했다. 여기서 "은총의 의
자" 형식이 나타나지만 두 가지 점에서 상
이하다. 첫째, 성령을 상징하는 비둘기가
그림의 정상에 그려져 있는 것이 특이하
다. 대개는 성령이 아버지와 아들 밑에 그
려져 있는데 여기서는 성령이 아버지와 아

〔도판 31〕 Dürer, Adoration of the Trinity, Landauer Altar, 1511.

들 위에서 날아오고 있다. 둘째, 대단히 많은 그룹의 사람들이 하늘을 향해서 올라가고 있는 현상이다. 상부에 천사들은 그리스도의 수난의 도구들을 들고 있고 생생하고 화려하고 강렬한 색체를 발사하고 있으며, 성인들은 두 개의 반원을 이루면서 하늘의 성삼위를 둘러싸고 있는데, 좌측의 성녀들은 종려나무 잎을 들고 있고, 우측에는 십계명을 들고 있는 모세, 하프를 들고 있는 다윗, 왕족의 상징인 담비털을 단 가운을 걸친 솔로몬 등 구약의 인물과 당대의 성인이 삼위 하나님을 에워싸 찬양하고 있다. 그리고 아래 지상의 교회와 신자들은 천상을 향해서 나아가고 있다. 화가는 이 모든 과정을 외롭게 지상에 서서 우러러보고 있다.

(5) 〔도판 32〕 티치아노가 16세기 중엽에 그린 〈영광 중의 삼위일체〉는 수직적인 구조를 버리고 성령을 중앙에 위치시켰다. 성령은 아버지와 아들 사이에서 두 위격을 통솔한다. 성부와 성자는 푸른 옷을 입고, 두 분 모두 지구의를 손에 들고 계시다. 이 그림 또한 뒤러의 그림 못지않게 역동적이며 모든 백성이 하늘을 향하여 나아가고 있다는 인상을 받는다. 성모 마리아가 신성에 가깝게 푸른 옷을 입고 서 있다. 뒤러와 다른 점은 군주(찰스 5세)가 왕관을 쓰지 않

〔도판 32〕 Tiziano, The Trinity in Glory, c.1552-1554.

고 흰색 옷을 입고 왕관은 무릎 옆에 놓여 있다는 것, 어린 양을 담고 있는 방주(교회)가 중앙에서 삼위 하나님께 들려 올려진다는 것이다. 매우 흥미로운 점은 올리브 잎을 문 비둘기가 방주 위에 앉아 있다는 것이다. 방주로서의 교회는 성령의 능력으로 성자를 드러낸다.

(6) 〔도판 33〕 18세기 이탈리아 화가 조바니 바티스타 티에폴로(1696~1770)의 작품 〈교황 성 클레멘트의 삼위일체 경배〉이다. 이 그림에서는 아버지와 아들이 수평으로 배열되어 있으며 성령이 그들로부터 교황을 향하여 날아가 앉으려고 한다. 얼핏 보면 이 그림은 풍부한 부를 드러낸 것 같아 실망스럽다. 오직 하나님만이 손을 내밀어 교황에게 눈길을 주고 있고 그리스도는 멀리 딴 곳을 보고 계시다. 교황은 기도하는 자세로 두 손을 모으고 하늘을 우러르고 있지만 십자가를 벗게 해달라는 기도나 드리고 있는 건 아닌지 믿음직스럽지 않다.

〔도판 33〕 Tiepolo, Giovanni Battista, Pope St Clement Adoring the Trinity, 1737-1738.

그러나 자세히 관찰하면 상징을 다르게 읽을 수 있다. 십자가를 높이 드신 예수 그리스도는 그림의 아래 부분에서 교황 옆에 앉아 교황의 십자가를 교황에게 건네는 천사와 평행을 이룬다. 달리 말해, 아버지는 성령을 교황에게 보냄으로써 자신의 십자가를 메고 그리스도와 같아지라고 교황을 부르고 있는 것이다. 그러므로 처음 교황에 대한 그리스도의 먼 시선은 사건의 연결고리를 암시하기 위한 고의적인 장치라고 생각할 수 있겠다.

(7) 〔도판 34〕 마지막으로 런던 홀보른(Holborn)에 위치한 성 알반(St. Alban) 교회에 그려진 한스 파이부시(Hans Feibusch)의 벽화이다. 이 벽화는 높은 제단에 그려진 유명한 그림으로서 〈영광을 받으실 삼위일체〉이다. 이 그림은 처음에는 아버지 중심으로 그려졌다가 아버지는 배경으로 물러나고 아들과 성령이 중앙에 평행으로 그려져 공간의 제한을 깨면서 우리의

〔도판 34〕 Hans Feibusch, The Trinity in Glory (mural painting), 1966.

공간으로 들어오는 것 같은 느낌을 자아내게 한다.

3. 나가는 말

예술가들은 삼위일체 교리 자체나 교리의 존재 의미보다, 우리에 대한 교리의 적합성과 실천 및 영성에 더 관심이 있다. 그렇기 때문에 화가가 강조하는 것은 객관적으로 신성에 대한 접근과 주체적인 차원에서 신성을 향한 다가감이다. 화가의 작품은 이 세상의 사건을 넘어 초월적인 영역으로 우리를 인도한다. 바로 이것이 화가들이 삼위의 세 형상을 한 선으로 그려 놓을 수 없는 이유일 것이다. 그렇지만 그 선은 초월적 존재자와 접촉할 수 있는 지평을 제시한다는 점에서 흥미롭다.

중세에 보나벤투라(Bonaventura)는 회화의 기능을 교육, 헌신, 기억 등 세 가지로 정리했다. 첫째, 회화는 성경을 제시하며 모든 것을 향해 열려 있고 가시적이게 만든다. 교육받지 못하고 읽지 못하는 사람들에게 기회를 제공한다. 이미지는 설교와 교육을 함께한다. 회화는 문맹인들에게 성경을 대체할 수 있는 효과를 지닌다. 그러나 오늘의 상황은 그 반대가 되었다. 배운 사람은 성경의 문자는 읽을 수 있지만 그림과 스테인드글라스의 상징은 읽을 수 없다. 기독교 신앙에서 상징적 사유가 사라진 것이다. 둘째, 이미지는 인간 감각(감정)의 게으름을 일깨울 수 있다. 그들에게 형상이 그림 안에 표현된 육체적 감각(눈)을 통해 직접적이고 생생하게 다가올 경우 신앙의 헌신과 경건을 불러온다. 셋째, 이미지는 기억을 돕고 상징은 생각을 불러일으킨다. 우리의 기억은 들었을 때보다 보았을 때 오래 지속된다. 개념을 통한 기억의 임시적 본성 대신 이미지는 기억 속에 오래 지속된다. 그러나 이 모든 경우에 회화는 신앙의 교육과 경건의 헌신과 기억을 유지하기 위한 수단일 뿐이다.

개신교인들은 "예술품이 언제나 작가가 믿는 종교의 표현이거나 종교를 표현하는 것이라고 주장"하거나 또는 "작가는 자신의 종교를 표현하기 위해 예술을 창작한다는 논제를 개발해왔다."[15] 그러나 예술과 신앙(신학)의 관계에서 예술은 단지 우리가 이미 알고 있는 성경의 이야기와 교리를 설명하거나 예배를 잘 드리기 위한 수단과 도구로써만이 아니라 예술 자신만이 가지는 독특함과 고유함으로 신앙(신학)과 관계하고 있음을 인정해야 한다. 기독교 신학은 성경과 공교회가 인정한 가르침만을 신학적 인식의 자료로 삼을 것이 아니라 교회의 찬양, 찬송시, 그림과 음악 그리고 문학 작품 등도 신학적 인식론의 자료로 받아들여야 한다. 기독교 미학의 새로운 사명이 강하게 요청되는 이유이다.

교회의 예술작품은 교회를 아름답게 꾸미는 주변적 장식(*ornamenta ecclesiae*)이 아니라 신학과 신앙의 원천(*fontes theologiae*)이 되어야 하며 우리

---

15 니콜라스 월터스토프, 『행동하는 예술』, 신국원 옮김(서울: IVP, 2010), 162.

의 경건의 표현이고 나아가 신성한 것들로 나아가는 은총의 수단이 되어야 한다. 회화를 형식적이고 교리적인 기준으로 판단할 수는 없다. 기독교 회화가 교리나 순수한 언어적 이미지와 동일한 방법으로 그리고 정확히 동일한 방향으로 신앙을 설명하고 이끌 것이라는 전제와 기대는 범주의 오류를 범하는 것이다.

신학의 역사가 옛것, 본질적인 것, 같은 것, 동일한 것을 고수하는 정통의 역사, 동일성의 역사라면 예술사는 새것, 다른 것, 창조적인 것, 본질의 조형적 표현, 차이를 추구해온 창조적 다름의 역사이다. 교리적 신학에서는 이성의 논리를 통해 동일성이 확고하게 자리 잡혔다면, 예술에서는 감성을 통해 차이가 배양되었기 때문이다. 기독교 미학은 신학과 교회가 예술을 통해 신앙의 풍요로움과 신앙의 생생함 그리고 자기혁신의 시각에 눈뜨는 데 기여할 것이며 그 혁신을 추동할 것이다.

제5장
십자가의 아름다움 – 숭고

> 내가 당신을 생각하니,
> 당신은 가장 아름답도다.
> 가장 아름다운 주 예수여!
> — 파울 게르하르트(Paul Gerhardt)

한국의 그리스도인들은 수난주간에 찬송가 144장을 즐겨 부른다. "예수 나를 위하여 십자가를 질 때…"로 시작하는 이 찬송가는 4절에서 "아름답다 예수여 나의 좋은 친구…"로 마무리된다. 나는 이 찬송가 4절을 부를 때마다 반문하곤 했다. 십자가에 처형당한 예수님에게서 어떻게 아름다움을 느낄 수 있는가? 십자가는 아름다운가? 우리는 십자가에 달린 예수님, 십자가에서 고통을 당하시는 예수님, 십자가에서 책형(磔刑)을 당하는 예수님에게서 아름다움을 찾을 수 있는가? 어떻게 십자가의 모진 고통이 아름다울 수 있는가? 어떻게 십자가에 달린 예수님을 눈여겨 바라보면서 '아름답다 예수여!' 하고 노래할 수 있는가?

'십자가의 아름다움'이란 말을 할 때 긍정적인 반응을 보이는 그리스도인들이 많다. 그렇다면 십자가의 아름다움(美)은 어떤 차원의 아름다움일까. 이 물음은 신학뿐 아니라 미학에서도 진지하게 제기되어야 할 질문이다. 성서와 신학에서는 십자가를 오랫동안 구원의 상징으로 가르쳐왔다. 그러나 그 구원은 그리스도의 고난을 통해 주어진 구원이다. 십자가의 아름다움은 구원을 위한 고난의 십자가이기 때문에 아름다운가, 하는 질문이 제기된다.

1. 십자가의 아름다움 - 숭고

십자가의 아름다움은 미(美)에 대한 일반적 판단 중지와 기독교 미학에 대해 진지하게 성찰할 것을 요구한다. 공관복음서에서 예수님의 수난 이야기와 십자가의 사건은 수치와 조롱, 채찍과 고통의 이야기이며, 십자가는 단지 형틀일 뿐이다. 히브리서도 수난에서의 "심한 통곡과 눈물과 간구와 소원"(히 5:7)을 언급한다. 십자가에서 아름다움을 찾을 수 없는 이유는 이사야 53장의 맥락에서도 설명된다. "그는 ⋯ 고운 모양도 없고, 훌륭한 풍채도 없으니, 우리가 보기에 흠모할 만한 아름다운 모습이 없다"(He had no beauty or majesty to attract us to him, nothing in his appearance that we should desire him).

그러나 요한복음은 예수님의 고난과 십자를 독특하게 서술한다. 요한복음은 공관복음서나 다른 신약성서와 달리 고난과 십자가는 아름다움을 넘어 빛나는 하나님의 '영광'을 줄기차게 드러내는 사건으로 증언한다. 공관복음서의 겟세마네 기도를 연상케 하는 요한복음 12장 27-33절의 본문은 마음이 괴로운 예수님을 언급하고는 있으되, 공관복음이나 히브리서(히 5:7-9)에서처럼 예수님은 이 시간을 피하기 위해 기도하지 않고 이 시간을 위하여 왔다고 말씀한다. "지금 내 마음이 괴로우니(제 영혼이 몹시 산란하니), 무슨 말을 하여야 할까? '아버지, 이 시간을 벗어나게 하여 주십시오' 하고 말할까?" 이 지점에서 요한복음은 공관복음을 알고 있는 듯하다. 그래서 예수님의 더 깊은 진짜 속마음을 말하게 한다. "아니다. 나는 바로 이 일 때문에 이 때에 왔다"(요 12:27). 그러므로 요한복음에는 겟세마네의 고뇌의 기도가 없다. 반대로 요한복음의 예수님은 스스로 자발적으로 원해서 목숨을 버리는 것이다. "나는 스스로 원해서 내 목숨을 버린다"(요 10:18).

요한에게 예수님의 고난은 성육신에서 시작된 영광의 완성이 시작되는 시간이다. "아버지, 아버지의 이름을 영광스럽게 드러내십시오"(요 12:28). 예수님의 영광은 예수님의 정체성으로, 하나님의 일을 하심으로써 하나님을 계시하며 영광되게 하는 것이다. 예수님의 영광이 십자가에서 완성된다고 보는 것이 요한의 역설이다. "아버지, 때가 왔습니다. 아버지의 아들을 영광되게 하셔서, 아들이 아버지께 영광을 돌리게 하여 주십시오"(요 17:1).

죽음은 예수님의 적대자들이 가장 수치스러운 것으로 선전하려고 했던 것이다. 십자가는 수치와 모욕, 흉물스럽고 혐오스러운 것이다. 그래서 예수님을 사랑했던 사람들조차도 십자가에서만큼은 두려워하며 멀리 달아나는 것이 정상적이다. 나무 위에 달린 시체는 하나님의 눈으로 보기에 저주의 상징이다(갈 3:13; 신 21:23 — 나무에 달린 사람은 하나님께 저주를 받은 사람이기 때문입니다). 로마의 철학자 키케로는 처형당한 자는 머리를 두르고, 바로 십자가에 처형당한 자는 로마의 시민으로부터 격리시킬 뿐 아니라 로마인의 생각, 눈, 귀로부터도 멀리해야 한다고 말했다. 사도 바울에게도 상식적으로 "그리스도가 십자가에 달리셨다는 것은 유대 사람에게는 거리낌이고, 이방 사람에게는 어리석은 일"이다.

그러나 바울은 부르심을 받은 사람에게는 동일한 십자가의 그리스도가 전혀 딴판으로 다가옴을 증언한다. 이 그리스도가 "유대 사람에게나 그리스 사람에게나 하나님의 능력이요, 하나님의 지혜다." 그리고 가장 중요한 지점인 바울의 역설의 진리가 강조된다. "하나님의 어리석음이 사람의 지혜보다 더 지혜롭고, 하나님의 약함이 사람의 강함보다 더 강합니다"(고전 1:24-25). 이 논리를 확장하면 하나님의 추함이 인간의 아름다움보다 더 아름답다고 말할 수 있다는 것이다. 십자가의 아름다움을 말한다는 것은 심미감에 대한 세상의 기준을 뒤집은 의미의 아름다움을 말하는 것이다. 십자가는

'하나님의 참 선한 아름다움'뿐 아니라 '아름다움' 자체에 대한 개념을 다시 근본적으로 새롭게 궁리하도록 독촉한다.

우리는 이러한 도전에 부응하는 새로운 응답을 요한복음에서 발견한다. 요한복음에서 하나님의 영광은 그리스도의 부활의 권능에서 나타나지 않고 그의 십자가형 자체에서 나타난다. 요한은 예수님의 죽음을 타자를 위한 한결같은 사랑(요 13:1)과 하나님에 대한 때에 맞는 묵묵한 순종(요 12:23)의 표현으로 다룬다. 그뿐 아니라 요한은 예수님의 죽음을 아름다움의 대상으로 다룬다. 그것은 십자가의 죽음에서 하나님의 맑고 뜨거운 조건 없는 비타협적 사랑을 완성했기 때문이다. 예수께서는 십자가에서 세상을 위한 하나님의 사랑을 몸과 영혼, 의식과 무의식 세계를 포함한 삶 전체를 하나님 안에 묶고 머무르며 몸 전체에서 사랑이 빛나게 했다. 요한은 그리스도교 성화(聖畵)의 전통을 마련했다고 할 수 있는데, 성화 전통에서 십자가는 예술의 대상이며 예수님의 수난은 아름다움의 대상이 된다.

그리스도의 십자가는 사랑이 단지 우리의 존재를 충만히 채울 아름다움과 선을 향한 플라톤의 에로스로 정의될 수 없음을 말한다. 그리스도의 아가페는 대상의 아름다움으로 동기 부여되는 사랑이 아니라, 아가페의 필요에 의해 움직이는 힘이다. 예수께서는 "세상에 있는 자기의 사람을 사랑하시되, 끝까지 사랑하셨다"(요 13:1). 십자가는 그것이 사랑의 행위의 표현임으로 아름답다.

공관복음은 예수님의 고난과 십자가를 부인하고 달아나고 기껏해야 멀찍이서 지켜보는 반면, 요한복음은 반복해서 청중의 눈을 예수님의 몸으로 이끌고 마침내 빌라도로 하여금 이렇게 말하게 한다. 예수께서 가시관을 쓰시고, 자색 옷을 입으신 채로 나오시니, 빌라도가 그들에게 "보시오, 이 사람이오"(요 19:5) 하고 말하였다. 찢기고 피 흘리는 몸을 보라는 것이다.

요한은 예수께서 자신의 십자가를 지시는 것을 묘사한다. "예수께서 십자가를 지시고 '해골'이라는 데로 가셨다"(요 19:17). 우리는 요한복음에서

"병정들이 예수를 십자가에 못 박은 뒤에, 그의 옷을 가져다가 네 몫으로 나누어서, 한 사람이 한 몫씩 차지"(19:23)하는 광경을 목격한다. 우리는 "사람들이 해면을 그 신 포도주에 듬뿍 적셔서, 우슬초에다가 꿰어 예수의 입에 갖다 대었고"(19:29) "병사들 가운데 하나가 창으로 그 옆구리를 찌르니, 곧 피와 물이 흘러나"(19:34)오는 것을 본다. 이 모든 광경은 사람들이 일반적으로 피하고 싶은 것들이다.

십자가 처형에서도 강도를 먼저 언급함으로써 청자의 눈을 예수님을 중심으로 앞뒤로 움직이게 한다. "다른 두 사람도 예수와 함께 십자가에 달아서, 예수를 가운데로 하고, 좌우에 세웠다"(19:18). 예수님의 어머니와 사랑하는 제자들의 장면에서는 청중은 예수님의 눈을 통해 예수님의 발치에 서 있는 그들을 보게 한다. 예수님의 주검에 대한 범죄 행위를 다루는 데서 요한은 긴장감으로 고조한다. 그는 초점 모으기, 집중의 방법을 사용한다. "병사들이 가서, 먼저 예수와 함께 십자가에 달린 한 사람의 다리와 또 다른 한 사람의 다리를 꺾고 나서, 예수께 와서는, 그가 이미 죽으신 것을 보고서, 다리를 꺾지 않았다. 그러나 병사들 가운데 하나가 창으로 그 옆구리를 찌르니(깜짝 놀람, 예기치 않은 결과를 표시) 곧 피와 물이 흘러나왔다"(요 19:32). 십자가는 죽음과 겸허가 아니라 생명을 의미한다(요 7:38). 옆구리에서 값으로 매길 수 없이 비싼 생명의 피와 생명의 영의 물이 인간의 생명을 속량하기 위한 속전(시 49:7-8)으로 쏟아져 나온 것이다.

공관복음서에서는 예수님의 버림받음을 최후의 기도 중에 표현한다. 그러나 요한은 죽음이 영광의 때이며 십자가에서 하나님의 뜻과 예수님의 마음이 조율되고 일치되었음을 본다. 예수님은 버림받음의 기도 대신 "다 이루었다" 하고 말씀하신 뒤에, 머리를 떨어뜨리시고 숨을 거두신다(요 19:30). 그러므로 요한은 십자가에서의 죽음에서 하나님의 절대 현존을 인식하게 한다. 예수님께서 십자가상에서 고통당하는 사람들을 내려다보시고 그들의 얼굴을 들게 만들 듯이, 하나님께서 십자가상에서 내려다보시고 십자가에 달린 자를 들어 올리신다. 시인 박목월의 〈나의 종말〉은 요한복음에 나오는 예수님의 죽음을 빼닮았다. 죽음은 온몸으로 받아들이는 신의 입맞춤, 충만한 나의 종말이다.

죽음은
어두운 것이 아니다.
온몸으로 받아들이는
신神의
입맞춤
영원이 무엇임을
누가 알랴.
어느 날
적셔줌으로 깨닫게 되는
밤바다의 넉넉한
포옹
심오한 수평水平
온몸으로
바람에 파닥거리는
나무
나는 그런 마음으로
눈을 감을 것을
생각한다
그
충만한
나의 종말을 생각한다.

— 박목월, 〈나의 종말〉 중에서

우리의 영혼의 심장을 충분히 꿰뚫고 지나갈 수 있는 것 둘이 있는데, 그것은 '고통'과 '아름다움'이다. 십자가의 아름다움은 단순한 멜로디가 아니라 이 둘이 함께 소리를 내는 듀엣의 울림이다. 십자가의 아름다움은 비극적 깊이와 공존할 수 있는 그런 종류의 아름다움이기 때문에 숭고하고 장엄하다. 요한에게 십자가에서의 죽음은 신들에 의한 버림받음이 아니다. 십자가에서의 죽음은 신들의 사랑을 이끌어내려는 결여도 아니다. 그리스도의 인간 영혼은 하나님을 보는 즐거움(beatific vision)을 누릴 수 있었기 때문에 십자가의 수난 중에서도 지고한 영혼은 말할 수 없는 기쁨으로 가득 찬다. 그러므로 십자가에서 하나님의 영광(아름다움)이 빛난다. 우리는 성육신에서와 같이(요 1:14) 십자가의 죽음에서 그의 영광을 보는 자들이다(요 17장). 예수님의 인격과 행위 속에 그의 영광이 현존한다. 십자가는 주님이 계신 곳이요, 주님의 궁전 뜰이다.

> 만군의 주님,
> 주님이 계신 곳이
> 얼마나 사랑스러운지요.
> 내 영혼이 주님의 궁전 뜰을
> 그리워하고 사모합니다.
> 내 마음도 이 몸도,
> 살아 계신 하나님께
> 기쁨의 노래 부릅니다(시 84:1-2).

우리는 주님의 십자가를 보면서 기쁜 노래를 부른다. 우리는 보편적으로 인정된 기준에 따라 아름다움을 아는 것이 아니라 그것의 영향을 통해 아름다움을 안다. 아름다움은 마음을 움직여 보게 하는 힘이다. 아름다움은 보는 자를 사로잡아 거기에 머무르게 하고 아름다운 대상에 얼어붙게 만들며, 아름다움이 시간이 지나도 바뀌지 않고 영원히 지속되리라는 낮꿈을 꾸게 한다. 아름다움을 보는 자의 시간 경험은 항상 충만한 순간이며 영원한 현재. 또한 아름다움은 하늘과 땅 사이의 거리, 영원과 현재 사이의 거리를 지워버린다.

아우구스티누스는 요한복음에 영감을 받아 이렇게 쓴다.

> 예수 그리스도는 하늘에서 아름답고, 땅에서 아름답다. 그는 모태에서 아름답고 그이 부모의 품에서 아름답다. 그는 기적 행함에서 아름답고 채찍질에서도 아름답다. 우리를 생명으로 초대했을 때에도 아름답고 죽음으로부터 쪼그라들지 않아 아름답다. 그의 목숨을 내어주어 아름답고 다시 목숨을 얻어 아름답다. 십자가 위에서 아름답고 무덤 속에서 아름답다. 그는 하늘에서 아름답다.

십자가의 그리스도는 그리스도인들을 사랑의 목표, 우리의 궁극적 욕망인 하나님에게 인도하기 위해 우리의 눈과 영혼을 황홀하게 사로잡는 능동적이며 영적인 아름다움의 궁극적인 상징이다. 그것은 아름다운 행위, 하나님의 조건 없는 사랑의 상징이다. 십자가의 죽음에서 그리스도는 자신을 절대적으로 내어주어 하나님의 보이지 않는 영광의 얼굴이 우리 가운데 나타나 보이게 된다. 십자가에서 예수님의 자기 내어줌이 실현되었고, 아버지는 죽음으로부터 그를 일으킨다.

우리가 십자가의 아름다움을 말할 때 그것은 십자가 안에 내재된 대상이나 사건이 아니다(자연주의적 회화에서 그려질 수 있다). 십자가가 아름답다고 말하는 것은 하나님 안에서 생기는 새로운 창조(*poiesis*)의 계기 때문이다. 십자가를 그린 화가들은 십자가 책형을 사진을 찍듯이 사실(photographic realism)대로 그린 것이 아니라 십자가를 상징적으로 그린다. 그리스도의 고통이 사실적으로 혹은 초현실적으로 그려진 경우일지라도 그것은 훨씬 더 큰 아름다움이라는 넓고 넓은 테두리 안에 그려진다. 우주를 움직이며 인간의 죄를 용서하고 우리의 감각과 마음을 사로잡아 하나님의 형상으로 변화하게 하는 하나님의 경이로운 사랑의 감각적 깊이가 드러나는 방식으로 그린다.

어떻게 화가들은 폭력과 조롱, 채찍과 모멸의 고통과 고난에서 십자가의 아름다움을 표현할 수 있었을까? 회화는 십자가의 아름다움을 역설적으로 말할 수밖에 없다. 고난(고통) 자체가 아름다울 수 없지만, 예술가들이 괴로움을 숭고(崇高)로 표현하고, 공포에 떨지 않을 수 있는 아름다움으로 만들어가는 것은 경이롭다. 숭고미가 롱기누스(Longinus) 이후 칸트(I. Kant)와 현대 프랑스의 대표적 포스트모던 사상가 리오타르(J. -F. Lyotard)에 이르기까지 다양하게 논의되지만, "숭고미란, 내적인 힘이 작용함으로 우리의 영혼이 위로 들어 올려져, 우리는 의기양양한 고양과 자랑스런 기쁨의 의미로 충만하게 되고, 우리가 들었던 것들을 마치 우리 자신이 그들을 만들어냈던 것과 같이 생각하게 만드는 데 있다"[1]는 롱기누스의 말이 변주된다. 우리가 십자가를 바라볼 때 구원하고 해방하는 십자가의 내적인 힘이 작용함으로써 미천한 인간의 영혼이 일으켜 세워지고 올려지며, 십자가의 복음의 기쁨으로 충만하게 되고 십자가의 은총을 나의 것으로 육화함으로써 나는 온전히 십자가의 사람으로 다시 태어나게 된다.

〈성 다미아노의 십자가〉(San Damiano Cross)에서 우리는 고통을 느끼거나 읽을 수 없다. 보통 십자가 고형(苦刑)에서처럼 예수님의 머리는 숙여지지 않았고 가시관도 쓰지 않았으며, 몸도 뒤틀리지 않았고 오히려 영광스럽게 변용된 듯 보인다. 고개를 든 예수님의 얼굴은 평화스러운 평정을 찾은 얼굴이며 환히 뜨고 있는 두 눈은 앞(부활의 현실)을 응시한다. 고급스러운 십자가 패널(panel)과 손과 발에 박힌 네 개의 못만이 이것이 십자가 고

---

[1] 롱기누스, 『롱기누스의 숭고미 이론』, 김명복 옮김(서울: 연세대학교출판부, 2002), 29.

익명의 움브리안 화가, 〈성 다미아노의 십자가〉, 1200~
1210.

형임을 알릴 뿐이다. 〈성 다미아노의 십자가〉는 영광의 십자가, 부활한 자의 십자가, 십자가에 달린 자의 부활, 십자가 속에서 아름다움을 표현한 것이다.

2. 십자가의 복음

마티아스 그뤼네발트(Matthias Grünewald, 1460~1528)의 〈이젠하임 제단화〉(Isenheimer Altar)는 1505년부터 시작하여 1516년에 완성되었다. 초기에는 독일 남부 안토니오 수도원의 병원 예배실에 소재해 있었으나 지금은 콜마에 있는 운텐린덴 박물관에 전시되어 있다. 이젠하임 제단화는 다른 제단화와는 다른 독특한 구성을 하고 있다. 이 제단화는 3층짜리 3겹으로

마디아스 그뤼네발트, 〈십자가 책형〉, 1515, 나무에 유채, 운텐린덴 박물관, 콜마르.

이루어져 있으며 총 9쪽의 화면 구성을 하고 있다. 첫 번째 층 가운데 화면(〈십자가 책형〉)이 감상과 묵상의 주 대상이다.

이 제단화는 1509년부터 1516년 사이, 곧 루터의 십자가 신학이 주장된 하이델베르크 논쟁(1518)이 시작되기 전에 완성되었다. 신학자 순더마이어는 〈십자가 책형〉을 루터가 하이델베르크 논쟁에서 제시한 십자가 신학과 같은 정신으로 표현되고 있다며 루터의 십자가 신학을 예고하고 선취한 그림이라고 평가한다.2

이 제단화는 예수님의 십자가와 예수님의 죽음의 고통에 집중하고 있다. 십자가의 복음으로부터 벗어나려는 시도는 찾아볼 수 없다. 그림의 모든 표현과 장치는 믿음을 위한 십자가와 십자가의 의미를 제시한다. 주변에

---

2 테오 순더마이어, 『선교신학의 유형과 과제』, 채수일 옮김(서울: 대한기독교서회, 1999), 260-264.

집도 없고 군인들도 없다. 심지어 예수님의 좌우에 매달린 두 명의 강도도 볼 수 없다. 배경은 아주 진한 어둠으로 덮여 있다. "오직 어둠만이 나(십자가)의 친구"(시 88:18)일 뿐이다. 루터는 이사야의 말씀에 따라 '숨어 계신 하나님'(Deus absconditus)에 관해 말한 적이 있다. "구원자이신 이스라엘의 하나님, 진실로 주님께서는 자신을 숨기시는 하나님이십니다"(사 45:15). 특히 시편은 "어찌하여 우리가 고난을 받을 때에 숨어 계십니까?"(시 10:1, 89:46) 하고 통한 어린 소리로 탄원한다. 숨기는 것은 드러나지 않게 하기 위한 행동으로 불변의 신실함을 유지하려는 것이다.

칠흑같이 어두운 빈 공간 안에 외롭게 서 있는 커다란 십자가보다 하나님이 숨어 계신다는 것을 더욱 분명하게 말해주는 것은 없을 것이다. 우리는 텅 빈 어둔 공간 안에서 십자가에 달린 자의 절규를 듣는다. "나의 하나님! 나의 하나님! 어찌하여 나를 버리셨나이까?" 이 그림에서 우리는 자비하고 살아 계신 하나님의 흔적조차 느낄 수 없다. '하나님 부재'와 '아들의 유기'에 대한 깊은 탄식은 뒤집어 '하나님 현존'에 대한 강한 요청이기도 하다. "하나님, 묵묵히 계시지 마십시오. 하나님, 침묵을 지키지 마십시오. 조용히 계시지 마십시오. 오, 하나님!"(시 83:1). 의인이 정의를 경험할 수 없는 곳에서 하나님은 그의 존재를 숨긴다. 숨어 계신 하나님에 대한 애타는 원망과 그리움은 아침의 해처럼 솟아야 할 하나님 정의에 대한 사무친 갈망이다.

십자가를 자세히 들여다보면 십자가는 다듬지 않은 거친 나무로 만들어져 있다. 특히 '십자가 책형'의 중심에 있는 십자가에 달리신 분의 무게 때문에 십자가의 가로대는 휘어져 있다. 수평의 휘어짐은 그 당시 아무도 궁리해내지 못한 새로운 십자가의 형상이다. 물론 이것은 역사적 사실을 묘사한 것이 아니라 믿음의 진실을 묘사한 것이리라. 곧, 세상 죄를 남김없이 자기 것으로 삼아서 지고 가는 예수님의 무게로 십자가의 가로대가 휜 것이다. 십자가의 수평 틀이 휘어짐으로 인해 수직 기둥은 신체 부위를 머리에서 발끝까지 관통하는 것으로 보인다.

예수님의 몸을 이렇게 비참하고 참혹한 모습으로, 루터가 하이델베르크 논제에서 거듭 강조하고 있듯이, "아름다울 것도 없는"(사 53장) 모습으로, 상처 입어 세상의 모든 간고와 질고를 아는 모습으로 이처럼 세밀하게 묘사한 작품은 없다. 이사야 53장 2절과 3절의 말씀이 문자 그대로 눈에 보이게 형상화되고 있다. "그는 … 고운 모양도 없고 풍채도 없은즉 우리가 보기에 흠모할 만한 아름다운 것이 없도다. 그는 멸시를 받아 사람들에게 버림받았으며 간고를 많이 겪었으며 질고를 아는 자라."

십자가의 신학자 루터는 하이델베르크 논제에서 십자가의 신학을 처음으로 공식적으로 토의에 붙였다. 십자가의 신학은 "사실을 있는 그대로 말한다"(*dicit quod res est*). 십자가를 화면 중심에 세운 화가는 세상의 현실을 십자가에 비추어 있는 그대로 보고 은폐와 거짓 없이 사태를 분명하게 말하고 있다. 화가는 채찍을 맞고 십자가에 처형된 자의 몸을 숨기거나 미화하지 않고 사실대로 그리고 있다. 아무것도 포장되지 않고 흐지부지 삭제되지도 않았다. 고대 조각의 아름다운 몸을 전수받아 십자가 책형에도 은밀하게 드러난 르네상스의 미학을 화가는 완전히 떠났다.

이젠하임의 제단화 〈십자가 책형〉은 섬뜩함으로 가득하다. 그리스도의 모습은 시각적으로 크게 왜곡되어 있어 온몸이 상처와 멍으로 뒤덮인 채 괴로워하는 모습이다. 그의 육체는 혐오스러운 회백색을 띠고 있고, 머리에는 길고 뾰족한 가시관이 씌워져 머리와 몸을 찔러 심한 고통을 받고 있으며, 손과 발은 못으로 사정없이 찢겨져 있고 크게 그려진 손가락은 심한 고통에 뒤틀려 있다. 한 시인의 고백처럼 무릎 꿇고 절하고 싶은 손이다. 나는 그 손에 못 박혀버렸다.

> 사람들이 웅성거리고 차가 오가는
> 좁은 시장길가에 비닐을 깔고
> 파, 부추, 풋고추, 돌미나리, 상추를 팔던

노파가
싸온 찬 점심을 무릎에 올려놓고
흙물 풀풀 든 두 손을 모아
기도하고 있다.

목숨을 놓을 때까지
기도하지 않을 수 없는 손
찬 점심을 감사하는
저승꽃 핀 여윈 손
눈물이 핑 도는 손
꽃 손
무릎 꿇고 절하고 싶은 손

나는
그 손에
못 박혀버렸다.
　　　　　　— 차옥혜, 〈밥 11 - 그 손에 못 박혀버렸다〉 전문

　예수님의 죽어가는 신체는 팽팽하면서 십자가의 고문으로 괴로워하고 뒤틀려 있으며, 채찍에 맞아 온몸을 덮고 있는 곪아 터진 상처 안에 천형의 가시들이 박혀 깊숙이 찌르고 있다. 검붉은 피는 파리한 병적인 살빛과 혐오스럽게 대조를 이루고 있다. 그가 못 박힌 갈보리 언덕, 닫힌 눈, 헤벌려진 입, 깊이 파인 이마의 주름과 괴로운 얼굴 표정, 십자가 수평 위로 넘어간 뒤틀린 손가락은 허공에서 괴로워한다. 그의 얼굴은 축 처져 움푹 파인 어깨 근육 속으로 처박혀 있고 복부는 척추 기둥에 붙어 있다. 포개진 발 위를 관통한 큰 대못은 누르는 몸무게에 의해 발등의 뼈를 부수고, 거기서 흐르

고 흐르다 응고되어 달라붙은 핏빛 고드름의 강렬하고 참혹한 인상은 겟세마네 예수님이 고뇌했던 실상을 매우 강력하게 말해준다. 이 작품은 페스트로 병들어 죽어가는 동시대 인물을 통해 십자가의 역사적 모습을 현실적으로 보여준다.

이 모습은 서양 회화사 전체에서 20세기 초 독일의 표현주의가 나타나기 전까지 가장 끔찍한 형상일 것이다. 사실 이 회화는 표현주의의 기법을 이미 사용했다는 평가를 받는다. 틸리히는 이젠하임 제단 뒤에 그려진 그뤼네발트의 십자가에 대해 이렇게 서술한다. "나는 그것이 지금까지 그려져 왔던 것 중에 가장 뛰어난 독일 그림이라고 믿는다. 그리고 그 그림은 당신에게 더 이상 표현주의가 현대의 창작이 아니라는 것을 보여준다."[3] 표현주의는 20세기 점증하는 인간의 고난과 비극적 자기의식을 최고조로 표현한 사조이다. 화가가 사용한 색채의 두려운 영광과 광기 어린 불가능한 움직임은 악마성을 풍부하게 드러낸다. 화가는 이 악마성을 통해 섬뜩한 성스러움을 실재같이 표현한다. 탁월한 예술사가인 딜렌버거(Jane Dillenberger)는 "이처럼 공포감을 주고 음울한 표현의 위엄을 갖춘 이 작품과 비견할 만한 작품은 지구상에서 있었던 적이 없을 성싶다"라고 평가한다.

십자가에 못 박혀 죽은 예수님의 뻣뻣하고 참혹한 모습에는 이탈리아 르네상스 미술가들이 궁구했던 아름다움은 하나도 찾아볼 수 없다. 그는 수난절의 설교자처럼 이 고통스러운 장면의 무서움을 우리에게 생생하게 전달하기 위해서 모든 정렬을 쏟아 붓는다. 그뤼네발트에게 미술은 아름다움의 숨겨진 법칙을 찾는 데 있는 것이 아니라 오직 하나의 목적, 즉 중세의 모든 종교미술의 목적인 그림으로 설교를 제공해주고 교회가 가르친 진리인 십자가와 예수님의 죽음의 의미를 선포하는 것이다.

---

3 Paul Tillich, *On Art and Architecture*, ed. by John Dillenberger (New York: Crossroad Pub., 1987), 99.

3. 은총이 된 고통

그뤼네발트는 십자가의 역삼각형 구도의 오른쪽에 한 마리 양과 세례 요한을 그리고 왼쪽에 세 사람, 마리아, 제자 요한 그리고 막달라 마리아를 그려 넣었다. 새로운 그림의 구도는 전혀 들어본 적이 없는 새로운 리듬감으로 십자가의 진실을 힘주어 말한다. 십자가 오른쪽 아래에 구세주를 상징하는 어린 양이 십자가를 메고 목 부위에서 피를 성찬배 속으로 줄줄 흘리고 있다. "보라 세상 죄를 지고 가는 하나님의 어린 양이로다"(요 1:29). 우리의 죄의 용서를 위해 흘린 그의 피를 우리는 성찬에서 받아 마신다.

마티아스 그뤼네발트, 〈십자가 책형〉(세례자 요한과 어린 양 세부도), 1515.

> 그는 실로
> 우리가 받아야 할 고통을 대신 받고,
> 우리가 겪어야 할 슬픔을
> 대신 겪었다.
> 그러나 우리는,
> 그가 징벌을 받아서
> 하나님에게 맞으며,
> 고난을 받는다고 생각하였다.
>
> 그러나 그가 찔린 것은
> 우리의 허물 때문이고,

그가 상처를 받은 것은
우리의 악함 때문이다.
그가 징계를 받음으로써
우리가 평화를 누리고,
그가 매를 맞음으로써
우리의 병이 나았다.

우리는 모두 양처럼 길을 잃고,
각기 제 갈 길로 흩어졌으나,
주님께서 우리 모두의 죄악을
그에게 지우셨다(사 53:4-6).

세례 요한이 건장한 모습으로 옆에 서 있다. 그는 준엄하고 당당한 몸짓으로 보통보다 아주 긴 집게손가락으로 십자가에 달리신 분, 구세주를 가리키고 있으며, 왼손에는 토라를 들고 있다. 그의 머리 옆에는 그가 한 말이 씌어 있다. "그분은 더욱 커지셔야 하고 나는 작아져야 한다"(*Illum oportet crescere, me autem minui*, 요 3:30). 십자가 신학에서 말씀 선포의 의미가 화가를 통해서 강렬하게 제시되는 것을 볼 수 있다. 화가는 눈으로 보이는 이미지를 귀로 듣는 말씀과 성공적으로 결합한다. 그림은 말씀을 가시적이고 직접적 감각을 통해 격렬하게 표현하고 말씀은 그림에 생명력과 의미를 제공한다. 화가에게 그림은 보이는 말씀이 되고 말씀은 보이지 않는 형상이 된다.

루터의 십자가 신학이 그림을 통해 만질 듯 나타나고, 그뤼네발트의 회화는 루터의 십자가 신학을 그림으로 형상화한다. 화가로서 세례 요한처럼 예수님의 의미를 그렇게 일찍 파악한 사람은 없다. 화가는 커지는 예수님, 작은 우리를 드러내기 위하여 원근법을 무시한 채 인물상의 크기로써 그렸다. 십자가 왼쪽 밑에 있는 막달라 마리아의 손과 예수님의 손을 비교해보기만 해도 그 크기에 엄청난 차이가 있음을 알게 된다. 말씀의 의미를 위해서 미적 표현을 희생시켰듯이, 정확한 비례의 요구 또한 무시해버렸다.

고독과 고통을 음미하라!
아주 천천히

그리하여 그곳에서
마침내 단맛이 나게 하라!

그때 비로소,
고독은 기도가 되고
고통은 은총이 되리라!

― 홍수희, 〈십자가 아래서〉 전문

4. 거룩한 사랑

예수님의 고통은 전통적으로 십자가 주위에 모여 있는 사람들의 모습에 반영되고 있다. 과부의 옷을 입은 그림 맨 왼쪽에 서 있는 성모 마리아는 주님이 그녀를 돌아보라고 부탁한 예수님의 가장 사랑받는 제자 요한의 팔에 안겨 기절해서 쓰러지고 있다. 기절, "예수께서 다시 크게 소리 지르시고 영혼이 떠나시던"(마 27:50) 시각, 인간학적으로 예수님의 어머니 마리아는 차마 아들을 따라 죽지 못해 갈가리 찢어지는 자신의 심정을 혼절로 표출한다. 종교적으로는 유대교도 기절하여 "성소 휘장이 위로부터 아래까지 찢어져 둘이 되고", 자연적으로는 산천도 기겁하여 "땅이 진동하며 바위가 터진

마티아스 그뤼네발트, 〈십자가 책형〉(성모와 막달라 마리아와 사도 요한의 세부도), 1515.

다"(마 27:51).

니체는 이 사태를 '신의 죽음'의 사건으로 철학의 죽음, 형이상학의 죽음으로 이해한다. 그에게 신이 죽은 세상은 방향을 상실해 어지럽고 빙하기에 들어선 세상처럼 훨씬 추워졌다.

어떻게 우리가 바다를 마셔버릴 수 있었을까? 누가 우리에게 스펀지를 주어 그것으로 수평선을 지워버렸는가? 우리가 지구를 태양으로부터 떼어버렸을 때 우리는 무엇을 하였는가? 바야흐로 지구는 어디를 향하여 움직이는가? 우리는 어디로 움직이는가? 모든 태양으로부터? 계속 떨어지고 있는가? 앞으로, 옆으로, 뒤로 — 모든 방향으로? 아직도 위아래가 있는가? 영원한 허무 속을 헤매고 있는 것이 아닐까? 텅 빈 공간에 시달리고 있는 것이 아닌가? 점점 더 추워지지 않는가?(니체, 『즐거운 학문』125번에서).

신의 죽음은 생명의 근원인 바닷물이 메마른 상태가 되고, 인간의 가치와 의미 지평인 수평선이 지워져 사라진 것이다. 신의 죽음은 태양으로부터 지구가 이탈한 사건이다. 전통적으로 신은 가치지평, 의미지평이다. 그런데 신의 죽음과 함께 이 지평들이 지워져 사라진다. 그러므로 인간은 방향감각을 잃고 계속 허무 속을 헤매고 있다. 우리는 기절에서 언제 깨어날 것인가?

다시 성모 마리아로. 대부분의 중세 그림에서 마리아는 교회를 상징한다. 마리아가 십자가 앞에서 창백해지면서 비틀거린다는 것은 타락한 후기 중세 교회의 모습을 반영한다. 루터의 십자가 신학은 사실 후기중세 교회 전체를 근본적으로 흔들어놓았다. 면죄부나 성례전 등 다른 어떤 것보다 그의 십자가 신학이 이런 영향을 끼쳤던 것이다. 십자가를 진지하게 여기는 자는 자신의 방향을 항상 새롭게 정위할 수 있으며 그가 안전하다고 생각한 터전이 흔들리고 있음을 지각할 수 있다. 마리아는 요한의 부축을 받고 다시 일어난다.

아들이 수난당할 때 아들의 아버지도 함께 수난당하는 것은 존재의 부족 때문이 아니라 넘치는 사랑 때문이다. 요한은 가장 분명하고 격렬하게 인간에 대한 하나님의 한결같은 희생적 사랑을 말한 바 있고(요 3:16), 예수님의 죽음을 속죄양의 죽음으로 표현하기도 했다(요 1:29). 루터는 하이델베르크 논쟁 마지막 논제인 28번에서 하나님 사랑의 참모습을 제시한다. "하나님의 사랑은 사랑의 대상을 발견하지 않고 창조한다. 그러나 인간의 사랑은 사랑의 대상을 통하여 생긴다"(The love of God does not find, but creates, that which is pleasing to it. The love of man comes into being through that which is pleasing to it). 하나님의 사랑은 창조적인 데 비해 인간의 사랑은 수동적이라는 것이다. 『미녀와 야수』에서 야수는 흉측하고 괴물 같지만 그의 추한 외모에도 불구하고 미녀에게 사랑받는 순간 멋진 왕자로 변신한다. 죄인인 인간이 하나님의 십자가의 사랑을 받는 순간 의인으로 변신하는 이

치이다. 루터의 십자가의 신학(*theologia crucis*)은 하나님의 사랑의 신학에 대한 다른 이름이다. 성(聖)은 피(血)와 능(能)이다.

> 어린 시절 방학 때마다
> 서울서 고학하던 형님이 허약해져 내려오면
> 어머님은 애지중지 길러온 암탉을 잡으셨다
> 성호를 그은 뒤 손수 닭 모가지를 비틀고
> 칼로 피를 묻혀가며 맛난 닭죽을 끓이셨다
> 나는 칼질하는 어머니 치맛자락을 붙잡고
> 떨면서 침을 꼴깍이면서 그 살생을 지켜보았다
> ……
> 나는 어머님의 삶에서 눈물로 배웠다
>
> 사랑은
> 자기 손으로 피를 묻혀 보살펴야 한다는 걸
>
> 사랑은
> 가진 것이 없다고 무능해서는 안 된다는 걸
>
> 사랑은
> 자신의 피와 능과 눈물만큼 거룩한 거라는 걸
> ― 박노해, 〈거룩한 사랑〉 중에서

옆에 향유 단지를 놓고 좀 작은 인물로 그려진 막달라 마리아는 슬픔을 이기지 못하고 깍지 낀 두 손을 높이 든 채 무릎을 꿇고 십자가상의 그리스도만을 열렬히 바라보고 있다. 고통 받는 사람, 더 정확히 말해 한 여인만이 십자가의 의미를 인식하고 있다. 무릎 꿇는 그녀는 죄인인 우리를 송두리째 대신하여 그렇게 한다. 우리가 십자가 아래에서 막달라 마리아가 취하는 모습 외에 달리 취할 수 있는 자세가 있을 수 있겠는가?

막달라 마리아는 전통적으로 버림받은 죄인으로 등장하는데, 이 그림에서도 홀로 자기를 가장 낮춘 인물로 그려진다.

> 항상 마음을 비어두고
> 가난 속에 스민 은혜와
> 고뇌 안에 싹트는 구원과
> 절망 속에 넘실대는 희망을
> 한 팔로 싸안고 소란한 시대일수록
> 청명한 눈을 뜨고
> 조용하자.
>
> ─ 박목월의 〈新春飮〉(신춘음) 중에서

화가는 중세기의 초상학을 따르고 있다. 그렇지만 이 그림에서 막달라 마리아만 '채색'되어 있다. 그녀만이 아리땁다. 하나님은 아름다운 사람을 사랑하는 것이 아니라 하나님의 사랑이 사람을 아름답게 한다고 루터는 말했다. 하나님의 사랑이 인간 존재에게 필연적으로 부과하는 일은 사랑이다. 그래서 사랑은 사람의 치명적인 약한 고리이다. 사랑은 도덕적이고 미학적인 가치가 부여되기 이전에 그 행위 자체의 아우라로 순결하다.

막달라 마리아는 언제까지나 스러지지 않는 한결 같이 맑고 뜨거운 하나님의 사랑과 순결한 말씀(시 12:6)을 좇아 예수님을 가장 사랑한 사람이다. 하나님은 추악한 사람, 죄인, 약자를 더 사랑하신다. 하나님의 사랑은 죄인을 의롭게 하고, 추한 자를 아름답게 만들며, 약자를 지혜롭고 강하게 하신다. 이것 말고 다른 무엇이 이 그림에서 표현되었다고 볼 수 있을까? 우리는 이 그림에서 루터의 십자가 신학, 용서와 사랑과 치유의 신학이 거의 완벽하게 표현되고 있음을 볼 수 있다.

그뤼네발트는 이젠하임에 있는 안토니 수도원의 병원을 위해 제단화를 그려달라는 부탁을 받았다. 양 날개를 접을 수 있는 이 제단화의 가운데 그림은 유난히 컸다. 제단화는 병원의 환자들을 위해 만들어졌고 치유하는 능력을 지녀야 했다. 그런데 우리가 묻지 않을 수 없는 것은, 과연 이런 잔인하리만큼 사실적인 묘사, 고통을 걸식하는 인간, 죽은 몸의 사실적 묘사가 환자들에게 긍정적인 영향을 끼쳤느냐는 것이다. 그림은 오히려 죽음을 준비하고, 죽어가는 사람들에게 위로를 전해야 하지 않았을까?

이 점에 대해서는 제단화의 연결 부위에 있는 글, 시험당하는 성 안토니우스를 묘사한 그림 위에 다음의 글이 씌어 있는데, 이 글이 무엇인가를 해명해줄 수 있는 것 같다. "선하신 예수님, 당신은 어디에 계셨습니까? 당신은 나의 상처를 치유하기 위해 왜 달려오지 않고 어디에 계셨습니까?"(*Ubi eras, bone Jhesu, ubi eras, quare non affuisti ut sanares vulnera mea?*)

환자들에게 위로를 주는 것은 무엇인가? 아름다운 것이 아니라 환자들이 자신과 동일시할 수 있는 '고통의 상징'이라는 것이다. 고난 받으며 고뇌하는 안토니우스와 함께 환자들은 십자가의 그리스도에게 다가가 그를 부르며 치유하는 그의 임재를 간구할 수 있었다. 제단화의 양 날개 그림이 열리고 중앙에 있는 그리스도가 보일 때, 환자들은 자기의 이러한 질문에 대한 대답을 얻는다. 십자가에 달리신 이 참혹한 분의 모습에서, 죽음으로 몰아가는 모든 병의 증상을 자기 몸에 지니고 있는 이 십자가에 달리신 분에게서 바로 그들을 위해 죽으시고 그들의 고통을 에누리 없이 나누는 사랑과 자비의 하나님을 만난다. 이 고통과 죽음은 인간을 위해 대신 당하는 당신의 사랑, 인간을 향하신 완전하고 순수한 하나님의 사랑이다.

하나님이 자기를 결정적으로 계시하시는 시간과 장소가 바로 여기다. 여기에서 그들은 하나님의 맑고 뜨거운 사랑을 절실히 느낀다. 우리를 위한 하나님의 사랑이 십자가에서 결정적으로 현실화되고 가시화된다. 십자가는 하나님 사랑의 능력이다. 십자가에서 하나님의 사랑이 빛난다. 십자가의 사랑에서 하나님의 사랑을 가늠한다.

> 사람은 사랑한 만큼 산다
> 저 향기로운 꽃들을 사랑한 만큼 산다
> 저 아름다운 목소리의 새들을 사랑한 만큼 산다
> 숲을 온통 싱그러움으로 채우는 나무들을 사랑한 만큼 산다
> ……
> 예기치 않은 운명에 몸부림치는 생애를 사랑한 만큼 산다
> 사람은 그 무언가를 사랑한 부피와 넓이와 깊이만큼 산다
>
> 그만큼이 인생이다
>   ― 박용재, 〈사람은 사랑한 만큼 산다〉 중에서

철학자 들뢰즈의 스피노자는 신의 삶 자체를 표현이라 했는데, 십자가는 하나님 사랑의 표현이라 할 것이다. 십자가에 묶고 머무르는 자는 하나님의 사랑 안에 머무르고, 하나님께서도 그 사람 안에 머무르신다(요일 4:6). 이 사랑에는 치유 능력이 있어 추한 사람을 아름답게 만들고, 각지고 모난 죄인에게는 동글동글한 은총을 베풀며, 흔들리는 사람을 붙들고, 병든 사람을 건강하게 한다. 바로 이러한 것들이 신학자 순더마이어가 그뤼네발트의 이 제단화에서 루터의 십자가 신학이 말로 표현되어 알려지기 전에 회화를 통해 설득력 있게 형상화되었다고 주장하는 이유일 것이다.

제6장

아름다운 인간, 다윗

"아름다움이 세상을 구원할 것이다"(도스토예프스키).
"인간은 아름다움을 통해 자유에 도달한다"(프리드리히 실러).

이 글은 기독교 인간학에 관한 것이다. 기독교 인간학은 오랫동안 죄인인 인간에 초점을 맞춰 전개돼왔다. 최근의 기독교 인간학은 철학적 인간학과 생물학적 인간학과의 대화를 통해 인간의 세계개방성과 자연연관성을 강조하면서 유기체적 인간학의 방향으로 나가고 있다. 이런 경향은 이성 중심의 생각하는 인간(*homo sapiens*)에 토대를 둔 근대적 인간 이해를 넘어선 것이긴 하지만 감성과 느낌, 경험과 몸을 중시하는 탈근대적 인간 이해에 미치지 못한다. 따라서 이 글은 성서를 대표할 만한 많은 인물 가운데 '다윗'을 선택하여 그가 근본적으로 '아름다운 인간'(*homo aestheticus*)임을 역설하여 기독교 인간 이해에 미학적 관점을 부가하고자 한다. 다윗을 택한 이유는 그에게서 일방적으로 정치적 인간(*homo politicus*)상을 선호하고, 또 인간의 권력욕을 충족시키고 정당화하기 위하여 그 인간상을 계속 재생산하는 현실 정치와 교회의 권력에의 의지를 비판적으로 보고 싶기 때문이다.

다윗의 이야기는 사무엘상 16장부터 열왕기상 2장 12절에 이르는 단일 인물과 관련된 이야기 중에 가장 길다. 많은 경우에 성경의 본문이 인물이

처한 상황, 인물의 마음과 감정에 대한 세미한 서술이 없는 채로 사건을 단순하고 빠르게 풀어간 반면에 작가나 예술가들은 본문 안에 숨겨지고 은닉된 행위의 동기와 감정 그리고 환경과 상황을 상상력을 동원해 자세히 드러낸다. 그렇기 때문에 성경의 인물들은 작가나 예술가들에 의해 현재적으로 끊임없이 재창조되고 변형되어 새롭게 탄생한다.[1]

다윗 이야기는 수많은 성서학자의 마음을 사로잡았을 뿐 아니라 예술가들의 상상력에 불을 지폈다. 특히 예술작품은 단지 성경의 원래 이야기의 사실적인 재현에 관심이 있는 것이 아니라 새로운 문제의식을 노출하고 사회적·문화적 관심사를 탐구하는 기회로 작용한다. 다윗은 이스라엘 왕조의 기초자로서, 메시아적 비전을 제시하는 인물로서 성경 안에서 유대 전통과 기독교 전통의 정점에 서 있는 인물이지만 그는 역사 속에서 왕, 정치인, 판관, 목자, 음악가, 시인, 하나님의 마음에 합한 사람 그리고 여성 편력자 등 매우 많은 이미지로 재생산되었다.[2]

다윗은 인간의 개인적 삶과 신앙뿐 아니라 종교와 문화적으로 광범위하게 그리고 특히 정치권력이 요동치고 재창조될 때마다 중심적으로 언급되는 인물이다. 모세는 토라의 중심인물이며 이스라엘 역사에서 능가할 수 없는 인물이다. "그 후에는 이스라엘에 모세와 같은 선지자가 일어나지 못하였나니 모세는 여호와께서 대면하여 아시던 자요…"(신 34:10). 그러나 이스라엘은 다윗에게서 왕국을 세운자의 아이콘을 찾는다. 바빌론 포로기 이후에 이스라엘은 모세가 아니라 다윗에게서 미래의 인물상, 곧 메시아적 상

---

1 이에 대한 중요한 문헌으로 Martin O'Kane, "The Biblical King David and His Artistic and Literary Afterlives", *Biblical Interpretation* 6, no.3-4(1998), 313-347; Kenneth L. Vandergriff, "Recreating David: The David Narratives in Art and Literature", *Review & Expositor* 99(2002), 193-205; Erich Zenger, "David as Musician and Poet: Plotted and Painted", in Cheryl Exum, et. al. (eds.), *Biblical Studies/Cultural Studies* (Sheffield: Sheffield Univ. Press, 1998), 263-298.
2 David L. Petersen, "Portraits of David: Canonical and Otherwise", *Interpretation* 40 (1986), 130-142.

을 찾으며, 초대교회에도 영향을 주어 기독교가 제국교회가 된 이후 '왕'으로서의 다윗의 이미지는 대단히 활성화되었다.3 그뿐만 아니라 다윗 이야기는 인간 삶의 공통적인 불일치성과 모호성을 완벽하게 비추는 거울이다. 다윗은 인간 실존의 복잡성과 모호성의 상징이다. 이런 의미에서 다윗의 이야기는 트레이시(David Tracy)가 말하는 '고전'(classics)이다. 고전은 실재를 새롭게 드러내 "우리를 놀라게 하고 고무하며, 도전하고 충격을 주기도 하며 때로는 변혁시킨다."4

기독교 역사에서 다윗의 이미지는 크게 '그리스도의 예형', '회개하는 원형', '왕의 모델' 등 세 가지 유형으로 나타났다.5 고대교회의 많은 교부들은 다윗을 예수에 대한 가장 중요한 구약성경의 유형으로 간주했다. 아우구스티누스는 신국에서 다윗을 그리스도의 그림자로 보았다. "다윗은 처음 지상의 예루살렘에서 오실 자의 그림자로서 통치하셨다"(『신국』, XVII.14). 이러한 이해는 르네상스 이후까지 지배했으며, 1560년에 출간된 제네바 성경은 사무엘서 머리말에 "다윗을 메시아의 참된 형상"으로 기록했다. 미국 식민 시기에 요나단 에드워즈는 다윗을 "구약성경의 모든 인물 중에 가장 위대한 그리스도의 유형이며 … 그러므로 그리스도는 예언서에서 다윗으로 불렸다"6라고 썼다. 중세기에 다윗은 통회하는 죄인의 원형이었다. 다윗은 죄를 범한 후에 죄를 고백하고 은총을 통해 다시 고양된다. 특히 시편의 일곱 개의 참회 시(시 6, 32, 38, 51, 102, 130, 143)와 함께 다윗을 받아들였다.

르네상스와 초기 근대에 다윗은 빼어난 아름다움을 갖춘 권력과 영광의 아이콘으로 재탄생되었다. 다윗에게는 모세와는 다르게 출생 이야기와 어

---

3 Erich Zenger, 앞의 글, 264.
4 D. Tracy, *The Analogical Imagination: Christian Theology and Culture of Pluralism* (New York: Crossroad, 1981), 108.
5 Kenneth L. Vandergriff, 앞의 글, 194ff.
6 John F. Wilson ed., *A History of the Work of Redemption* (New Heaven: Yale University Press, 1989), 204.

린 시절 그리고 소년 시절의 이야기가 없다. 사무엘서에 나타난 다윗의 이
야기는 다윗이 왕이 되는 과정과 왕으로서의 삶 그리고 그의 죽음 이후의
지속되는 왕국의 역사이다. 다윗은 제왕적 인물의 전범이 된다. 르네상스기
의 대표적인 화가 미켈란젤로(Michelangelo), 베로키오(Verrochio), 도나텔
로(Donatello), 베르니니(Bernini) 등은 다윗에게서 미와 도덕적 완전성과
더불어 제왕적 권력을 읽고 그린 대표자들이다.

한국교회는 일제 강점기와 근대화를 통과하고 통일 한국을 기대하면서
다윗을 하나님의 마음에 합한 강력한 힘의 근원을 소유한 믿음 좋은 군주로
투사하여 이해하고 있다. 그는 이름 없는 목동 출신으로서 왕이라는 권력의
정점에 이르기까지 수많은 고난과 역경, 불신과 배반, 전쟁과 범죄의 소용
돌이를 헤치고 정상에 우뚝 선 존재다. 다윗은 하나님의 은혜와 하나님에
대한 충실한 믿음으로 권력의 최고 정점에 이른 성공한 사람으로 교회의 무
의식을 지배하고 있으며 선망의 대상이 되고 있다.

본 글은 교회 안에서 '정치적 인간' 다윗으로 소비되고 있는 성서의 거점
들을 지적하고, 다윗은 '정치적 인간'이기 이전에 아름다운 성정의 소유자인
'미적 인간'임을 부각시켜 정치에 대한 미학의 우선성과 근원성을 말하고자
한다. 백범 김구 선생은 해방 후 나라를 새로 세우는 비전에 담긴 연설에서
세계 평화가 권력(權力)과 부력(富力)을 통해서가 아니라 문화의 힘을 통해
실현되어야 한다고 역설했다.

나는 우리나라가 세계에서 가장 아름다운 나라가 되기를 원한다. 가장
부강한 나라가 되기를 원하는 것은 아니다. 내가 남의 침략에 가슴이 아팠
으니, 내 나라가 남을 침략하는 것을 원치 아니한다. 우리의 부력은 우리의
생활을 풍족히 할 만하고, 우리의 강력은 남의 침략을 막을 만하면 족하다.
오직 한없이 가지고 싶은 것은 높은 문화의 힘이다. 문화의 힘은 우리 자신
을 행복되게 하고, 나아가서 남에게 행복을 주겠기 때문이다. … 나는 우리

나라가 남의 것을 모방하는 나라가 되지 말고 이러한 높고 새로운 문화의 근원이 되고, 목표가 되고, 모범이 되기를 원하다. 그래서 진정한 세계의 평화가 우리나라에서 우리나라로 말미암아서 세계에 실현되기를 원한다(백범 김구).

1. 정치적 인간(homo politicus)

렌토르프(Rolf Rendtorff)는 『구약성서의 인물상』[7]이란 책에서 이스라엘의 족장, 열왕 그리고 예언자 15명의 인물을 다루고 있다. 그는 다윗 부분에서 그를 탁월한 임금이고 하나님의 뜻에 맞는 이상적인 정치인(*homo politicus*)임을 부각한다. 이러한 이해는 교회에서 널리 읽히는 영성가 유진 피터슨의 『다윗: 현실에 뿌리박은 영성』[8]에서나 구약학자 김회권의 사무엘상·하 강해서[9]에서도 크게 다르지 않다. 김회권은 "이상적인 왕의 전범(典範)"[10] 으로서의 다윗에 초점을 두고 사무엘상·하를 강해한다.

정치는 동서양을 막론한 인간의 항구적인 관심일 수밖에 없다. 공동체와 민족과 국가의 운명과 평화가 통치자에 의해 좌우되기 때문이다. 하여, 서양의 플라톤이나 동양의 유학도 올바른 이상적 통치자로서의 철인왕 혹은 성군(聖君)의 교육에 철학의 목표를 두었던 것이다. 따라서 통치자로서 다윗의 이미지는 가장 광범위한 대중적 영향력을 가질 수밖에 없다. 사실 다윗은 천부적인 정치적 군사적 천재이다. 목동 소년 다윗이 이스라엘 역사에서 전무후무한 정치적·역사적 족적을 남긴 사실을 감안하면 그러한 평가

---

[7] 롤프 렌토르프, 『구약성서의 인물상』, 한준석 옮김(서울: 대한기독교서회, 1987).
[8] 유진 피터슨, 『다윗: 현실에 뿌리박은 영성』, 이종태 옮김(서울: IVP, 1999).
[9] 김회권, 『하나님 나라 신학으로 읽는 사무엘상』(서울: 복있는사람, 2009).
[10] 김회권, 앞의 책, 13.

는 당연하다고 할 것이다. 다윗 이야기 중에서 그를 정치·군사적인 영웅으로 만든 신화 같은 이야기들은 다음과 같다.

1) 골리앗을 이긴 다윗

우선 골리앗을 넘어뜨린 다윗의 "호기(豪氣)와 무용(武勇)과 구변(口辯)"[11]에 관한 이야기가 단연 늘 으뜸이다(삼상 17장). 골리앗은 이스라엘에게 공포 그 자체였다. 골리앗이 이끄는 블레셋 군대가 나타났다 하면 사울왕을 비롯한 이스라엘 군대 모두가 사족을 벌벌 떠는 정도였다. 우리는 소년 다윗이 물매로 골리앗의 이마를 맞춰 넘어뜨리고 블레셋 군대를 섬멸했다는 이 신화적인 이야기를 주일학교 때부터 들어왔다. 또한 우리는 소년 시절 국어 책에 나왔던 화랑 관창 이야기를 기억한다. 소년 화랑 관창의 용맹과 충성은 대단했다. 그러나 화랑 관창은 백제의 계백 장군을 이기지 못했다. 그런데 양치기 소년 다윗은 맹수를 쫓는 데 사용했던 물매로 군장비를 완벽하게 갖춘 골리앗을 "만군의 여호와의 이름"(삼상 17:45)으로 넘어뜨린 것이다. 나약한 소년 다윗이 강인한 골리앗을 이겼으니 얼마나 경이로운가. 이 두 이야기의 비교를 통해 드러나는 다윗의 영웅적인 이야기는 소년 시절 어린 가슴을 술렁이고 사로잡기에 충분했다.

다윗은 골리앗을 넘어뜨린 것으로 끝나지 않고 그에게 달려가 적장의 머리를 밟고 그의 칼을 그 칼집에서 빼내어 그 칼로 적장의 머리를 벤다. 적장 자신의 칼로 자신의 머리를 베임 당했으니 장수로서 얼마나 수치스러운 일인가. 아무리 적장이라도 적장의 칼을 빼어 머리를 베는 행위는 적들에게 수치심과 두려움 그리고 심리적으로 강한 복수의 적개심을 야기하기에 충분하다. 다윗의 군대는 적장을 베는 것으로 전쟁을 끝내지 않고 골리

---

11 김회권, 같은 책, 199f.

앗의 죽음을 보고 겁에 질린 블레셋 군대를 추격하여 섬멸했고 그 진영의 전리품을 노략한다.

골리앗에 맞서 근접 격투에서 원격 투석의 방식으로 패러다임을 바꿈으로써 블레셋 군대를 물리친 다윗의 이야기는 이미 소년 때부터 그가 전략이 높은 탁월한 전사임을 보여준 이야기다. 그 후에도 다윗은 전쟁을 잘해 이스라엘 백성 사이에 "사울은 천천이요, 다윗은 만만이다"(삼상 18:7, 21:11, 29:5)라는 칭송어가 생길 정도였다.

회화에서도 특히 르네상스와 초기 근대를 중심으로 화가들은 건장한 젊은 다윗과 골리앗을 패배시킨 다윗을 많이 그렸다. 미켈란젤로의 다윗상은 그리스의 헤르쿨레스(Hercules)를 모델로 아름다움과 정력, 강함과 확신을 마음껏 발산한다. 시스티나 천정화에 그려진 다윗과 골리앗 그림은 그리스도의 사대 덕 중에 용기를 드러내며 그의 신적 특성을 고취한다. 카라바조는 '다윗과 골리앗'에서 고전적 영웅상을 계속 보여주며 코르토나의 〈다윗과 골리앗〉과 〈사자를 죽인 다윗〉, 푸생의 〈다윗의 승리〉 그리고 렘브란트의 〈요나단을 만나는 다윗〉이 이러한 행렬을 이어간다. 특히 우트레히트 학파의 익명의 한 화가가 그린 〈다윗과 골리앗의 머리〉(c.1630)에서 다윗은 콧수염을 기른 채 그의 전리품인 골리앗의 큰 머리를 옆구리에 끼고 과장되게 그려진 길고 큰 칼을 어깨에 멘 모습을 통해 다윗의 영웅적 모습과 승리에 찬 확신을 드러내고 있다. 17세기의 구에르치노, 젠틀레스키, 카라바조 등의 화가나 조각가들도 골리앗의 시신 앞에서 명상하는 다윗의 모습에서 역설적으로 다윗의 순수한 경건을 노래했고, 남성적 건강미 넘치는 모습으로 다윗을 그려왔다. 이상 다윗을 이긴 골리앗의 이미지는 대중이 선망하는 다윗에 대한 지배적인 이미지임을 알 수 있다.

2) 남북 통일군주 다윗

다윗은 야심이 넘치는 인물이다. 골리앗을 넘어뜨린 것보다 실제적으로 더 중요한 다윗의 기량은 사울이 죽은 뒤에 헤브론에 정착하여 사울 왕가와 7년간 내전을 치르면서 통일 군주가 되어가는 현실 정치가적 과정에서 절정에 이른다(삼하 1-5장). 다윗은 남부 유다 지파를 등에 업고 성장했다. 사울이 죽은 뒤에 북부의 여러 부족들과 남부의 부족들 사이에 균열이 생겼다. 당연히 북부 지파들은 다윗을 싫어했다. 이때 다윗은 남에도 속하지 않고 북에도 속하지 않은, 제3의 도시, 남과 북 사이에 있는 도시, 그래서 남과 북을 연결할 수 있는 도시인 예루살렘을 선택한다. 다윗은 개인이 거느렸던 호위병을 이용하여 당시 이방 가나안 족속인 여부스 족속이 살고 있었던 이 예루살렘을 정복한다(삼하 4:6-12).

무력을 통해서도 움직이지 않는 것이 민심이다. 다윗은 사울과 요나단을 따랐던 백성들의 민심을 돌이키는 데 주도면밀한 "감성정치"[12]를 통해 성공한다. 다윗은 사울과 요나단의 전사 소식을 듣고 대성통곡하면서 그들의 업적을 영구적으로 기리기 위해 영웅조가를 지어 유다 사람들에게 가르쳐 부르게 한다(삼하 1:17-27). 이어 다윗은 적대자들을 감복시키는 도량을 발휘하고(삼하 2:1-7), 북의 군벌 아브넬은 설복하고 남의 군벌 요압은 견제하며(삼하 3:1-30), 이스보셋을 죽인 레갑과 바아나를 처형하고 후손은 추방한다(삼하 4:11-12). 사무엘하 1-4장의 플롯은 북지파의 마음을 얻으려는 다윗의 분투와 동선을 따라 움직인다. 마침내 다윗은 남북 두 개의 권력을 자기 자신을 중심으로 결합하는 데 성공한다(삼하 5:1-5). 이 과정에서 '자비'(헤세드)를 베푸는 다윗의 놀라운 정치적 기량이 여실히 드러난다.

그 후 다윗은 군사적으로 서쪽에서 항시 이스라엘을 위협했던 블레셋을

---

12 김회권, "통일군주 다윗의 남북화해와 통일정치", 68.

쳐서 항복을 받고, 동쪽으로 요단 강 건너의 암몬·모압·에돔 사람들의 왕국을 정복하여 합병했으며, 북방을 향하여 진격하여 다메섹에 중심을 둔 아람 여러 나라의 광대한 영역을 예속하는 데도 성공한다(삼하 8:1-14). 다윗은 동과 서 그리고 북으로 넓고 광활한 왕국을 건설한다. 그리고 이웃 나라들로부터 어렵지 않게 조공을 받는다. 다윗은 자신을 반대하는 자들은 쳐서 종으로 만든다. 다윗은 지금 최대의 공격자가 된다. 다윗은 이스라엘을 정치적으로는 그 이후 역사상 두 번 다시 세울 수 없는 높이에까지 이르게 한다. 다윗의 왕국, 다윗의 집은 전무후무하다. 다윗이 어디를 가나 그에게 승리를 주는 분은 하나님이라는 사실이 8장에서 두 번씩이나 언급되는 것(6, 14절)은 정상에 오른 다윗이 역으로 이제부터 이 사실을 망각하기 시작한다는 점을 암시하고 있다.

3) 법궤를 예루살렘으로 옮긴 다윗

다윗은 수도를 헤브론에서 예루살렘으로 옮긴 뒤 블레셋에게 빼앗겼던 하나님의 법궤를 기럇여아림에 있는 아미나답의 집에서 예루살렘으로 옮겨온다(삼하 6장; 대상 13:1-14, 15:25-16:6, 43). 법궤는 하나님의 현존을 경험하는 일종의 이동식 성전이다. 법궤가 예루살렘으로 옮겨짐으로써 이방인 도시였던 예루살렘은 정치적으로뿐만 아니라 이제는 종교적으로도 아브라함과 모세의 전통을 잇는 정신적·종교적 중심 도시가 된다. 후대에 이스라엘 제사장들은 하나님의 법궤가 예루살렘에 모셔진 사건은 온 세계를 다스리시는 하나님의 통치 보좌가 예루살렘에 설치된 사건이라고 해석했다(시 132편). 하나님의 궤는 하나님의 왕적 현존과 인격을 대표함으로 하나님의 궤를 모셨다는 말은, 자신의 이스라엘 통치가 하나님의 통치를 대행하고 대리할 것을 선포하는 행위이다.13

이상 대표적으로 언급한 점들은 다윗이 출중한 정치적·군사적 인물

(*homo politicus*)이었음을 증명한다. 다윗이 지배한 시대는 상대적으로 이스라엘이 평화로웠다. 다윗은 무엇보다 평화를 세운 왕, 평화의 왕으로 높여지게 된다. 그러나 다윗이 죽고 난 뒤, 다윗 자손들은 다윗이 만든 대국을 지탱할 힘이 없었다. 그래서 나라 안 분쟁과 나라 밖 전쟁이 끊일 날이 없게 된다. 이스라엘이 바빌론에 멸망할 때까지 400여 년의 역사는 평화가 없는, 전쟁이 끊이지 않는 역사로 기록된다. 다윗의 집은 반석 위에 세워진 집이 아니라는 사실이 점차 드러나게 되었다. 그래서 예언자들은 인간적 왕권을 통해서 구축되는 평화와는 질적으로 다른 평화, 완전한 구원에 대한 새로운 꿈을 갖게 된다. 이것이 메시아에 대한 대망이다. "한 아이가 우리에게 났고 한 아들을 우리에게 주신바 되었는데 그 어깨에는 정사를 메었고 그 이름은 기묘자라 모사라 전능하신 하나님이라, 영존하시는 아버지시라, 평화의 왕이라 할 것이라"(사 9:6).

이 구원의 왕이 다윗을 훨씬 능가하는 방법으로 평화를 성취할 거라는 것이다. 이 왕은 사람들 사이의 온전한 정의뿐 아니라, 인간과 땅에 사는 생물들 사이의 단절도 사라지게 하신다. 인간과 인간 사이의 평화만이 아니라, 인간과 자연 사이의 평화도 수립하신다는 말이다. 맹수는 평화롭게 다른 생물들 사이에 눕게 되고 어린아이는 인간이 가장 혐오하는 독사와도 같이 놀게 된다. 악한 자, 해독을 끼치는 자는 이미 사라지게 된다(사 11:1-9).

여기서, 왜 다윗 이후의 역사는 다윗이 수립한 평화를 지속하지 못했을까? 곰곰이 생각해볼 필요가 있다. 이스라엘 역사뿐 아니라 세계 역사 속에, 인간이 그렇게도 원하는 평화가 왜 수립되지 못하는 것일까? 나는 그 이유를 다윗으로 대변되는 인간이 기본적으로 권력 지향적이기 때문이라고 생각한다. 나약한 다윗은 강인한 골리앗을 이기고 난 뒤에 그 자신이 강인한 골리앗으로 군림하기를 원한다. 다윗을 정치적·군사적 천재로만 보는 것

---

13 김회권, 『하나님 나라 신학으로 읽는 사무엘하』(서울: 복있는사람, 2009), 103f.

도 인간이 근본적으로 타자를 정복하고 지배하는 정치적 권력의 소유를 희망하기 때문이다. 그러므로 정복하고 점령하고 지배해야 평화가 수립된다는 오래된 고정관념을 문제시해야 한다. 인류는 평화가 다윗처럼 천하통일과 평정이 이루어질 때 가능하다고 생각해왔다. 군사력·권력을 통한 천하통일이다. 기독교 중심의 서구 역사는 사실 이러한 꿈을 실현하려는 욕망의 역사다. 그래서 기독교는 고대와 중세에는 로마의 세계 지배를 축복하였고, 근대에는 유럽의 식민지적 세계 지배를 통해, 20세기에는 미국의 새로운 경제적 세계 지배를 통해 다윗 왕국의 재현을 꿈꾸고 있는 실정이다.

그러나 이러한 희망은 대단히 위험한 시각이다. 이러한 현실적 시도는 본질적으로 기독교 복음 정신과 어긋나고 복음의 본질을 왜곡하고 있기 때문이다. 제2이사야는 하나님의 영원한 언약이 다윗 집안이 아니라 이스라엘 온 백성과의 계약 관계로 발전되고 있음을 보여준다(사 55장). 평화에 대한 예언자 이사야의 환상은 (1) 왕이 백성들을 굴복시켜 형성되는 권력 중심으로 예루살렘을 이해하지 않았다. 이사야의 환상에는 전통적인 시온 중심신학, 제왕신학의 동기들이 전복되고 있다. (2) 예루살렘은 굴복당한 이들이 조공을 바치기 위해 오는 도시가 아니며, 그 도시의 찬란함과 성전의 아름다움을 보기 위해 순례하러 오는 곳도 아니다. 이제 시온에는 야훼의 바른 지식을 따라, 만백성들이 함께 사는 새로운 길이 열릴 것이다. 이러한 희망에 이끌려서 오는 자발성만이 예언자가 꿈꾸는 영원한 언약이다.

이사야의 평화 환상이 메시아 예수를 통해 현실화된다. 예수는 정복과 점령과 지배가 아닌 사랑과 자비와 긍휼과 용서의 십자가와 부활을 통해 평화를 수립하려고 하시지 않는가. 나는 예수님과 같은 바로 이러한 성정과 의지가 다윗에게도 있었다는 점을 아래에서 강조하고 싶다.

2. 미적 인간(homo aestheticus)

그동안 대중은 다윗의 위대성을 무너뜨리고 점령하고 정복하여 승리의 궤도를 달려 마침내 권력의 정상에 오른 정치인(*homo politicus*)에서 그 모범을 보았다면, 나는 사랑과 자비와 긍휼과 용서의 태도에서 "정의(מִשְׁפָּט 미쉬파트)와 공의(צְדָקָה 츠다카)"(삼하 8:15)를 이루는 다윗의 아름다운 삶, 곧 미적 인간(*homo aestheticus*)에서 그의 큰 사람됨을 볼 것이다. 인애(사랑)와 정의를 통해 실현되는 풍성한 생명의 평화를 만드는 이는 보이지 않는 하나님의 보이는 형상 그리스도를 따르는 기독교 인간학의 목표이다. 다윗이 왕이 된 역사를 서술하는 첫 이야기는 골리앗을 쓰러뜨린 다윗 이야기가 아니라 "수금 타는 다윗"(삼상 16:14-23)의 이야기다. "다윗은 수금을 잘 탈 뿐만 아니라, 용사이며, 용감한 군인이며, 말도 잘하고, 외모도 좋은 사람인데다가, 주께서 그와 함께 계십니다"(삼상 16:18). 여기서 다윗이 사울 왕의 총애를 입게 된 것은 골리앗을 쓰러뜨려서가 아니라, 악령에 시달리는 사울 왕을 위로하고 치료한 훌륭한 수금 연주가였기 때문이라는 것을 주목해야 한다. 예일 대학의 구약교수 헤이즈(Christine Hayes)도 다윗의 여러 특징 중 음악과 시의 능숙함을 첫째로 꼽는다.[14]

1) 음악가 다윗

다윗은 용사이며 용감한 군인이기 이전에 수금 연주가 곧, 예술가였다 (삼상 16:14-23). 이스라엘 역사에서 새 시대를 연 주인공으로서 다윗은 악령에 시달리는 사울을 음악으로 치료하는 자, 곧 수금 타는 자로 역사의 무대에 데뷔한다. 다윗이 여호와의 영에 크게 감동된(삼상 16:13) 반면 사울은

---

14 Christine Hayes, *Introduction to the Bible* (New Heaven, London: Yale University Press, 2012), 211.

"여호와께서 부리시는 악령"(삼상 16:14)에 시달린다. 사울은 악령에 시달릴 때마다 수금을 잘 타는 다윗을 부른다. 다윗은 수금을 들고 아름다운 음악 연주로써 악령을 물리쳤고 사울은 상쾌하게 낫곤 한다. 다윗은 수금뿐만 아니라 각종 악기를 연주하는 자로 언급되기도 한다(삼하 6:5). 다윗이 연주하는 신비로운 음악의 힘은 두 번씩이나 사울이 다윗을 질투하여 죽이려고 창을 던졌을 때마다 빗나가게 한다(삼상 18:10-11, 19:9-10). 이처럼 다윗의 음악은 치료하는 힘뿐만 아니라 구원의 힘까지 지니고 있다.

여기서 이런 상상을 해보자. 만일 다윗이 골리앗을 물매가 아니라 수금 연주를 통해 감화 감동시키고 물리쳤다면 어땠을까? 사울이 악신이 들려 번뇌할 때마다 다윗이 수금을 타, 사울이 상쾌하여 낫고 악신이 그에게서 떠나 제정신으로 돌아온다. 골리앗이 전쟁을 일삼은 것도 전쟁의 악신이 들려 그런 것 아닌가? 사울의 번뇌를 수금을 타 진정시켰듯이 골리앗을 괴롭힌 악신을 수금을 타 물리칠 수 있었다면 어땠을까? 창과 방패 대신 수금으로!

물론 다윗은 골리앗과 맞서 싸울 때 여호와 하나님은 칼이나 창 따위를 써 구원하시는 것이 아님을(삼상 17:47) 고백하고 보여준다. 골리앗의 완전무장에도 승리한 것은 다윗의 비무장임을 성경은 증언하고 있다. 여기서 한 걸음 더 나아가 물맷돌이 아니라 수금 연주에 골리앗과 블레셋 군인들이 전쟁할 완악한 마음이 없어지고 평화를 사랑하는 부드러운 마음이 되었다고 한다면, 이 얼마나 아름답고 멋진 풍경일까! 적을 살해하여 없애는 식의 삶의 방식이 아니라, 적까지 끌어안아 음악으로 변화시켜 우리 공동체의 일원으로 만들었다고 기록되었으면, 아마 신약성경이 나올 필요가 없었을지도 모를 일이다. 기록은 역사이고 전승되는 힘이다.

인간의 병은 분열과 억압에서 나온다. 사울이 번뇌를 한 원인은 여호와 신이 그에게서 떠났기 때문이다. 하나님에게서 소외된 인간이 악신의 억압 아래서 분열하는 인간, 경계선성격장애인으로 나타난다(삼상 16:14). 사울은 길갈에서 사무엘이 도착하기 전에 번제를 드렸고(삼상 13장), 아말렉과의 전투에서 전리품을 갈취하는 죄를 범했다(삼상 15장)고 성경은 기록한다. 하나님께 순종하지 않음으로써, 하나님 말씀을 지키지 않음으로써, 가시적이고 물질적인 세계에 집착하여 포로가 됨으로써, 하나님과의 분열을 자초한 것이다. 사울에게 임한 분열은 하나님에게서 소외 받았기 때문이라고 할 수 있다. 인간은 본질상 번뇌(煩惱)하는 인간이다. 사울은 골리앗을 앞에 두고 번뇌가 남달리 심했으리라 생각한다. 번뇌하는 사울의 모습은 특별히 저주받은 사울의 모습이라기보다는 보편적 인간의 일상적 모습이다. 번뇌하지 않고 사는 인간은 없다. 번뇌의 원인이 정신의 분열과 안팎에서 가해지는 억압에 있다면, 구원이란 이런 것들로부터의 해방과 화해라고 말할 수 있다.

음악에 인간의 영혼을 위로하고 치료하는 힘이 있다고 한다.15 음악은 다른 예술보다 더욱 인간을 초월의 세계로 초대하는 힘이 있기 때문이다. 이것은 음악만이 갖는 비가시적 초월성 때문이다. 회화나 건축 등 다른 예술 장르들이 시각적(가시성)이라면 음악은 청각적(비가시성)이다. 다시 말해 음악은 우리가 매일 눈을 뜨고 살아가는 일상의 보이는 이 세계, 물질적 가시적 세계를 넘어, 비가시적인 추상의 세계인 초월의 세계, 영원의 세계로 인간을 안내하기 때문이다. 음악은 시간과 이어져 있으면서도 시간에 흡수되지 않는다. 이것이 음악의 초월성이다. 음악이 유한한 인간의 언어 이전에, 신과 인간을 연결하는 종교의 가장 기본 요소로 사용되었음을 상기할 때 쉽게 납득할 수 있다. 음악은 처음부터 물질적 지시대상에 속해 있지 않기 때문에 정신과 감각의 무한한 유추와 암시가 가능하다. 음악은 이러한 상상 속에서 비가시적 초월의 세계를 열어줌으로써 초월세계와 분열된 인간을 치유한다.

음악은 아무런 개념적·논리적 사유를 거치지 않고 즉각 '자율'을 만들어

---

15 김성기,『음악, 그리고 음악치료』(서울: 지식공감, 2012).

낼 수 있는 예술이다. 음악은 생동하는 에너지이고 기운으로서, 이 기운이 우리의 몸으로 흡수되는 순간, 이성적 사유를 거치지 않고 곧장 우리의 영혼과 직접 만난다. 음악은 이성적 사유 너머에 존재하는 정신현상과 직접 교감한다고 말할 수 있을 것이다.16 음악은 분열된 의식을 되돌려 직접성으로 인도하고 또 거기서 분열된 의식을 잠재울 수 있다. 다윗의 수금에는 양치기를 하면서, 하나님을 노래하고, 자연을 노래하고, 인간을 노래한 선율이 녹아 있었다고 볼 수 있다. 이러한 이유로 다윗의 수금은 하나님과 분열된 사울에게 일시적으로나마 전체성의 감을 회복시켜주고 초월의 감각을 열어주고 위로하여 정신의 온전함을 회복함으로써 제정신이 들게 할 수 있었던 것이다.

17세기 네덜란드의 개신교 화가 렘브란트(Rembrandt)는 사울 앞에서 수금을 연주하는 다윗을 두 차례(1629~30, 1655년) 그렸다. 두 그림의 성서 배경은 사무엘상 18장 10-11절과 사무엘상 19장 9-10절이다. 그림은 사울과 다윗의 두 인물에만 초점이 맞춰져 있다. 신체의 크기는 1630년의 그림과 비교할 때 전신(全身)에서 반신(半身)으로 줄어 있다. 그들이 각각 드러내는 두 세계의 대립이 그들의 손과 시선을 통해 섬세하고 집중적으로 묘사된다. 사울과 다윗은 크기에서도 매우 대조적이다. 둘은 가까운 거리에 있으면서도 극복할 수 없음을 강조하려는 듯 양자 사이에는 이을 수 없는 깜깜한 공간만이 지배하고 있다. 다윗의 연주에서 들리는 음악소리만이 벌어진 틈을 넘을 수 있는 듯하다. 사울은 음악소리에 감동이 된 듯 커튼을 집어 눈물을 닦는다.

그러나 이것은 내적인 감정일 뿐 근본적인 치료는 아니다. 사울의 한 눈은 눈물을 흘리고 있지만 다른 쪽 눈은 증오의 노려봄으로 불꽃이 튄다. 그의 오른손은 창 위에 올려 있지만 그의 전체 몸의 상태는 움츠려 있다. 그가

---

16 이미경, "음악은 아름다운 조화의 울림인가, 감정의 표현인가", 『철학, 예술을 읽다』(서울: 동녘, 2006), 228-229.

렘브란트, 〈사울 왕 앞에서 하프를 타는 소년 다윗〉, 1655.

비록 왕의 훈장을 붙잡고 거기에 기대고 있지만 그의 몸은 앞으로 넘어질 것 같고 그의 통치가 위협을 당하고 종말에 임한 것 같다. 사울과 반대로 소년 다윗은 붉은 목동의 외투를 입은 채 하프 연주에 전념하고 있고 약간 크게 그려진 그의 손가락에서 만들어지는 섬세한 손놀림은 아름다운 하프의 음을 손짓하여 불러내고 있다. 음악가 다윗과 폭군 사울은 서로 싸우는 두 세계를 의미한다. 두 세계의 모순과 분열 그리고 비극적 교착 상태를 우리는 이 그림에서 읽을 수 있다.

여기서 다윗은 단순한 연주자가 아니다. 다윗은 음악의 치료하는 힘의 체현일 뿐 아니라 이를 통해 사울이 대변하는 악마의 힘에 대항하는 치료와 구원의 힘을 신뢰하는 정치적 이념에 대한 상징적 모형이기도 하다.

2) 시인 다윗

다윗은 음악가일 뿐 아니라 시인, 곧 언어의 장인이며 "이스라엘의 노래 잘하는 자"(the sweet-singer of Israel, 삼하 23:1)이다. 다윗은 사울과 요나단(삼하 1:17-27) 그리고 아브넬(삼하 2:33-34)을 위한 비가(悲歌)를 지었다. 또한 다윗은 자신의 생애 전체에 관하여 자서전적 서사시를 지었다(삼하 22장). 그는 마지막 말(유언)을 시로 남겼다(삼하 23:1-7). 전승에 따르면 다윗은 많은 시편, 특히 3,600개의 시편과 450개의 노래를 지었다고 쿰란의 시편(11QPSa)들이 증거한다.[17] 150편의 시편 중 거의 절반에 가까운 73편이 다윗의 시편이거나 다윗에게 바쳐진 혹은 다윗을 위한 시편이다.[18] 시편의 1-3권에서 다윗은 역사적 인물로 소개되는 반면, 4-5권에서는 유다의 구원의 희망을 이해하고 음악과 시의 은사를 통해 그의 정체성을 드러낼 미래의 다윗으로 나타난다. 다윗은 이스라엘 왕으로서 아름다운 시를 쓰고 읊는 사람이며, 수금을 타고 이스라엘의 노래를 부르고 사랑한 사람이다. 사무엘하 23장 1-7절에 따르면 다윗의 음악과 시는 야훼의 영으로부터 그에게 부어진 예언자적이며 지혜와 관련된 은사이다. 또한 다윗에게 주어진 음악적, 시적 은사는 악에 대항하여 싸우고 그의 백성을 보호하고 구원하라고 하나님이 주신 특별한 은사이다(삼하 22:50).

에리히 쳉어(Erich Zenger)는 다윗이 초기 유대교와 3세기의 듀라-유로포스(Dura-Europos) 시기뿐만 아니라 4세기 이후 기독교의 문화사에서 궁정 음악가와 시인으로 새겨진 역사를 흥미롭게 추적한다.[19] 음악가와 시인

---

17 강사문, 『성서주석 사무엘상』(서울: 대한기독교서회, 2008), 473; 이환진, "쿰란 공동체가 남긴 「시편 두루마리」(11QPSa) 속의 일곱 시편", 「신학과세계」 53호(2005년 여름), 7-35; 이환진, 『시편 풀림』(서울: 도서출판 한모임, 2005).
18 시편 시의 다윗화 과정에 관하여, M. Kleer, 'Der liebliche Sänger der Psalmen Israels': Untersuchungen zu David als Dichter und Beter der Psalmen (BBB, 108: Bodenheim: Philo, 1996); J. L. Mays, "The David of the Psalms", Interpretation 40(1986), 143-155.

으로서의 다윗상은 사무엘서에서보다 역대기서에서 두드러지게 드러난다. 그는 음악가이며 시인일 뿐 아니라 시편으로 기도하고 노래한다. 역대기에서 다윗은 성전 음악의 기초자이고 조직자이며, 많은 악기의 발명자이기도 하다. 다윗은 언약궤가 평안을 얻었을 때에 레위인들 중에서 여호와의 성전에서 찬송하는 직분을 맡긴 자들을 뽑아 임명하고 그들로 하여금 시를 지으며 아침저녁으로 찬송하고 노래하며 음악을 연주하게 한다(대상 6:31). 야훼를 칭송하고 감사하며 찬양하는 사람들 중 우두머리는 '아삽'이다(대상 16:5). 다윗이 지었을 것으로 생각되는 첫 시편이 역대기상 16장에 기록되어 있다.

> 너희는 여호와께 감사하며 그의 이름을 불러 아뢰며
> 그가 행하신 일을 만민 중에 알릴지어다
> 그에게 노래하며 그를 찬양하고 그의 모든 기사를 전할지어다
> 그의 성호를 자랑하라 여호와를 구하는 자마다 마음이 즐거울지로다
> 여호와와 그의 능력을 구할지어다 항상 그의 얼굴을 찾을지어다
> (대상 16:8-11)

> 온 땅이여 여호와께 노래하며 그의 구원을 날마다 선포할지어다
> 그의 영광을 모든 민족 중에, 그의 기이한 행적을 만민 중에 선포할지어다
> 여호와는 위대하시니 극진히 찬양할 것이요 모든 신보다 경외할 것임이여
> 만국의 모든 신은 헛것이나 여호와께서는 하늘을 지으셨도다
> 존귀와 위엄이 그의 앞에 있으며 능력과 즐거움이 그의 처소에 있도다
> (대상 16:23-27)

---

19 Erich Zenger, "David as Musician and Poet: Plotted and Painted", in Cheryl Exum, et. al. (eds.), *Biblical Studies/Cultural Studies* (Sheffield: Sheffield Univ. Press, 1998), 263-298.

> 여호와께 감사하라 그는 선하시며 그의 인자하심이 영원함이로다
> 여호와 이스라엘의 하나님을 영원부터 영원까지 송축할지로다 하매
> 모든 백성이 아멘 하고 여호와를 찬양하였더라
>
> (대상 16:34, 36)[20]

집회서는 다윗을 영웅과 시인의 두 재능을 지닌 자로 소개한다(집회 47: 1-11). 벤 시락(Ben Sirach)은 신명기 17장 14-17절을 변형하여 이상적인 왕의 모습을 다음과 같이 피력한다. "이상적인 왕의 모습을 드러내는 것은 그의 손에 들린 토라가 아니라 그의 입술에 놓은 시편이다. 참된 왕은 시편을 노래하고 기도하는 자이다"[21](집회 47:8-10 참조). 특히 유다의 쿰란 공동체는 악의 권세에 대항하는 인물로서의 다윗을 음악가와 시인으로 자리매김한다.[22] 여기서 왕의 무기는 칼과 창과 방패가 아니라(삼상 17:45) 쿰란 시편 151A가 유다의 오르페우스(Orpheus)로 그린 다윗의 노래이다. 칠십인역(LXX)과 불가타역은 다윗에 대한 오르페우스적인 해석을 제거했고 정경은 시편 151편을 포함하지 않았는데 그 이유는 음악가와 시인으로서의 다윗은 이방인의 관점에서 변질된 다윗이라고 보았기 때문이다. 다윗의 문학성은 "삼천 가지의 잠언을 말하였고, 천다섯 편의 노래를 지은"(왕상 4:32) 솔로몬에게서 계승된다.

시란 절제된 언어이다. 절제된 언어만이 초월의 세계, 하나님의 세계까지 가닿을 수 있다. 다윗은 말을 잘하는 능변가였다. 그러나 그의 능변은 절제된 언어, 시를 배경으로 하고 있음을 알 수 있다. 시인은 불가능한 것을 말하는 사람이고, 하늘을 열어 보여주는 사람이다.

---

20 각각 시 105:1-15; 시 96:2, 3; 시 106:47, 48 비교.
21 M. Kleer, 앞의 책, 201.
22 Erich Zenger, 앞의 글, 267.

3) 춤추는 다윗

야훼의 법궤가 드디어 적의 수중에서 벗어나 통일왕국의 새 수도 예루살렘으로 옮겨진다. 다윗은 자신의 성공적인 생애와 함께 법궤의 도착을 기뻐한다.23 그는 하나님의 이름 안에서 승리자인 것이다. 적들은 모두 격퇴되었다. 하나님께서 모든 것이 잘 돌아가도록 허락해주셨다. 말로 다할 수 없는 감사와 기쁨이 흘러넘쳐 궁정은 축제 분위기로 조성된다. 기쁨이란 단순히 내향적일 수만은 없다. 기쁨은 밖으로 나와 표현되어야 한다. 춤과 놀이는 자신의 내면에서 넘치는 기쁨을 자유롭게 풀어놓는 방법들이다. 다윗은 야훼의 궤가 다윗 성(예루살렘)에 도착하자 제사장 정복인 에봇을 입고도 야훼 앞에서 덩실덩실 뛰놀며 춤을 춘다(삼하 6:16-23).

서구 신학의 전통적인 사고에서 몸은 이디까지나 정신의 지휘 아래 통제되어야 할 대상이다. 사울의 딸 미갈은 춤추는 다윗을 마음속으로 업신여겨, "오늘 이스라엘 임금님이, 건달패들이 맨살을 드러내고 춤을 추듯이, 신하들의 아내가 보는 앞에서 몸을 드러내며 춤을 추셨으니, 임금님의 체통이 어떻게 되었겠습니까?"(삼하 6:20)라고 조롱한다. 한때 공주였던 사울의 딸 미갈에게는 인간의 체통이 더 중요하다. 그러나 다윗은 미갈의 이 질책을 듣고 이렇게 답변한다. "그렇소. 내가 주 앞에서 그렇게 춤을 추었소. … 나는 언제나 주 앞에서 기뻐하며 뛸 것이오. 내가 스스로를 보아도 천한 사람처럼 보이지만, 주님을 찬양하는 일 때문이라면, 이보다 더 낮아지고 싶소"(삼하 6:21f.).

미갈은 자신의 감정이나 감성을 통제해야 한다고 말한다. 사람을 몸과 이성으로 나누어놓고, 이성적 측면 혹은 역사나 사회 속에서 다듬어지고 틀 지어진 몸이 아니라 몸에 익힌 예의범절이 신체적 측면을 통제하고 지도해

---

23 게하르트 마르틴, 『축제와 일상』, 김문환 옮김 (천안: 한국신학연구소, 1985), 55-60 참조.

야 한다는 것이다. 신체는 몸 자체의 감각으로 떨리는, 기관의 분화가 일어나기 전의 살덩어리다. 그래서 "몸은 문자처럼 고정되지 않고 소리처럼 녹음되지 않으며 사진처럼 복사되지 않는다."[24] 다윗의 몸은 고통을 끌어안는 몸, 희생하는 몸, 벗겨진 영혼이며 동시에 기쁠 때 춤추는 몸이다. 다윗은 야훼 앞에 번제와 화목제를 드리고 야훼의 이름으로 백성을 축복하고 모든 백성에게 "떡 한 개와 고기 한 조각과 건포도 떡 한 덩이씩 나누어"(삼하 6:19)줌으로써 이날이 축일임을 온 백성과 더불어 즐긴다.

요한 하위징어(Johann Heuzinger)에 따르면 종교는 인간 노력의 최고의 목표인 신성에 바쳐진 놀이, 곧 춤이다. 춤은 몸을 통해서 드러나는 공간예술이다. "춤은 몸짓으로 생성되는 공간에 내적 감정과 사상을 표현하는 예술이다."[25] 몸은 오감으로써 말하며, 춤은 몸을 드나드는 오감의 자극과 역동성을 보여주는 움직임이다. 다윗은 몸으로 하나님의 법궤에 응답한다. 춤에서 정감적 영혼의 울림과 몸의 물질적 질료의 떨림이 공명한다.

4) 건축가 다윗

이스라엘의 종교사에서 유래하는 기독교는 역사와 시간의 종교이고, 공간의 종교는 이방 종교의 특징으로 과도하게 알려져 있다. 하지만 모세 자신도 출애굽적이고 노마드적 시간과 역사 종교의 창시만이 아니라 성소와 성막이라는 예배 공간을 지은자이기도 하다(출 25-40장). 종교의 공간성 확보는 출애굽의 한 목적이기도 하다(출 3:12). 물론 이동하는 시간 종교와 거주하는 공간 종교 사이에 갈등이 없는 것은 아니다. "내가 이스라엘 자손을 애굽에서 인도하여 내던 날부터 오늘까지 집에 살지 아니하고 장막과 성막 안에서 다녔나니…"(삼하 7:6). 이 구절은 이 둘 사이의 갈등을 대변하는 말

---

24 안치운, "연극, 몸과 숨의 현존", 『철학, 예술을 읽다』, 279.
25 이혜자, "무용, 몸짓의 언어", 『철학, 예술을 읽다』, 246.

쏨이다.

그러나 왕조시대로 접어들면서 이스라엘 종교는 성전 안에서 음악과 노래로 하나님의 현존을 경험하는 공간의 종교로 전환한다.26 솔로몬의 성전이 지어지면서 이스라엘의 하나님 표상은 드라마틱한 전환을 맞게 된다. 야훼 하나님은 모세의 무리를 이끄는 출애굽의 하나님이 아니라 아름다운 대들보와 백향목으로 지어진 성전에 거하는 장소의 하나님이 된 것이다. 성전은 하나님의 이름이 머물고 하나님의 영광이 임하는 장소이다.27 다윗은 주님을 위한 성전 건축의 허락을 요청한다. "다윗이 그의 궁전에 거주할 때에 다윗이 선지자 나단에게 이르되 나는 백향목 궁에 거주하거늘 여호와의 언약궤는 휘장 아래에 있도다"(대상 17:1). 다윗의 일차적 관심은 예배의 편의성을 추구하려는 것이 아니라 언약궤 위에 주님의 현존이 항상 머무는 영구적인 공간(Shekhina, dwelling-place)의 확보에 있음은 자명하다.

> 내가 여호와께 바라는 한 가지 일 그것을 구하리니
> 곧 내가 내 평생에 여호와의 집에 살면서 여호와의 아름다움을 바라보며
> 그의 성전에서 사모하는 그것이라 …
> 이제 내 머리가 나를 둘러싼 내 원수 위에 들리리니
> 내가 그의 장막에서 즐거운 제사를 드리겠고
> 노래하며 여호와를 찬송하리로다(시 27:4, 6)

사무엘하 7장에서는 다윗이 예루살렘에 모셔온 하나님의 법궤를 위해 하나님을 위한 '집'을 지어드리겠다고 제의하자 하나님께서 나단 선지자를

---

26 신학의 공간성에 관하여, J. Moltmann/C. Rivuzumwami (hg.), *Wo ist Gott?: Gottesräume – Lebensräume* (Neukirchen-Vluyn: Neukirchener, 2002).
27 Bernd Janowski, "Die heilige Wohnung des Höchsten. Kosmologische Implikationen der Jerusalemer Tempeltheologie", *Gottesstadt und Gottesgarten: Zu Geschichte und Theologie der Jerusalemer Tempels*, hg.v. O. Keel/E. Zenger (Herder, 2002), 24-68.

통해 오히려 하나님이 다윗을 위해 '집'을 지어주시겠다고 선언한다(삼하 7:
4-13).

역대기는 다윗이 하나님의 전을 지으려는 자세한 설계를 보도한다(대상
28장). 역대기의 다윗은 이스라엘 예배의 창시자이다(대상 11-29장). 성전
에 대한 다윗의 개념은 지속적으로 주의 현존의 기쁨을 체험하고 그분을 찬
송하는 것이다.28 성전은 하나님의 말씀과 그분의 현존의 약속인 언약궤 앞
에서 하나님을 영속적으로 찬양할 수 있는 거룩한 장소이다. 성전이 있음으
로써 도시는 하나님의 도시가 되고 하나님의 정원이 된다. "한 시내가 있어
나뉘어 흘러 하나님의 성 곧 지존하신 이의 성소를 기쁘게 하도다"(시 46:4).
다윗과 솔로몬의 성전신학은 포로기 이후 성전이 파괴되면서 제2이사야에
의해 창조신학으로 확장된다(사 40:12-26, 44:24). 하나님은 인간의 건축인
성전에 대하여 이렇게 묻고 대답하신다.

> 여호와께서 이와 같이 말씀하시되
> 하늘은 나의 보좌요 땅은 나의 발판이니
> 너희가 나를 위하여 무슨 집을 지으랴
> 내가 안식할 처소가 어디랴
> 나 여호와가 말하노라
> 내 손이 이 모든 것을 지었으므로 그들이 생겼느니라
> 무릇 마음이 가난하고 심령에 통회하며
> 내 말을 듣고 떠는 자 그 사람은 내가 돌보려니와(사 66:1-2)

하나님 자신께서 지으신 창조의 집인 하늘과 땅만이 그분이 거하실 적합
한 집이며 따라서 창조 전체가 하나님의 성전이 된다. 이사야 44장 24-28

---

28 다윗의 성전과 찬송에 관하여, Shubert Spero, "King David, the Temple, and the Halle-
lujah Chorus," *Judaism* 47, no. 4(1998), 411-423.

절에 따르면 창조, 혼돈에 대한 투쟁, 역사적 변혁, 도시와 성전의 재건축 등은 모든 것을 창조하신 하나님만이 진행하신다. 여기서 혼돈에 대한 투쟁이 생명을 위협하는 모든 위협과 질서를 파괴하는 권세들에 대한 투쟁이듯이 도시와 성전의 재건은 우주론적 차원을 획득하고 있다는 점을 주목해야 한다. 하나님의 성전은 하나님의 정원으로서 새 하늘과 새 땅이다(사 65:17).29 다윗의 성전 건축은 처음부터 창조론적 차원을 담보한 우주적 건축으로 이해되어야 하는 소이가 여기에 있다.

'건축은 조각과 회화보다 어느 정도 영속적으로 존재하는 것을 산출하는 것에 있다'고 믿던 세계에서 건축은 "영속할 정도로 지속적이고, 기억될 정도로 위대한" 작품의 전형이었다. 건축은 사라질 존재인 인간 자신과 그가 살았던 시대를 웅변하는 불멸의 기념비였고, 공동체의 염원을 담기에 가장 적합한 표현매체였다.30

회화가 시각적인 것에 치중한다면 "건축은 '사용과 지각', 더 정확히 말하면 '촉각과 시각'을 통하여 수용된다." 건축은 관광객이 "유명한 건물 앞에서 주의를 집중하는 방식으로 수용되지 않는다. 건축은 시각보다 몸의 감각인 촉각에 호소한다. "시각적인 것에서 이루어지는 관조적 몰입에 해당하는 것이 촉각적인 면에는 없기 때문"에 "촉각적 수용은 주의력의 집중을 통해서라기보다는 익숙함(Gewohnheit)을 통해 이루어진다."31 건축은 그림이나 조각과 달리 긴장한 상태에서 일시적으로 집중하는 시각이 아니라, 방심하고 산만해진 상태에서 온몸으로 익숙해지는 방식을 통해서만 진정으로 수용될 수 있다. 건축의 의미는 일상 속에서 더불어 살면서 체득되는 것으

---

29 Ulrich Berges, "Gottesgarten und Tempel: Die neue Schöpfung im Jesajabuch", *Gottesstadt und Gottesgarten: Zu Geschichte und Theologie der Jerusalemer Tempels*, hg.v. O. Keel/E. Zenger (Herder, 2002), 69-98.
30 정만영, "건축은 무엇을 짓는가", 『철학, 예술을 읽다』, 299.
31 발터 벤야민, 『기술복제시대의 예술작품』(발터 벤야민 선집 2), 최성만 옮김(서울: 도서출판 길, 2007), 145.

로 얼핏 보고 순간의 매력에 끌려 사진에 담는 관광객의 삶이 포접(抱接)할 수 없는 것이다. 진정한 체험이 다 그렇듯이 건축 체험은 대체되거나 요약되지 않는다.32 건축에서는 습관이 시각적 수용을 규정하는 것이기 때문에 성전 건축에서도 지속적 거(居)함에서 이루어지는 교류와 교감, 신성과의 교감과 신의 창조인 하늘과 땅과의 교감이 중요하다.

5) 정인(情人) 다윗

인간의 감성에서 으뜸은 '情'이다. 성리학의 인간관은 사단칠정(四端七情)론으로 전개된다. 다윗은 본래 성정이 맑고 순하여 '정'(情)이 많아 섬세한 감응의 감성적 인간이다. 정은 마음(心)이 사물에 감응하여 밖으로 드러나는 마음의 움직임, 인간의 자연스러운 감정일반이다. 그는 하나님에 대한 충성(ḥesed)만이 아니라 인간관계에서 '정'을 주고 '정'을 쏟으며 '정'을 나누는 매우 정겨운 사람이다.33 다윗은 이 '정'을 통일 왕국을 세우는 데 십분 발휘하였다. 우리아 김(Uriah Y. Kim)은 인간을 분리하고 차별하는 다양한 경계와 담을 쌓는 사람들 사이에 예기치 않은 접촉과 결속을 가능하게 하는 '헤세드'(חסד, hesed, loyalty and kindness)의 측면을 강조하기 위해 '정' 개념을 적용한다.34 '정'은 사랑과 친절과 감정으로 야기된 '헤세드'의 측면을 드

---

32 정만영, 앞의 글, 307.
33 '정'(情, Jeong)을 신학 개념으로 사용한 Wonhee Anne Joh(조원희), "The Transgressive Power of Jeong: A Postcolonial Hybridization of Christology", in C. Keller, M. Nausner and M. Rivera(eds.), *Postcolonial Theologies: Divinity and Empire* (St. Louis, MO: Chalice Press, 2004), 149-163; Wonhee Anne Joh, *Heart of the Cross: A Postcolonial Christology* (Louisville, KY: Westminster/John Knox Press, 2006). 조원희에 따르면 情은 "종종 주어진 매개와 테두리와 규범을 침입한다. 정은 차이의 경계 및 장소와 경쟁하면서 불편하고 매우 고통스러운 사이 공간인 간격과 틈새 사이로 비집고 들어온다. 情은 자유롭게 움직이고 다양한 경계와 테두리를 넘나들면서 자신을 형상화하기 때문에 생명은 매우 복잡하게 된다. 情의 힘은 억압자와 피억압자 사이에 생긴 가장 작은 틈새로 스며들어가 끝내 보금자리를 만든다는 것이다"(*Heart of the Cross*, 122).

러낸다. '정'은 자연적으로 혹은 문화적으로 형성된 개인 사이의 차이와 담을 넘어 생기는 인간 사이의 끈끈한 관계와 마음의 결속력이다. 정의 결속력은 낱낱이 흩어진 쌀에 물을 넣고 열을 가해 끓이고 뜸을 들여 끈끈한 밥이 되는 과정에 비유할 수 있다. 개인들은 공유된 경험과 빈번한 접촉을 통해 서로 강하게 유대하고 연결된다.

다윗의 '정'은 사울을 죽일 수 있는 기회가 두 번씩(삼하 23:29-24:22, 26:1-25)이나 주어졌는데도 불구하고 사울 왕의 옷자락만 베어 들고 말하길 "왕이여 왕은 내 생명을 찾아 해하려 하시나 나는 왕에게 범죄한 일이 없나이다"(삼상 24:11) 하고 말하는 그의 충성심에만 나타나 있는 것은 아니다. 그의 '정'은 반란을 일으킨 압살롬의 죽음에 대한 애도 본문(삼하 18:19-19:10)에서 유난히 길게 드러난다. 아히도벨의 정치적 실패와 자살, 죽음과 장사지낸 사건 전체를 한 절(삼하 17:23)에 취급한 것과 비교하면 압살롬의 죽음에 대한 다윗의 슬픔을 대하는 설화자(narrator)의 깊은 의도를 헤아릴 수 있다.

다윗은 사울 왕이 죽은 이후에 공격적 폭력을 중단하고 요압의 하드파워를 따라 북쪽 지파를 제압하여 통일을 기도하지 않고 소프트파워에 의지하여 통일과 화해를 이루었다. 김회권 교수는 이 정치를 북쪽 지파들의 민심을 수습하기 위하여 유다와 북이스라엘 지파들의 통일을 목표로 주도면밀하게 시도한 "감성정치"35라고 명명했다. 그러나 다윗의 '정'이 개인적이고 가족적인 관계에서만 그 실효성이 제한되어서는 안 된다. 다윗이 위대한 이스라엘 왕국을 세울 수 있었던 저력은 '헤세드'의 '정'으로써 다양한 그룹과 맺어진 인격적 연합의 관계를 통해 자신에 대한 충성을 끌어 모을 수 있었기 때문이다.36 즉 다윗이 블레셋 사람을 포함하여 다양한 그룹과 인종으로 이

---

34 Uriah Y. Kim, *Identity and Loyalty in the David Story: A Postcolonial Reading* (Sheffield: Sheffield Phoenix Press, 2008), 54.
35 김회권, "통일군주 다윗의 남북화해와 통일정치",「한국기독교학회 제41차 정기학술대회자료집」(2012년 10월 19일~20일), 65-89, 68.
36 Uriah Y. Kim, 앞의 책, 159-175 참조.

루어진 정체성의 경계를 넘어 '헤세드'와 '정'에 근거한 새로운 혼종적 왕국 (hybrid kingdom)을 세울 수 있었기 때문이다.

다윗은 사울의 집에서 도피한 첫 아둘람 동굴 시절 사울의 통치하에서 "환난 당한 모든 자와 빚진 모든 자와 마음이 원통한 자들"(삼상 22:2)을 규합하여 그들의 우두머리가 되었다. 이들은 사회적으로 주변인들이고 경제적으로 불이익을 당하는 자들이며, 기존 사회로부터 끊임없이 위협을 당하고 있었던 자들임에 틀림없다. 둘째, 가드의 왕자 아기스에게서 시글락을 선물 받고 곧 아기스의 호위병이 되면서(삼상 28:2) 지역적으로 가까운 길로 사람과 블레셋 사람, 그렛 사람, 블렛 사람들과 친밀한 관계를 맺게 되었을 것이다. 시글락에 머무는 동안 다윗은 인종이나 지역, 종교 성향을 떠나 헤세드와 정으로 뭉쳐진 군대를 모을 수 있었고 후에 이들은 다윗에게 충성을 다함으로써 다윗은 헤브론에서 유다의 왕이 될 수 있었다(삼하 2:1-4). 사울과 요나단이 죽은 뒤 다윗은 북이스라엘을 위로하는 정치를 실시함으로써 유다와 이스라엘의 왕이 된다(삼하 5:1-5).

다윗은 이스라엘 사람과 비(非)이스라엘 사람을 구별하는 차이의 정치를 거부하고 다양한 경계와 영역과 종족과 종교를 '정'과 '헤세드'를 통해 철저하게 포괄함으로써 혼종적 정체성을 지닌 다윗 왕국을 건설하게 된다.[37]

6) 아름다운 사람 다윗

사무엘서에서 다윗의 이야기는 하나님이 사울을 거부하고 사무엘로 하여금 새 왕을 찾아 기름을 부으라는 명령으로부터 시작한다(삼상 16장). 사무엘은 이새의 아들들을 불러 간선하면서 사람의 용모와 키 등, 외모를 보지 말고 중심을 보라는 야훼의 간택 기준을 따른(16:7) 사무엘의 첫눈에 비

---

[37] Uriah Y. Kim, 같은 책, 177.

친 다윗은 "(얼굴) 빛이 붉고 눈이 빼어나고 얼굴이 아름다웠다"(16:12). 야훼의 간택 기준을 제시받지만 마지막 선택된 목동 다윗이야말로 경건과 능력["수금을 탈줄 알고 용기와 무용과 구변이 있는 준수한 자"(16:18)]뿐 아니라 외모도 출중한 인물이다. 사울에게 추천된 다윗은 이상적인 악사일 뿐 아니라 주전 10세기의 완전한 인간상이다.38 하나님은 그렇게 순진한 분이 아니다. 하나님은 아무나 선택하는 분이 아니라 왕으로 성공할 사람을 선택한다. 물론 하나님이 그와 함께하는 전제하에서 말이다.

3. 평화의 왕 예수: 다윗의 아들

지금까지 본 것처럼 다윗은 정치·군사적 영웅이라기보다는 수금을 타는 이, 시인, 춤꾼, 건축가, 풍부한 감수성을 지닌 아름다운 사람 정인(情人)이다. 정치적 영웅과 수금을 타는 자, 시인, 예술가는 서로 어울리지 않는 것 같다. 종교인이란 현실 문제를 지극히 현실적으로만 말하고 다루는 사람은 아니다. 종교인이라면 원칙과 이념에 충실한 말, 설령 비현실적인 주장이라는 말을 듣더라도 근원적인 입장에서 나오는 발언을 하고 또 행동하는 것이 그들에게 적합한 사회적 직분이요 사명이다.

다윗이 터 닦은 평화가 오래 가지 못한 것은 다음 두 가지 때문이다. 첫째, 다윗에게 그 책임이 있다. 다윗은 골리앗을 맞으러 나갈 때만 해도 사울이 자신의 군장비로 완전하게 무장해준 모든 것을 해제하고 지팡이, 돌 다섯 개, 무릿매만을 들고 나간다. 그리고 다윗은 골리앗을 만나자 "너는 칼을 차고 창을 메고 투창을 들고 나왔으나, 나는 만군의 주님의 이름을 의지하고 너에게로 나왔다"(삼상 17:45)고 선언한다. 그러나 골리앗을 쓰러뜨리고

---

38 한스 발터 볼프, 『구약성서의 인간학』, 문희석 옮김(왜관: 분도출판사, 1976), 136; 이은애, "구약성서에 나타난 인간의 아름다움", 「한국기독교신학논총」 74(2011), 5-26.

난 뒤에는 마음이 돌변하여, 쓰러진 골리앗에게로 달려가 골리앗을 밟고, 그의 칼집에서 칼을 빼어 그의 목을 잘라 죽였다(참수했다). 게다가 달아나는 블레셋인들을 쫓아가 모두 죽인 결과, 그 주검이 사아라임에서 가드와 에그론에 이르기까지 온 길에 널렸다. 광기는 계속 발동하여 블레셋 군대의 진을 약탈하고, 약탈한 무기들을 자기의 장막에 보관하여 훗날을 기약하는, 재무장을 통한 권력 장악의 때를 준비하고 있음을 신명기 사가는 기록하고 있다. 사울의 딸 미갈은 다윗을 진정으로 사랑했을 뿐만 아니라 사울이 다윗을 죽이려고 할 때에 달아나도록 도와줌으로써 아버지를 반역하기도 했지만(삼상 19:11-17) 다윗은 왕위에 오르기 위해 미갈을 도구로 쓴다.39 다윗의 욕망은 왕위에 오른 뒤에 밧세바를 탈취한 사건에서 결정적으로 표출된다. 이 사건에서 나타난 그의 죄는 세 가지이다. 전시에 왕궁에 머물러 있었던 태만과 무책임의 죄, 다른 남자의 아내와 동침한 죄, 자신에게 충성스럽고 무죄한 우리야를 전사시킨 죄이다.

    골리앗과 블레셋 군을 패배시킨 후 다윗에 대한 이스라엘의 사랑은 전국민적으로 확장된다. 다윗은 일순간 온 나라의 스타가 된다. 사울의 아들 요나단은 다윗을 보자마자 사랑에 빠지고 그와 더불어 언약을 체결한다(삼상 18:1, 3). 사울의 딸 미갈도 다윗을 사랑한다(18:20, 28). 온 이스라엘과 유다도 다윗을 사랑한다(18:16). 심지어 사울의 신하들까지도 다윗을 사랑한다(18:22). 따라서 사울이 다윗의 인기에 대해 보인 과민반응은 인간적으로 이해의 여지도 있다. 급기야 사울은 다윗의 평생의 대적(18:29)이 되고 그를 필사적으로 죽이려 든다(19:8-26장). 이 과정에서 다윗은 요나단과 미갈 등 이스라엘 백성들에게 정을 받기만 하지 정을 주는 태도를 보이지 않는다. 그는 다른 사람이 주는 것은 취하지만 자신에게 이익이 되지 않는다고 판단하면 다른 사람에게 주지 않는다.

---

39 J. C. Exum(엑섬),『산산이 부서진 여성들』, 김상래 외 역(서울: 한들출판사, 2001), 61-83.

둘째, 다윗에게서 정치적 위대성만을 보려고 했던 후대의 욕망, 권력욕 때문이다. 사울의 진영에 나타난 다윗의 욕망은 큰형 엘리압의 눈을 피해가지 못했다. "나는 네 교만과 네 마음의 완악함을 아노니 네가 전쟁을 구경하러 왔도다"(삼상 17:28). 그 욕망이란 골리앗을 죽이는 사람에게 왕이 많은 재물을 주어 부하게 하고 또 왕의 딸을 주어 부마로 삼고 또한 경제적으로 그 아버지의 집의 세금을 면제하는 것이었다(17:25). 다윗은 대단히 복잡한 성격의 인물이다. 그는 하나님을 사랑하고 정을 지닌 모호한 인물이다.

욕망은 시야를 제한하기도 하고, 가리기도 한다. 화해의 주님이신 그리스도를 믿는 기독교인이 된다는 것은 모순적인 것, 대립적인 것을 한 몸으로 통합하면서 산다는 것이다. 정치인은 역사적으로 모순적인 것, 대립되는 것을 제거한다. 로마 제국주의는 "나누고 지배하면서" 세상을 정복했다. 그러나 아름다운 인간은 모순, 대립되는 것들을 긍휼과 자비와 사랑으로 감화시키고 변화시켜 결국 하나의 통일된 세계를 만들어간다.

인류는 다윗 왕이 전쟁을 통해 이룩한 일시적인 평화를 넘어서는, 영원한 평화의 왕을 기다렸고, 그것이 메시아 대망으로 무르익게 되었다. 기독교는 예수에게서 이사야가 예언했던 참 평화의 왕이신 메시아를 발견한다. 예수는 평화를 선포하고, 이룩한 평화의 왕이시다. 내가 주는 평화는 세상이 주는 평화와 다르다 하셨다. 크라우스 벵스트(K. Wengst)는 『로마의 평화』40에서 세상이 준 평화, 즉 로마의 평화에 대하여 예수가 준 평화의 핵심을 논의하고 있다. 한마디로 예수의 길은 다르다. 다른 길의 핵심이란, 세상이 권력과 힘의 논리를 통해 평화를 수립하려고 한 반면 예수는 사랑을 통해 평화를 수립하신다는 점이다.

초대 그리스도인들이 "다윗의 아들 예수여!" 하고 외칠 때 그들이 예수를 통해 본 다윗은 정복을 일삼은 정치인이 아닌 치유와 화해의 사람이다.41

---

40 크라우스 벵스트, 『로마의 평화: 예수와 초대 그리스도교의 인식과 경험』, 정지련 옮김(천안: 한국신학연구소, 1994).

메시아상인 다윗은 정치가와 군주가 아니라 야훼의 시를 짓고 읊는 시인이며 이를 노래하고 연주하는 음악가이다. 예수는 훌륭한 시인, 훌륭한 춤꾼, 예수는 훌륭한 건축가이다(그는 예루살렘 성전을 허물고 3일 만에 새 성전을 짓겠다고 하셨다). 예수는 감수성이 풍부한 사람, 사랑의 사람, 자비와 긍휼의 사람이다. 더 나아가 마태에게 예수님은 틀림없이 '다윗의 아들'이지만 부활하신 분으로서 단순히 유대의 정치지도자 이상인 분으로 주님이다.

진정한 평화는 골리앗을 죽일 때가 아니라, 번뇌하는 사울을 위로할 때, 사울이 준 칼과 창과 방패와 갑옷으로 무장할 때가 아니라, 그 무장을 다 벗을 때 성취될 수 있었음을 성경은 기록하고 있다. 악신을 쫓기 위한 수금 연주, 골리앗을 맞으러 나가기 위한 무장 해제, 이것은 칭의론에 대한 구약적 표현일 것이다. 평화는 가장 풍요롭고 자유스러운 관계 속에서 이룩된다. 히브리어에서 평화를 뜻하는 말 샬롬(Shalom)은 전체 인간, 그 신체와 영혼, 공동체와 집단, 자연 세계와 인간이 살고 있는 모든 관계를 포괄하는 구원과 안녕의 표현이다. 샬롬은 충분히 갖고 있는 삶, 풍성한 삶을 의미한다.

현대 문명과 자본주의는 인간에게서 물질적 궁핍을 최소화했는지 모르나, 역설적으로 인간의 삶은 가난하기 짝이 없다. 우리는 수금을 타고 시를 짓고, 춤을 추며 하나님의 집을 설계하는 아름다운 인간 다윗에게서 가장 평화롭고 풍요로운 관계를 맺는 삶의 태도와 방식을 찾아야 할 것이다. 러시아 문학이론가 나보코프는 체호프의 작품을 읽으면서 "강인한 골리앗의 시대에는 나약한 다윗을 읽는 것이 매우 유익하다"[42]는 점을 역설한다. 이것은 나약하게 보이는 아름다움이 강한 억압과 폭력을 녹일 수 있는 더 강력한 힘이기 때문이다.

---

41 채영삼, "마태복음에 나타난 치유하는 다윗의 아들",「신약논단」18권(2011 봄), 43-93.
42 블라디미르 나보코프,『나보코프의 러시아 문학 강의』, 이혜승 옮김(서울: 을유문화사, 2012), 452.

III. 예술

제7장 시학적 신학
제8장 폴 틸리히의 예술혼과 표현주의 미술신학
제9장 요한 세바스찬 바흐의 음악신학
        - 알버트 슈바이처의 연구를 출발점으로 삼아
제10장 모차르트의 에로스, 자유와 초월자의 흔적
제11장 놀이의 신학: 놀이하는 하나님 – 놀이하는 인간
제12장 춤과 신학
제13장 대중문화의 신학 – K-Pop을 중심으로
제14장 감각과 초월의 창

제7장
시학적 신학

아리스토텔레스는 『시학』에서 역사와 시, 역사가와 시인에 대하여 오늘날의 견해와는 반대되는 말을 한다. "시인의 임무는 실제로 일어난 일을 이야기하는 데 있는 것이 아니라 일어날 수 있는 일, 즉 개연성 또는 필연성의 법칙에 따라 가능한 일을 이야기하는 데 있다는 사실이다." 시인과 달리 "역사가는 실제로 일어난 일을 이야기하고 시인은 일어날 수 있는 일을 이야기한다는 점에 있다. 따라서 시는 역사보다 더 철학적이고 중요하다. 왜냐하면 시는 보편적인 것을 말하는 경향이 더 강하고, 역사는 개별적인 것을 말하기 때문이다."[1] 시인은 보편적인 말, 다시 말해 "이러이러한 성질의 인간은 개연적으로 혹은 필연적으로 이러이러한 것을 말하거나 행하게 될 것이라고 말한다." 반면 역사가는 단지 무엇이 일어났는가, 무엇을 당했는가를 서술한다.

시와 역사를 대조해서 볼 때 아리스토텔레스는 보편적인 것을 말하는

---

1 아리스토텔레스, 『시학』, 천병희 옮김(서울: 문예출판사, 2006), 제9장, 5, 1451.

시인이 특수한 것, 개별적인 것을 말하는 역사가보다 훨씬 우월하다는 점을 분명히 한다. 현대의 독자들은 진리와 역사를 바꿔 말하는 아리스토텔레스의 이 주장이 낯설 것이다. 현대의 관점은 '역사가 진리(사실)다'는 입장에 확고히 서 있다. 이에 반해 시는 허구, 혹은 한갓 감정상의 문제로 치부한다.

이런 관점의 전환은 근대의 소산인바 근대적 관점의 전환이 틀린 것만은 아니다. 그러나 이러한 변화를 통해 상실한 것이 무엇인지 인식해야 한다. 고대와 중세의 시인들은 서사(시)가 인간의 전체성과 인간의 역사를 포함한다고 생각했다. 그리고 그것이 특수한 이야기의 독해를 인도한다. 즉, 그리스도와 성령 안에서의 하나님의 역사적 행위의 이야기가, 특히 교회의 예전적 삶을 통해 중재되는데, 이것들은 모두 궁극적이고 보편적인 이야기라고 인식했다. 이것들은 미학적 표현, 감정적 표현, 상징적 실천이라고 말할 수 있는바 보편적 의도에 도달한다.

시적 서술과 시적 정신을 대상으로 삼은 시학적 신학은 깊은 곳에 머물러 있는 문화적 열망에 대한 종교적 독서를 원한다. 시학적 신학은 창조세계가 여전히 신성을 발견하기 위한 드라마틱한 역사와 함께해온 장(場)이라는 인식에서 출발한다. 시는 감각적인 사물들에서 영적인 것을 예감한다. 시는 "시구를 쓰는 특수한 기술이 아니고 사물들의 내면적 존재와 인간적 자기의 내면적 존재 사이의 상호교통을 말하는 것이다."[2]

예술가들은 인간의 꿈을 확장하는 방향으로 사물을 배치한다. 사물의 가장 깊은 의미는 과학적인 설명(서술, 상술)을 통해 도달할 수 있으리라 기대했지만 그럴 수 없다는 것을 알게 되었고 또한 추상적인 신학 개념이나 진술, 신앙 고백적 공식을 통해 충분히 표현되거나 전달될 수 없는 것도 사실이다. 시어벨트(Calvin Seerveld)는 우리를 사로잡은 대부분의 의미는 암시적인 것이라고 말한다. 그들은 신비로 가득 차 있다(they are shot through

---

2 쟈끄 마리땡, 『시와 미와 창조적 직관』, 김태관 역(서울: 성바오로출판사, 1985), 11.

with mystery). 바로 이것이 시인의 강점이며 시적 상상력이 필요한 지점이다. 시적 직관은 사물의 본질을 탐구하여 개념으로 파악하고자 하지 않는다. 시적 직관은 주어진 정감으로 관철된 영혼의 구체적이고 개별적인 실존을 지향한다.

시학적 신학[시가(詩歌)신학]은 시, 찬송, 전례(예배)에 나타난 신학을 설명하기 위해 1984년 S. T. 킴브로우(Kimbrough, Jr.)가 최초로 사용한 용어이다.3 이 신학은 리듬을 특징으로 하고 정서와 감정을 표현한다. 아르헨티나의 가수 메르세데스 소사(Mercedes Sosa)는 이렇게 말한다. "소리에 의미를 주는 것은 리듬이다. 당신이 영원히 지속되고 변화가 없고 아무 리듬적 암시도 없는 하나의 소리를 상상할 수 있다고 가정해보면 그것은 아무 의미도 없을 것이다. 소리에 강도와 음색을 통해 우리가 '고요함', '불안함', '균형', '중단' 등으로 정의하는 자질을 제공하는 것은 바로 리듬이다."4 창세기에 기록된 하나님의 창조 과정의 움직임과 박자를 고려해볼 때 모든 생명과 문화가 리듬으로 물들어 있는 것은 놀랄 일이 아니다. 시학적 신학은 종종 신학적 개념과 생각 대신 개념 이전의 깊고도 어두운 생의 경험을 직접적으로 지시하려는 은유와 상징을 주(主)로 하며 신학에서 소홀히 될 수 있는 인간의 감정과 정서, 고백과 표현이 배어 있는 서정시를 포함한다.

1. 성경과 시

찬송의 가사는 모두 시다. 교회의 찬송들은 노래로 부르는 신학이다. "찬송은 신학적 진술들이다. 찬송은 말씀, 전례, 믿음, 행동과 일군의 많은 주제들에 대한 교회의 서정시학적, 신학적 설명이며, 이것들은 독자와 노래하는

---

3 S. T. Kimbrough, JR, "Lyrical Theology", *Theology Today* 63/1(April 2006), 22-37.
4 메르세데스 소사, "리듬: 한 포괄적 시각", 출간되지 않은 문서.

자들을 믿음과 삶 그리고 그리스도인의 실천으로 이끈다."5 찬송은 믿음을 이해하려 하지 않고 믿음을 노래한다. 더 많은 경우 회중들은 설교를 듣는 것보다 찬송가를 부르는 것으로 신앙을 고백하고 신앙의 체계를 이해하기 시작한다.

기독교 신학은 "주님 생각에 골몰하면서"(시 77:3) 기독교 신앙을 이해하고 해석하는 학문이다. 우리는 주님의 위대하신 행위를 성경을 따라 기리고 찬양한다. 모세는 이집트 사람에게 행하신 야훼의 큰 능력을 보고 노래로 찬양하고(출 15:1-18) 죽기 전에 평생 입은 주님의 은총을 찬양한다(신 32:1-43). 기독교 신앙의 궁극적 감각은 하나님께 영광을 돌리고 그분을 찬양, 찬송, 찬미하는 '할렐루야'에 있다. 그러므로 신학은 주님을 찬미하는 시(詩)이며 늘 하나님의 영광을 찬양하는 것에 가닿아야 한다.

성경 특히 시편은 찬양 배후에 있는 영적 에토스이다. 교회의 노래는 영적 진공 상태에서 만들어진 것이 아니다. 그것은 역경, 고통, 박해, 죄의 범람, 배교, 순례, 축하, 기쁨, 승리감, 하나님 경배의 현장에서 만들어진 것이다. 그러므로 히브리 성경 중에 시학적 신학의 본보기인 시편에서 발견되는 것이 슬픔, 기쁨, 불안, 갈등, 결심, 소외, 화해, 절망, 희망, 투지, 체념 등 인간 정서의 충만한 표현인 점은 놀랄 일이 아니다. 시편의 시는 경험을 가진 사람에게서 나왔고, 그가 경험한 것은 폭력과 전쟁, 사랑과 미움, 소외와 박해, 압박과 노예 신분, 구속과 구원, 약속과 성취 등이었다. 또한 이 시들은 해방과 구원의 하나님께 예배하기를 기억하는 인간에게서 나왔다.

150편의 시편은 전체적으로 토라(torah, 하나님의 말씀)를 토다(todah, 찬양, 감사)하는 짜임새를 가진다.6 시편은 토라를 순종하는 삶으로 시작하여 기도와 눈물의 탄원, 원수에 대한 숨김없는 분노와 격렬한 저주와 올곧게

---

5 S. T. Kimbrough, Jr., "Hymn is Theology," *Theology Today* 42/1(1985), 59.
6 왕대일, "시편, 길(路)을 잃어야 길(道)이 시작된다", 『구약성서의 경건, 구약성경의 영성』(서울: kmc, 2014), 407-441.

"복수하시는 하나님"(시 94:1)을 요구하는 쓰라린 비탄을 통과하고 넘어 마침내 아무런 까닭 없이 노래하는 감사와 찬양(토다)에 도달한다. 주님 생각에 그저 기쁘고 즐거워 그 이름 찬양한다(시 9:2). 시편은 드라마가 있는 노래들이다. 우리는 시편 속에서 사람들의 이야기가 진행되면서 다양한 인생의 절정으로 치닫는 것을 느낄 수 있다. 노래를 지은 사람들과 노래를 부르는 사람들이 그 드라마의 배우들이다. 그러나 그들 자신이 아닌 그 드라마의 이야기가 중심 초점이 된다. 우리는 여기에서 21세기 예배에서 중요한 시학적 신학(찬송가와 찬양의 신학)의 과제 하나를 발견한다. 오늘날 찬양을 부르는 자들이 하나님의 역사 드라마의 배우들일 수 있다. 그리고 하나님의 영광을 드러내는 음악 창작의 경험 중심에 하나님의 구원의 드라마가 있는 것이다.

그리스도인이 해야 할 거룩하고 온전한 일이란 "하나님의 시"(theopoetry)[7]를 사랑 속에서 찬미하고, 찬미 속에서 사랑하고 즐기는 것이다. 토라의 순종이 도달해야 할 목표점은 하나님 찬양(토다)이다. 영원하신 하나님 앞에서는 찬양의 기도만이 무궁히 계속될 것이다(사 6:3; 계 15:3-4).

> 찬양은
> 너희가 마땅히 해야 할 일이다.
> 수금을 타면서, 주님을 찬양하여라.
> 열 줄 거문고를 타면서,
> 주님께 노래하여라.
> 새 노래로 주님을 찬양하면서,
> 아름답게 연주하여라(시 33:1b-3).

---

[7] Cas J. A. Vos, *Theopoetry of the Psalms* (Hatfield: Protea Book House, 2005), 김선익·임성진 역,『신의 시 시편』(서울: 쿰란출판사, 2007).

아침마다
주님의 한결같은 사랑을
노래하렵니다(시 59:16).

내가 살아 있는 동안,
나는 주님을 노래할 것이다.
숨을 거두는 그때까지
나의 하나님께 노래할 것이다(시 104:33).

"우리의 하나님께 찬양함이 얼마나 좋은 일이며, 하나님께 찬송함이 그 얼마나 아름답고 마땅한 일인가!"(시 147:1). 그리하여 마침내 시학적 삶의 신학은 모든 악기, 나팔, 비파, 수금, 소고(북), 현악기, 피리, 퉁소 등의 악기를 동원하여 "숨 쉬는 사람마다 주님을 찬양"(시 150:6)함에서 완성된다. 현대 신학자들 중 현실 교회와 신학에 가장 많은 영향을 끼친 신학자들 중 한 사람인 위르겐 몰트만은 삼위일체론에서 '내재적 삼위일체'보다 '찬미의 삼위일체'를 우선 서술하면서 "하나님 인식은 감사와 찬양과 예배를 통하여 표현된다"고 신인식의 거점(據點)을 제대로 짚었다. 출애굽기에서 하나님 예배는 출애굽 해방의 목표이기도 하다(출 3:12, 18, 4:23, 5:3, 7:16).

주님은 나의 힘,
나의 노래, 나의 구원,
주님이 나의 하나님이시니,
내가 그를 찬송하고,
주님이 내 아버지의 하나님이시니,
내가 그를 높이련다(출 15:2).

시편은 찬양의 주된 이유를 주님의 위대한 일(*magnalia Dei*)인 창조, 인간의 궁핍과 곤궁으로부터의 구원 그리고 정의의 해방에 두고 있다.

> 주님은,
> 하늘과 땅과 바다 속에 있는
> 모든 것을 지으시며,
> 영원히 신의를 지키시며,
> 억눌린 사람을 위해
> 공의로 재판하시며,
> 굶주린 사람에게
> 먹을 것을 주시며,
>
> 감옥에 갇힌 죄수를
> 석방시켜 주시며
> 눈먼 사람에게
> 눈을 뜨게 해주시고,
> 낮은 곳에 있는 사람을
> 일으켜 세우시는 분이시다.
>
> 주님은 의인을 사랑하시고,
> 나그네를 지켜 주시고,
> 고아와 과부를 도와주시지만
> 악인의 길은 멸망으로 이끄신다(시 146:6-9).

찬양은 슬픔과 기쁨, 불행과 행복 속에서 이루어지는 생명의 노래다. 생명은 주관자이신 하나님에 대한 찬양 속에서 넘치는 활력과 최고의 생기를 발산한다. 그러므로 찬양은 시편 시인의 삶을 늘 기쁨으로 가득 채운다. 기쁨보다 더 아름다운 것은 없다. 기쁨의 찬양보다 더 건강한 것은 없다. "내가 평생토록 주님을 찬양하며 내가 살아 있는 한, 내 하나님을 찬양하겠습니다"(시 146:2). '다윗 왕'은 이런 사람들 중 가장 대표적인 인물이다. 다윗은 주님을 찬송하는 자, 가인(歌人)이며, "이스라엘에서 아름다운 시를 읊는 사람"(삼하 23:1), 시를 짓는 사람, 곧 시인(詩人)이다. 다윗은 고요한 삶을 산 사색가나 수도자가 아니라 파란만장한 삶을 산 정치인이었지만 그의 속마음과 속살은 시인이다.

깊이 경험하고 받아들이고 내 것이 된 고난은 시를 짓는다. 인간은 고난 속에서 하나님의 은총으로 형제들과 어울려 시를 지으면서 대지 위에 산다. 시는 하나님의 은총을 영원히 기억할 수 있는 유일하게 탁월한 감미로운 언어적 양식이다. 시가 고통의 아픔과 괴로움을 물리적으로 덜어주지는 않지만 고통에 빠지거나 고통을 더 이상 추한 것이 되지 않게 해준다. 시 짓기는 가장 빼어나게 사람과 사물 곁에서 세계를 돌볼 수 있는 예술이다. 다윗은 하프를 연주하고(삼상 16:14-23) 시(조가)를 지어(삼하 1:17-27; 삼하 3:33-34) 가락에 따라 새 노래를 부르고 야훼의 성전에 찬송하는 직분을 맡은 이들을 임명하기도 했다(대상 16:4-7, 25:1). 다윗은 시인이며 악사이고 가수일 뿐만 아니라, 악기까지도 직접 제작하였다(암 6:5; 대상 23:5; 느 12:36).

시는 가장 개인적으로 언어를 사용하는 방식이다. 시는 단순히 경험을 당하는 차원을 넘어 경험 속으로 가장 깊이 들어가 살면서 경험을 초월하는 방식이다. 아래의 詩(노래)는 하나님의 언약궤가 예루살렘에 도착하자 부른 감사의 찬양이다. 하나님 찬양은 그분 앞에서 누리는 충만한 생명력의 표현이다.

너희는 주님께 감사하면서,
그의 이름을 불러라.

그가 하신 일을 만민에게 알려라.

그에게 노래하면서,

그를 찬양하면서,

그가 이루신

놀라운 일들을 전하여라.

그의 거룩하신 이름을 찬양하여라.

……

온 땅아, 주님께 노래하여라.

그의 구원을 날마다 전하여라.

그의 영광을 만국에 알리고,

그가 일으키신 기적을

만민에게 알려라.

주님은 위대하시니,

그지없이 찬양 받으실 분이시다.

어떤 신들보다

더 두려워해야 할 분이시다.

……

만방의 민족들아,

주님의 영광과 권능을 찬양하여라.

주님의 이름에 어울리는 영광을

주님께 돌리어라.

예물을 들고, 그 앞에 들어가거라.

거룩한 옷을 입고,

주님께 경배하여라.

……

바다와 거기에 가득 찬 것들도

다 크게 외쳐라.
들과 거기에 있는 모든 것도
다 기뻐하며 뛰어라.
……
주 이스라엘의 하나님,
영원토록 찬송을 받아 주십시오.

그러자 온 백성은, 아멘으로 응답하고, 주님을 찬양하였다.

(대상 16:8-36)

예수의 하나님 나라에 대한 가르침은 놀라운 시문학적 수준을 보여주는 비유로 가득하다. 예수의 선포에 심미적 양식들이 이용되고 있는 것이다. 타이센은 비유로 말하는 예수를 시인이라 했다.8 "비유는 사회적 규범과 교리를 넘어서 하나님과 인류와 세상에 대해 다르게 생각할 수 있게 만드는 자극제 역할을 한다. 훌륭한 시문학은 교리에 억매이지 않는다. 예수의 비유 역시 과거의 유대교 예언문학과 지혜문학이 그랬던 것처럼 일탈적 사상을 자극하는 것이었다."9 누가복음은 마리아의 찬가로 시작하여 "하나님을 찬양하면서 날마다 성전에서 지냈다"(눅 24:53)는 말씀으로 끝난다. 바울도 심령이 울릴 때는 주옥같은 시를 지었으며 "감사한 마음으로 시와 찬미와 신령한 노래로 여러분의 하나님께 마음을 다하여 찬양하십시오"(골 3:16)라고 권면한다. "시는 영적 양식이다. 그러나 그것은 배부르게 하지 않고, 더 굶주리게 할 뿐이다. 이것이 시의 위대성이다."10

---

8 게르트 타이센 · 아네테 메르츠,『역사적 예수』, 손성현 옮김(서울: 다산글방, 2001), 참조.
9 게르트 타이센,『기독교의 탄생: 예수운동에서 종교로』, 박찬웅 · 민경식 옮김(서울: 대한기독교서회, 2009), 71.
10 쟈끄 마리땡,『시와 미와 창조적 직관』, 260.

2. 신학과 시

아우구스티누스는 『고백록』을 하나님을 찬양(laudatio)하는 것으로 시작한다. "오, 주님, 당신은 위대하시니 크게 찬양을 받으실 만합니다." "당신은 우리 인간의 마음을 움직여(감동시켜) 당신을 찬양하고 즐기게 하십니다(당신을 찬양하는 것이 나의 즐거움입니다)." 찬양은 주님을 향한 고백인데 심지어 나의 수치를 고백하는 것도 주님을 찬양하기 위함이다. "내 영혼으로 당신을 찬양함으로 당신을 사랑하게 하시고, 당신 앞에서 당신의 자비를 고백함으로 당신을 찬양하게 하소서. 당신의 모든 피조물이 끊임없이 당신을 찬양하며 당신 앞에서 침묵을 지키지 않고 있습니다"(『고백록』, V.1.1). 아우구스티누스는 교회에서 하나님을 찬양하는 찬송과 노래를 듣고 얼마나 많이 울었는지 모른다고도 고백한다. 하나님 나라에서 하는 일이라 "당신을 찬양하는 소리를 듣는 일과, 오지도 않고 가지도 않는 당신의 즐거움을 관상(觀想)하는 것이다"(『고백록』, XI.29.39). 그리스도인이 할 일은 사랑 속에서 찬양하고, 찬양 속에서 사랑하는 것(laudare in amore et amare in laudibus)이다. 찬양 속에서 우리는 하나님이 계시는 곳으로 신비롭게 올라간다.

중세기의 단테의 『신곡』(Divine Comedy)은 시학적 신학(theologia poetica)의 대표작이다. 신앙의 과정은 상승(올라감)이 아니라 순례다. 우리는 공간적인 의미에서가 아니라 영적인 의미에서 길 위에 있다. 세상은 가시울타리로 차단되어 있지만 영혼이 하나님 안에서 발견되는 참된 가정에 도달할 수 있는 상징으로 가득하다. 단테에게 미적 비전이 영혼을 궁극적으로 하나님에게 인도했으며 노래와 찬양으로 체화된 진리에 이르게 한다.[11]

아우구스티누스와 중세기 신비주의 전통으로 이어진 인식에서 사랑과 정감의 우선성은 독일의 경건주의에서 계승된다. 경건주의 철학자 하만

---

11 William A. Dyrness, *Poetic Theology: God and the Poetics of Everyday Life* (William B. Eerdmans Publishing Company, 2011), 44f.

(Johann Georg Hamann, 1730~1788)은 당대의 과도한 계몽주의적 합리주의에 반대해 세계에 대한 인간의 반응은 단지 지적인 것이 아니라 종교적인 것이라 주장한다. 진리에 대한 빌라도의 물음이 피상적이었듯이 믿음에 터하지 않은 진리 물음은 피상적이다. 믿음이 뿌리내려 사물의 깊이에 이르는 자만이 실재의 형용할 수 없는 깊이의 차원까지 알 수 있다. 계몽주의의 시선은 이 지점까지 도달하지 못한다. 하만은 인간의 지식의 과정에서 그가 시라 부르는 것의 역할을 통해 이것을 회복하고자 했다. "정원이 농사보다 오래되었고 그리기가 쓰기보다 오래되었고 노래가 선언보다 오래되었듯이 시는 인류의 어머니다." 창조의 목소리를 가져오는 것이 "시인에게 부과된 몫이다."[12] 하나님의 이미지 안에서 창조를 더 깊게 이해하면 할수록 우리는 창조 안에서 하나님을 더 깊이 분별할 수 있다. "보이지 않는 하나님의 이미지의 관념이 우리 마음 안에서 더욱 생생할수록 그분의 친절함을 보고 맛보며, 묵상하고 우리의 손을 느낄 수 있다."[13]

교회의 신앙을 표현하기 위한 예술의 사용에서 정교회가 회화에 주력했으며 가톨릭교회가 회화에 음악을 발전시켰다면 개신교회는 찬송시를 활짝 전개했다. 존 웨슬리의 동생 찰스 웨슬리는 예술가이며 감리교회의 계관시인이다.[14] 그는 평생 9,000여 곡의 시와 찬송시를 지었다. 지금도 불리는 세계 찬송가의 400여 곡이 그가 지은 것이라 한다. 찰스 웨슬리는 찬송시의 모범이고 대부다. 찰스 웨슬리의 인간 실존과 창조에 대한 시각이 바뀐 것은 1738년 5월 21일(성령강림절)이었다. 그날 그는 모든 인류를 구속하기 위해 육신을 입으신 사랑의 하나님 그리스도를 만나는 체험을 했다. 그래서 성육신하신 하나님의 사랑을 표현하는 가능한 한 최고의 방법으로 자신의

---

12 Hamann, "Aesthetica in Nuce", 411-412, William A. Dyrness, *Poetic Theology*, 102에서 거듭 인용.

13 Hamann, "Aesthetica in Nuce", 421, William A. Dyrness, *Poetic Theology*, 102에서 거듭 인용.

14 김진두, 『찰스 웨슬리의 생애와 찬송: 더욱더 사랑해』(서울: kmc, 2015).

시적 예술을 사용하기로 결심했다. 그리고 다른 사람들이 하나님의 사랑을 자신의 시로 노래하고, 구속을 받고, 양육되기를 원했다. "감리교는 찬양 속에서 태어났다"(Methodism was born in song). 이런 의미로 기독교 신앙의 역사에서 찰스 웨슬리는 구약의 시인 다윗의 시혼(詩魂)과 찬양을 직접 잇는 인물이다.

찬송으로서의 신학(Theology as hymn)은 찬송 형태로 표현되고, 제한되고, 생명을 얻은 신학이다. 찰스 웨슬리의 신학은 '노래로 부를 수 있는 신학'이다. 이런 의미에서 그의 신학은 찬양할 수 있는 신학이요, 기도할 수 있는 신학이요, 가르칠 수 있는 신학이다. 그리스도의 임재에 대한 최초의 소망을 일깨우고, 인도하고, 바라도록 사용할 수 있는 신학이다.15 웨슬리 형제는 그들의 타고난 음악적 재능을 찬송시와 곡조, 음악에 대한 주석을 통해 표현했고, 마음의 음악을 마음의 종교와 함께 서정적 신학으로 표현했다. 마음의 음악은 예수 그리스도를 통한 하나님의 구원하는 은혜를 공적으로 축하하는 제1차적인 수단이다. 은총은 제시되고 체험되고 받아들여지는 것이다. 감리교 찬송가집은 실제로 기도서와 교리문답서가 되었다.

'찬송으로서의 신학'은 '시학적 신학'(poetic Theology)을 위한 상상력(생각의 유희)을 키우며 거기로 인도한다. 기독교 신학에 대한 시학적 독서가 가능할까?16 가톨릭 신학은 특별한 대상에 신적인 광휘를 설치하고 감상하려고 한다. 가톨릭 신학은 그리스도와 교회 안에 나타난 신적 영광의 점진적인 계시의 형태(형식) 안에서 하나님을 찾는다(von Balthasar). 반면 개신교 신학은 하나님을 하나님의 구속 행위의 이야기와 드라마에서 찾는다. 개신교인들은 하나님의 구속 행위를 자신의 것으로 내면화하며, 삶을 매력

---

15 S. T. Kimbrough, *Charles Wesley: Poet and Theologian* (Nashville: Kingswood Books, 1992), 194.

16 William A. Dyrness, *Poetic Theology: God and the Poetics of Everyday Life*, 291ff.; Alex Stock, *Poetische Dogmatik* (Paderborn, München, Wien, Zürich: Schöningh, 1994).

적으로 만드는 데 기여했다고 자부한다.

소리의 신학은 시공에 제한받지 않고 시간을 마음대로 돌아다닐 수 있고 신앙을 분석하지 않고 찬양할 수 있다. 서정시학적 신학은 "우리가 믿음 안에서 경험하는 역설과 삶의 모순을 신학적 논리에 귀속시키거나, 믿음의 규범에 신학적으로 일치시키거나 하지 않고도 조화롭게 파악할 수 있게 해준다."17

여기서 그리스도인의 삶을 위한 미학의 역할에 대한 두 가지 서로 상이한 이해가 존재한다. 가톨릭은 신적 영광의 점진적 계시의 형식(형태)을 강조한다. 개신교는 행위, 혹은 하나님의 구원 드라마를 강조한다. 가톨릭은 역사와 자연 안에서 하나님의 계시를 보려고 한다. 개신교는 하나님의 초월성을 끈질기게 지키면서 예수 그리스도 안에서의 하나님의 비가시성을 강조한다. 예술가의 과제는 하나님의 세상을 은유적(유비적)으로 보는 일이다.

'시학적 신학'은 은총의 형태(가톨릭)와 행위(개신교)의 양자택일을 넘어 하늘과 땅 사이에 넘치는 그분의 은총으로 헐겁게 사는 인간의 멋진 맵시를 노래하려는 성정(性情)을 독려한다.

하나님의 지속적인 현존, 곧 하나님의 모든 실제적인 능력이 너무 자주 권력(힘)의 용어로 정의되어왔다. 그것은 드물게 영광의 용어로 기술된다. 그 결과 창조는 욕망의 장으로서보다는 정치적 권력의 놀이판으로 작용한다. 이렇게 우리는 창조의 상징적 풍성함을 상실한다. 그러나 왜 전 세계의 모든 민족은 창조의 영광과 환희에 대하여 끊임없이 광시곡을 써왔는가? 창조는 결핍이 아니라 신의 넉넉함과 넘침(divine excess) 없이 이해될 수 없기 때문이다.

창조는 선물의 성격을 표현한다(장-룩 마리옹). 언제까지나 사라지지 않는 한결같은 사랑과 너그러운 마음만이 그와 같은 것들을 지상에 설치할 수

---

17 S. T. Kimbrough, 앞의 책, 32, 38.

있다. 기쁨으로 우리를 반응하게 하는 것은 선물의 성격을 담고 있다. 우리는 환한 얼굴의 하나님이 주시는 한결 같은 사랑과 확실한 구원으로 그분의 현존을 느낌으로써 움츠러든 몸이 펴진다. 그래서 슬픔도 아름답게 느껴진다. 슬픔에서 아름다운 느낌이 마음에 돋아나면 시가 되고 시를 몸으로 살아내면 신앙이 된다. 시를 통해 우리는 언제까지나 스러지지 않는 그분의 조건 없는 비타협적 사랑의 현존에 거주하도록 초대받은 것이다.

우리가 육체적 감각을 통해서 접촉하고 보고 듣는 것처럼 우리는 하나님의 현존을 촉감과 운동(춤과 무릎 꿇기)을 통해 축하한다. '시학적 신학'은 몸의 움직임 없이 진행될 수 없다. 왜냐하면 삶과 같이 시 또한 사유와 함께 감각에 의존하기 때문이다. '시학적 신학'은 감각으로부터 감각을 통해 사유를 불러낸다. 그러므로 시학적 신학은 신체와 감각을 수단으로 그리고 그것을 통해 하나님에 이르는 길을 걸어간다. 기독교는 항상 이 점을 강조해왔다. 이것이 기독교의 독특성 중 하나다. 이 점에서 기독교의 비전은 플라톤주의와 사뭇 다르다. 플라톤의 사랑(eros)은 탈육신(disincarnation)을 강조한다. 반면 기독교의 신비주의는 성육신의 사랑을 강조한다. '시학적 신학'은 우리를 구원하기 위해 육신이 되신 하나님의 길을 시적 언어를 통해 노래하는 것이다. 시는 하나님과 인간이 함께 거주할 수 있는 즐겁고 아름다운 집이다.

> 시로 하나님을 찬양하여라.
> 시로 찬양하여라.
> 시로 우리의 왕을 찬양하여라.
> 시로 찬양하여라(시 47:6).

3. '흥어시'(興於詩)의 신학

"인간은 시적으로 땅 위에 거주한다"(Dichterish wohnet der Mensch auf der Erde, 마르틴 하이데거). 하이데거에게 땅은 하늘과 인간 그리고 신들과 함께 세계를 구성하는 근본 요소이다. 인간이 시적으로 산다는 것은 성스러움을 이름 지으면서 산다는 것이다. 성스러움은 인간의 지고한 가능성이다. 『논어』에서 시는 삿된 것이 없을 뿐 아니라〔思無邪〕양심(良心)을 불러일으키는 노래이다. '흥어시'(興於詩)는 착함을 좋아하고 악함을 미워하는 마음을 흥기하여 스스로 그치지 않게 한다(『論語』, 泰伯 8장).

> 시(詩)에서 착한 것을 좋아하고
> 나쁜 것을 싫어하는 마음을 일으키고,　　　　　〔興於詩〕
> 예(禮)에서 확고히 서며,　　　　　　　　　　　〔立於禮〕
> 악(樂)에서 인격의 완성을 이룬다.　　　　　　〔成於樂〕
>
> ―『論語』, 泰伯, 8장

> 당신의 손으로 모양이 빚어지고
> 당신의 숨으로 생령이 되었으니
> 위에서 내리는 복음의 만나 먹고
> 밑에서 치솟는 생명의 물마심이
> 거듭난 사람의 일용할 양식입네
>
> 세상의 힘겨운 탄식과 아우성
> 일어나지 말았어야 할 일
> 매양 되풀이 일어나는 세상
> 주님을 향한 최후의 울부짖음

무덤과 지성소 사이의 갈림길
죽음과 생명의 출렁임 위에서
탐진치(貪瞋癡)의 我 죽이고

없이 계신 하나님 야훼(Yahwe)
'없는 이들'(Anawim) 있게 하시는
유일하게 있으신 전능하신 분,
당신 묵으실 내 안의 빈 곳 위해
성령의 물로 씻고 비우는 일
이것이 참 세례인 것을

당신은 얼어붙은 이 땅의 외진 구석에
놀멩이처럼 하찮게 버려진 나를
모진 삭풍(朔風)으로 벼리고 벼려
모난 모든 것 깎고 갈게 하신 뒤에
깊은 상설(霜雪)로 오래 덮어두고
새벽하늘의 모습으로, 풀리는 봄 햇살로
그렇게 천천히 다가오는 분이십니다.

주님 밝음으로 어둠 걷히고
주님 맑음으로 흐림 사라져
주님 사랑의 온기 번지고 스미어
웃음 얼굴에 환히 지으며
당신 입술로 찬양 하나이다~~~

지혜와 권능이 하나님의 것이니,

영원부터 영원까지
하나님의 이름을 찬송하여라(단 2:20).
사랑 속에서 찬양하고,
찬양 속에서 사랑하는 것
laudare in amore et
amare in laudibus

할렐루야 주께 영광!

닐리리야 닐리리야
vivace cantabile

제8장
폴 틸리히의 예술혼과 표현주의 미술신학

1. 근대성과 종교미술

　기독교 2,000년의 역사에서 기독교의 근본 위기를 초래한 것은 기독교 초기의 박해, 동서교회의 분열과 비잔틴 제국의 몰락, 종교개혁기 유럽을 중심으로 한 서방교회의 남북으로의 분열(유럽 남서부는 대개 가톨릭, 중북부는 개신교) 등이 아니라 근대 계몽주의 이후의 세속화의 역사라고 생각한다. 앞의 것들은 기독교의 본질을 강화하고 기독교 신앙의 생동성을 되찾게 한 원동력으로 작용했으나, 세속화는 장기적으로 기독교의 본질이 근본적으로 시험되어 희석되고 해체되는 결과를 낳았기 때문이다. 근대 이후 지속적으로 기독교에 대한 무관심, 탈기독교·반기독교적인 태도가 진행되거나 강화되고 있는 이유도 근대의 속성에 있다고 생각한다. 근대성은 기독교에게 최대의 도전이요 걸림돌이다. 따라서 기독교인들은 근대성을 단순히 무시하여 제거하거나 자기의 입장에서 단지 변호할 수만은 없다.
　가령, 현대 인간을 지배하는 과학적 사고, 민주주의, 시장경제 등은 모두 서양 근대의 산물이다. 서양 근대가 기독교를 비판하거나 반대했다고 하여 기독교가 근대의 산물들을 비판하거나 부정하면서 살 수 없는 것이 현실이다. 그럼에도 서양에서 기독교와 근대성은 갈등과 모순과 심지어 상호 적대적 관계 맺음이 더 광범위하게 이루어졌고 그 결과들은 고스란히 한국교회에 계승되고 있다. 그렇기 때문에 기독교가 근대 역사의 변화와 개혁, 혁명에 발목을 잡아왔고, 그에 대한 반작용으로 근대 역사는 반기독교, 비기독교, 탈기독교의 경향이 강한 것이다. 피할 수 없는 근대성의 영향 속에서 근대성의 산물을 부정하면서 산다면 그것은 위선적 감정이고 부정직한 윤리를 은밀히 지속하게 된다. 폴 틸리히(Paul Tillich, 1886~1965)는 렘브란트 이후 종교예술에는 1650~1900년 사이에 큰 틈이 생겼다고 여긴다. 와토(Watteau)와 마네(Manet)는 종교예술을 생산하지 못했다. 모네(Monet)에게도 종교화는 없으며 자연의 빛(이성)을 받아 종교가 밝혀지고 변하거나 (루앙 성당) 기껏해야 교회가 도시의 풍경으로 그려질 뿐이다. 이 시기에는 2~5급의 화가들이 종교예술을 생산했다. 교회의 사무실이나 집 안에 걸기 위해, 기독교 잡지의 표지로 사용하기 위해 감상적이고 미화하는 비본질적인 자연주의적 작품들이 양산되었다. 그러나 이들은 산업사회 속에서의 인간의 곤경을 외면한 피상적인 것이며 심지어 부정직하다.[1]

한국에서 기독교와 근대화의 모습을 일견하면, 선교가 시작된 1884년부터 1930년대까지 약 50년간은 개화, 독립, 계몽, 교육, 의료 분야에서 큰 기여를 했다. 또한 무엇보다 전통 종교의 기능이 폐허된 상태에서 한국인의 영성을 북돋고 키우고 발휘하게 하는 데 기독교의 역할은 지대했다. 그러나 최근 영향력이 커진 한국의 기독교는 근대의 가치(자유, 인권, 민주주의, 합리적 사유)에 반하는 주장들을 서슴없이 한다. 심지어 교회 밖에서 교회를 보는 태도 중에는 기독교 신앙은 반합리적이고 반지성적인 태도를 가질수록

---

[1] Paul Tillich, "Contemporary Visual Arts and the Revelatory Character of Style", *On Art and Architecture*, ed. by John Dillenberger (New York: Crossroad, 1987), 134.

믿음이 더 좋은 것으로 알고 있을 정도다. 교회와 회화 사이에 사이좋은 관계와 풍성한 결실을 맺었던 오랜 역사는 종교개혁 이후, 특히 근대를 맞이하여 파산되었고 그 결과는 오늘에 이르러 점점 '교회의 박물관화'와 '박물관의 성역화'로 나타나고 있다.

우리는 어디서 알렉산더 야블렌스키의 콥이콘을 발견하는가? 우리는 어디서 에밀 놀데의 성만찬 그림을 볼 수 있는가? 우리는 어디서 에른스트 바를라흐(Ernst Barlach, 1870~1938)의 〈노래하는 수도사〉들을 볼 수 있는가? 우리는 어디서 막스 베크만의 〈십자가에서 내려지시는 예수〉를 볼 수 있는가? 우리는 어디서 폴 고갱의 〈녹색 그리스도〉를 볼 수 있는가? 우리는 어디서 마르크 샤갈의 〈흰색 십자가〉를 볼 수 있는가? 우리는 어디서 카시미르 말레비치의 〈흰 땅의 흰색 십자가〉를 볼 수 있는가? 우리는 어디서 바네트 뉴먼의 〈십사가의 길〉을 볼 수 있는가? 우리는 어디서 아놀프 라이너의 〈십자가〉를 볼 수 있는가? 교회에서? 아니다! 교회에서 이런 그림을 만난 지 기억하기도 어려운 아주 오랜 과거가 되었다. 이제 우리는 박물관과 미술관에서 그들을 만난다.

위에 언급한 화가들이 성서와 기독교의 핵심 주제인 십자가를 그리고 있지만 그것들은 교회적, 종교적 양식이 아니라는 이유에서 교회에서 외면당하고 있다. 즉, 교회적 양식이면 현대인이 외면하고 현대적 양식이면 교회가 외면한다. 이것이 교회와 현대 예술, 미술이 함께 겪는 딜레마이다.

2. 문화와 미술에 대한 틸리히의 관심

현대의 기독교 미술이 현대적인 미술 양식을 거부할 때 현대 사회와 문화로부터 고립되고 소외될 것은 자명한 이치이다. 그런데 문제는 "현대 미술의 양식 자체가 반기독교적이고 부정적인 성격을 지니고 있다"고 전제하는 기독교 미술가들이 한국에 많다는 것이다.2 과연 현대의 미술 양식은 성격상 반기독교적인가?

서양에서 근대 이전의 세계(pre-modern)는 성속이 통합된 세계였다. 그러나 종교개혁과 30년 전쟁 이후 종교(성)와 정치(속)은 분리되었고 그 영향은 종교와 문화, 예술 분야에까지 이르렀다. 한마디로 근대 세계(modern)에는 성속이 분리되었고, 그뿐만 아니라 속이 성의 원칙을 따르던 시대에서 반대로 성이 속의 질서를 따르는 시대로 급격하게 변천되었다. 이에 대해 칼 바르트(Karl Barth, 1886~1968)는 세계 밖에서 들리는 하나님의 말씀을 통한 교회와 신학의 정체성을 확립하였고 기독교 신앙을 종교와 구분하여 분리하였으며, 계시의 이름으로 종교를 심판(판단)하는 방식으로 대응하였다. 근대 세계에 대한 틸리히의 대응은 바르트와 다르다. 바르트가 종교는 인간적 노력이며 신앙은 선적으로 은총의 선물로 질직으로 구분했다면 틸리히는 존재와 세계의 깊이에서 종교를 찾는다. 틸리히에게 종교는 정신의 한 기능(지적, 도덕적, 심미적…)이 아니다. 종교적 초월은 높이가 아니라 깊이의 차원, 텅 빈 듯한 저 무한 깊이이며 종교는 궁극적 실재에 사로잡힌 '궁극적 관심'이다.

바르트의 신학이 문화와 예술에 대하여 침묵했다면 틸리히의 삶과 신학은 처음부터 문화와 예술에 자리를 잡았다. 틸리히는 성스러운 문화와 속된 문화를 애초부터 구분하지 않는다. 인간 삶의 모든 영역이 종교와 신학이 관심하는 세계이며 종교와 문화의 관계는 실체와 형식의 불가분의 관계이다. 잘 알려진 틸리히의 문화신학의 명제는 "종교는 문화의 실체이며, 문화는 종교의 형식이다"(religion is the substance of culture, culture is the form of religion).3 틸리히의 예술에 관한 글들은 문화신학의 맥락 안에서 예술신

---

2 오의석, "현대 기독교 미술과 세계관", 「통합연구」 6권(1993. 3), 40.
3 P. Tillich, *Theology of Culture*, ed. by Robert C. Kimball (London: Oxford University Press, 1959), 40.

학을 구성한다. 종교와 신학이 실제적으로 예술에 더욱 관심을 가져야 하는 이유는 예술이 당대의 영적 상황이 무엇이고 어떠한지 종교와 신학보다 더욱 감각적으로 빠르게 표현하기 때문이다. 예술은 철학과 과학이 하는 것보다 직접적이고 즉각적이며, 객관적으로 정황을 고려해야 하는 부담을 지지 않고 말한다.4

역사적으로 개신교 신학자들의 예술에 대한 무관심 속에서 틸리히의 예술에 대한 관심은 당대의 신학과 종교철학에 예외적으로 거의 유일하며 특히 회화와 건축에 집중된다. 특히 미술은 형상으로써 내적 정신세계를 드러낸다(以形寫神). 그는 자서전적 저술에서 자신의 신학과 예술의 관계를 이렇게 피력한다. "예술은 최고의 놀이 형식이며 본래 환상을 낳는 창조적인 마당이다. 비록 내가 창조적인 예술의 어느 영역에서도 생산적인 활동을 한 바 없지만 예술에 대한 나의 사랑은 나의 신학적이고 철학적인 작업에 매우 중요한 의미를 주었다."5

틸리히가 회화에 관심을 갖게 된 계기는 이렇다. 그는 제1차 세계대전 시 종군 목사로 참전했는데, 전쟁 기간에 그의 주위를 엄습해오는 파괴와 공포, 추함 등으로부터 미술사를 공부하고 작품을 수집하면서 창조적 아름다움을 통해 그것들을 극복하는 힘이 되었고 아름다움이라는 미의 세계가 그의 관심을 온통 사로잡았다. 이때부터 회화에 대한 애착은 그의 자아인식에 이르는 또 다른 길이었다.

틸리히는 제1차 세계대전의 폭탄이 터지는 참호 속에서 4년 동안 군목으로 봉사하고 있는 중 휴가를 받아 베를린 박물관을 방문한다. 그때 산드로 보티첼리의 〈찬미하는 천사들과 함께 계시는 마돈나와 어린이〉를 보고 일종의 계시 혹은 영감과 같은 황홀한 체험을 했다고 고백한다. 틸리히는 그 그림이 존재의 새로운 차원을 열었으며 동시에 이에 상응하는 영혼의 차

---

4 P. Tillich, "Excerpt from The Religious Situation", *On Art and Architecture*, 67.
5 P. Tillich, *Begegnungen*, GW XII, 20. = *On Art and Architecture*, 4.

Sandro Botticelli, Madonna and Child with singing angels, 1477, Berlin-Dahlem Museum, Berlin, diameter 135cm.

원을 열 수 있는 힘을 가지고 있다고 보았다. 틸리히는 그 체험을 존재 자체의 힘과의 만남이라고 말한다. 틸리히는 이 그림에서 존재에로의 힘과 만났으며, 그 체험을 결코 잊을 수 없다고 말한다. 이 그림은 베를린 프리드리히 황제박물관에 소장되어 있었는데, 그 박물관은 스프레 강변에 위치한 아름다운 건물이었고, 그 그림은 현관 맞은 편 벽에 그것만이 걸려 있었는데, 그러한 전시가 놀라운 경건미를 풍겨주었다. 틸리히는 이 그림과의 만남이 주었던 감동적인 인상에 대해 다음과 같이 들려준다.

서부전선의 진흙탕과 피와 죽음으로 뒤범벅이 된 나의 마음을 추슬러, 나는 그림 잡지를 손가락으로 넘기고 있었다. … 그들 중에서 나는 재현물을 발견했다. 휴식처에서 그리고 치열한 전투가 잠시 소강상태에 접어들었을 때, 특히 베르덩에서, 나는 방공호에 처박혀 촛불과 랜턴 불빛 밑에서 이 '새로운 세계'를 공부했다.

그러나 전쟁이 끝날 무렵까지 나는 원 작품들의 영광을 결코 본 적이 없었다. 베를린에 갔을 때 나는 프리드리히 황제 박물관으로 발걸음을 재촉

했다. 전쟁 중에 나를 위로했던 그림이 바로 거기 벽에 걸려 있었다. 15세기에 산드로 보티첼리가 그린 〈찬미하는 천사들과 함께 계시는 마돈나와 어린이〉였다.

그 그림을 응시하고 있을 때 나는 탈자(황홀)에 가까운 상태를 느꼈다. 그림의 아름다움은 아름다움 자체였다. 그 아름다움은 그림의 색깔을 통하여 발하였는데, 마치 햇빛이 중세 교회의 스테인드글라스를 통하여 비추이는 것과 같았다.

내가 거기에 서 있는 동안 나는 그림의 아름다움에 온몸을 적셨다. 그런데 이것은 그 그림의 화가가 이미 오래전에 마음에 그린 것이다. 만물의 신적 근원이 나에게 다가왔다. 나는 영혼이 흔들린 채 돌아섰다. 그 순간이 나의 전 삶에 영향을 주었다. 그 순간에 나는 인간 실존을 해석하는 열쇠를 얻었다. 그 순간 나는 생동적인 기쁨과 영적인 진리를 선사받았다.6

틸리히는 보티첼리의 작품 앞에 섰을 때 갑자기 그 그림의 위대한 미와 힘에 압도당했을 뿐만 아니라 절대적인 실재에 의해 사로잡히는 경험, 숭고의 황홀(the ecstasy of the sublime)을 경험하였다. 그는 단순히 그림의 천사들을 바라보고 있는 것이 아니라 거룩 그 자체를 바라보고 있는 것 같이 느꼈다. 그 그림은 마돈나, 어린 예수, 천사 등을 주제로 한 흔히 보는 종교의 주제들로 그치는 것이 아니라 그림의 색, 구성, 표현, 조화 등이 종합되어 그에게 절대적인 무언가를 전달해주었다. 그는 그 작품을 통해서 전통적인 교회의 상징물이나 표현이 전달해주지 못하는 그것 이상의 어떤 실재에 접할 수 있었던 것이다.

그 그림은 르네상스 세계에 속해 있지만(훗날 틸리히는 르네상스 양식의 그림들에 호평을 하지는 않는다) 그림의 질서, 아름다움의 형식이 틸리히로 하여

---

6 Paul Tillich, "One Moment of Beauty", *On Art and Architecture*, 234-35, 그리고 5, 12, 204 참조.

금 전장으로부터 닻을 내려 불확실한 세계로 떠나게 했다. 무엇보다 보티첼리의 작품들 중 특별히 〈찬미하는 천사들과 함께 계시는 마돈나와 어린이〉는 세상의 슬픔이 마돈나의 표정을 통해서 제시된 작품이다. 그 표정은 기쁨이 충만하고 동시에 우울한 모습이다. 틸리히는 아름다움은 이면의 어두운 부분 없이 존재하지 않는다고 생각한다. 틸리히는 조형예술(회화, 조각, 건축)에서 그림자, 어두운 부분, 소위 말해 밑바닥이라고 불리는 부분들이 결국 예술작품의 의미를 결정하는 핵심 요소로 평가한다. 틸리히는 한때 건축가가 되고도 싶었으나, 개념을 통한 건축가, 다시 말해 조직신학자의 길을 선택했다. 그러나 그의 예술작품과 건축에 대한 이해와 신학적 언급은 평생 지속된다.7

여기서 틸리히가 제시한 '예술신학'(Theology of Arts)의 기초 물음이 제기된다. 예술적 '영감'이라고 말한 것은 신학적 언어와 어떤 관계가 있는가? 인간 정신의 미적 기능과 종교적 기능의 관계는 무엇인가? 예술의 이미지와 색채, 상징들은 종교가 표현하고자 하는 상징과 어떤 관계가 있는가? 요약하여, 예술신학이란 예술에 대한 틸리히의 신학적 해석인데, 특정한 예술 양식이 창조 안에 있는 종교적 차원에 대하여 이 양식의 지배하에서 계시하는 것을 발견하려는 시도이다. 삶에 대한 물음이 특정한 예술 양식하에 있는 특정한 예술에서 어떻게 답변되는가?8

---

7 Paul Tillich, *On Art and Architecture*. 이 책은 예술과 건축에 관하여 독일과 미국 시절에 쓴 글들(1921~1967)을 편집한 것이다. 예술에 대한 틸리히의 관심이 평생 지속되었다는 것을 알 수 있다.

8 P. Tillich, "Religion and Art in the Light of the Contemporary Development," *On Art and Architecture*, 165f.

3. 틸리히의 미술작품에 대한 이해

예술은 틸리히의 문화신학 기획의 중심에 있다. 예술은 의미를 표현하는 기능을 지니고 있다. 예술은 특히 영적 상황(spiritual situation)을 지적해 준다. 예술은 모든 시대의 가장 분명한 영적이고 문화적 상황의 의미와 특성을 재는 척도이다. "예술은 영적 상황의 특성이 무엇인지 나타낸다. 다시 말해 예술은 과학이나 철학 다 보다 더 즉각적이고 직접적으로 영적 상황의 특성을 드러낸다고 할 수 있다. 왜냐하면 예술은 객관적인 고찰에 대한 부담이 덜 하기 때문이다."9 예술이 영적 혹은 문화적 상황의 의미와 특성을 포함한다는 주장은 '예술신학'10을 위한 두 가지 중요한 함의를 내포한다. 첫째, 어느 특정한 시대의 문화적 상황을 통찰하기 위해서는 동시에 그 시대의 종교적 상황에 대한 통찰이 이루어져야 한다. 예술이 그 시대의 상황을 가장 예리하게 드러내기에 당대의 종교적 상황에 대한 통찰을 얻으려는 신학자들에게는 특별한 관심 사안이 된다. 둘째, 종교사의 연구는 예술이 제공한 자료를 탐구함이 없이는 불가능하듯이 현대 예술에 대한 언급 없이 현대의 종교적 상황을 언급하는 것은 불가능하다. 달리 말해 문화신학은 예술신학 없이 존재할 수 없으며 예술은 문화신학의 근간이 된다.

틸리히는 "프로테스탄티즘과 예술양식"(Protestantism and Artistic Style)11 에서 "피카소의 '게르니카'는 하나의 위대한 개신교 회화다"라고 선언한다. 피카소가 개신교 화가도 아니지만 더욱 놀라운 것은 어떤 특정한 한 작품을 위대한 개신교 회화라고 말하는 이유는 무엇일까? 틸리히가 말하는 이유로

---

9 P. Tillich, "Excerpt from The Religious Situation", *On Art and Architecture*, 67.
10 미카엘 팔머는 틸리히의 예술이론에 대한 괄목할 만한 연구서를 냈는데, 틸리히의 예술에 대한 이해는 근본적으로 그의 문화신학과 독립된 '예술철학'이라고 말한다. Michael Palmer, *Paul Tillich's Philosophy of Art* (Berlin: de Gruyter, 1984).
11 폴 틸리히, 『문화의 신학』, 김경수 역(서울: 대한기독교서회, 1971), VI장; *On Art and Architecture*, 11장.

두 가지를 들 수 있다. 첫째, 이 걸작에는 개신교의 대답이 있기 때문이 아니라 누구나 찾아볼 수 있는 개신교의 과격한 물음을 표현하고 있기 때문이다. 개신교의 물음이란 개신교의 인간 이해인바, 하나님과 인간의 무한한 거리, 인간의 소외, 악마적 힘인 자기파괴에의 속박에서 스스로 자유로워질 수 없다는 인간의 무능, 불안과 죄와 절망 속에 있는 인간에 대한 이해이다. 개신교는 하나님과 인간 사이의 무한한 거리를 강조한다. 인간의 유한성, 죽음에 대한 예속성, 무엇보다 참된 존재로부터의 소외와 악마적인 힘, 자기파괴력에 속박된 인간을 강하게 부각시킨다.

둘째, 〈게르니카〉가 개신교적인 이유는 이 그림이 다루고 있는 주제 때문이 아니라 양식(style) 때문이라고 한다. 이 그림이 우리에게 강하고 깊은 인상을 주는 것은 그림에 담겨 있는 작은 도시 게르니카가 파시스트의 냉혹히고 야수적인 폭격에 의해 무참히게 피괴된 주제(subject matter) 때문이 아니라 양식 때문이라는 것이 틸리히의 주장이다. 이 양식은 개신교의 역사상 찾아볼 수 없는 양식이지만, 이 양식은 기독교가 보고 있는 그대로의 인간 상황을 표현할 수 있는 양식이다. 이 양식은 우리 현실의 '파편'적 성격, 실재의 분열, 실재의 파괴, 공격성을 드러내는 표현 양식이다.

틸리히는 모든 예술작품에 존재하는 세 가지 요소가 있다고 말한다.[12]

첫째, 주제이다. 미학적 영역에서 주제의 한계란 없다. 만나는 모든 실재는 미적 예술을 위한 주제가 될 수 있다. 주제로서 선과 악, 미와 추, 전체와 부분, 인간과 비인간, 신적인 것과 악마적인 것, 인간 정신이 감각적 이미지로 받아들일 수 있는 모든 것으로서 다른 어떤 가치판단에 의해 제한될 수 없다.

둘째, 형식(형태, form)이다. 창조를 있는 그대로 만드는 것이 형식이다.

---

[12] 앞의 글, 120ff.; "Contemporary Visual Arts and the Revelatory Character of Style", *On Art and Architecture*, 126-128; "Religious Dimensions of Contemporay Arts", 같은 책, 173ff.

형식의 사용, 돌, 언어, 빛의 사용 등은 존재 자체의 구조적인 요소에 속하는 것이다. 형식은 한 사물이 그것일 수 있게 만드는 것으로서만 이해될 수 있다. 그렇기 때문에 창조를 허구적 상상과 분리하는 것은 논리적·방법론적 형식이다. 철학적 수필을 세계의 괴짜 수수께끼와 구분하는 것도 형식이다. 예술작품을 다른 프린트물과 구분하는 것은 형식이다. 형식은 사물에게 특이성과 보편성을 주고, 존재 전체 안에서 그것의 특수한 자리를 부여하고 사물의 표현력(expressive power)을 부여한다. 예술작품은 특수한 재료를 사용하는 형식에 의해 결정된다. 이런 이유로 예술 창조에서 형식은 존재론적으로 결정적 중요성을 갖는다.

셋째, 가장 중요한 양식(style)이다. 양식은 독특한 방법으로 특정한 시대의 많은 창작품에게 자격을 부여한다. 예술작품이 창작품이라고 할 수 있는 이유가 형식 때문이라고 한다면, 예술작품이 공통적으로 가지고 있다고 생각되는 이유는 그의 양식 때문이다. 'Style'의 어원은 필기에 필수적인 펜(stilus)에서 왔다. 쓰는 방식, 특별한 특성을 뜻한다. 양식 없이 쓴다는 것은 독특한 성격 없이 쓴다는 것이다. 양식은 형식들의 형식이다. 양식이란 비잔틴, 로마네스크, 고딕, 르네상스, 매너리즘, 바로크, 로코코, 고전주의, 낭만주의, 자연주의, 인상주의, 표현주의, 큐비즘, 초현실주의, 추상, action painting… 등이다. 양식은 인간이 그가 처한 세계와 만나는 형식이다. 양식은 인간 전체를 그의 존재의 모든 차원에서 포함한다. 양식은 인간의 자기이해를 가리키고 생명의 궁극적 의미의 물음에 대답한다. 그러므로 모든 양식에는 인간 집단 또는 시대의 궁극적 관심이 잘 나타나 있다.

틸리히는 딜타이(W. Dilthey)의 양식에 대한 분석을 근거로 관념론적, 실재론적, 주관적, 객관적 양식을 말하기도 한다. 예술가는 실재의 모방이나 재현이 아니라 실재의 변형에 관심이 있다. 예술가는 그가 예술작품을 창조하는 바로 그 사실로 하여 실재를 변형한다. 그리고 예술가가 표면 밑에 있는 실재와의 근원적 만남을 표현하기를 원한다면, 그는 표현의 요소를 사용한다.

틸리히의 주된 관심은 양식 결정의 요소와 종교와의 관계에 있다. 다시 말해 어떤 양식은 다른 양식보다 종교적인 주제를 더 잘 표현하는가? 그런 양식이 있는가? 어떤 양식은 본질적으로 종교적이고 어떤 양식은 본질적으로 세속적인가? 종교적 양식이란 무엇인가? 종교적 양식에 대한 이해는 틸리히의 종교 이해에 달려 있다. 틸리히는 좁은 의미의 종교와 넓은 의미의 종교를 구분한다. 좁은 의미의 종교란 신화나 상징, 예전과 교리 그리고 제도 등을 통해 혹은 기존의 도덕적·종교적 길을 통해 공통의 궁극적 관심을 표현하는 것이다. 좁은 의미의 종교예술은 종교적 주제, 예수 그리스도, 성모, 성인, 성경 이야기 등을 다룬 회화이다. 이에 반해 넓은 의미의 종교는 궁극적인 관심사에 의해 추동된 상태를 말한다. 따라서 넓은 의미의 종교에서는 성소와 시장터의 구분을 초월하고 거룩함과 속됨을 초월한다.[13] 존재의 힘과 궁극적인 관심을 표현하는 모든 것은 간접적으로 종교적이며 종교예술에 속한다. 그러므로 궁극적 실재의 구조에 참여하는 모든 문화적 창작과 예술작품은 종교적 가치를 지닌다.

틸리히의 예술신학에서 핵심 개념은 종교를 정의하는 "궁극적 실재"(the ultimate reality, das Unbedingte)이다. 종교는 궁극적 실재에 대한 궁극적 관심이다. 궁극적인 것은 사물이나 경험의 어느 특정한 형식에 얽매이지 않는다. 궁극적인 것은 어떤 상황 속에 현존하기도 하고 현존하지 않기도 한다. 궁극적인 것은 실재가 경험되는 경우만이 아니고 실재와 만나는 그 자체가 경험되는 경우에도 현존한다.

틸리히는 표현 양식의 중요성을 강조한다. 다른 양식적 요소가 궁극적인 것을 간접적으로 표현하는 대신 표현적 요소는 궁극적인 것을 직접적으로 표현한다. 표현적 요소는 일상적으로 만나는 실재에 존재하지 않는 방식

---

13 P. Tillich, "Honesty and Consecration in Art and Architecture", *On Art and Architecture*, 226.

으로 실재의 요소들을 사용함으로써 일상적으로 만나는 실재들을 철저하게 변형한다. "표현은 자연적으로 주어진 사물의 외관을 파괴한다"(Expression disrupts the naturally given appearance of things).14 표현된 것은 예술가의 주관성만은 아니다. 주관적인 요소는 인상주의나 낭만주의 안에 지배적이다. 표현된 것은 만난 실재의 깊이의 차원, 모든 것이 뿌리내리고 있는 터전이며 귀 잃은 지 오래된 사람, 눈 잃은 지 오래된 사람들이 당도하고픈 한없는 깊음이다. 거기에는 부정적이며, 추하며 자기 파괴적인 측면도 포함된다.

틸리히는 양식에서 표현적인 것의 중요성으로부터 종교양식에 대한 다음의 견해를 피력한다. 첫째, 위대한 종교예술이 창조되었던 모든 시대의 양식에는 표현적인 요소가 지배적이었다. 둘째, 아무리 종교적 전통에서 소재가 사용되지 않았다고 해도 표현적 요소가 우세한 양식에는 직접적인 종교적 작용이 있다. 틸리히에 따르면, 비표현적 요소가 지배한 양식에는 종교예술이 저하되었을 뿐 아니라, 비표현적 요소는 세속적인 주제이지만 그것이 세속적인 주제인 것을 인식할 수 없을 정도로 종교적 배경으로 덮어버린다. 그러므로 1900년경 이후의 예술에서 표현적 요소의 재발견은 종교와 회화의 관계를 위해서 결정적인 사건이다. 이것이 렘브란트 이후 사라져버린 종교예술을 다시 가능하게 만든다.

피카소의 게르니카는 모든 것이 단편화되고 붕괴된 그림이다. 이 그림은 극단적으로 곤궁한 인간의 상황을 표현한다. 틸리히는 인간의 곤궁한 상황이 표현될 때 그것은 이미 초월된 상황이라고 말한다. 죄를 짊어지고 그것을 표현하는 사람은 그가 벌써 "…에도 불구하고 용납받았다는 것(acceptance-in-spite-of)에 대하여 알고 있다는 것을 보여준다. 무의미를 견디며 그것을 표현하는 사람은 그 자신이 겪는 무의미의 광야에서 의미를 경

---

14 P. Tillich, "Protestantism and Artistic Style", 123.

험하고 있다는 것"을 나타낸다.15 바로 이 점에서 틸리히는 게르니카를 프로테스탄트 미술양식이라고 부른다. 게르니카 안에는 개신교에서 말하는 인간 조건이 전적으로 벗겨져 있기 때문이다. 그러나 그 안에는 근본적인 통일이 존재한다. 그것은 틸리히가 암시했으나 발전시키지 않은 파괴의 한 가운데 인간의 장엄함이 존재한다는 것이다. 틸리히에게서 얻는 오늘의 종교예술의 과제는 예술의 표현적 양식을 통해 종교예술의 새로운 가능성을 현실화하는 일이다.

4. 미술신학에서 양식의 원칙

1) 양식: 무엇이 회화를 종교적으로 만드는가?

예술은 문화적(종교적) 상황에 대한 예증적 표현이다. 그렇다면 이 표현을 지각하고 인식하며 비교할 수 있는 수단은 무엇인가? 의미의 표현을 가능하게 하는 해석적 도구(mechanism)는 무엇인가? 틸리히는 그 도구를 '양식'(style)이라 부른다. 어떤 회화가 종교적인 회화인 것은 주제나 내용 때문이 아니라 그 양식 때문이다. 틸리히는 종교예술을 종교적 주제를 다룬 예술로 제한하지 않는다. 예전을 위한 제단화, 프레스코화, 건축, 예수 그리스도의 생애 및 십자가와 부활을 주제로 한 그림이나 다른 성경의 이야기를 그린 것들은 좁은 의미의 종교예술이다. 그러나 세속화의 시대에 문화의 구성적·구조적 요소를 상기하면 회화는 그 내용(Inhalt) 때문에 종교적인 것이 아니라 그 계시적 내용이 표현되는 양식에 의해 종교적이다. 회화를 종교적으로 만드는 것은 양식이다.

---

15 앞의 글, 124.

예술작품이 종교적인 것은 스타일 때문이지 작품의 형식이나 내용 때문이 아니다. 종교적 양식이란 무엇인가? 양식은 종교적 실체(Gehalt)가 형식에 직접적으로 영향을 준 것이다. 종교적 실체는 형식으로 남는 형식을 계속 산산이 부서지게 하면서 측량할 수 없는 실재의 깊이를 표현하고 드러나게 한다. 결국 양식이란 종교적 실체의 계시가 형식 안에서 그리고 형식을 통하여 일어나고 분별되는 과정에 대한 이름이다. 양식은 형식의 주제에서 벗어날 수 있는 것은 아니지만 형식이 보다 발전된 것은 아니다. 무한히 많은 질 좋은 형식의 재료로부터 양식의 창조적 불꽃을 발화하는 것은 그 이상의 진전된 형식이 아니라 영적 실체(Gehalt)인 깊이-내용(depth-content)이다. 양식은 예술작품을 종교적으로 만드는 것이다. 말로 형언할 수 없는 깊이가 드러나 그것이 종교적 통찰이나 종교적 의미의 근원(원천)으로 수용되는 것, 바로 이 드러남의 원칙이 예술작품의 양식이다. 양식을 통일시키는 뿌리는 예술적 공동체가 표현하고자 하는 공통의 종교적 실체인 깊이의 내용이다.16 깊이의 내용이란 의미의 궁극적 해석이며 실재에 대한 가장 깊은 포착이다. 그것은 궁극적 의미, 실재를 가장 깊게 파악하는 것이다. 그것은 모든 제약적 삶의 경험을 지탱하는 무제약적인 것의 기능이다. 무제약적인 것은 제약적(유한한)인 모든 경험을 지지하고 유한자를 채색한다. 그리고 부정의 허공 속으로 뛰어들지 못하게 한다. 이것을 행하는 다양한 방법은 특정한 경험적 조건에 의존되어 있다. 그러나 그의 본질은 항상 동일하다. 그것은 경험적인 것을 초월한다. 그것은 영의 기본적 기능에서조차 필연적이며 보편적이다. 종교적 실체를 표현하는 한 모든 예술은 종교적이다. 모든 예술이 종교적인 이유는 모든 아름다움이 하나님으로 오기 때문이 아니라 모든 예술이 무제약자에 대한 종교적 실체를 표현하고 드러내기 때문이다. 여기서 양식의 사실은 모든 예술과 문화의 종교적 질을 결정하는 데

---

16 P. Tillich, "Religious Style and Religious Material in the Fine Arts", *On Art and Architecture*, 52.

중요하다."17

종교예술의 해석이나 평가에서 작품의 주제보다는 종교적 실체가 우세하다. 틸리히는 "종교적 내용을 다룬 비종교적 양식"에 대해 냉혹한 비판을 가한 것으로 유명하다. 그러한 예술을 틸리히는 '키치'(kitsch) 혹은 심지어 '위험할 정도로 비종교적'인 작품으로 평가했다. 틸리히는 종교적 실체를 지배하는 종교적 주제를 내세운 회화를 일반적으로 폄하했으며, 이것은 자기만족이 지배적인 영적 상황이며 문화의 종교적 근거가 모호해진 상황이라고 비판한다. 하여, 실재를 반영하지 못하고 감상주의에 젖은 우데(Franz von Uhde)와 호프만(Hofmann)이 그린 감상적인 예수의 얼굴과 예수의 기도의 그림보다 세잔의 정물화나 고흐의 나무 그림이 종교적으로 우월하고 성스러움의 질을 더 잘 말해주며 우주적 힘을 체현한 표현이라고 해석한다.18

2) 미술의 종교적 양식과 미학적 양식

틸리히는 예술의 두 가치를 구분하는바, 미학적 가치와 종교적 가치가 그것이다. 예술작품의 미학적 가치는 작품의 형식에 의해 규정되며, 예술작품의 자율적 요소의 기능이다. 이 가치는 '미'로서 예술철학의 자율적 학문의 기준에 따라 가장 잘 규정된다. 예술작품의 아름다움에 관하여 판단하거나 선언하는 것은 예술신학자의 관심 혹은 능력이 아니다. 예술신학의 과제는 예술작품의 종교적 가치를 판별하는 일이다. 틸리히에게 인간 정신의 미학적 기능과 종교적 기능은 서로 연결되어 있다. 틸리히는 모든 예술적 창조가 상징이며, 아무리 스타일이 자연적이더라도 그것은 종교가 자기를 표현하는 상징과 연결되어 있다고 주장한다. '상징'(symbol)은 '사인'(sign)과 달리 '사인'이 실재를 가리키는 기호라면 '상징'은 상징이 대변하는 힘에 참

---

17 앞의 글, 같은 쪽.
18 P. Tillich, "Existentialist Aspects of Modern Art", *On Art and Architecture*, 96.

여한다. 상징은 다른 방법으로 포착될 수 없는 실재의 차원을 열어놓는다. 그는 종교란 궁극적 관심에 관한 것인데 궁극적 관심에 대한 예술적 표현을 배제하는 스타일은 없다고 말한다. 틸리히의 종교에 대한 정의에서 출발하면 예술은 단지 미학적이기만 한 것이 아니라 항상 이미 종교적이다.[19] 궁극자는 어떤 특정한 사물의 형식이나 경험에 매이지 않기 때문이다. 그러나 궁극자는 실재가 경험되어는 경험 속에서뿐 아니라 실재와의 만남 속에 현존한다.

틸리히는 예술의 종교적 특성이 작품의 스타일로 결정되는 것이지 예술적 양식, 혹은 미학적 양식에 따라 드러나는 것이 아니라고 주장한다. 후자는 일반적인 예술사의 구분에 따른 것이다. 그러나 틸리히의 주장은 종교적 양식과 미학적 양식이 중첩될 수 있는 가능성을 배제하지 않으며 동시에 예술적(미학적) 양식이 종교적 양식을 분류하는 과정에 유용한 길잡이 역할을 할 수 있는 가능성을 열어놓는다. 그러나 양자가 일치하지 않는다. 독일을 중심으로 일어난 20세기 초 표현주의 운동의 미적 양식이 있고 표현적 종교 양식이 있으며 이 양자는 구분된다.

이러한 이해에 기초하여 표현주의 운동이 보여준 미학적 양식과 표현적 종교 양식 사이 관계를 구분한다. 가령, 틸리히는 그뤼네발트의 〈이젠하임 제단화〉(1515)를 언급하면서 표현주의는 20세기의 발견이 아니라고 주장한다.[20] 동일하게 한 작품에서 미학적 가치를 인정하지 않고(여기에서는 미) 종교적 가치를 발견할 수 있으며, 반대의 경우, 즉 비종교적 양식에서 미학적 가치를 찾을 수도 있다.

보티첼리의 마돈나 상 앞에 선 틸리히의 경험을 상기해보자. 보티첼리의 회화에서 그 그림의 미학적 아름다움은 종교적 아름다움 자체를 판단하

---

19 P. Tillich, "Art and Ultimate Reality", *On Art and Architecture*, 153; "Religion and Art in the Light of Contemporary Development", 165f.
20 앞의 글, 99; "Honesty and Consecration in Art and Architecture", 222.

는 결정적 요소가 아니다. 오히려 종교적 실체가 색체를 통해 나타나는 것은 회화의 양식이다. 그러므로 미학적 의미에서의 아름다움은 종교예술의 필연적 특성으로 간주될 수 없다. 그것은 종교적 주제를 그린 그림이 틸리히가 의미하는 종교예술에 필연적으로 속하는 것이 아닌 것과 마찬가지이다. 그러나 보티첼리의 예에서와 같이 미학적 판단과 종교적 판단이 일치하는 경우도 있다. 틸리히가 언급하는 다른 경우, 가령 피카소의 게르니카의 경우에는 미학적 판단과 종교적 판단은 일치하지 않는다.

틸리히는 우데의 그림과 반 고흐 및 세잔의 그림을 비교하며, 종교적 예술에 종교적 내용이 필히 담겨야 한다는 주장을 논박한다. 우데(Uhde)의 그림에서는 종교적 양식을 발견할 수 없기 때문에, 비록 그 그림의 주제가 예수 그리스도라 할지라도 키치에 불과하다. 그러나 19세기 자연주의 예술의 창시자들 중 그 어느 누구도 예술가로서 평가절하당한 사람은 없다. 예술적 판단과 종교적 판단의 기준이 다르기 때문이다. 그들 양식의 가치는 종교적 용어로는 거부당할지 모르나 예술적 양식으로는 인정받을 수 있기 때문이다.

틸리히의 문화이론의 중심 논제는 "모든 문화는 무제약자와 관계한다"는 것이다. 그러므로 무제약자 곧 신을 대상으로 삼는 신학은 종교와 문화 중 하나를 선택할 수 없다. 신학은 무제약자를 직접적으로 언급할 수 없고 항상 어떤 매개를 통해 말해야 한다. 그런데 그 매개는 어떤 꼴과 형식을 지닌 문화적인 것일 수밖에 없다. 그러므로 신학은 언제나 문화신학이다. 신학은 구체적이면서 규범적인 종교학으로서 무제약자가 유한한 제약적 실존의 영역 안으로 돌파(Durchbruch)하는 것을 주제로 한다. 예술의 영역 안에서 이 돌파의 표현은 미학적일 뿐 아니라 종교적이다. 그러므로 예술신학은 문화신학의 일부로서 예술의 영역 안에서 돌파의 표현을 다루는 것이며 미학적 미의 분별에 관심하는 것이 아니라 무제약자의 종교적 범주에 관심한다.

한 예술작품이 종교적인 것은 그것이 아름답기 때문이 아니다. 다른 말로 하자면 미는 모든 유한한 실재를 근거 짓는 초월적 실재와의 관계에서 주도적 표징이 아니다. 미학적 의미에서 '미'는 예술의 종교적 특성과의 관계에서 그 필연성을 상실할 수 있다. 예술작품이 종교적인 것은 그것이 무지 아름답기 때문이 아니라 무제약자가 세계 속으로 돌파하여 들어오는 순간을 형상화하기 때문이다. 이 순간은 번개처럼 지나가는 시간이지만 유일하게 참으로 존재하는 실재이다. 문화와 종교의 실체는 유한한 모든 형식을 지양하는 예수님의 '십자가 사건'으로 요약될 수 있다.

5. 미술사와 종교적 양식

틸리히는 문화의 구조적 요소에서 추출한 양식의 유형을 통해 예술의 정신사를 말한다. 문화의 구조적 요소란 형식(Form), 내용(Inhalt), 종교적 실체(Gehalt, import, religious substance)들이다.[21] 틸리히는 내용의 요소를 형식의 요소 아래 포섭하며 형식적인 극과 실체적인 극을 가진 선의 이미지(타원)를 그린다. 두 개의 필연적이면서도 어느 하나로 환원할 수 없는 두 개의 극점을 가진 타원형의 선의 이미지를 근거로 틸리히는 삼중적 양식의 유형론을 전개한다.

두 극점과 형식과 종교적 실체가 평형상태에 있는 중간 지점, 이로부터 세 가지 유형이 나온다. ① 전형적으로 세속적이며 형식적인 문화적 창조, ② 전형적으로 종교적 실체가 지배하는 종교 문화적 창조, ③ 전형적으로 평형과 조화로 특징지을 수 있는 고전적 문화적 창조.

틸리히는 "순수한 형식"과 "순수한 종교적 실체"는 현실 속에서 존재할

---

21 P. Tillich, "Religious Style and Religious Material in the Fine Arts", *On Art and Architecture*, 50ff.

수 없는 단지 추상화된 개념임을 분명하게 인정한다. 형식과 종교적 실체는 서로 다른 것 없이 이것만 존재할 수 없다. 아무것도 형성하지 않는 형식은 형식 속에 자리 잡지 않은 것으로서 상상할 수 없다. 모든 문화는 자율적이고 자기충족적이며 세속적이다. 동시에 모든 문화는 신율적이고 자기초월적이며 종교적이다. 이것은 틸리히의 유명한 명제, "종교는 문화의 실체이며, 문화는 종교의 형식이다"와 "문화의 기본적 실체는 종교이며, 종교의 필연적 형식은 문화이다"의 의미이다.

각 유형 사이의 차이는 절대적인 것은 아니다. 정도의 차이일 뿐이다. 어떤 문화적 창조는 다른 것보다 종교적이다. 틸리히는 실체론적으로 종교적인 문화의 특성 때문에 문화의 종교적 유형을 발전시킬 수 있었다. 이 유형은 미학적 양식과 종교적 양식의 차이를 명쾌하게 설명한다. 그림은 무언의 계시자이며, 해석하는 영에 대하여 그림은 왕왕 개념을 전달하는 단어보다 더 정확하게 설명할 수 있다.

미술사에 대한 틸리히의 신학적 해석이 예술적 사실에 완전히 부합하지 않는다는 비평은 예술이 예술적 자율성의 자기 울타리에서 벗어나지 못한 전통 때문이며[22] 그의 신학적 해석을 해칠 정도는 아니다.

(1) 고딕: 틸리히는 고딕 그림들을 사회적 대중 속에서 검토한다. 거기서 대중과 개인은 상호 의존적이다. 군중 속에서 개성은 지워진다. 군중과 개인이 분리되지 않는다. 얼굴 표정, 머리를 치켜든 모습, 몸과 옷 입음, 빛의 강도가 모든 사람을 비슷하게 만든다. 그들 중 아무도 앞으로 나오지 않는다. 근경이나 원경이 동일하다. 모든 것이 보편에 의해서 탄생된다. 거기에서 중심이 되는 형식 혹은 형식들은 나머지 다른 것들과 비교하여 단지 크게 그려진다. 이것은 일반적인 신념을 중재하고 거기에 초점이 있는 것이

---

22 Russell Re Manning, *Theology at the End of Culture: Paul Tillich's Theology of Culture and Art* (Leuven: Peeters, 2005), 133, 135.

다. 우주적 차원의 초자연적 관념의 초월적 삶으로 완전히 채워진다. 중심 인물은 내적 신비주의를 관철한다. 전체 그림에 깊이-의미를 주는 계시의 중보자, 초자연적 관념이 그림을 지배한다.23

(2) 후기 고딕과 초기 르네상스 시대: 후기 고딕양식이나 초기 르네상스의 그림들에서 개인성은 전면에 등장했고, 원근법의 새로운 발견과 함께 자연이 더 많은 주목을 받게 되었다. 남겨진 통일성은 그림 자체에 있다. 왜냐하면 개인적인 것은 특이하게 되어갔고 사회성은 위와 같은 맥락에 토대하여 상실되었기 때문이다. 자연과 자연스러움, 개인의 발견, 신비주의적 집단을 해체하는 사실주의적 집단의 등장이 특징이다.

(3) 바로크: 그 시기 신앙은 내적으로, 활기에 찬, 감농석인 인격적인 신앙의 확신으로 이동한다. 베르니니(Bernini)의 〈성 테레사의 법열〉(Trans-verberation of St. Teresa)에서 보여주는 바와 같이 내면이고 요동치는 개인 신앙의 확신과 같은 내면적인 확신으로 옮겨진다. 루벤스의 그림에서는 역동적 군중을 만난다.

바로크 건축의 교회 제단 위에서 터지는 불빛은 르네상스 형식의 휴머니즘에 반대하여 종교적 삶의 밑바닥에서 터져 나오는 불빛이다.24 중세 신비주의는 위로부터의 신비주의라면 바로크의 신비주의는 밑으로부터의 신비주의이다. 교회의 빛의 발전은 매우 흥미롭다. 햇빛이 서서히 스테인드글라스의 불빛으로 대체된다. 햇빛은 신성한 불빛의 폭발이 아니라 읽을 수 있고 회중이 서로 알 수 있는 합리적인 빛이기 때문이다. 대신 깨어진 스테인드글라스를 통해 들어오는 불빛은 신비적인 빛이다. 이성 주도의 근대에 접어들면서 교회가 다시 햇빛 자체가 그리워 창문에 엷은 색을 칠하는 것을

---

23 P. Tillich, "Excerpts from Mass and Personality", *On Art and Architecture*, 59.
24 P. Tillich, "Theology and Architecture", *On Art and Architecture*, 192f.

잘 공감하게 된다.

(4) 인상주의: 바로크의 역동성이 사라진다. 인간성에 대한 공통의 느낌이 사라진다. 이것은 19세기 중엽 이후 중산층의 개인주의 삶의 외면을 드러낸다. 모든 것은 표면에서 결정된다. 인상주의는 소위 말해 모든 표면적인 것에만 관심이 있거나 일순간적인 비전을 가진 사람들의 것이며, 거기에는 객체들은 있어도 주체들은 없다. 인간과 자연이 분리된다. 자연의 형이상학적 의미가 아니라 자연의 표면이 중시된다. 바로크와 달리 삶의 내적 역동성이 사라진다. 대중은 객체일 뿐 역동적 움직임은 없다.

인상주의는 표면에 비친 빛의 움직임을 따라 그림을 그린다. 이는 결코 표면의 밑바닥에까지 미치지 못한다. 그럼으로 인상주의는 표면이 실재라고 이해한다. 밖으로 흐르는 빛이 그들 모두를 감싼다. 대중은 거기에 존재한다. 인상주의자들은 하늘과 땅 사이에 있는 모든 것을 빛 아래서 들여다본다. 실체의 본질이 아니라 빛과 색채와 운동의 공부, 풍경의 조각들, 형식 지배적이다. 기술, 합리성, 밝음, 빛, 색채, 찬란한 빛의 광휘에도 불구하고 빛은 표면에 머문다. 사회법, 사회계약의 시대, 기술적 대중, 인상과 기술의 대상으로서의 대중 인상주의가 묘사하는 그림은 이제 중산층의 세계를 전달하는 데 불과하다.

인상파 화가들, 모네(Monet), 마네(Manet), 드가(Degas), 르누아르(Renoir)는 자연의 표면에 그림의 모든 것을 종속시키고 표면상에서 쉽게 움직이는 빛에 그림의 모든 것을 종속시키는 작가들이다. 빛이 표면에서 노닌다. 표면 밑으로 절대 내려가지 않는다. 표면 실재주의이다. 근대의 깊이 상실이 인상주의에서 대표적으로 나타난다. 인상주의는 전통적 종교적 상징을 자본주의 사회를 지탱하는 도덕으로 환원하고 자연의 초월성과 성사성을 앗아간다. 그러나 여기서 우리가 주목해야 할 점이 있다. 틸리히의 아내 한나는 틸리히가 이와 같은 역사적인 비판을 구성하는 동안 르누아르의 그림들을 즐겨 감상했다고 한다. 이를 보았을 때 깊이가 없다고 말해지는 것들도 충분히 즐겨 감상할 수 있다는 것이다. 자연적 사실주의(naturalistic realism), 심미적 자연주의(beautifying naturalism)는 인상주의와 유사하다.

(5) 표현주의: 인상주의에서와 달리 표현주의에서 예술가는 만물의 표면(표피)을 깨고 표면 밑에 있는 사물의 심층적 차원에 들어가기 위해 사물의 표면을 파괴한다.25

이런 19세기의 중산층 쁘띠 부르주아에 반란을 일으킨 사상가들은 니체, 키르케고르, 마르크스이며 미술사적으로는 '표현주의'(Expressionism) 이다. '표현주의'는 미술사적으로 규정하기 매우 어려운 개념이라고 한다.26 표현주의의 주제에는 대도시 경험, 자아 파괴, 시민사회 종말에 대한 의식, 전쟁, '신의 죽음'에 대한 확신 등이 속한다. 따라서 표현주의 그림은 인상주의보다 표면이 깨어져 있고, 특수한 종교적 관심으로 강화되며, 새로운 희망, 새로운 신비주의, 새로운 느낌, 성스러움과 악마적인 것의 깊이에 대한 새로운 느낌, 새로 태어난 존재에 대한 느낌을 제공한다. 표현주의는 어지러운 인간의 전장(戰場)에서 버둥거리는 사람의 정신을 일깨운다. 이 시대는 중세의 고딕 시대와는 달리 초자연주의적 기초는 사라졌으나 밑으로부터 내재적인 실재가 솟아나오는 시대이다.

종교미술에서 극복해야 하는 예술 세계는 자연주의적 사실주의(naturalistic realism)인 것이다. 자연주의적 사실주의에서 세계는 그 자체로서 재현(再現)되며, 마치 사람이 주위에서 보는 것이 실재하는 것이라고 생각하

---

25 P. Tillich, "Existentialist Aspects of Modern Art", *On Art and Architecture*, 95-101; "Art and Ultimate Reality", 143-153; "On Theology of Fine Art and Architecture", 208-211.
26 *Propyläen Kunstgeschichte* Bd. 12, 1972, 148ff., Peter Steinacker, "Der Expressionismus als Verstehenshintergrund der theologischen Anfänge Paul Tillichs Ein Versuch", Gert Hummel, *Gott und Sein* (Walter de Gruyter, 1989), 59-99.

는 것과 같다. 자연주의적 사실주의는 미화하는 자연주의를 포함하며 깊이가 결여된 유창하기만 한 예술인바, 독일어로는 이러한 예술품을 키취(Kitsch)라고 특징하여 칭한다. 틸리히가 1956년 현대예술관에서 살바도레 달리의 그림〈최후의 만찬〉에 대해 행한 강연에서 그는 다음과 같이 이야기한다.

> 감성적인 그림이긴 하지만 매우 잘 훈련된 미국 프로 야구팀 선수 같은 그림이다. … 그 기술은 최악으로 미화된 자연주의이다. 나는 그것에 공포감을 느꼈다. 한마디로 그 그림은 쓰레기이다.[27]

이와 같은 맥락에서 틸리히는 하인리히 호프만의 그림〈겟세마네 동산의 그리스도〉와 같은 종교 그림에 대해서도 비판적이다. 이에 반해 후기 인상파 화가 반 고흐의 그림은 빛과 색깔에 의해 자연의 창조적 힘이 기획된 그림이라고 해석한다. 폴 세잔의 그림에서는 자연적인 것에 깊이가 더해진다. 그리고 그의 그림은 형이상학적 의미의 투명성(transparency)이 현존한다. 뭉크는 우주적 불안을 전달한다. 마크(F. Marc)는 반 고흐처럼 말(馬)이 어떤 깊이를 전달한다. 그는 전통적인 예술 양식들의 표현 방법을 따르지 않고 깊이를 드러내면서 말을 그렸다. 슈미트-로틀루프(Schmidt-Rottluf)와 키르흐너(Kirchner), 헤켈(Heckel), 놀데(Nolde) 등을 포함한 여러 표현주의 화가들, 특히 놀데의〈오순절〉에서처럼 그들은 깊이를 표현한 종교적인 그림을 그린 사람으로서 중요한 인물이다. 틸리히는 루오(Rouault) 역시 긍정적으로 언급한다. 그러나 좀 더 예민한 지각력으로 광대 그림들은 그의 종교적 주제들보다 더 심원(深遠)함을 느끼게 해준다. 이것은 마치 전통적인 종교성이 세속적 본성의 더욱 깊은 차원과 경쟁하는 것처럼 느껴진다.

---

27 *Time*, 1965. 11. 19일자, 46. 타임은 틸리히의 평가를 달리에게 전달했을 때, 'junk'를 'drunk'로 들은 알코올을 함유하지 않은 음료를 마신 달리에 대해서도 언급했다.

루오는 대부분 종교적 주제를 다루었다. 예를 들어 예수의 얼굴을 그린 많은 그림은 그의 주제가 거의 종교적이었음을 실감하게 해준다.

틸리히에게 인간성의 불확실성과 비극, 마성적인 것은 놀데의 그림 〈황금송아지와 춤〉에서 말해주는 바와 같이 인간의 마음에 있는 깊이와 궁극적인 관심을 드러내는 예술가들에 의해 자각된다고 한다. 그와 같은 차원을 위장하는 것은 단지 인식되지 않은 악마가 나치의 횡포처럼 돌발할 수 있다는 것을 의미한다.

우리는 틸리히가 현대의 문화적 상황에 대하여 분명히 다음과 같이 확신했음을 알 수 있다. 즉, 부활이 없는 십자가가 지배적인 동기임에 틀림없다. 왜냐하면 조화보다 파괴적인 것이 현대의 실존을 특징짓기 때문이다. 틸리히가 피카소의 게르니카를 이해하는 것도 이와 같은 맥락이라고 할 수 있다. 틸리히는 게르니카를 탁월한 개신교 예술의 한 예로 극찬하며, 그 그림에서 은폐된 것은 아무것도 없으며, 그 그림은 현실을 정직하게 직시하고 있다고 말한다.

표현주의 화가들에게는 주제나 내용보다 형식이나 양식이 중요하다. 회화는 말없는 계시자이며 때로는 개념을 전달하는 말보다 더 분명하게 영을 해석한다. 이것들은 거절할 수 없는 즉각적 직관력으로 우리를 사로잡기 때문이다.

현대의 종교적 예술은 인간의 비극, 장엄, 숭고, 악마적인 세계, 숭고미의 초월(ecstasy) 체험을 마돈나와 부활보다는 십자가를 주요 모티브로 삼는다. 십자가는 인간의 근본 조건, 인간의 궁극적 관심사를 표현한다. 틸리히가 표현주의 예술이 종교적 주제를 대놓고 명시적으로 표현하지 않지만 궁극성을 드러내지 않은 자기미화적 종교예술보다 더욱 종교적이라는 것을 발견하는 이유가 여기에 있다. 오늘날 자연주의적이며 자기미화적이고 이상주의적 종교예술은 오늘의 예술 양식에 부합하지 않고 무엇보다 정직하지 못하다.[28]

틸리히에게 독일 표현주의는 매우 중요하다. 왜냐하면 표현주의에서 비극성(the tragic)과 장엄함(the grand)과 같은 인간의 궁극성의 차원이 렘브란트 이후 처음으로 나타났기 때문이다. 17세기 중엽부터 20세기에 들어설 무렵까지 예술 자체는 포로기의 시대이다. 표면이라는 기준이 인간의 차원을 드러내기보다는 덮어버렸기 때문이다.29 지나간 예술사를 회고하면서 틸리히는 '표현성'(Expressiveness, Ausdruckskraft)을 높이 평가한다. 이것이 독일 표현주의의 중심적 구성요소인바, 틸리히는 표현성을 다른 문화의 시기, 이를테면 비잔틴과 로마네스크, 고딕과 바로크에서 발견하며, 또한 소규모의 예술인 서클의 비판적 사실주의에서도 발견한다. 이들에게서 천박해지지 않으면서 현실적인 모습을 발견한다. 틸리히에게 이러한 모습은 그가 말하는 '믿음직한' 현실주의(belief-ful realism)의 기초가 되고 있다.30 틸리히가 여기에 르네상스 예술가들을 포함하지 않은 것은 흥미로운 점인데, 이는 그들이 자기충족적인 유한성에 대한 비현실적인 조화를 전달함으로써 그들의 종교적 주제를 본질적으로 세속적으로 만들고 있다고 보았기 때문이다. 틸리히는 다른 곳에서, 르네상스 예술을 비록 종말론적인 조화는 아니지만 궁극적인 것을 표현하는 기대의 범주에 놓기도 한다.

틸리히는 그의 저술과 강연에서 신율(神律)적 시대를 명백히 격찬한다. 그 시대는 비잔틴, 초기 고딕과 초기 그리스 시대이다. 그는 또한 근대 세계는 본성상 신율적인 세계가 아님을 알고 있다. 그가 과거 시대에서 본 표현성은 지금 지배적 문화를 형성하는 구성 요소로 작용하기보다는 환상의 매개물로써만 작용하고 있기 때문이다. 틸리히에게 '인간 조건'을 드러내는 표현성은 예술의 본질이며, 이 예술이 종교적 이해에 가장 가까운 예술, 혹은

---

28 P. Tillich, "Honesty and Consecration in Art and Architecture", *On Art and Architecture,* 221-228.
29 P. Tillich, "Contemporary Visual Arts and the Revelatory Character of Style", "Theology and Architecture."
30 P. Tillich, "The Religious Situation", "Protestantism and Artistic Style."

종교적 함축성을 섬길 수 있는 예술이다. 표현성이 종교와 예술이 교접할 수 있는 지점이며, 예술이 인간 조건에 대한 진리를 가리키는 곳에서 종교적인 궁극성이 표현된다. 다시 말해, 바로 이것이 종교적 주제가 결여된 표현적 예술이 궁극성을 드러내지 않는 종교적 예술보다 더욱 종교적이라고 말하는 이유이다.

틸리히의 분석이 복잡한 이유는 표현주의가 20세기 초 예술운동으로서 인간 경험의 부정적인 측면을 드러내는 데 초점이 맞추어져 있기 때문이다. 틸리히가 '표현적'이라고 언급하는 예술사의 시기들은 본성상 주로 신율적이다. 이 예술사조는 깨어진 세계에서 세계의 근거를 보여주며, 특히 문화적 통일성을 형성한 활동적인 종교적 전통 속에 있는 세계의 근거를 보여준다. 비록 그것이 구조적인 구성 성분일지라도 말이다. 그러나 신율적인 지반이 사라진 이후로 틸리히는 독일의 표현주의에서 보았던 초기의 희망이 더 이상 가능하지 않다는 사실을 인정할 수밖에 없었다. 게다가 틸리히는 다른 미래에 대한 희망이 뜻대로 창조되지 않을 수도 있다는 사실을 인식했다. 예술 속에 표현된 문화의 정신(영), 그것은 예술이나 어떤 예술가에 의해 창조되는 것이 아니다. 그러므로 목하(目下)의 상황은 오로지 희망에 반하여 희망할 수밖에 없는 상황이다. 틸리히는 현대세계를 항상 상당한 우울함 속에서 보았다. 적지 않은 사람이 틸리히가 모든 것이 끝났다, 망가졌다(kaput)고 독일어로 말하는 것을 들었다.

틸리히는 20세기 중반기에 등장한 미국의 추상표현주의까지 언급한다. 추상표현주의 작품들은 비극성(the tragic), 숭고(the sublime), 마성적인 것(the demonic)의 표현과 공명한다. 이 모든 요소는 틸리히의 문화 분석과 친근하다. 그러나 그는 추상표현주의의 그림 양식과 거대한 자리를 차지하는 방대한 틀 속에서 때로는 질서 잡히지 못한 색깔 등이 표현주의의 양식과 일치하지 않은 점들을 평가한다.[31]

6. 미술양식의 종교적 체계

종교예술, 더 일반적으로 말해 종교문화의 실현에 대한 기대와 희망은 현실 속에 어떤 근거를 가지고 있는가? 예술사에 나타난 예술의 종교적 분류와 이 유형을 예술 흐름과 개별적 예술작품에 적용해보면 예술작품과 예술운동은 다양한 종교적 양식의 예로 이해될 수 있다.

틸리히는 1921년의 에세이에서 예술의 종교적 양식을 위한 유형을 처음으로 분명하게 언급한다. 양식의 유형은 형식과 종교적 실체의 대립으로부터 시작된다. 이러한 방식으로 양식의 세 가지 근본 유형이 제시되었다.32

(1) 형식-지배적인 양식: ① 인상주의-② 사실주의
(2) 형식과 종교적 실체가 균형을 이룬 양식: ③ 이상주의-④ 고전주의
(3) 종교적 실체-지배적인 양식: ⑤ 낭만주의-⑥ 표현주의

틸리히는 각 유형에 내재된 이원론으로써 주관성과 객관성을 구분한다. 이 구분은 모든 인간(인문)과학을 규정하는 지식의 근본 요소인 사유와 존재를 환기시킨다. 모든 지식이 사유와 존재 사이의 상호관계의 형식 속에 존재하듯이 다양한 예술 양식도 인간의 자기해석의 문화적 기능을 제정한다. 문화적 기능은 주관과 객관 사이의 왕복(來往)을 포함한다. 이러한 구분은 곧 영적 태도들 사이의 차이이다.

인상주의에서는 그림의 형식의 주관성이 사물의 특정한 형식을 흩어놓

---

31 P. Tillich, "Religion and Art in the Light of Contemporary Development", 168-170.
32 P. Tillich, "Religious Style and Religious Material in the Fine Arts", 45-57; Russell Re Manning, *Theology at the End of Culture: Paul Tillich's Theology of Culture and Art* (Leuven: Peeters, 2005), 143-152 참조.

는다. 바로 거기에 표현주의가 예감(기대)된다. 사실주의는 사물의 특정한 형식을 더욱 예리하게 드러낸다. 반면 낭만주의에서는 감정의 주관성이 그림의 형식까지도 흩어놓기를 원한다. 추상표현주의는 객관적 영성을 표현하고자 시도한다. 그러나 반면 이상주의(관념주의)에서는 개별자의 주관성이 유형의 일반적 타당성을 강화하며 고전주의는 닫힌 형식을 가진 정태적 충만이 사물의 실제적 형식을 포함한다.

다양한 유형은 미학적 영역 안에서 어떻게 사유와 존재의 문제, 이상적인 것과 현실적인 것 사이의 간격을 극복했는지 보여준다. 예술의 종교적 유형과는 별도로 이상주의와 사실주의의 철학적 태도는 실재가 존재론적으로 사유와 존재로 해체되는 가능한 두 가지 철학적 응답이다. 그리고 그들은 인간 실존 안에서 연합될 수 있는 가능성이 없음을 말해준다. 이상주의는 사유의 요소를 지향하는 경향이며, 사실주의는 존재의 요소를 지향하는 경향이다.

1) 형식-지배적인 주관적인 태도: 인상주의

이상주의적 태도로써 형식을 지배하는 첫 번째 형식은 인상주의이다. 인상주의 양식은 그림의 형식을 위해 사물의 형식을 흩어놓는 태도로 특징된다. 인상주의 미술에서 표현된 것은 자족적 유한성의 태도이며 이것은 인상주의의 사유 구조 안에 드러나 있다. 이러한 태도는 범례적으로 19세기 후반 인상주의 운동에 나타난 바 있지만 그렇다고 인상주의와 일치하는 것은 아니다.

인상주의는 19세기 후반 개인적 부르주아의 양식이다. 모네가 그린 거리 풍경을 본다든가 드가의 카페 풍경 등이 그렇다. 드가의 경우 프롤레타리아트의 회화나 공장의 회화에서 볼 수 있는 것은 개인이 자연과의 일체 안으로 사라졌다는 것이다. 그러나 어디까지나 형이상학적 의미에서 그런 것이 아니고 자연의 표피 안으로 사라졌다. 인상주의에서 사람과 사물을 연합하는 것은 바로크의 내적 생동감이 아니라 외부적으로 숨기는 빛이다. 대중이 함께 있는(현존하는) 것은 모든 것을 하늘과 땅 사이에 있는 것으로 보기 때문이다. 그러나 사물의 본질 속에 있는 것은 아니다. 사물은 빛과 색채와 움직임의 연구로서 존재한다. 사물은 자연의 표피 조각들로 존재한다. 보여진 것은 새로운 인상 혹은 순간적 비전들이며 이것들은 흥미롭고 충격적이지만 근본적으로 형식이 새롭게 포착된 자연풍경이다. 대중을 그릴 때도 그렇고 개인을 그릴 때도 그렇다. 개인을 볼 때 개인의 객관적 중요성 때문에 보는 것이 아니라 형식적 문제로서 개인을 본다. 인상주의에게는 형식이 모든 것이다. 형식은 기술의 최고점으로서 합리성이 빛이 되었지만 차갑다. 그것은 모든 표면이 색채로 불타오르고 있을 때도 그렇다.[33]

인상주의의 중요성은 사물의 겉모습으로 이상주의적 후퇴가 이루어졌다는 점이다. 사물의 결이나 감촉으로, 색채로, 움직임(운동)으로, 인상주의는 그러한 것들을 사유로 감지하여 가능하면 믿을 수 있을 만큼 그들의 겉모습의 형식을 묘사하려는 결단이다.

그러나 어두운 측면은 그것 자체에 생명이 있는 것은 아니다. 어두운 면(dark side)은 선(善)과 아름다움(美)의 왜곡이다. 우리의 실존 속에서 어두움의 실재를 보지 못하는 사람들은 실제로 위험한 사람들이 된다. 어두운 면을 배제하는 사람들의 경우 미화된 자연주의를 선호한다. 그러나 이들은 미화된 자연주의를 변호하면서 그들의 악마적인 본성을 감춘다. 따라서 틸리히는 근대 자본주의 상황에서 점점 강하게 '미화된 자연주의'(beautified

---

33 P. Tillich, "Mass and Personality", 61f.

naturalism)를 비판한다. 그는 미화된 자연주의에서 궁극적 관심을 담은 작품을 본적이 없고 저속한 중산층(쁘띠 부르주아)의 광경을 강화하는 모습을 본다. 틸리히는 이러한 저급한 작품들에 반대하여 예술에서 '표현주의'(expressionism) 작품들에 관심을 보인다.

2) 형식-지배적인 객관적 태도: 사실주의

둘째 양식은 사실주의적 태도의 영향 아래에서 형식에 지배받는 양식이다. 초기 르네상스의 사실주의와 19세기 중후반기의 자연주의로써 사실주의적 태도를 요약할 수 있다. 이 양식은 자신의 절대성을 요청하는 유한한 것에 대한 자연주의적 형이상학을 표현한다. 인상주의에서와 같이 실재란 "자연적 주체와 자연적 객체 사이의 상호작용 안에서 감지된다." 이 양식의 중요성은 객관적인 것을 포획할 수 있는 능력에 있다. 관찰자의 관점에서 독립하여 정확성을 가지고 사물의 자연적 형식을 포착하는 것이다. 틸리히는 후기 고딕/초기 르네상스 예술의 사실주의적 양식을 서술한다. 특히 네덜란드와 독일의 예술에서 자연과학의 분명한 비전을 보는 계몽주의적 발견 정신을 나타내는 것이다.

> 개인과 자연이 발견된다. 신비스럽게 연합된 대중은 독특하고 최고로 실재적으로 그려진 개인의 유별남 속에 상실된다. 자연의 세계가 3차원 속에서 드러나고 회화의 세계는 관점으로 인해 무한한 공간이 된다. 개인이 군중으로부터 도드라지게 튀어나오고 군중은 무의미하게 된다. 회화의 구성이 개인들의 분열로 해체되었으며 지도자들은 그들의 저명했던 지위를 상실한다. 그리스도조차 실재적인 군중 속으로 편입·종속되며, 무시되거나 그림의 한쪽 구석으로 좌천된다.[34]

3) 형식과 종교적 실체가 균형 잡힌 주관적 태도: 이상주의

이상주의와 고전주의 쌍에서 형식(Form)과 종교적 실체(Gehalt)가 잘 어울리고 조화를 이룬다. 주관적이냐 객관적이냐 하는 강조점에 상관없이 결과는 항상 이상적이다. 그러나 이러한 이상화는 철학적인 관념주의와 구분된다. 예술의 종교적 양식의 의미에서 이상주의는 인간 형식과 자연 형식의 이상화이며 균형미이다. 이것은 현대의 인간 이해나 실제 세계에 대한 이해와 잘 맞지 않을지도 모른다. 종교적 양식으로서의 이상주의는 그 속에서 실제 그대로의 세계가 잘못 전해지는 문화적 해석의 표현이다.

이상주의나 고전주의는 인상주의나 사실주의와는 반대로 형식의 마력 하에 있지 않지만, 그것들은 종교적 실체의 요소들을 투시한다. 그러나 두 요소(형식과 종교적 실체)가 함께 인정되고 결부됨으로써 종교적 실체의 요소가 가지는 궁극적이고 무제약적인 본성이 부정되거나 왜곡됨으로써 종교적 실체가 제약적이 된다. 양자 사이의 긴장이 해소된다. 타율적 신앙의 경우에서처럼 제약적 형식을 통한 무제약자를 지향하지 않고 제약적 형식을 무제약적인 것으로 직접 인식하여는 태도가 발생한다. 틸리히는 이러한 양식에 대한 분석을 구체적으로 발전시키지는 않았다. 이러한 예술에 속하는 작품은 주로 르네상스 후기의 작품으로서 라파엘로나 루벤스의 작품이 이에 속하는데 그들의 작품이 이상적이라는 것이다. 그러나 틸리히는 그들 작품이 드러내는 기독교적 주제에도 불구하고 그러한 예술이 이상적인 "기독교 인본주의" 정신을 표현하고 있다고 평가한다. 1961년의 "미술신학"에서 그는 이렇게 주장한다.

> 기독교 휴머니즘의 형식인 르네상스 예술에서 이상적 완전의 형식이 동

---

34 앞의 글, 60.

시에 기대되고 실현되었다. 르네상스 회화의 아름다움은 (때로 주제적으로) 다시 얻은 낙원을 기대한다. 그것은 기대의 객관(대상)으로서만 가능한 예기(기대)이다. 이러한 기초 위에서 다양한 종교적 작품이 생산되었다. 그러나 르네상스의 마돈나와 십자가 책형, 부활, 성서의 이야기들은 참으로 종교적 예술인가? 그들은 종교적 예술이 아니다. 그들은 인간적 성취의 비전일 뿐이다.35

4) 형식과 종교적 실체가 균형 잡힌 객관적 태도: 고전주의

종교의 고전주의적 예술 양식은 주관적 이상이 아니라 객체의 차원에서 이상을 구현하려고 하는 것이다. 틸리히는 이렇게 서술한다.

> 고전적 조각에서 나타난 신들의 재현은 태고의 전역사적 실체의 거룩함을 인간적 비례의 형식을 통해 표현하려고 한다. 그들은 본질적으로 무시간적인 것을 역사적인 것의 형식으로 재현한다. 여기에 비극이 있다. 바로 그것 속에 위대함이 축소되며 퇴조가 선언되며 완전한 아름다움 속에 가시화된다.36

5) 종교적 실체가 지배하는 주관적 태도: 낭만주의

종교예술의 세 번째 쌍은 낭만주의-표현주의 쌍이다. 이 쌍을 마지막에 언급하는 이유는 이 유형이 틸리히에게 가장 중요하고 의미 있기 때문이다. 이 양식에는 종교적 실체가 지배적이다. 앞에서 다룬 이상주의-고전주의와는 다르게 낭만주의-표현주의는 긴장을 허락함으로써 우세함이 충분히

---

35 P. Tillich, "On Theology of Fine Art and Architecture", 208.
36 같은 글, 같은 쪽.

표현될 수 있도록 한다. 형식의 요소가 실체적 내용의 요소를 투시한다.

틸리히는 19~20세기 프로테스탄트 사상사에서 낭만주의를 계몽주의에 대한 철학적, 신학적, 미학적 반작용으로 특징짓는다. 그러나 낭만주의는 계몽주의 근대에 대한 반동이 아니라 '미적 근대'의 역사다. 계몽과 예술을 단순한 대립 관계로 몰아가는 것은 문화 보수적 이데올로기의 산물이다. 이것은 "미의 발생 속에 있는 계몽의 계기를 간과한다는 점에서 허위다."[37] 틸리히는 낭만주의의 다섯 가지 구성적 요소[38]를 언급하는데 그중 제일의 가장 근본적인 요소는 유한과 무한 사이의 관계에 대한 낭만주의의 개념이다. 낭만주의에서 유한은 단지 유한할 뿐만 아니라 어떤 차원에서는 또한 무한하며 그의 중심과 근거에서는 신적이라는 것이다. 모든 유한한 형식을 초월하는 무한자의 힘에 의한 유한자의 역동적 해석의 인식은 낭만주의 종교예술의 양식에 표현되어 있다. 그러나 틸리히는 특별한 예술에 대한 언급 없이 낭만주의의 미학의 중요성을 언급한다. 그러면서 그는 낭만주의 예술양식의 주관적 태도를 반영하는 낭만주의 사상의 측면들을 서술한다. 미학의 평가에서 낭만주의는 종교를 미학적 직관으로 대체했다는 평가를 받는다. 즉 감정이 감정의 대상(객체)과 별도로 독립적으로 평가된다는 것이다.

6) 종교적 실체-지배적인 객관적 태도: 표현주의

틸리히는 미술사가 에크하르트 폰 시도우(Eckart von Sydow)의 도움으로 표현주의 미술세계에로 빨려 들어간다. 틸리히가 표현주의(후기 인상파, 표현주의, 추상표현주의, 신대상(즉물)주의)에서 강한 매력을 느낀 것은 두말할

---

37 테오도르 아도르노, 『미니마 모랄리아: 상처받은 삶에서 나온 성찰』, 김유동 옮김(서울: 도서출판 길, 2007), 294.
38 다섯 가지 근본적 구성 요소는 유한과 무한, 감정적인 것과 미학적 요소, 과거에로의 회구와 전통의 평가, 일체성과 권위에 대한 물음, 부정적인 것과 마성적인 것.

필요도 없이 그 예술의 비자연적 특성 때문이다. 표현주의는 (사실주의처럼) 실재를 사진같이 재현하는 데 관심이 없다. 또는 (인상주의처럼) 빛과 색채에 우선성을 놓지 않는다. 표현주의는 겉으로 드러난 사물의 외양을 파괴하고 사물 밑에 놓인 의미를 드러낸다. 틸리히는 이것을 사물의 영적 깊이의 차원이라고 보며, 실재의 특별한 종교적 해석을 위해 특정한 양식을 선호한 결과라고 여긴다.

틸리히가 표현주의 미술세계를 알게 된 것은 그의 신학사상 형성에 결정적 영향을 끼치게 되었는데, 표현주의 미술가들은 자연을 단순히 객관적인 현상으로서 눈으로 포촉하려는 것이 아니라, 인격적이고 직관적인 접근 방법으로서 관찰자에게 주는 내적 인상을 표현하려고 한다. 객관적 실재가 아니라 초월적이고 내적인 의미의 실재가 그들을 붙잡았고 그들은 그 실재를 표현하려고 한 것이다.

표현주의는 그 작품들이 존재의 신비를 드러내 보이고 작품의 소재물들이나 주제들이 존재론적 깊이의 세계를 표현하려고 하기 때문에 자율적이고 자기충족적인 자본주의 정신의 종교예술과는 질적으로 다르다. 이런 의미에서 표현주의는 자본주의 예술에 대해 반대한다.

> 미술은 감추어져 있는 실재의 깊은 차원을 우리에게 열어 보이며, 이 실재를 받아들이도록 우리 존재를 열어줍니다. 오직 예술만이 이것을 할 수 있습니다. 자연과학, 철학, 도덕적 행동과 종교적 헌신이 못하는 이 일, 곧 실재의 깊이를 예술은 열어 보여줍니다. 예술가는 우리의 감각을 일깨워 그것을 통해 우리 존재의 전체성, 곧 우리 세계와 우리 자신들의 깊이의 어떤 것, 다시 말해서 존재의 신비를 노출시켜 만나서 느끼게 해줍니다.[39]

---

39 P. Tillich, "Art and Ultimate Reality", 144.

틸리히는 표현주의 예술과 병행하여 '믿음의 실재론'(beliefful realism)을 발전시킨다. 예술이란 인간이 취하는 놀이의 최고 형식이다. 그래서 예술은 참다운 상상의 창조적 영역이다. 그중에서도 미술은 가장 풍부한 표현형식으로서 인간 정신 상황의 가장 깊은 내면세계를 반영해준다. 그러므로 미술이란 현재를 비추어주는 거울일 뿐만 아니라 미래의 실마리를 제공해주는 것이기도 하다. 말하자면 미술이란 예언자적 예술이며 인간 자유의 가장 심오한 양식이다.

앞에서 언급했듯이 피카소의 게르니카는 프로테스탄트 예술 양식을 극명하게 보여주는 작품인데, 그것은 어느 작품에서도 발견할 수 없는 인간상황에 대한 프로테스탄트적 질문의 철저성이 잘 나타나 있기 때문이다. 틸리히는 낭만주의 예술 양식과는 달리 표현주의 종교예술 양식에 대해서는 충분히 언급한다. 틸리히는 표현주의 양식을 20세기 초의 표현주의 운동과 동일시하지 않는다. 마티아스 그뤼네발트, 알브레히트 뒤러, 피터 브뤼겔, 프란시스 고야, 미켈란젤로 등을 표현주의적 화가라고 언급한다. 그러나 틸리히가 표현주의 예술 양식을 처음으로 예증한 것은 표현주의 예술작품이다. 그러므로 20세기 표현주의 예술운동은 예술신학을 개념적으로 도식화하는 데 영향을 주었을 것으로 판단한다.

> 나는 문화신학적 예술에 대한 언급을 특히 회화에서의 표현주의 운동과 관련하여 말하고 싶다. 왜냐하면 표현주의는 앞에서 논의한 형식과 종교적 실체의 관계를 특히 인상적으로 표현할 수 있는 양식으로 보이기 때문이다. 그리고 표현주의는 그와 같은 개념들의 정의가 드러내는 특징의 흔적을 지니고 있다.[40]

---

40 Victor Nuvo, *Visionary Science: A Translation of Tillich's "On the Idea of Theology of Culture" with an Interpretative Essays* (Detroit: Wayne State Univ. Press, 1987), 30.

틸리히에 따르면, 표현주의 예술은 비록 그것이 종교적 주제를 다루지 않았다고 하더라도 보이는 현실을 깨고 더 깊은 실재를 드러낸다. 그렇기 때문에 종교적 주제를 다루면서도 궁극적 실재를 드러내지 못하는 소위 종교 예술보다 더욱 종교적이다. 독일 표현주의자들은 그 당시 부패하고 모순에 가득 찬 사회구조, 안일하고 타성에 빠진 정치권과 중산층의 생활태도에 대하여 본능적인 거친 붓 터치와 왜곡된 형식(데포르마시옹 déformation), 강렬한 원색으로 적나라하게 표현함으로써 분노하고 고발한다. 표현주의 미술에 나타난 인간 현실에 대한 강한 부정과 비판에서 이미 부정을 부정하는 긍정을 들을 수 있고 긍정의 흔적을 감지할 수 있다.

표현주의의 새로운 사실주의인 신즉물주의(새로운 대상성 die neue Sachlichkeit)는 조지 그로스와 오토 딕스에 의해 시작된다. 신즉물주의는 표현주의 위에서 자랐는데, 표현주의가 낭만주의적 요소를 아직 간직하고 있다면 신즉물주의에는 낭만적 요소가 없다. 그러나 이 잔인한 현실주의(사실주의)는 19세기 자연주의적 사실주의로의 회귀가 아니다. 틸리히에게 신즉물주의는 믿음의 사실주의(beliefful realism)를 표현한다. 이것들은 부르주아의 자족적인 유한성에 대항하는 가능한 한 가장 좋은 무기를 만든다. 신즉물주의에 관하여 틸리히는 이렇게 말한다.

> 사물의 경험적 실재가 다시 한 번 찾아졌다. 그러나 그 자체를 찾기 위해서가 아니라 사물의 내적인 힘인 객관적 Gehalt(종교적 실체)를 표현하기 위한 것이다. 표현주의는 사물의 종교적 실체를 표현하기 위해 사물의 외적 형식을 깼다. 새로운 사실주의는 고의적으로 외적 형식에 도달하고자 하는데 외적 형식 안에서, 외적 형식을 통하여 사물의 내적 힘을 보여주기 위한 것이다.[41]

---

41 P. Tillich, *Main Works/Haupt Werke* IV (N.Y.: Evangelisches Verlagswerk GMBH, 1988), 194.

표현주의자들은 종교의 옛 상징에서 새로운 의미를 발견하는 것이 불가능함을 보여주었다. 표현주의 화가들이 표현한 태도는 종교의 '객관적' 상징을 취하기엔 충분히 사실적이지 못하다. 표현주의는 은총이 없는 심판이다. 절대적이고 철저한 무(無)를 선언하는 부정의 체험이다. 그것은 철저한 긍정으로 진입하는 실재의 절대성의 경험으로의 변형이 없다. 이러한 이유로 표현주의는 형식을 파괴하는 부정의 묘사를 넘어 새롭고 절대적인 긍정의 투시적이며 역설적인 형식으로 확장할 수 없다. 그것은 표현주의 화가들의 열정적 의도에도 불구하고 그렇다. 그러나 반대로 신즉물주의는 무제약적 긍정을 향해 투시할 수 있고 존재와 의미의 어떤 변혁적 힘을 표현할 수 있다. 정확하게 말해 유한한 형태의 외적 형식 안에서 그리고 그것을 통하여 표현할 수 있다.

표현주의가 신학적 예술 해석을 위해 성공적인지, 그리고 표현주의에 대한 틸리히의 이해가 모든 표현주의 화가와 작품에 적용될 수 있는 것이냐 하는 물음은 여전히 뜨거운 논의의 대상이다.

7. 결론: 비종교 시대의 종교미술과 미술신학

예수께서는 씨 뿌리는 자의 비유를 말씀하신 뒤 제자들에게 이 비유의 의미를 기독교인의 생활과 관련하여 알레고리로 풀어 말씀하신다. 미술의 종교성에 관하여 양식과 내용에 따라 설명한 틸리히의 유형론을 비종교 시대의 종교인의 유형으로 구분할 수 있다.

순서	양식과 내용	대표 화가	종교인의 유형
1	비종교적 양식, 비종교적 내용	장 스틴	무신론적 세속인
2	비종교적 양식, 종교적 내용	라파엘로	바리새인

| 3 | 종교적 양식, 비종교적 내용 | 폴 세잔 | 무신론적 휴머니스트 |
| 4 | 종교적 양식, 종교적 내용 | 그뤼네발트 | 참회하는 세리(눅 18:9-14) |

이 범주에서 틸리히는 르네상스 예술에 대한 그의 질문에 답하면서, 두 번째 유형인 비종교적 양식과 종교적 내용에 대하여 가장 비판적 태도를 취한다. 틸리히에게 라파엘로의 예술은 이 유형의 전형이다. 라파엘로의 예술은 틸리히가 애석하게 생각하는 미화하는 자연주의에 속하기 때문이다. 물론 라파엘로를 그러한 방식으로만 해석할 필요는 없다. 그러나 유형론은 그러한 쟁점들을 젖혀놓고도 더는 서양 예술의 많은 부분에 맞지 않는다. 제인 딜렌버거(Jane Dillenberger)가 지적한 대로, 틸리히가 매우 예외적으로 잘 알고 있던 베를린 미술관과 현대예술박물관의 작품들에 제한할 경우, 그러한 분류는 매우 유용하다. 심지어 뛰어난 미술관 역시 우리에게 서양 예술에 대해서 충분한 양을 제공하지 못한다. 결과적으로, 틸리히가 제공한 통찰력은 예술사가들에게는 잊혀졌다. 왜냐하면 틸리히가 만든 분류에 예외적인 것들이 그의 도식을 무효화하기 때문이다. 예를 들어, 딜렌버거와의 대화에서 틸리히는 로지어 판 데어 바이덴(Rogier van der Weyden)의 〈수태고지〉와 미켈란젤로의 〈시스틴 성당의 천장화〉는 이 네 분류에 맞지 않는다고 인정하였다.[42]

근대의 세속화는 기독교와 세상의 관계뿐만 아니라 삶의 각 영역을 분화하고 전문화하여 각 분야마다 고유하고 독자적인 질서와 규칙을 마련해놓고 다른 영역에서의 관심을 간섭 내지는 침범으로 생각하는 경향이 지배적이다. 세속화된 세계 속에서 기독교는 기독교의 정체성과 독자성을 찾기 위해 각각의 삶의 영역 앞에 형용사 '기독교'를 붙여 기독교 문학, 기독교 예술, 기독교 철학, 심지어 기독교 과학을 만들고 싶어 한다. 그러나 이것은 기독

---

42 John Dillenberger, "Introduction", *On Art and Architecture*, xxiv.

교를 전체 사회 속에 있는 한 영역, 혹은 고립된 섬으로 만들 가능성이 높다. 틸리히는 근대의 정교 분리 이후 종교가 삶의 한 영역, 그것도 사적인 영역으로 후퇴하는 것을 지켜보면서 종교를 삶의 거룩한 한 영역으로 보지 않고 삶과 실재의 깊이의 차원이라고 말함으로써 삶의 한 영역이 된 '종교' 개념의 극복을 주장한 바 있다.[43] 틸리히는 작품의 주제나 작가의 종교에서가 아니라 표현주의 예술, 더 정확히 말해 '궁극적인 것'을 표현하는 예술의 표현적 양식을 통해 예술(미술)의 종교성(프로테스탄트성)을 찾고자 한다. 이러한 시도는 세속화된 비종교의 시대에 기독교 예술을 예술의 한 영역으로 구분하여 고립시키지 않으면서 예술의 종교성(기독교성)을 추구할 수 있는 좋은 방법이 될 수 있다고 본다.

예술과 신앙(신학)의 관계에서 예술은 단지 우리가 이미 알고 있는 성서의 이야기와 교리를 설명하기 위한 도구로써만이 아니라 예술 자신만이 가지는 독특함과 고유함으로 신앙(신학)과 관계(기여)해야 한다. 신학의 역사가 옛것, 본질적인 것, 같은 것, 동일한 것을 고수하는 정통의 역사, 동일성의 역사라면 예술사는 새것, 다른 것, 창조적인 것, 본질의 변형적 표현, 차이를 추구해온 이단의 역사이다. 신학과 교회는 예술을 통해 '다름'을 인식하는 자기혁신의 시각을 배워야 한다.

예술은 일상적인 것 안에 숨겨진 진리를 드러낸다. 예술은 실재로 들어가는 새로운 통로를 제공하며 우리를 그 통로 안으로 밀어넣는다. 예술은 우리로 하여금 거기에 참으로 있는 것을 새롭게 발견하게 하며 거기서 진행되고 있는 것을 새로운 눈으로 보게 한다. 예술은 불투명한 주관성을 꿰뚫고 습관적인 생활과 습관적인 관점 때문에 보지 못했던 실재를 우리 앞에 폭로한다. 예술은 단지 텍스트를 재현하기나 이어달리기가 아니라 텍스트의 틀에 갇힌 사유에 충격을 줌으로써 비판적이고 창조적인 사유로 도약할

---

43 폴 틸리히, "宗教哲學에 있어서의 宗教概念의 克服", 『宗教란 무엇인가?』, 황필호 옮김(서울: 전망사, 1990).

수 있는 창(窓)이다.

예술은 표면 밑에 숨겨져 있는 깊음과 가시적으로 명백하게 드러난 것들 너머에 있는 높이를 새롭고 다른 방식으로 볼 수 있는 길을 열어준다. 그림과 이미지는 인간의 내면을 움직이고 실재의 다른 차원을 표현하는 데 말과 언어보다 더 많은 것을 전달할 수 있기 때문이다. 예전에서 언어적 차원이 중요함에도 불구하고 풍부한 상징적 소통은 말이 전달할 수 없는 신비에로 회중을 인도한다. 기독교 신학이 언어와 말의 신학으로 제한될 이유는 없다. 예술은 경전을 위한 수단만이 아니라 그 자체 하나님의 아름다움을 반영하는 거울이며, 언어로써 표현할 수 없는 하나님의 메시지를 직접 인간의 영혼에 전달한다. 19세기에 신학의 인간학적 전환이 일어났고, 20세기 초에 계시신학이 다시 신학의 초점이 되었으며, 1960년대에 신학의 기호학적 전환이 화두가 되었다면, 이제는 신학의 미학적 전환을 논의할 시점이다.

교회의 예술은 단지 헌신적 삶을 미화하는 기능만이 아니다. 표현은 표현된 것에 생명을 주고 세우는 힘과 변혁의 힘을 준다. 기독교의 2,000년 역사에서 정교회는 회화를, 서방교회는 음악을, 특히 개신교회는 여기에 찬송시를 만개하게 했다. 표현은 그것이 표현하는 것을 이행한다. 틸리히는 이것이 교회 예술의 건설적 기능이라고 말한다.44 개신교회는 음악과 종교적 시에서 괄목할 만한 성취를 이뤘다. 그러나 개신교의 회화에 대한 멸시는 조직신학적으로 유지할 수 없고, 실천적으로 후회스럽다. 듣는 것과 보는 것은 동시에 중요하다.

가톨릭교회는 제이차 바티칸공의회 문헌 "거룩한 전례에 관한 헌장"(*Sacrosanctum Concilium*)을 통하여 "교회 음악의 재보는 극진한 배려(配慮)로 보존되고, 육성되어야 함"(제6장, 114)을 말하고 이어, 미술에 관해서도 자세한 훈령과 지침을 담고 있다. "훌륭한 미술, 특히 종교적 미술과 그 정점

---

44 P. Tillich, "Excerpts from Systematic Theology", *On Art and Architecture*, 160ff.

인 거룩한 미술은 인간의 창조적 재능의 가장 고귀한 업적의 하나로 정당하게 평가"(제7장, 122)되어야 할 뿐만 아니라 교구장은 참으로 거룩한 미술을 장려 보호하고(제7장, 124), 성직자들은 공부하는 동안 철학이나 신학만이 아니라 미술의 역사와 발전을 공부하여 거룩한 미술의 원리를 터득하고 교회의 신성한 기념물들을 존중하고 보존하며 제작하는 미술가들에게 합당한 조언을 줄 수 있는 능력을 키우도록 해야 한다고 규정하고 있다(제7장, 129).

마지막으로 틸리히의 미술신학에서 오늘날 가상공간의 시대에 표면은 더 이상 피상적이지 않다는 주장을 귀담아 들을 필요가 있다.45 표면의 생산성이 오늘의 소프트웨어 기술에서 현실화되어가고 있기 때문이다. 사이버 공간의 상호텍스트성에서 표면은 깊이를 감추는 것이 아니다. 다른 표면을 닫는 표면의 윈도우(窓)는 다른 윈도우를 향해 열려 있다. 미술신학은 순수한 표면의 새로운 지평선 위에 몸을 던져야 한다. 우리는 지금 대중 매체와 사이버 매체의 천개(天蓋) 속에 살고 있다. 그들을 통해 우리는 사랑과 우정과 아름다움과 행복과 진리와 희망과 은총과 희생과 죽음의 의미를 흡수하고 이들에 대해 생각하며 타협한다. 지배계급의 지속적 지배를 위해 자본을 투자해 기획되고 양산된 대중문화라는 프랑크푸르트학파를 중심으로 한 비판이론의 비판은 한계가 있다. 틸리히의 표현주의 회화(high culture)를 중심으로 한 계시 이해는 대중문화(popular culture) 속에서도 계시의 가능성을 여는 대중문화의 신학으로 전개되어야 할 것이다.46

---

45 Mark C. Taylor, *Imagologies* (London: Routledge, 1994), 1-4.
46 Jonathan Brant, *Paul Tillich and the Possibility of Revelation through Film* (New York: Oxford University Press, 2012). (13장을 참조하시오.)

제9장
요한 세바스찬 바흐의 음악신학
— 알버트 슈바이처의 연구를 출발점으로 삼아

    필자가 바흐(Johann Sebastian Bach, 1685~1750)의 음악신학이란 제하의 연구에서 도달하고 싶은 목표는 다음 두 가지이다. 첫째, 음악 분야에서 가톨릭 배경을 갖고 있는 모차르트에 대한 관심과 연구는 칼 바르트[1]나 한스 큉[2]과 같은 세기의 신학자들에 의해 이루어진 반면 정작 개신교-루터교 신앙 배경을 갖고 있는 바흐에 대한 신학자들의 연구가 없나 찾아보던 중 슈바이처를 만나게 된 것이다. 이 글은 바흐 음악에 대한 전반적이고 심도 있는 연구를 통해 전문적 음악 비평을 하자는 취지로 쓴 것이 아니라(이러한 요청은 나의 능력을 넘어서는 일이다) 신학자인 슈바이처가 본 바흐의 모습(상)이 무엇이며, 특히 바흐의 교회음악을 토대로 예술신학 형성에 기여를 하자는 것이 목적이다. 나는 슈바이처의 신학을 나의 독일 선생 알프레드 예거(Alfred Jäger)가 개설했던 〈알버트 슈바이처의 윤리 세미나〉(1986년 겨울학

---

1 칼 바르트, 『볼프강 아마데우스 모차르트』, 문성모 역(서울: 도서출판 예음, 1989).
2 한스 큉, 『모짜르트: 음악과 신앙의 만남』, 주도홍 옮김(서울: 도서출판 이레서원, 2000).

기)에서 처음 접하게 되었는데, 그는 첫 시간에 슈바이처로부터 시작되는 소위 베른 학파(Bern Schule)의 계보를 다음과 같이 표기했다.

알버트 슈바이처(Albert Schweitzer)
  ↳ 마르틴 베르너(Martin Werner)
    & 울리히 노이엔슈반더(Ulrich Neuenschwander)
    ↳ 프리츠 부리(Fritz Buri)
      ↳ 알프레드 예거

둘째는 바흐의 음악신학을 토대로 감성의 신학을 전개하는 일이다. 감성의 신학은 예술신학의 방법론적 토대이다. 나는 예술신학에 관한 연구를 하는 가운데3 바흐의 교회음악이 사상사적으로 종교개혁 이후에 전개된 17~18세기의 정통주의, 경건주의, 계몽주의 시기에 정통주의의 정통교리 중심의 신학과 계몽주의의 합리적·이신론적 신학의 메마르고 차가운 신학과는 다른 교회를 지키고 신도들에게 신앙의 생동감과 열정을 심어준 역할을 했을 것이라는 착상을 발전시키고 싶다. 사실 나는 학부 4학년에서 기독교 사상을 가르치면서 정통주의자들의 신학 대신 바흐의 음악을 감상하고 네덜란드의 화가 렘브란트(Rembrandt, 1606~1669)의 그림을 통해 당대의 기독교를 이해하고자 했다.

1. 슈바이처의 바흐 연구

대중에게 아프리카 밀림의 성자로 알려진 알버트 슈바이처의 의미는 신

---

3 심광섭, 『기독교 신앙의 아름다움』(서울: 다산글방, 2003), 특히 14장; 심광섭, 『예술신학』(서울: 대한기독교서회, 2011).

학과 철학의 영역을 넘어 음악에까지 이른다. 그는 오르간 연주자요 음악이론가로서 바흐 음악을 재발견하는 데 본질적인 공헌을 했다. 슈바이처가 바흐 예술에 관한 논문을 쓰기로 한 것은 프랑스에 바흐를 소개하기 위한 의도였다.4 그는 "음악가로서 음악가들에게 바흐의 음악에 관해 이야기하고자 했다." 그는 바흐 연구에서 "바흐 음악의 본질에 대한 해석과 올바른 연주법에 관한 문제"를 다룬다.5 슈바이처가 행한 바흐 연구의 핵심은 바흐가 순수음악을 지킨 사람이 아니라 "바흐의 음악은 시적이며 회화적 음악"(Poetic and Pictorial Music)6이라는 것이다. 슈바이처의 말을 직접 들어보자.

> 나는 내 책에서 그를 음악에 있어서의 시인이요 화가라고 내세웠다. 바흐는 정서적인 것이든 회화적인 것이든 원문에 있는 것이면 가능한 한 생생하고 명확하게 음(音)이란 소재를 통해 재현하려고 한다. 무엇보다도 그는 회화적인 것을 음선으로 그리려 한다. 그는 음의 시인이라기보다는 음의 화가이다.7

바흐의 이러한 시도는 가사와 음의 일치, 곧 'vocal works'가 'choral works'를 설명하고 그 역도 마찬가지인 현상으로 나타난다.

슈바이처의 바흐 연구는 900쪽이 넘는다.8 슈바이처는 바흐 예술의 뿌리를 간결하게 언급한 후에 코랄 텍스트와 멜로디의 기원과 교회의 예배에서 코랄의 사용을 논의하고 칸타타와 수난곡이 바흐 이전에 어떻게 발전되

---

4 알버트 슈바이처, 『나의 생애와 사상』, 천병희 옮김(서울: 문예출판사, 2004), 74.
5 앞의 책, 75.
6 앞의 책, 81.
7 앞의 책, 80.
8 A. Schweitzer, *J. S. Bach* Vol. I, English Translation by Ernst Newman (New York, 1966); *J. S. Bach* Vol. II, English Translation by Ernst Newman (New York, 1966). 이하 본문 안에서는 "Bach I", "Bach II"로 표기한다.

어왔는지 서술한다(Bach I, 1~6장). 그리고 바흐의 생애를 언급하고(Bach I, 7~12장) 본격적으로 바흐의 모든 작품을 분석한다. 먼저 오르간 작품과 연주(Bach I, 13~14장), 클라비어 작품과 연주(Bach I, 15~16장), 챔버 오케스트라 작품(Bach I, 17장), 음악의 헌정과 푸가 기법(Bach I, 18장)을 I권 마지막 장에서 논의한다. 슈바이처는 II권에서 바흐의 음악미학을 논의한다. 바흐의 음악을 시적 음악과 회화적 음악으로 정의하고(Bach II, 19~20장) 바흐 음악에서의 말과 음의 관계를 논의한 후(Bach II, 20~21장)에 코랄과 칸타타의 음악적 언어를 논의하고(Bach II, 22장~25장), 성모 찬가와 요한 수난곡(Bach II, 26장), 마태수난곡(Bach II, 28장), 오라토리오(Bach II, 32장)와 미사곡(Bach II, 32장)을 언급한 후에 칸타타와 수난곡의 상연(Bach II, 35장)으로 대작을 마무리한다.

슈바이처의 바흐 연구 독일어판 서문을 쓴 찰스 마리 와이더(Ch. M. Widor)는 바흐가 모든 예술가 중 가장 보편적인 예술가가 된 이유로 독일의 음악 유산과 이탈리아와 프랑스의 음악 유산을 종합할 수 있었기 때문만이 아니라 그의 작품을 통해 모든 인간에게 공통적인 종교적 감정을 표현했기 때문이라고 했다. 종교적 감정이란 무한자의 감정이며 고양된 자의 감정인데 언어는 이 감정을 표현하기에 항상 부적절한 반면 예술은 이 감정을 적절하게 표현한다(Bach I, X). 그는 계속해서 이렇게 말한다. "나에게 바흐는 최고의 설교자이다. 바흐의 칸타타와 수난곡은 영혼을 조율하여 우리가 진리를 파악하게 하며 사물의 통일성을 파악하게 한다. 그리고 하찮은 것 위로 우리가 나누는 모든 것을 지양하여 그 위로 나아가게 한다"(Bach I, X).

슈바이처는 예술에 객관주의 예술과 주관주의 예술이 있다고 본다(Bach I, 1). 주관주의 예술이란 예술의 원천을 예술가의 개성 속에 갖고 있는 예술로서 그가 살았던 시대와 거의 무관하거나 심지어 반대되는 예술로서 예술가의 이념을 표현하기 위해 새로운 형식을 창출하기도 한다. 이 유형의 대표자는 리처드 바그너(Richard Wagner)이다. 그러나 바흐는 객관적인 예술가에 속한다. 객관적인 예술가란 전적으로 그 시대의 사람으로서 그의 작품도 그 시대가 제안한 형식과 이념을 사용한다. 그는 개인적인 영혼이라기보다는 집단적인 영혼이다. 그러나 슈바이처는 "객관적인 예술가의 예술은 무인격적이라기보다는 초인격적"(Bach I, 1)이라고 말함으로써 한편으로 바흐 음악이 시대 제약적이지만 동시에 시대를 초월한 음악임을 암시한다.

슈바이처에 따르면 바흐는 12세기 이후 에카르트(Eccard), 프레토리우스(Praetorius), 파헬벨(Pachelbel), 뵘(Böhm), 북스테후데(Buxtehude), 슈츠(Schütz)를 통해 발전된 코랄과 칸타타의 흐름을 교회음악 안에서 완결한 종착점(terminal point)이다. 슈바이처는 이렇게 말한다. "바흐의 참된 생애를 제공하는 것은 그에게서 완성되고 그에게서 고갈된 독일 예술의 본성과 전개 과정을 드러내 보이는 것이다"(Bach I, 3). "그(바흐)는 사실 새 시대의 시작이 아니라 옛 시대의 종착점이다"(Bach I, 96). 슈바이처가 바흐의 코랄곡에서 보는 업적은 선배들의 전통을 계승하여 코랄이 멜로디에서만 조화를 이루던 것을 즉 순전히 음악적이었던 것을, 음과 말의 조화 즉 시적인 것으로 만들었다는 데 있다. 바흐에게서 음과 말의 일치와 조화가 이루어진 것이다(Bach I, 48f.).

슈바이처는 루터의 종교개혁 이후 독일은 세계의 다른 나라와 비교할 수 없는 종교시를 창작할 수 있었다고 언급한다(Bach I, 11). 슈바이처는 바흐의 코랄이 발전할 수 있었던 역사적 근거를 루터에 잇댄다. 루터는 종교개혁자일 뿐 아니라 예술가이다(Bach I, 29). 루터는 예술음악, 특히 다성음악인 코랄에서 신성이 가장 완벽하게 드러난다고 생각했다. 루터가 예술가가 아니었더라면 바흐는 종교음악과 예배를 목적으로 한 음악을 작곡하지 않았을 것이다(Bach I, 30). 종교시 창작의 중심에는 경건주의자이자 시인인 파울 게르하르트(Paul Gerhardt, 1607~1676)가 있다. 바흐는 게르하르트의 칭송자로서 그의 시를 반복하여 칸타타에 사용한다. 가령 바흐는 〈마태수난곡〉에서 가장 중요한 멜로디로 사용되는 "피와 상처로 얼룩진 머리"(O Haupt voll Blut und Wunden)9에서 5절을, "너희 길을 가라"(Befiel du deine Wege)에서 한 절을 사용한다.

슈바이처가 보는 바흐 음악미학의 가장 큰 특징은 바흐의 음악, 특히 성악곡에서 나타나는 말(가사)과 음(음악)의 일치이다. 바흐의 악절의 구조는 시적 운율의 구조와 다소 일치하는 것이 아니라 완전히 동일하다는 것이 슈바이처의 견해이다(Bach II, 25). 가령 바흐의 음악을 헨델의 음악과 비교하면 헨델이 가사와 음을 일치시키기 위해 음절을 나누고 다시 종합했기 때문에 음률(tone-melody)과 운율(word-melody)이 분리된다면, 바흐의 그것은 깰 수 없고 분리할 수 없다. "그의 음절이란 음으로 재포착된 운율이다"(Bach II, 26).

성서의 구절은 음악의 결과와 맞아 떨어지지 않는다. 왜냐하면 성서의 구절은 운율적 감각에 있는 것이 아니라 번역되는 것이기 때문이다. 그러나 우리가 바흐의 음악에서 동일한 음절을 읽는다면 그들은 모두 갑자기 음악의 음절로 변한다. 바흐의 음과 가사의 연합은 바그너(Wagner)를 상기하게 만든다. 바그너의 음악은 구절이 음악적으로 표현되어 음악이 사이를 보충한다는 느낌을 주는 반면 바흐의 음악은 가사에 생동적인 힘을 전달함으로써 그 현상은 매우 놀랍게 나타난다. 이러한 기적이 바흐의 칸타타와 수난곡에서 반복적으로 나타난다(Bach II, 27).

바흐의 코랄 작품의 시적 유의미성은 합창단이 선율과 가사를 함께 불렀을 때만 충분히 드러난다. 바흐는 선율에 악센트만을 설치한 것이 아니라 가사에, 때로는 아주 강하게 선율과 가사의 조화를 강조한다. 바흐의 코랄을 시험하면 할수록 그 어떤 문학에서도 평행의 유래를 찾아볼 수 없는 그 안에 들어 있는 표현의 억제된 열정을 인식하게 된다(Bach II, 32).

그의 성서에 대한 인식은 항상 관습적인 것만은 아니다(Bach II, 35). 성

---

9 사실 이 구절은 중세 신비주의자 클레르보의 성 버나드(St. Bernard of Clairvaux)의 "Salve caput cruentatum"에서 유래한다.

서의 개작은 매우 심원하고 개인적인 감동으로부터 출발한다. 〈마태수난곡〉에서 최후의 만찬의 성례전 구절로 주어진 음악은 매우 놀라운 것이다. 거기에는 슬픔의 흔적이란 찾아볼 수 없다. 음악은 평화와 위엄의 분위기를 연주한다. 마지막이 다가올수록 저음의 떨림이 위풍당당하다. 바흐는 빛나는 얼굴로 제자들 앞에 서신 예수를 본다. 예수는 아버지의 나라에서 그들과 함께 다시 천상의 만찬을 베푸실 날을 예언한다. 바흐는 이처럼 전통적인 장면의 관념에서 자신을 해방한다. 그리고 그의 예술적 직관을 사용하여 신학이 행했던 것보다 더욱 정확한 의미를 전달한다(Bach II, 35).

슈바이처는 바흐의 음악이 매우 표현적이라고 본다(Bach II, 36). 바흐는 아름다운 음악을 악보에 기록하기 전 음악적 재현에 적합한 감정을 찾기 위해 가사를 철저하게 조사하였고 그것을 심화하였다. 그는 음악으로 표현할 수 있는 길을 찾기 위해 가사를 리모델링한다. 가사는 궁극적으로 음악의 그림자(shadow-picture)가 된다. 바흐의 가사에 대한 관계는 능동적인 것이지 수동적인 것이 아니다. 가사가 바흐에게 영감을 불어넣은 것 이상으로 바흐가 가사에 영감을 불어넣은 것이다. 그의 음악은 가사에 높은 능력을 부여하고, 평범하고 진부한 시어를 지고의 경지에까지 이끌어 올린다. "바흐의 음악은 이처럼 참된 의미에서 그리고 깊은 의미에서 감동(감정)적이다"(Bach II, 40f.).

슈바이처는 바흐와 모차르트의 다른 점으로 모차르트는 아름다움 자체인 음악의 선율 때문에 텍스트로부터 우리의 마음이 빗나가고 흩날리지만 바흐의 음악은 가사에 새로운 심원함을 주고 그의 음악에 새로운 형식을 제공한다고 말한다(Bach II, 37f.). 슈바이처는 또한 베토벤과 바그너는 음악으로 시를 지었지만, 바흐는 음악으로 그림을 그린다고 평가한다(Bach II, 41). 바흐는 그가 화가라는 의미에서 드라마 작가이다. 바흐는 사건을 계속적으로 그리지 않고 전 사건을 포함할 수 있는 함축성 있는 계기를 포착하여 그것을 음악으로 표현한다. 이것이 바로 바흐가 오페라에 매력을 느끼지 못한 이유이기도 하다. 바흐에게 좋은 시인에 대한 인상은 소리로 번역할 수 있는 최고의 이미지를 제공하는 자이다(Bach II, 42). 그의 음악은 매우 자주 상황의 그림이기도 하다는 것이 슈바이처가 바흐를 회화적 음악가로 보는 결론이다. 슈바이처는 바흐의 칸타타에 나타난 음악적 언어를 슈베르트의 가곡에 나타난 성취와 비교하기도 한다(Bach II, 51). 바흐 음악의 독특한 점은 그의 언어의 선명성과 완성성이다. 이런 음악적 언어에서의 바흐의 놀라운 성취는 그가 단지 미학자로서 세월을 보낸 것이 아니라 실천적 음악가의 필요성을 충족시키기 위해 노력했기 때문이다. 우리가 그의 음악의 진정한 동기를 모른 채 그의 음악을 올바른 템포로 올바르게 강조하면서 바르게 분절하기란 불가능하다.

종교학자이며 예술신학의 개척자인 게라두수 반 데 레우(Geradus van der Leeuw)는 바흐에 대해 이렇게 말했다. 바흐에게 "예술가는 곧 사제이며 신학자이다."[10] 레우는 바흐의 종교음악에서 "그의 예술에 대한 봉사와 교회 청중을 위한 봉사, 그의 작품이 지니는 성례전적 구조와 그것의 미학적 구조"를 결합시키는 능력을 보고 있다.[11] 이런 의미에서 "예술이 그 진리에 있어 신성한 행동이 된다"[12]는 말이 이해될 수 있다. 교회음악가는 말씀의 보조자만이 아니라 사제이며 신성한 음악의 작곡가는 말씀을 전하고 감성을 통해 받아들이게 하는 목회적 기능을 수행한다. 만약 그러한 사명을 진지하게 받아들인다면 그들은 당대의 청중들을 위해 신학적인 기능을 수행하는 자들이다. 그들은 신학적 기능과 예술적 기능을 성공적으로 결합시킨 자들임에 틀림없다.

흔히 종교의 초월성을 표현하는 데 미술보다는 음악이 더 높게 거론되곤

---

10 Geradus van der Leeuw, *Sacred and Profane Beauty: The Holy in Art* (New York: Oxford Univ. Press, 2006), 242.
11 앞의 책, 같은 쪽.
12 같은 쪽.

한다. 그 이유는 미술(전통 미술)은 외부 세계를 그리는 데 그치지만 음악은 보이지 않는 세계의 이미지를 표현하기 때문이다. 슈바이처의 표현을 빌리자면, "음악은 보이지 않는 세계를 그것을 완전히 본 자가 영원한 음으로 표현하며 본 대로 그것을 재생산한다. 만일 이에 미치지 못한다면 그것은 시간 속에서 창백해지거나 사라져 인식 불가능한 상태에 이르기도 한다"(Bach I, 49). 모차르트의 음악이 신학적이라고 말할 수 있는 것은 그 내용이 아니라 그의 음악 자체이다. 이것이 바르트의 주장이다. 그러나 바흐의 경우에는 내용과 음의 완전한 어울림에 있다 할 것이다. 본 연구에서는 바흐의 성악곡 중에서 일반적으로 교회음악으로 분류되는 칸타타와 마태 및 요한수난곡과 미사곡을 중심으로 바흐의 음악 작품에 나타난 신학을 논의하겠다.

2. 바흐의 음악신학

음악신학은 음악을 신학하기의 수단과 방법으로 삼는다. 바흐는 교회음악을 매우 많이 작곡한 음악가이자 동시에 신학자이다.[13] 칸타타와 코랄 그리고 수난곡과 미사곡이 이에 속한다. 교회음악은 교회의 전례와 밀접한 연관성 속에서 작곡되고 발표된다. 따라서 바흐의 교회음악은 교회의 전례와의 연관성 속에서 이해되어야 한다.[14] 교회의 주요 절기란 대림절을 포함한 성탄절과 주현절, 사순절과 부활절, 성령강림절(승천일 포함), 삼위일체 주일이다. 삼위일체 주일은 교회의 절기로 일상적인 것은 아니었는데, 다른 세 절기(성탄, 부활, 성령강림)는 예수 그리스도의 역사적 사건에 근거한 절기

---

13 Calvin R. Stapert, *My Only Comfort: Death, Deliverance, and Discipleship in the Music of Bach* (Grand Rapid, MI: Wm B. Eerdmanns Publishing Co., 2000), 7-11.
14 이러한 이해의 대표자로서 Jaroslav Pelikan, *Bach: Among the Theologians* (Minneapolis: Fortress Press, 1986). 이하의 글은 이 책의 분석과 착상에 많이 의존했음을 밝힌다.

인 데 반해 삼위일체주일은 교리에 근거한 것이기 때문이다.15 종교개혁교회, 특히 루터란과 성공회에서는 성인의 날과 마리아 주일을 제외하고 이러한 절기를 지켰으며 바흐의 시대에도 지속되었다.

(1) 성탄절: 성탄절 절기는 다음의 순서로 진행된다: 교회의 성탄 예배에 참석하고 집에서 하나님 말씀의 의미를 새기며 하나님의 은총을 묵상한다. 그리스도의 탄생과 은총을 기뻐하고 즐거워하며 하나님께 감사하고 찬양하고 이웃에게 선을 행한다. 바흐의 성탄절 오라토리오(BWV 248)는 성탄절의 이러한 행위들을 돕고 인도하기 위해 작곡된 것이다.

(2) 사순절과 수난절: 〈마태수난곡〉, 〈요한수난곡〉.

(3) 성령강림절: 성령감림절에 불린 찬양 중 많은 것을 루터에게서 받아들였다. 바흐의 음악에 수용된 것들은 루터의 곡, 〈오소서 성령이여〉(*Veni, Creator Spiritus*)에 기초한 "오소서! 창조주 하나님 성령이시여"(Komm, Gott Schöpfer, Heiliger Geist: BWV 370, BWV 631, BWV 667), "이제 성령께 기도 드리나이다"(Nun bitten wir den Heiligen Geist: BWV 385) 그리고 "오소서, 주 하나님 성령이시여"(Komm. Heiliger Geist, Herre Gott) 등이다. 이 곡은 슈바이처가 "훌륭하고 영감이 넘치며"(Bach I, 292) "신비적인 코랄"(Bach II, 69)이라고 평가한 작품이기도 하다.

(4) 바흐는 비교적 짧은 시간에 교회의 일 년 전례를 위하여 5회 돌아갈 수 있는 칸타타를 자곡하였다. 그는 각 절기마다 60여 개의 칸타타를 작곡했는데 이것을 모두 합하면 300개가 넘는다(이 중 1/3은 상실되었다). 이러한

---

15 앞의 책, 3.

사실은 바흐의 음악적 천재성을 보여줄 뿐만 아니라 교회음악가로서 교회에 헌신한 것을 드러내기도 한다.16 칸타타는 가사와 음악이 절묘하게 결합된 대표적 장르이다. 펠리칸은 바흐에게서 4절기의 의미가 가장 잘 집약된 칸타타는 장례 칸타타인 "하나님의 시간이 가장 최상의 시간이다"(Gotteszeit ist die allerbeste Zeit)를 들고 있다.17 슈바이처는 이 작품이 갖고 있는 "드라마적 삶과 가사와 음악의 밀접한 결합"을 언급하면서 "본문은 음악으로서 완벽하며", 이 칸타타를 여러 자료들에서 수집하여 자신이 스스로 구성했을 것이라고 말한다(Bach II, 125ff.).

1) 바흐 음악의 종교개혁적 유산

1730년 6월 25일은 아우구스부르크 신앙고백이 발표된 200주년을 맞이하는 기념일이었다. 1521년 보름스 의회에서 루터가 "나는 여기 서 있습니다. 나는 달리 아무것도 할 수 없습니다. 하나님이여 나를 도우소서!" 했던 말이 루터 자신의 양심과 도덕적인 독립선언이라면 아우구스부르크 신앙고백은 루터교회의 교리 제정인 것이다. 100주년은 30년 전쟁 중이라서 기념하지 못한 반면 200주년만큼은 특별한 축하행사로 보내기 위해 공휴일로 제정되었다. 잘 알려진 대로 300주년 기념일인 1830년 6월 25일에 펠릭스 멘델스존(Felix Mendelsshon-Bartholdy)은 그의 다섯 번째 교향곡인 "종교개혁 교향곡"을 작곡했고 5악장은 루터의 코랄 "내 주는 강한 성이요"(Ein feste Burg ist unser Gott)의 푸가적 개작이다. 멘델스존은 이 시기에 바흐의 교회음악에 깊이 관여했으며 1829년 3월 11일 바흐의 〈마태수난곡〉을 공연한 것으로도 유명하다. 청중 중에는 황제 프리드리히 빌헬름 III세를 비롯하여 시인 하이네, 신학자 슐라이어마허, 철학자 헤겔, 역사학자

---

16 앞의 책, 10.
17 앞의 책, 12.

드로이센 등 도시의 모든 지성이 몰려들었다.[18]

바흐는 200주년 기념일 25일, 26일, 27일 연속으로 교회 칸타타를 공연하였다.

> 25일: "주께 새로운 노래를 부르자"
> (Singet dem Herrn ein neues Lied: BWV 190a)
> 26일: "주님, 고요함 속에서 당신을 찬양하나이다"
> (Gott, man lobet dich in der Stille: BWV 120b)
> 27일: "예루살렘에 행복이 깃들기를"
> (Wünschet Jerusalem Glück: BWV A4a).

그런데 이 세 작품은 불행하게도 모두 소실되었다.[19] 그러나 그 기념일을 위해 작곡된 BWV 302, 303, 80번 등은 남아 있다.

바흐 음악과 종교개혁적 유산을 이해하는 데에 중요한 것은 바흐의 예술이 종교개혁의 유산에 어느 정도 헌신했느냐는 점과 종교개혁 정신이 바흐의 음악 속에 표현되었느냐는 점이다. 이로써 우리는 종교개혁을 신학적 저작을 통해서 평가해왔던 종래의 습관에서 벗어나 교회 합창, 바흐와 헨델의 교회음악, 교회 공동체 생활의 구조 등을 통해 이해할 수 있는 길을 개척할 수 있다.

루터의 종교개혁 코랄은 38곡이며 바이마르 전집 35권에 수록되어 있다. 루터의 성만찬에 대한 이해가 바흐의 〈요한수난곡〉에서 겟세마네 동산에서 베드로의 칼을 칼집에 꽂게 하고 난 뒤에 부르는 "아버지께서 주신 잔을 내가 마시지 아니하겠느냐"(요 18:11)에서 나타난다. 루터의 신앙은 인간

---

18 Andreas Großmann, "Aus Liebe will mein Heiland sterben: Zur Theologie von J. S. Bachs Matthäus-Passion", in: *Kerygma und Dogma* 40(1994), 65-77 중 65.
19 Pelikan, 앞의 책, 15.

곤경의 위기에 대한 깊은 인식에 근거한다. 이 의식을 "시련"(Anfechtung)으로 표현하고 시편 130편을 가사로 코랄, "깊은 곳에서 주께 부르짖나이다"을 썼다. 바흐의 교회음악에는 루터의 죄와 믿음 그리고 예수 그리스도의 강조가 나타난다. 바흐는 루터의 죄에 대한 이해를 매우 넓고 심원하게 이해하고 절망을 믿음을 통해 넘어서고 있다. 가령, 바흐는 크리스마스 오라토리오를 마감하면서 친숙한 사순절 코랄인 "피와 상처로 얼룩진 머리"를, 그것도 칸타타 38번과 두 개의 오르간 작품(BWV 686, 697)에서 나타나는 코랄을 갑자가 D장조로 변형하여 트럼펫으로 완성한다. 다시 말해 시련에 관한 코랄에 기쁨의 음악언어를 도입한 것이다. 물론 텍스트 안에는 이러한 사실을 정당화할 아무런 근거가 나타나지 않는다. 슈바이처에 따르면 바흐가 루터의 회개의 교리를 기쁨의 언어로 해석했다는 음악적 증거를 끌어낼 수 없지만 루터의 "회개의 가르침에 따르면 모든 참된 회개는 구원의 확신에 대한 기쁨으로 인도하며, 그러므로 기쁨의 동기는 음악의 슬픔에 대항하여 투쟁하는 것이며 결국 유리한 지위를 차지하여 심원한 의미를 갖게 된다"(Bach II, 70-71)라고 썼다. 루터의 코랄은 후기 중세의 코랄을 이어받은 것으로 하인리히 슈츠, 디트리히 북스테후데를 걸쳐 바흐에게서 게르만적으로 순치되었다.

2) 〈마태수난곡〉과 인간의 구속

바흐가 살던 시기, 〈마태수난곡〉이 발표되던 18세기 중엽은 유럽 전역에서 합리주의와 이신론이 지배했다. 슈바이처의 『예수 생애 연구의 역사』는 헤르만 사무엘 라이마루스(Hermnn Samuel Reimarus, 1694~1768)로부터 시작되는바, 그는 당시 대표적인 합리주의자요 이신론자이다. 그는 "예수가 고난받고 죽게 된 것은 명백하게 자신의 의도와 목적이 아니었으며, 지상의 왕국을 세우는 것과 이스라엘 백성을 억압에서 구출하는 것이 그의 목적이었다"20고 기술함으로써 합리주의자들의 견해를 대변한다. 그러나 바흐는 당대의 합리주의자들의 주장과는 반대로 예수의 고난과 죽음이 수난 이야기에서뿐 아니라 전 복음서 이야기의 의도와 목적이라는 것을 분명하게 밝힌다. 바흐는 그리스도의 죽음의 자발적인 특성을 강조하기 위하여 그의 죽음은 궁극적으로 인간악의 결과가 아니라 그의 사랑의 결과임을 강조한다. "십자가에 못 박으시오"(54번)라는 군중의 외침(마태복음에는 27장 22절과 27절에 두 번 언급)을 대변하는 합창에 대한 답변으로 바흐는 한 번은 소프라노 서창(57번)으로 또 한 번은 소프라노 아리아(58번)로 답변한다.

56번 서창
복음사가
총독이 물었다.

빌라도
도대체 저 사람이 무슨 잘못을 했는가?(마 27:23상)

57번 서창(소프라노)
Er hat uns allen wohlgetan,
Den Blinden gab er das Gesicht,
Die Lahmen macht er gehend,
Er sagt uns seines Vaters Wort,
Er trieb die Teufel fort,
Betrübte hat er aufgericht,
Er nahm die Sünder auf und an.

---

20 H. S. Reimarus, *Fragments* (Philadelphia: Fortress Press, 1970), 150.

Sonst hat mein Jesus nichts getan.

저 분은 우리 모두에게 선한 일을 하셨습니다.
장님에게는 눈을 뜨게 하시고,
절름발이를 걷게 하시며,
우리들에게 아버지의 말씀을 가르치시고,
악마를 내쫓으셨으며,
슬픔에 싸여 있는 자에게 용기를 주시고
죄인을 용서하셨습니다.
그 외에는 아무것도 하신 게 없습니다.

58번 아리아(소프라노)
Aus Liebe,
Aus Liebe will mein Heiland sterben,
Von einer Sünde weiß er nichts.
Daß das ewige Verderben
Und die Strafe des Gerichts
Nicht auf meiner Seele bliebe.

사랑 때문에, 사랑 때문에,
내 주는 죽으려 하시네
죄 하나 지은 일이 없으신데
영원한 파멸과
심판의 벌로부터
나의 영혼을 영원히 구하시기 위함이네.

바흐는 이상의 가사를 통해 우리 주님의 고난과 죽음이 인류를 위한 사랑이었고 그의 무죄한 죽음은 하나님의 공의를 만족시키기 위한 사랑이신 하나님의 뜻임을 분명히 한다. 325년 제일차 니케아 공의회로부터 시작하여 787년 제이차 니케아 공의회 사이에 열린 일반적으로 공인된 7차례의 공의회를 통하여 예수 그리스도의 인격에 관하여 구체적이며 섬세하고 엄밀하게 규정되었으며 정통교리로 공인되었다. 그리고 이 규정과 다른 견해를 표명하는 사람은 이단으로 규정되었다. 그러나 인격에 대한 이러한 엄밀하고도 긴 역사적 규정이 그가 구주로서 행한 일을 규정하기 위한 것이었음에도 불구하고 그가 구주로서 행한 일이 무엇이었는가를 그 이후의 신학은 섬세하게 전개해나가지 못했다. 따라서 그리스도의 인격 교리에 대한 정통은 있어도 그리스도의 사역 교리에 대한 정통은 없다. 그리스도의 인격에 대한 관심은 그리스도의 사역에 대한 관심을 촉발했는데, 그것은 신학적이고 형이상학적인 사변 때문이 아니라 어떻게 나뉘지 않은 인격이 인류의 구주가 되실 수 있느냐는 종교적이며 구원론적 관심 때문이다. 그러나 구원론적 관심을 고백하는 적절한 자리는 교리가 아니라 예전이며, 예전에서도 예전 가운데 있는 신조를 통해서가 아니라 미사의 극적 행위로써 정점에 오르는 예배 안에서이다. 그리고 예전은 교회의 찬송가로 나타난다.

종교개혁자들은 미사의 희생을 모두 공격했으나 중세에서 갈보리의 예수와 일치되는 성찬 예전에 대한 희생적 이해는 예배와 교리의 전제로서 보편적으로 받아들였다. 그리스도의 죽음에 대한 예전적이며 명상적인 그림은 구속적 만족의 행위로서 중세교회에서 교리(dogma)로 받아드려진 것이 아니다. 그러나 종교개혁자들은 희생제사로서의 미사를 공격했으며 성 금요일의 그리스도의 희생에 유일회적이며 반복될 수 없는 지위를 부여한다. 종교개혁자들은 구원론을 미사의 희생론에서 칭의론으로 바꾸고 이것이야말로 교회의 존폐가 달려 있는 교리(articulus stantis aut cadentis ecclesiae)임을 확정한다. 안셀름의 만족설이 로마 가톨릭 신학에서보다 개신교 신학에서 더욱 확고하게 자리를 잡은 셈이다. 바흐 시대의 정통주의에서 이 교리는 올바른 정통주의를 가르는 시금석이 되었다.

안셀름의 만족설적인 구속 교리의 핵심이 되는 그리스도의 피는 바흐의 〈마태수난곡〉을 처음부터 마지막까지 일관하는 해석학적 열쇠이다.21 바흐는 〈마태수난곡〉을 여는 합창 코랄에서 이 점을 분명히 한다. "오라, 딸들아" 이 코랄은 "(예루살렘)의 딸들"을 그리스도를 위해서가 아니라 자기 자신들과 자신들의 어린이를 위해 울라고 초대하는 이중(엄밀하게 삼중) 합창이며 이렇게 수난의 슬픔과 통곡을 나누기 위한 초대이다. 합창은 질문과 답의 대화로 진행된다.

Sehet	— Wen?	— den Braütigam
보라!	— 누구를?	— 신랑을
Seht ihn!	— Wie?	— Als wie ein Lamm
그를 보라!	— 어떻게?	— 마치 어린양과 같이

바흐의 생애와 작품에 대한 가장 포괄적인 연구가인 크리스토프 볼프는 바로 이 부분에서 바흐의 시작 부분의 합창이 신학적 내용과 문학적 구조 그리고 음악적 표현의 관점에서 전체 수난곡이 추구하는 목표를 총 망라하고 있다고 평가한다.22 두 번째 답변에서 세 번째 합창이 등장하는데, 이 합창은 소년합창이다. 어린이 합창은 예전적으로 객관화되는 고백을 부를 때 등장하는바, 게르만 미사에서 전통적인 *Agnus Dei*(신의 어린양), 즉 "O Lamm Gottes"를 부를 때 등장한다는 것이다. 그러나 바흐가 작곡한 최소한 두 개의 코랄 전주곡(BWV 618, 656)의 독일 역본에는 라틴 미사에서 분명하게 제시하지 않은 부분을 명시적으로 언급한다. 그것은 그리스도가 "Lamm

---

21 이하의 해석은 Pelikan, 앞의 책, 95ff. 참조.
22 크리스토프 볼프, 『요한 세바스찬 바흐 2』, 이경분 옮김(서울: 한양대학교출판부, 2007), 117.

Gottes unschuldig"(무죄한 하나님의 어린양)이라는 것이다. 바흐의 수난곡은 성인의 이중 합창으로 대화를 계속한다.

>Sehet!　— Was?　— seht die Gedult,
>Seht!　— Wohin?　— Auf unsere Schuld
>Sehet ihn aus Lieb und Huld
>Holz zum Kreuze selber tragen.

>보라!　— 무엇을?　— 그 인내하심을
>보라!　— 어디를?　— 우리의 무거운 죄를
>사랑과 은총의 그를 보라
>그분은 스스로 십자가를 지셨도다.

무죄한 하나님의 어린양과 죄인인 인간, 이것은 서로 모순되는 대조인데, 수난곡을 통해 서로 교환이 이루어진다. 예수 그리스도가 겟세마네에서 슬퍼하신 이유는 하나님 아버지가 그를 위험과 죽음으로부터 구출해주시지 않았기 때문이 아니라 그리스도가 교환의 짐을 충분히 감지하는 데 이르기 때문이다. 무죄한 자가 인간의 죄를 위하여 죽어야 한다. 기독교 신앙의 중심인 그리스도의 십자가가 음을 통해 회화적으로 펼쳐진다.

〈마태수난곡〉을 교의학적 논문으로 읽으면 이것은 라이마루스의 합리주의나 정통주의의 해석, 즉 하나님의 공의를 만족시키기 위한 예수의 자발적 행위라는 교리에 대한 저항으로 읽힌다. 그러나 바흐는 그 당시 아방가르드 신학자들이 무슨 말을 하든지 상관하지 않고 안셀름의 체계 안에서 만족하는 듯 보인다. 그러나 바흐의 〈마태수난곡〉은 교의학적 논문이 아니다. 수난곡의 가사 역시 논리가 아니라 한 편의 시문이다. 그리고 이 모든 것은 참을 수 없는 감정의 힘에 실려 표현되고 분출되는 시문이다. 그러므로 바흐의 〈마태수난곡〉은 "*Cur Deus homo*"와 같은 합리주의적이고 변증적인 논고가 아니라 인간 구속에 대한 감정적이고 헌신적인 명상이고 성찰이다. 종교개혁 이후의 개신교 역사가 웅변적으로 보여주듯이 속죄의 만족설은 헌신에서 교의학으로 전이되거나, 성찰에서 조직신학으로 옮겨질 때 신론이나 예수의 생애에 관한 초상이나 성서 해석에서 많은 문제점을 낳았다. 예전적이고 성례전적인 맥락을 충분히 고려하지 않는다면 만족설은 의미를 상실한다. 혹은 의미의 과부하 현상이 일어나 십자가의 신비가 육신을 요구하는 천상의 샤일록(Shylock)[23]으로 변한다. 바흐가 〈마태수난곡〉을 통하여 기독교 복음의 중심적이고 근본적으로 긍정할 수 있는 맥락으로 옮김으로써 만족설을 회복시키고 있다고 말할 수 있다.

그렇지만 〈마태수난곡〉에는 종교개혁을 넘어 중세로 회귀하는 흐름이 있다는 것을 간과할 수 없다. 우리 찬송가 145장 "오 거룩하신 주님"에도 실려 사순절과 고난주간에 즐겨 불리는 "피와 상처로 얼룩진 머리"(O Haupt voll Blut und Wunden)는 중세 찬양의 독일어 번역이다. "피와 상처로 얼룩진 머리"로 상징되는 고난과 십자가의 신학은 종교개혁 이후 유럽 주류 개신교의 영성적 흐름이기도 하다. 십자가에서 낮아진 자의 속죄의 죽음은 동시에 십자가에서 높여진 자의 죽음이다. 부활절이 성 금요일 안으로 포함된다. 〈마태수난곡〉이 중세적이라는 사실은 이 수난곡에는 예수의 부활이 예수의 적대자의 입을 통해 나타는 것 외(76번)에 한 번도 언급되지 않는다는 점에서도 확인된다. 그것은 안셀름의 그리스도는 자신의 죽음으로 구원하기 때문이다. 교리적으로 그리스도는 한 인격 안에 신성과 인성이 공존하는 양성론적 존재로서 인간과 신에게 동시에 만족을 주며 이것은 보편적으로 타당하다.

안셀름적인 만족설에서 볼 때 예수의 부활은 하나님이 예수의 죽음에

---

23 셰익스피어의 희곡 『베니스의 상인』에 나오는 유대인 고리대금업자. 욕심 많고 인정 없는 인간의 전형이다.

만족했다는 선언 이상의 의미를 갖지 않는다. 그러나 루터의 입장에서 볼 때 부활은 그리스도의 죽음에 덧붙여지는 주변적인 요소가 아니며, 그렇기 때문에 루터는 사순절 찬양을 더 쓸 필요는 느끼지 못했지만 성탄절과 부활절, 성령강림절 찬양을 썼다.24 바흐는 이 작업을 〈요한수난곡〉에서 진행한다고 볼 수 있다. 그렇지만 〈마태수난곡〉이 빈 무덤이 아니라 잠긴 무덤으로 끝나지만 이것은 희망과 확신이 없는 슬픔과 눈물의 공동체를 남겨놓기 위한 것이 아니다. C장조로 끝나는 마지막 곡은 부활절을 기대하는 슬픔이라 할 것이다.25 〈마태수난곡〉 전체를 흐르는 주제는 "무죄한 하나님의 어린양"(O Lamm Gottes, unschuldig)이다. 그리스도의 죽음에서 죽음의 슬픔과 속죄의 감사를 동시에 듣는다. 슬픔과 감사가 동시에 표현된다는 점에서 〈마태수난곡〉은 미켈란젤로의 피에타의 최상의 코랄 번역이다.26

3) 〈요한수난곡〉과 승리자 그리스도

바흐의 〈마태수난곡〉이 중세의 구속 이론을 가장 강력하게 음악적으로 옹호하는 곡이라면 〈요한수난곡〉은 또 다른 구속 이론인 "승리자 그리스도"(*Victor Christus*) 이론을 옹호하는 곡이다. 바흐는 이 곡을 통해 개신교 정통주의를 거쳐 루터에게로, 중세를 지나 초기 기독교의 희랍 교부의 신학에까지 이른다.27 승리자 그리스도 이론은 닛사의 그레고리에 의해 발전된 교리로서, 하나님이 그리스도를 통해 인류의 적인 마귀와 싸워 승리하신다는 것이다. 마귀는 인류를 불법적이지만 효과적으로 노예로 만들었고, 그리스도의 십자가에서 노예의 사슬이 끊어진다. 그레고리는 마귀를 거대한 고기로

---

24 Pelikan, 앞의 책, 18
25 Andreas Großmann, 앞의 논문, 77.
26 Pelikan, 앞의 책, 101.
27 Pelikan, 앞의 책, 106.

비유하여 마귀가 인류를 삼켰지만 인성을 지니신 그리스도도 동시에 삼켜 버렸다. 그러나 그리스도의 신성이 인성 밑에 은닉되어 있었기 때문에 굶주린 고기는 신성을 삼켰지만 신성은 고기의 배를 뚫게 되고 고기는 정복되며 인류는 해방된다. 희랍 교부들은 영웅적 그리스도의 승리를 축하하며 승리의 십자가를 노래한다.

학자들은 흔히 〈마태수난곡〉보다 〈요한수난곡〉이 더 드라마틱하다고 평가한다. 그러나 곡을 주의 깊게 들어보면 그 드라마틱한 특징의 출처는 그리스도의 적들의 등장에 따라 두드러지는바, 복음서 이야기 속에 나타난 적들만이 아니라 전통적으로 '승리자 그리스도' 상에 적대적인 적들, 곧 타락한 세계이다. 타락한 세계는 변명의 여지없이 그리스도의 죽음에 우주적 혼란으로 응답한다. 곡의 끝부분에 나오는 테너의 노래를 들어보자.

> Mein Herz, indem die ganze Welt
> Bei Jesu Leiden gleichfalls leidet,
> Die Sonne sich in Trauer kleidet,
> Der Vorhang reißt, der Fells zerfällt,
> Die Erde bebt, die Fräber spalten,
> Weil sie den Schöpfer sehn erkalten,
> Was willst du deines Ortes tun?(Nr.34)

> 나의 마음이여! 온 세상이
> 예수의 고난을 앓는 동안
> 태양도 슬픔에 젖고
> 장막은 찢어지고, 바위는 깨어지며
> 땅은 흔들리고, 무덤은 열리네
> 그들이 창조자를 보고 죽음에 떨고 있는데

당신들은 무엇을 하려고 하는가?

    지옥은 문이 있고 죄인들을 감금할 수 있다. 이 세상은 인류가 포로로 잡혀 있는 감옥이다. 죽음은 우리가 그것으로부터 해방되어야 할 폭군이며 무덤은 절망의 근원이다. 그러나 그리스도는 이러한 적에 대항하여 전투를 벌인다. 여기서 주목할 만한 대목은 예수에 대한 호칭이 경건주의자들에게 대명사였던 '구주'(Heiland)에서 주권과 능력과 승리의 상을 드러내는 '영광의 주님'으로 바뀐다는 것이다. 〈요한수난곡〉의 첫머리에서부터 예수는 주님이다.

> Herr, unser Herrscher, dessen Ruhm
> In allen Landen herrlich ist!
> Zeig uns durch deine Passion
> Daß du, der wahre Gottessohn,
> Zu aller Zeit,
> Auch in der größten Niedrigkeit,
> Verherrlcicht worden bist!(Nr.1)

> 주님, 우리의 지배자여, 당신의 영광이
> 온 땅에 찬란합니다.
> 당신의 고난을 통하여 우리에게 보이소서
> 당신이 참된 하나님의 아들이심을
> 모든 시대
> 가장 깊은 겸허 가운데서도
> 당신은 영광을 받으십니다!

그리스도의 양위(兩位), 곧 겸허와 고양의 지위에 대한 전통적인 언어가 여기서는 전복된다는 것이다. 고양의 지위가 겸허의 지위를 뒤따르지 않고 고양의 지위가 겸허의 지위 안에서 표명된다는 것이다. 〈마태수난곡〉에서 여는 합창곡과는 다르게 〈요한수난곡〉은 슬픔에 대한 탄식이 없고 절박한 비극에 대한 탄식이 없다.

승리자 그리스도 상이 결정적으로 제시되는 대목은 예수가 빌라도 앞에 섰을 때 빌라도가 예수를 무죄 석방하려고 시도할 때 합창대가 노래하는 부분이다.

> Durch dein Gefängnis, Gottes Sohn,
> Muß uns die Freiheit kommen;
> Dein Kerker ist der Gnadenthron,
> Die Freistatt aller Frommen;
> Denn gingst du nicht die Knechtschaft ein,
> Müßt unsre Knechtschaft ewig sein.

> 당신이 옥에 갇힘으로 하나님의 아들
> 당신은 우리에게 자유를 주셨도다;
> 당신의 감옥은 은혜의 면류관
> 모든 경건한 자들의 피난처;
> 당신이 종됨을 받으시지 않았더라면
> 우리는 영원이 종이었으리라.

〈마태수난곡〉이 부활을 간접적으로 언급하고 있는 반면 〈요한수난곡〉에서 부활은 이야기 안에 통합되어 있다. 성금요일과 부활절은 승리자 그리스도에 의하여 하나의 사건이 된다. 사실 요한복음의 십자가는 고난의 절정이 아니라 하나님의 사역이 다 이루어지는 순간이다.

기독교 신학에서 안셀름적인 만족설과 루터와 그리스 교부들로부터 나온 승리자 그리스도 교리는 흔히 대립적으로 다루어진다.28 그러나 바흐는 〈마태수난곡〉에서 만족설을 진지하게 받아들이고 〈요한수난곡〉에서는 승리자 그리스도 이론을 축하한다. 바흐는 그의 음악 작품을 통해 신학적 양자택일을 거부했다고 말할 수 있다. 바흐는 크리스마스 오라토리오(BWV 248) 전 곡에서 속죄론에 대한 두 이미지를 다 사용하고 있다. 그는 크리스마스 오라토리오 6번째 칸타타를 〈마태수난곡〉 전편의 주제곡이라 할 수 있는 사순절 코랄 "피와 상처로 얼룩진 머리"를 D장조와 트럼펫으로 마감한다. 그러나 〈마태수난곡〉 마지막 코랄 가사는 "승리자 그리스도"를 드러내는 가사이며, 이 내용은 〈마태수난곡〉보다 〈요한수난곡〉에 더 타당하다고 말할 수 있다.

> Nun seid ihr wohl gerochen
> An eurer Feinde Schar,
> Denn Christus hat zerbrochen,
> Was euch zuwider war.
> Tod, Teufel, Sünd und Hölle
> Sind ganz und gar geschwächt;
> Bei Gott hat seine Stelle
> Das menschliche Geschlecht.(Nr.64)

> 자 너희들은 이제
> 당신들의 적군을 물리쳤다.

---

28 Pelikan, 앞의 책, 115.

그리스도가 당신의 대적자들을

물리쳤기 때문이다.

죽음, 악마, 죄, 지옥

이 모든 것들이 사라졌다.

인류는

하나님 편에 처소를 얻었다.

4) 〈B단조 미사〉와 복음적 보편성

바흐 당시 개신교 작곡가가 미사곡을 작곡한 것은 이상한 일은 아니다. 루디는 예배에서 미사의 희생제사적 의미를 제거하고 설교로 대치했을 뿐 그 형식은 온전히 보존하고 있었다. 그래서 미사의 형식인 Kyrie(주여), Gloria(영광), Credo(신경), Sanctus(거룩) & Benedictus(축복) 그리고 Agnus Dei(신의 어린양)의 형식이 코랄과 칸타타에 보존된다(Bach I, 51ff.). 루터에서 바흐에 이르기까지 개신교와 가톨릭의 위대한 음악 작품은 공통적인 요소가 많다. 개신교 악장은 미사곡을 가톨릭과 정확히 동일하게 작곡했으며, 이탈리아 거장들의 미사곡들이 누구의 의심도 받지 않고 개신교 지역에서 완성되었다. 루터교의 예배는 다음과 같은 형식으로 진행되었다: Kyrie, Gloria, Epistle, Gospel, Credo(니케아 신조), 설교, 성도의 교제(Sanctus), Benedictus, Agnus Dei의 순이다. 그러나 독일 찬송가는 매 주일의 특성을 표현하는 것이다. 개신교 예술가들은 옛것을 새것으로 교체하는 데 흥미가 있었던바, 하나의 완성된 미사곡보다는 교회력에 따른 일 년 전체의 설교음악을 작곡하였다. 사실 바흐도 5년분 시리즈의 코랄과 칸타타를 작곡했으나 완성된 미사곡은 단 한 곡이다. 이처럼 개신교의 교회음악은 전통에 억매이거나 관습에 속박됨이 없는 자유로운 것이었으며 자신의 과제를 스스로 설정하여 복음을 음악으로 표현했다. 슈바이처는 이와 같은 자유로운 교회음악 분위기가 17, 18세기 교회음악이 종교음악뿐 아니라 세속음악에도 영향을 줄 수 있었던 요인으로 본다(Bach I, 55f.).

하이든(Franz Josef Haydn)은 16개의 미사곡을 작곡했다. 모차르트도 많은 미사곡을 작곡했다. 그러나 바흐는 단 하나의 미사곡만을 남겼다. 하이든의 미사곡은 매우 장식적이며 예배당보다는 극장에 부합하는 오페라적인 곡이다. 저명한 중세 철학 연구가이며 훌륭한 가톨릭 미학자이기도 한 질송(Etienne Gilson)은 그들에 대해 이렇게 평가했다.

> 하이든과 모차르트의 미사곡들은 미사란 미사의 집전행위 속에 있다고 생각하는 사제의 종교적 목적을 매우 잘 충족시키고 있다. 그러나 그러한 음악은 자신의 목적을 위해 존재한다. 그러한 음악은 우리에게 하나님에 대하여 말해주지 않고 하이든과 모차르트에 대하여 말해준다.[29]

그러나 질송은 바흐의 미사곡은 "예전적인 기괴함"을 드러내고 있으며 로마 가톨릭적이라기보다는 개신교적이라고 평가한다. 알버트 슈바이처는 바흐의 B단조 미사에서 "가톨릭적인 것과 개신교적인 것을 동시에 발견한다. 그리고 덧붙여 작곡자의 종교적 의식이 불가사의하며 불가해하다"(Bach II, 314)고 평가한다. 바흐는 라틴 미사의 통상문(Kyrie, Gloria, Credo, Snatus, Agnus Dei)을 그대로 음악에 사용함으로써 루터 자신에 의해 전개되어온 (1523년 이후) 예전적 음악 전례에 사실상 참여하고 있다. 그럼으로써 가톨릭교회와 루터교회 사이의 연속성에 참여하고 있다. 16세기 이후 개신교의 주류가 된 정통주의와 경건주의에 대하여 한 학자는 이렇게 비판했다.

> 개신교 정통주의의 지도자들은 순수한 교리를 강조함으로써 교회와 성

---

[29] Etienne Gilson, *The Arts of the Beautiful* (New York: Charles Scribner's Sons, 1965), 175. Pelikan, 앞의 책. 117에서 거듭 인용.

도의 교제를 상실했고, 이제 경건주의는 그리스도인의 삶에 대한 정열 때문에 교회를 상실했다. 정통주의와 경건주의는 모두 비교회적이다.30

바흐의 미사곡은 가톨릭 미사의 핵심인 희생제사와 미사 전주곡을 포함하지 않는다. 그러나 B단조 미사는 주님을 찬양하는 다양한 영광송을 풍부하게 담고 있다. 소프라노 아리아 "*Laudamus te*"는 주님(전능자)을 찬양하고 은혜를 비는 지고하고 거룩한 감수성을 드러낸다. 그러나 이 아리아는 오페라에서처럼 가수의 천재성에 의존하지 않는다. 바흐의 찬양은 가장 고양된 지고한 인간 정신의 표현이다.

영원한 하나님에 대한 찬양으로서 기독교 예술은 매이지 않는 자유의 표현이다. 그러나 자신을 성육신 속에서 제한한 하나님에 대한 찬양으로서 기독교 음악은 자신을 형식에 매놓는다. 예술을 자유와 유한성의 굴레에서의 해방으로 보는 관념은 고대 희랍적인 것이다. 이러한 관념은 낭만주의에서 부활하여 바그너에게서 정점에 달한다고 볼 수 있다. 그러나 기독교 예술가는 우상이 아닌 영원하신 하나님에 대한 예배를 통해 무한에 참여한다. Santus의 교창(交唱)은 가사가 선언하는 것처럼(*Pleni sunt coeli et terra gloria ejus*) 땅과 하늘을 하나님의 영광으로 채움으로써 주변에서 바로 하나님의 현존으로 나아간다. 바흐의 음악예술은 한계가 없는 자유를 느끼게 한다. 그러나 바흐는 이것을 형식에 맴으로써 실행한다. 미사곡이 찬양하는 하나님은 부동의 동자처럼 무한한 자기 명상 속에 침잠하는 무시간적 실재가 아니라 예수 그리스도의 역사적 모습 속에서 자신을 제약하는 존재로 나타나신 거룩하신 분이다. 바흐의 기독교 예술의 대상은 그리스도 안에 계시된 절대자이며 영원자이다.

소프라노와 알토의 듀엣으로 노래하는 "*Et in unum Dominum*"(한 분이

---

30 Pelikan, 앞의 책, 102.

신 주님을 믿습니다), 니케아 신조의 정통 가르침은 아버지와 아들은 구분되지만 동일하다는 가르침을 음으로 표현할 뿐만 아니라 영원자의 무한한 자유와 성육신하신 자의 유한성이 어떻게 결합될 수 있는지를 감성에 호소한다. 바흐는 교리적 전통, 가령 Credo에서 니케아 신조를 그대로 사용하지만 그것을 살아 계신 하나님에 대한 신앙의 표현으로 바꾸어놓는다. 슈바이처는 바흐의 미사곡 Credo 부분에서 바흐의 음악을 통해 교리가 생동감을 얻게 되었다고 평가한다. "니케아 신조는 작곡가에게는 깨기 힘든 호두껍질이다. 음악적 존재이념을 전혀 고려하지 않은 텍스트의 집합이 있다고 한다면 그것은 희랍 교부들이 그들의 정확하고 건조한 공식을 그리스도의 신성을 파악하기 위해 사용한 신조이다. 니케아 신조를 음악으로 작곡하는 어려움을 바흐의 작품에서처럼 그렇게 완전히 극복한 미사곡은 없다. 그는 드라마의 이념이 가질 수 있는 가능한 최고의 장점을 텍스트 안에서 살렸으며, 그렇게 함으로써 감정이 텍스트 안에서 읽히게 되었다"(Bach II, 317-318).

슈바이처는 역사적 예수 연구에서 고전적인 정통 기독론을 "양성론이라는 수의"를 입은 교리로 평가한 적이 있다.31 니케아 신조, 특히 그리스도론 부분은 논리적으로 이해될 부분이 아니라 예전을 통해 찬양될 부분이 아닌지 모르겠다. 장 칼뱅은 니케아 신조를 평가하면서, 이 신조는 "고백의 형식보다는 노래에 적합한 찬양에 더 부합한다"32라고 했다. 슈바이처도 이와 같은 견해를 상세히 피력한다. "이처럼 바흐는 교리가 언어적 형식에서보다 음악에서 훨씬 분명하고 만족스럽게 표현될 수 있음을 입증한다. 니케아 신조의 이 부분에 대한 바흐의 주석은 수 세대 동안 동방세계를 달구었던 논쟁을 해결하고 신조를 이슬람 세계로 인도했다. 도그마에 대한 바흐의 제시는 심지어 도그마에 대한 아무런 매력도 느끼지 못하는 사람들의 마음에 그것

---

31 Albert Schweitzer, *Geschichte der Leben – Jesu – Forschung* (Tübingen: J.C.B. Mohr, 1906/1984), 47.
32 Pelikan, 앞의 책, 124에서 거듭 인용.

을 받아들일 수 있게 하고 이해할 수 있게 한다"(Bach II, 319).

바흐의 니케아 신조에 대한 음악적 해석은 곡의 대조와 암묵적인 연결 부위에서 잘 드러난다. 바흐의 교회음악은 언어에 대하여 표제음악적 기능에 있는 것이 아니라 음과 언어가 결합함으로써 음이 말의 내용을 조명하고 말의 내용을 초월하기조차 한다는 데 있다. 바흐는 대조 혹은 암묵적 연결을 통해 이를 수행한다. 가령 그와 같은 대조는 "*Kyrie*" 제2부에서 "*Gloria in exelsis*" 넘어가는 부분에서 나타난다. 여기서 바흐는 작곡 스타일을 완전히 바꿔서 트럼펫과 팀파니를 불러내고 오보에다모르를 보다 강력한 정규 오보에로 교환한다. 회중의 예배에서도 합창과 솔로가 나온 뒤에 세 번 자비의 기도를 드린 후에 "지극히 높으신 하나님께 영광"(*Gloria in exelsis Deo!*)의 영광송이 이어진다. Kyrie와 Gloria 사이에는 단조의 깊이와 장조의 높이 사이의 뚜렷한 대조가 이루어진다. 또 하나의 대조는 "*passus et sepultus est*"(고난받으시고 장사되었다)와 "*Et resurrexit*"(그리고 부활하셨다) 사이의 대조이다. 이 양자 사이의 대조는 그렇게 심원하고 그렇게 찬란하기 때문에 오늘날에도 공연시에 회중들이 듣기에 헐떡인다.

바흐는 간접적인 음의 관계 속에서 본문의 의미를 조명하고 느끼게 한다. 신조의 3조항의 한 부분인 "*Expecto resurrectionem mortuorum*"은 2조항의 "*Et resurrexit*"의 음악적 반향이다. 하나님은 죽은 자들로부터 그리스도를 일으키심으로써 믿는 자들에게 영생에 이르는 부활의 희망을 보장한다. 이 두절을 연결시킴으로써 바흐는 희망의 근원이 제2의 아담이요 모든 인류의 새로운 머리 되시는 그리스도의 부활에 있음을 청중들에게 상기시킨다. "*Gratias agimus*"와 "*Dona nobis pacem*" 사이에도 유사한 울림이 있다. 마지막 합창이 기원하는 평화는 세상이 줄 수 없는 평화인데, 하나님께 감사하는 이의 삶으로부터 오는 평화이기 때문이다.

바흐는 미사곡을 통해 가톨릭 전통에서 긍정한 내용과 의미를 새롭게 조명함으로써 에큐메니즘의 이념이기도 한 복음적 보편성(evangelical catholicity)을 성취하는 데 음악적으로 공헌했다고 볼 수 있다. 슈바이처는 바로 이 점에서 바흐의 B단조 미사와 베토벤의 장엄미사곡(Missa Solemnis) 사이의 차이에 주목했다. "교향곡 작곡자인 베토벤에게 이 두 부분(Benedictus와 Agnus Dei)은 그가 이해한 대로 미사 드라마의 정점이다. 그러나 교회의 개념으로 생각한 바흐에게 그것들은 모든 것이 천천히 사라지는 점이다. 베토벤의 Agnus Dei에서 고통받는 자와 공포에 사로잡힌 자의 영혼의 구원을 향한 외침은 그 강도가 매우 무시무시하다. 그러나 바흐의 Agnus Dei는 구속받은 영혼의 노래이다"(Bach II:323).

바흐 미사곡의 위대성은 고고학 속으로 전통을 상실하지 않고 전통의 가치를 충분히 펴올린다는 점이다.33 또한 바흐의 미사곡은 "예전적 괴물"이 아니라 그의 전 생애를 점철해간 복음적 보편성에 대한 예전적이고 신학적이며 미학적 축제이다. 미사곡은 바흐의 다른 교회음악 작품보다 그의 사상과 작품의 이질적인 요소들을 종합하여 숭고한 통일성을 이루어낸 작품이다. 슈바이처에 따르면 바흐가 작품을 통해 말하고자 하는 것은 순수한 종교적 감정이다. 그리고 이것은 민족과 문화와 종교에 따라, 소속에 따라 달리 나타날지라도 모든 인간에게 동일한 것이다. 그것은 무한자에 대한 감정이며 고양된 자에 대한 감정이다. 그러나 이 감정을 말로 표현하는 것은 항상 부적절하고 한계를 노출한다. 이 감정의 표출은 오직 예술에서 적절하게 나타난다. 나에게 바흐는 최대의 설교자이다. 그의 칸타타와 수난곡은 우리가 진리를 파악하고 사물과 하나가 될 수 있도록 우리의 영혼의 상태를 조율한다. 그리고 우리가 하찮게 보아왔던 모든 것을 드높이고 우리를 분리했던 모든 것 위로 우리를 끌어올린다(Bach I, X).

---

33 Pelikan, 앞의 책, 125.

3. 감성으로 신학하기

선교신학자 테오 순더마이어가 "우리 시대는 두 개의 긴장관계 속에 있다. 하나는 말의 인플레이션으로서 말을 뒤에서 들리는 소음으로 전락시키는 것이고, 또 다른 긴장은 작품들이 지나치게 과도하게 쏟아져 나옴으로써 사람들이 순수한 느낌에 무감각해진다는 것이다." 그러면서 그는 "누구도 이 딜레마에서 벗어날 수 없는 것 같다"라는 현실을 비관적으로 진단하면서도 "'하나님의 위대한 행동'을 볼 수 있는 눈과 생명을 주는 성서의 말씀을 들을 수 있는 귀를 가지고 있지 않다면 신앙도 깊이 위협을 받는다"[34]라고 신적 실재를 볼 수 있는 눈과 들을 수 있는 귀를 요청한다.

인간은 하나님과 세계를 오감을 통하여 먼저 몸으로 익히고 그것을 언어와 상징으로 표현함으로써 종교와 문화와 예술을 만들어나간다. 예술은 철학이나 과학과 마찬가지로 세계 인식의 한 방식이다. 지금까지 기독교 신학을 이끌어왔던 사유가 진짜와 거짓, 정통과 이단을 가리는 논리적 사유, 혹은 선과 악을 판단하는 윤리적 사유였다면 앞으로 기독교 신학을 창조해갈 사유는 창조세계의 좋음, 곧 아름다움을 회복하기 위한 예술적 사유여야 하며, 이 사유를 통해 구성되는 감성의 신학이어야 한다는 것이 글쓴이의 생각이다.

그러나 다른 한편 인간의 감성은 연출된 감성 속에서 감각을 상실해가고 있다. 감성의 주가가 상승세이며 고가를 호가하는 경우도 많이 발견되지만 계획되고 연출된 감성 속에서 감각의 능력이 사라지는 시대도 또한 21세기의 모습이다. 몸과 감각을 억압하던 과거의 전통이 억압을 계속하는 새로운 몸의 상태를 생산함으로써 지속적으로 상속되고 있다. 과거에는 반감각적인 밖으로부터의 억압이었다면 현재는 감성에 대한 새로운 감

---

34 테오 순더마이어, 『미술과 신학』, 채수일 엮어옮김 (오산: 한신대학교출판부, 2007), 240f.

각적인 억압을 통해 자기조정으로 통합되었다.

강도 높은 미디어의 등장과 사용이라는 포스트모던 옷을 입은 멀티미디어 시대에 감각은 항상 강하게 자극되지만 감성은 사실 점점 획일화되어가고 사라진다. 감성(Sinnlichkeit)이란 더욱 섬세하게 지각하기 위한 감각이 깨어나는 것, 수용성의 한계를 밀어(열어) 만나는 실재의 고유함을 그것에 맞갖게 파악할 수 있는 길로 나아가는 것이다. 그러나 미디어를 통해 연출된(기획된) 감성은 지각을 미리 정해진 감정들로써 전하고자 하는 광고에 적합하게 만듦으로써 찬양된 새로운 상품을 구매하거나 단지 표피적으로 즐기도록 한다. 곧바로 만질 수 있는 표피에서 감각의 다양성과 차이는 동종화(同種化)되고 일원화된다. 따라서 지각의 판단력을 갱신함으로써 어떻게 감각을 깨우고 각성할 수 있는지, 신앙은 감성으로서 어떻게 하나님의 역사를 "듣는 마음"으로 받아들일 수 있는지, 듣는 마음은 각기 다양하며 서로 교류하고 얽혀 있는 지각을 통해 형성될 수 있는지, 진지하게 묻고 깊게 인식해야 한다.

인간의 감각은 단순한 수동성이 아니라 지각의 사건에 창조적으로 관여하는 능동성이다. '봄의 예술'은 단순히 흘깃 지나가면서 보는 것과 달리, 한 시야에서 어떤 것은 도드라지게 보이고 다른 것은 배후로 사라진다. 감각은 대상을 지각하고 구분하고 차이를 인식하면서 그곳에 머무르면서 대상과 교감하고 분명하게 인식한다. 그러나 사이버 감각에서는 이러한 차이가 사라진다. 그래서 지평이 소멸된다. 나는 독서에서 책을 나의 손에 들고 있지만, 극장에서 나는 무대를 볼 뿐만 아니라 무대 자체를 본다. 안으로 파고드는 미디어는 배면과 지평이 없는 실재를 제시하는 것이 목표이다. 지평이 없는 지각만이 존재한다. 미디어 그림의 홍수와 함께 분리의 강도와 비율적 지각 대신에 시각적 구강성, 멍한 응시만이 발달한다. 근대의 판옵틱이 재현되는 것이다.

감각적 지각을 위한 지평의 구성적 의미란 무엇인가? 이 지평은 사물을 날것(*bruta facta*)으로 기대하지 않고, 순수한 수용성으로 여기지 않고, 하나님의 역사를 향하여 보게 한다. 그와 같은 지각은 사물세계를 순수한 객관적인 세계로 보지 않으며 하나님을 인식의 대상으로 격하시키지 않는다. 그러한 지각은 세계의 사물을 하나님의 숨겨진 역사를 향하여 보게 한다.

음악신학은 지각의 비만을 치유하여 듣는 마음의 가벼움과 경쾌함을 지각할 수 있는 감각을 일깨우다. 에바다!(막 7:34), 곧 지각의 열림과 들림과 보임과 맛봄과 만짐의 신학이다. 종말론적 약속 신앙의 감성은 그의 마음속에 방향 잡는 중심을 세운다. 신앙의 감성이란 사물 속에 하나님의 역사하심을 창조적으로 지각하는 것이다. "하나님의 위대한 행동이란 나의 감각을 깨우는 것이다"(Paul Gerhard). 그러나 그 감각은 한 번에 열리기도 하지만 점차적으로 열리기도 한다. 벳세다의 맹인은 한 번에 모든 것을 다 볼 수 있었던 것이 아니라, 점점 분명하게 보기 시작한다(막 8:22-26). 아침마다 깨우치시되 나의 귀를 깨우치사 학자들같이 알아듣게 하소서!(사 50:4).

신앙의 감각에서는 불가항력적인 감각적 자극에 정복당하여 들음과 봄의 감각이 사라지거나 높은 감각의 이름으로 감각이 기능화되는 것이 아니다. 신앙의 감각은 감각의 세움에 목적이 있는 것이 아니라 성령을 통해 감각을 섬세하게 하고 감각을 깨우는 것이 목적이다. 하나님의 음성은 질풍노도, 지진과 폭풍우 속에서 들리는 것이 아니라 세미한 소리 가운데 임한다(왕상 19:11f.). 감성의 신학은 하나님의 말씀을 잘 듣고 이해하는 신학을 넘어 창조에서 하나님의 선하심과 좋음을 지각하고 새 창조를 위한 열정을 제공하는 신학이다. 이를 위해 예술은 가장 좋은 은총의 수단이다.

제10장
모차르트의 에로스, 자유와 초월자의 흔적

1991년은 모차르트(Wolfgang Amadeus Mozart, 1756~1791) 사망 200주년을 기해 모차르트 애호가가 폭발적으로 증가한 유별난 해였다. 그를 기념하기 위해 책과 음반은 말할 것도 없고, 속옷과 초콜릿, 행주에 이르기까지 망라되었다. 2006년은 탄생 250주년으로 그를 또 한 번 기렸다.

모차르트의 천재성은 이미 널리 알려졌다. 모차르트는 어린이로서 공개 연주에서 준비된 곡을 연주하고, 협주곡들은 초견으로 치고, 푸가 판타지아들은 즉흥 연주를 했다. 모차르트를 절대적 음악성을 지닌 음악가로 평가한다. 다른 음악가들, 가령 베토벤이나 베를리오즈, 쇼팽과 같은 낭만파 작곡가들의 많은 음악이 어떤 의미에서 자서전적인데, 모차르트의 음악은 비교적 그렇지 않기 때문이다. 그의 생애에도 많은 고통과 파란, 우여곡절이 있음에도 불구하고(특히 그의 마지막 10년 빈 시절), 그가 겪은 고생과 절망의 흔적을 그의 음악에서 끄집어내기란 어렵다. 또한 자연에 대한 그의 태도, 역사(프랑스 혁명)에 대한 태도를 읽기가 어렵다. 이러한 영향이 그의 음악 속에 있다는 것을 부정할 수 없지만, 이 모두가 모차르트의 음악에서는 가다듬어진 고전적 아름다움으로 변형, 승화되어 반영된다는 것이다. 모차르트는 다른 음악가들보다 더욱 그의 내면세계에서 참 삶을 살았으며, 따라서 일상생활이 골치 아프고 공허한 것으로 보일 때가 많았다. 하이든에게 작곡은 노동이었다. 베토벤도 주제에 몰두하였다. 그러나 모차르트는 그가 생각해낸 완벽한 곡을 오선지에 그려내는 것으로 작곡했기 때문에, 작곡하는 동안 웃고, 농담하고, 대화를 나눌 수 있었다. 이런 것들이 그의 음악에서 천진한 느낌, 신적인 느낌인 자유를 준다.

모차르트는 아버지의 극성으로 프랑스와 이탈리아, 독일 등 유럽 전역으로 연주여행을 다녔다. 18세기 유럽 음악의 특징은 민족 간 양식이 뚜렷하게 구분되었다. 이탈리아 음악은 여흥을 목적으로 했으며 이탈리아인들의 성질에 맞는 것은 성악, 오페라와 칸타타, 화성음악, 선율의 아름다움과 즐거움이 강조되었다. 독일은 감정 표현을 목적으로 하며, 기악곡이 중심이 되고 그 형식도 교향곡과 소나타를 중시했으며 다성음악과 대위법의 과학을 과시했다. 이탈리아인들은 독일인들에게서 배우려고 하지 않았지만, 반대로 독일인들은 이탈리아와 프랑스에서 많은 것을 배우려고 했다. 모차르트는 이탈리아와 독일적 특징을 흡수하고 조합했다. 모차르트는 "전 생애를 통하여 옛 시대와 동시대의 크고 작은 음악가들의 실험과 성과를 열린 마음으로 받아들이고 교회 성가로부터 비인의 유행가에 이르기까지 당시의 모든 음의 세계에 마음을 개방했던 음악가"[1]이다.

하이든이 모차르트의 아버지인 레오폴드 모차르트에게 한 말이 유명하다. "하나님 앞에서, 그리고 정직한 사람으로서 말씀드리는데, 당신 아들은 내가 개인적으로 친분이 있거나 이름을 들어 아는 이들 중에 가장 위대한 작곡가입니다. 그는 감각이 있으며, 더 중요한 것은 작곡에 대한 심오한 지식을 지니고 있습니다." 모차르트는 감각(이탈리아)과 지식(독일)을 겸비했다.

---

[1] 칼 바르트, 『모차르트』, 문성모 역(서울: 도서출판 예음, 1989), 27.

신학과 음악의 만남은 신학과 다른 예술 장르와의 만남, 이를테면 신학과 회화, 신학과 문학의 만남에 비하여 매우 드물다. 특히 근대 이후의 신학자들에게서 이러한 시도를 거의 찾아볼 수 없다. 그러나 모차르트에게서만큼은 다르다. 이것은 단지 모차르트의 유명세 때문만은 아닌 것 같다. 신학자들이 모차르트를 즐겨 다루는 이유는 무엇일까?

모차르트의 음악에 대한 평가는 대개 최상급의 표현들로 넘실거린다. '비교할 수 없다', '천상의 음악이다', 심지어 '신적이다'. 그러나 유명한 신학자들 중에는 깊은 명상을 통해 평가를 쏟아놓은 경우도 있다. 그중 키르케고르와 바르트, 최근에 큉이 대표적이다. 모차르트에 대한 이들의 평가는 서로 상이하지만 모차르트를 찬양하는 것은 동일하다. 이들은 모차르트의 탁월한 음악성에 내재된 종교적 함의를 깊고 넓은 성찰을 통해 보여준다.

모차르트의 대한 그들의 접근 방식과 평가는 매우 다르다. 그것은 그들이 모차르트의 광범위한 작품들 중 선택적으로 접근하는 데 이유가 있기도 하지만 모차르트가 영향을 받은 영향 범위가 계몽주의와 가톨릭에서부터 프리메이슨에 이르기까지 광범위하기 때문이기도 하다. 모차르트를 상이하게 읽는 이유는 그것들이 배경으로 삼고 있는 철학과 종교적 전통이 다양하고 상이하기 때문이다. 키르케고르의 익명의 반성적 심미가 'A'는 모든 여자를 유혹하는 '악마적' 모차르트를 축하한다. 개혁교회의 배경에 서 있는 바르트의 비전은 창조주의 영광을 찬양하는 자유로운 모차르트를 인식한다. 로마 가톨릭의 한스 큉은 모차르트에게서 '초월자의 흔적'을 찾는다.

신학에서 모차르트를 다루는 이유는 무엇인가? 첫째, 모차르트를 찬양하는 세 사상가를 비교해 기독교 신앙과 예술, 특히 음악의 상호작용과 대화를 고찰할 수 있는 완벽한 하나의 모델을 얻을 수 있다. 둘째, 모차르트의 해석, 즉 '우리는 모차르트에게서 무엇을 듣는가?'에 대한 해석학적 물음을 제기할 수 있다. 마지막으로 우리의 종교적 비전이 어떻게 음악의 감상과 평가에 작용하는지 드러낼 수 있다.

1. 쇠렌 키르케고르와 음악적 에로스

쇠렌 키르케고르는 작품 『이것이냐 저것이냐』 제1부,[2] 익명의 반성적 심미가 'A'에 관한 논문에서 종교적 인격을 제시하거나 항차 윤리적 인격을 제시하지 않는다. 그는 오히려 최고의 가치는 고통을 피하고 쾌락을 개발하는 것이라고 주장하는 세련된 에피큐리안 혹은 근대 낭만주의를 제시한다. 이 문명화된 심미가는 그의 주된 즐거움을 현저하게 사변적인 방법으로 음악을 감상하고 신화와 문학과 심리학 및 종교에 관여하는 것에서 찾는다. 이 심미가는 음악가는 아니지만 그럼에도 그는 상당한 음악철학을 소유한 자이다. 심미가 A의 모차르트에 관한 논문 「직접적이며 에로틱한 단계들 또는 음악적이고 에로틱한 것」은 음악예술의 탁월함을 설명하기 위해 모차르트의 음익을 사용하는 경우이다.

심미가 A에게 음악은 철저하게 언어와 분리되어 있다. 음악은 이념과 분리된 음(소리)의 왕국으로서 감각적이고 직접적이며 전반성적이다. 그래서 음악은 모든 예술 중에서 탁월하게 심미적이다. 오페라에서 언어 또한 음이고 소리이지만 언어는 이면에 봉사하고 사상과 결합되어 있다. 여기서 언어는 영적인 영역이고 반성적인 것이며, 말하자면 기독교적인 것이다. 사실 여기서 심미가 A는 헤겔 미학의 특성을 대변하고 있다. 헤겔에 따르면 음악은 역사적으로 기독교가 발생하기 전까지 자신의 지위를 얻지 못했다. 기독교는 "태초에 말씀이 있었다", 곧 이념과 사상(생각)이 있었다고 주장한다. 그래서 언어가 없는 음악은 본래의 영역에서 분리된다. 그러나 이러한 사실이 영이 출현할 때 음악이 간과되거나 포기되었다는 것을 의미하지 않는다.

---

[2] 쇠렌 키르케고르, 『직접적이며 에로틱한 단계들 또는 음악적이고 에로틱한 것』, 임규정 옮김(서울: 지식을만드는지식, 2009); 쇠얀 키르케고르, 『이것이냐 저것이냐』, 임춘갑 옮김(서울: 다산글방, 2008).

심미가 A의 글은 감각적인 것, 음악, 특히 모차르트의 음악에 대한 열광적인 헌신의 노력이며 결과이다. 그에게 모차르트는 "내 마음을 빼앗고, 내 영혼을 마비시키며, 내 존재의 핵심에서부터 나를 경악하게 만든 그대"3이다. 감성은 "아름다운 개체성에서 삶과 환희로 해방한다. 아름다운 개체성을 구성하는 심적 측면은 감성적인 것 없이는 인식될 수 없다."4 "모차르트는 모든 고전적인 음악가 중에서 가장 위대한 음악가이며, 그의 〈돈 조반니〉는 모든 고전 작품 중에서 가장 높은 위치를 차지할 가치가 충분하다."5 전체적으로 심미가 A의 목표는 독자들을 모차르트의 음악에 초대하는 것이며 특히 모차르트의 최상의 음악인 오페라 〈돈 조반니〉(Don Giovanni)로 초대하는 것이다. 심미가 A는 이렇게 말한다. "들어라, 〈돈 조반니〉를! 더욱더 빨리, 더욱더 격렬하게 들어라, 저 정열의 분방한 요구를 들어라, 저 사랑의 탄식을 들어라, 저 속삭임을 들어라, 저 유혹의 소용돌이를 들어라, 모차르트의 「돈 지오반니」를!"6 왜 그렇게 심미가 A는 모차르트에 대해 열광적인가? 모차르트의 특별한 탁월성은 무엇인가? 왜 특별히 모차르트의 음악 중에 오페라이며 그중 〈돈 조반니〉가 모든 오페라 중 가장 탁월한 오페라이며 다른 모든 오페라와 질적으로 다른 것인가? 심미가 A는 모차르트가 〈돈 조반니〉에서 "이념과 그에 상응하는 형식과 내용의 완전한 통일"7을 성취했다고 본다. 여기에 음악의 주제가 된 돈 후안(Don Juan) 신화가 절대적으로 음악의 형식과 결합되었다고 본다. 돈 후안은 심미가 A가 이해하는 '절대적으로 음악적인 것'과 일치한다.

첫째, 주제에 관하여 키르케고르는 〈돈 조반니〉의 개성(특성)이 실제적

---

3 쇠렌 키르케고르, 『직접적이며 에로틱한 단계를 또는 음악적이고 에로틱한 것』, 27.
4 앞의 책, 56.
5 같은 책, 63, 81.
6 쇠얀 키르케고르, 『이것이냐 저것이냐』, 186.
7 쇠렌 키르케고르, 『직접적이며 에로틱한 단계를 또는 음악적이고 에로틱한 것』, 45.

인 인물을 나타내는 것이 아니라 어떤 저항도 무용지물로 만드는 욕망의 절대적인 승리인 '악마적'[8]인 욕망, 원시적이고 위력적이며 불가항력적인 악마적인 것을 드러내는 것이라고 본다. 〈돈 조반니〉는 "영원한 갈퀴"이며 직접적인 에로틱한 열정으로의 여행이자 즐거움의 원천이다. 그는 비반성적인 유혹자로서 계획하거나 설계하지 않는다. 그는 "열광적인 유쾌함" 속에서 원시적인 자연의 힘이다. 그는 윤리를 비켜 있는 존재로서 비도덕적인 것이 아니라 반도덕적이다. 기독교적인 용어로 말하자면 돈 조반니는 "영"이 이 세계에 들어온 이후 "육"을 대변하는 자, 바로 "유혹자"라고 말할 수 있다. 유혹자는 "욕망의 만족을 향락한다. 그는 그것을 다 향락하자마자 다시 새로운 대상을 찾고, 끝도 없이 그런 일을 계속한다. … 그는 욕망하고, 항상 욕망을 계속하고, 그리고 항상 욕망의 만족을 향락한다."[9] 이것이 오페라의 마지막에서 회개하라는 축연자의 명령에도 불구하고 돈 조반니가 거절하는 이유이다. 프로이드의 용어로 말하자면 그는 '반항 속에서' 이드와 슈퍼에고의 출현 이후의 리비도를 대변한다고 볼 수 있겠다.

둘째, 키르케고르는 모차르트의 천재성이 감각적인 주제인 돈 후안의 신화를 완벽한 음악적 형식으로 만든 데서 발견된다고 본다. 언어의 예술이라기보다는 음의 예술인 음악은 그 자체 직접적이고 전반성적인 것으로서 음표의 연속으로만 출현하면서 소리 나고 그치고를 반복한다. 이 반복은 시간을 요하기 때문에 음악은 시간적인 예술로서 불안이 섞인 에로틱 욕망의 놀이를 표현한다. 〈돈 조반니〉와 같은 음악은 소리 내고 사라지면서 가속화된다. 음악은 시간과 이어져 있으면서도 시간에 흡수되지 않는다.

만일 심미가 A의 미학이 처음에 추상적인 것이라면 이 논문의 광휘는 주제와 특성에서 〈돈 조반니〉를 조명하는 데에서 드러난다. 서막에서 이 곡은 불안과 결합된 〈돈 조반니〉의 "생을 향한 악마적 풍미(향)"을 포착한다.

---

8 같은 책, 62.
9 쇠얀 키르케고르, 『이것이냐 저것이냐』, 177.

〈돈 조반니〉의 아리아는 음악적으로 유혹자의 매력을 증폭하고 흥분하게 만든다. 그러나 심미가 A는 오랫동안 돈 후안이 데리고 다닌 레포렐로(Leporello)의 "List Aria"에 머물고 〈돈 조반니〉의 종이 서사 형식으로 쇼크를 입은 돈나 엘리바(Donna Elvira)에 대한 돈 후안의 정복을 서술한다. 심미가 A는 음악의 빠르기가 어떻게 〈돈 조반니〉의 유혹의 빠르기와 결합되는지에 주목한다. 스페인에서의 유혹의 기간은 '1003'(돈 후안이 거느린 애인의 수자)이며 심미가 A는 평탄하지 않고 우연적인 숫자를 지적한다. 〈돈 조반니〉는 이동 중에 있다.

키르케고르의 방대한 저작을 제한하여 이 글에 집중하여 고찰한다 하더라도 하나의 주제가 분명하게 드러남을 알 수 있다. 이 주제는 음악과 언어의 대립, 감각적인 것과 영적인 것의 대립이다. 여기에는 보다 자세하게 분류되어야 하는 몇 가지 쟁점이 있다.

첫째, 음악은 오직 기독교의 도래와 함께 등장했다는 역사적으로 의심스러운 헤겔의 논제를 논외로 하더라도 많은 미학자가 예술 특히 음악이 비개념적 예술이라고 말하기 좋아한다. 음악은 조건부로 언어가 된다. 음악은 명시적으로 가사와 결합되지 않는다면 이념을 체화하지 않는다. 음악이 감각적이라는 심미가 A의 주장은 음악이 단지 청각적 기쁨과 즐거움을 생산한다는 말이다. 데니스 도노휴(Denis Donoghue)는 심미가 A의 견해를 다음과 같이 요약한다. "음악은 움직임 속에, 힘 속에, 계승 속에 그리고 음의 반복 속에 존재한다. 그러나 음의 반복은 반성이 아니다. 음악은 직접성 속에서 재발견된다."

둘째, 심미가 A의 분석은 〈돈 조반니〉에 대하여 다른 중요한 점을 지적한다. 오페라의 주요 개성은 우리에게 공격적이다. 그러나 돈 후안이 흥분된 쾌활함으로써 그 주변의 여인들을 유혹하듯이 음악은 청자인 우리를 유혹한다. 실로 오페라는 우리 자신을 자신과 대면케 한다. 감각적인 것이 반성 도덕성, 영과 투쟁하는 영역이요 왕국이다.

셋째, 심미가 A의 분석으로 음악은 초월적 주제에 대한 적절한 도구가 아니다. 즉, 음악은 초월적 중요성을 전혀 내포하고 있지 않다. 심미가 A의 논문은 현대 세계 예술의 세속화에 대한 중요한 증언일 뿐만 아니라 서양 미학의 주류 흐름의 전통을 대변한다. 이 전통에서 예술은 초월적 가치를 담지하거나 전달하는 매개가 아니다. 심미적 경험의 핵심은 단지 감각적 지각이 전달하는 즐거움이다. 〈돈 조반니〉는 돈 후안의 욕망을 표현한 음악이다.[10]

넷째, 심미가 A는 심미가일 뿐 종교적이 아님을 기억해야 한다. 영적인 것과 기독교적인 것에 대한 그의 판단은 심히 흠이 나 있을 수 있다. 감각적인 것과 영적인 것, 육과 영 사이의 심미가 A의 이원론은 성에 대한 심미가 A의 이원론적 견해를 확실히 대변한다. 그에게 "그리스도교는 정신이고, 정신은 그리스도교가 세상 속으로 들여온 긍정적인 원리"[11]이다. 그리스도교는 감성적-에로스적인 것을 하나의 원리인 정신으로 정립했다.[12] 그러나 감각적인 것과 영적인 것이 그렇게 강력한 반대 입장이라는 것이 올바른 것인가, 하는 질문이 남는다.

네 번째 관점에 관하여 프랭크 브라운(Frank Brown)은 모차르트 음악에서 육적인 것과 영적인 것이 결합된 예를 찾는다. 미사 C단조(Köchel 427), 이 곡은 미학과 종교, 음악적인 것과 영적인 것 사이에 가교를 놓은 작품이다.

키르케고르는 음악은 언제나 자신의 직접성에서 직접적인 것을 표현함으로 종교성이 엄격할수록 음악은 포기되고 언어가 더욱 강조될 수밖에 없다고 말한다. 모차르트 음악에서 음악과 기독교의 강한 대립의 관점을 제시한 키르케고르의 견해와 달리 음악적인인 것과 기독교적인 것을 중요하게 생각하는 다른 두 사상가, 칼 바르트와 한스 큉을 만난다. 키르케고르와 같

---

10 같은 책, 109.
11 같은 책, 55.
12 같은 책, 61.

이 바르트와 큉은 영적인 것의 '타자성'에 관하여 토론하고 그것을 훨씬 기독교적인 용어인 '하나님의 초월성'이라고 명명한다. 그러나 키르케고르와는 달리 그들은 모차르트의 음악에서 심원한 종교적 함의 특히 기독교적 의미를 발견한다. 칼 바르트는 모차르트에게서 하나님의 전적인 초월성에 대한 고전적 개혁파 전통의 이해인 '하나님의 영광'의 자유를 확인한다. 음악은 하나님의 영광을 찬양하고 창조의 선함을 축하한다. 한스 큉은 로마 가톨릭의 입장에서 모차르트를 하나님의 초월성의 흔적을 훨씬 직접적으로 전달한 음악가로 읽는다.

2. 칼 바르트와 하나님의 영광을 연주하는 자유

칼 바르트(Karl Barth)에 따르면 모차르트의 음악은 인간의 자유와 창조의 선함에 대한 비유이다. 20세기 최대의 신학자는 영향력에서나 저작의 범위와 규모에서나 칼 바르트임을 부정할 수 없을 것이다. 이는 그의 저작의 양에서뿐 아니라 그의 계속되는 영향력과, 무엇보다 그가 계몽주의 이후 지속되어왔던 인간중심적인 신학 패러다임을 근원적으로 뒤집었다는 점에서 그렇다. "하나님은 하늘에, 인간은 땅에", "하늘과 땅의 질적 차이" 등의 혁명대의 구호 같은 신학적 선언은 제1차 세계대전이라고 말하는 유럽전쟁에서 자신이 존경하는 신학적 스승들이 전쟁에 서명한 것을 발견하고 난 후에 받은 충격 때문에 더욱 저돌적으로 선언되었다. 그 당시 한국 사회는 서구열강의 침략의 충격으로 허둥지둥하던 때였다. 우리가 서구의 충격에 그들에게는 이미 낡아버린 17~18세기의 기독교를 받아들여 대응하고 극복하려고 했을 때 바르트는 세계의 혼돈을 극복하는 길이 하나님의 자유로운 사랑의 말씀에 있음을 역설했던 것이다.

바르트는 자기의 신학에서 인간중심주의를 부정하고 그 모든 흔적을 지워버렸기 때문에 그의 저술에서 창조세계의 아름다움이나 예술에 대해서도 좋은 견해를 피력할 수 없었다. 그러나 증오는 사랑의 다른 표현이다. 바르트의 평가 중에 모차르트의 음악에 대해서만은 아주 예외적이다.13 개혁교회 전통은 다른 개신교 전통보다 더욱 우상 파괴적이라는 것이 대중적인 견해이다. 이 전통은 회화의 종교적 오용을 혐오했고 이것은 미학에 대한 기피 현상으로 발전했다. 미학 기피증에 대한 신학적 원인은 다양하다. 하나님의 초월성에 대한 철저한 강조, 피조물은 무한자를 포함할 수 없다는 칼뱅의 신학원리(*finitum capax non infiniti*), 예술이나 음악이나 언어와 같은 유한한 실재는 하나님이 그것들을 은혜롭게 사용하지 않는 한 초월의 도구(매개, 바퀴)가 될 수 없다는 주장이다. 더 나아가 하나님은 법률 수여자로서 하나님에 대한 적절한 응답은 오직 복종뿐임을 가르쳐왔다. 다른 기독교 전통이 가르치는 최고의 신앙 가치가 하나님에 대한 관조적 직관(the contemplative vision of God)임에 반하여 개혁교회의 최고 가치는 절대 순종하는 행위였다. 이것에 더하여 근대 칼뱅주의의 전통 속에는 모든 것을 넘어서는 분석적 추론을 주장하는 지성주의를 최고로 여겼고 따라서 신앙의 미학적 전망은 어둡기만 하였다.

이러한 경향은 개혁교회 전통이 전적으로 미학적 사실들에 무감각하다는 잘못된 결론에 이르기도 했다. 그러나 개혁교회에서의 예술에 대한 무시는 개혁교회적 신앙생활을 일반화할 수 없다는 주장이 있다. 많은 사람이 미학적 무감각을 보는 바로 그 자리에서 어떤 의미에서 하나님의 선물의 올바른 사용에 기초한 미학적 우아함, 단순성과 절제와 중용의 미학이 찾아지기도 한다. 결과적으로 감각적 즐거움에 대한 부정이 아니라 평상적으로 검약하고 따라서 정교하고 꾀까다로움으로 발전한 감각적 즐거움으로 발전

---

13 칼 바르트, 『모차르트』, 문성모 역(서울: 도서출판 예음, 1989); *Die protestantische Theologie im 19. Jahrhundert*, 53; *KD* III/3, 337-339; Thomas Erne, "Barth und Mozart", in: *Zeitschrift für Dialektische Theologie* 2(1986), 234-248.

했다는 것이다.

그러나 개혁교회 미학 전통이 시각적인 회화를 매우 의심스럽게 여긴 반면 청각적인 음악에 대해서는 그렇지 않았다. 이것은 이미 제네바 시편에서 잘 나타난다. 사실 음악의 시간적 성격이 예배에 적합하다고 생각되었으며 그 점에서 회화는 그렇지 않다고 판단되었다. 음악은 시간 속에서 존재하는 예술이다. 음악은 소리 나고 멈추고, 하나님을 향한 주의로부터 이탈하려고 하지 않는다. 회화에 대해서 반대하지만 음악을 좋아하는 이러한 개혁교회의 편향성이 바르트에게서도 그대로 드러난다. 따라서 바르트가 회화에 대한 교회의 반대를 이어가는 태도는 그리 놀라운 일이 아니다. 반면 바르트는 신학자로서 모차르트의 음악에서 위대한 종교적 의미를 찾았다. 바르트에게 모차르트의 음악은 일용할 양식이었다.

바르트의 모차르트 사랑은 잘 알려져 있다. 그는 모차르트를 거의 미친 듯이 좋아한다.14 바르트와 모차르트와의 만남은 5, 6세 때부터 이루어진다. 바르트는 축음기의 발명 덕분에 매일 아침이면 우선 모차르트의 음악을 들었다. 모차르트의 음악은 "인간이 말할 수 있는 삶에 관한 최고의 언어"15 이기 때문이다. 그러고 난 다음 한 손에 든 그날 신문 기사에 관한 이야기를 읽고 나서 교의학 연구에 집중하였다고 술회한다. 그의 연구실에는 모차르트 초상화가 걸려 있었고 같은 높이에 칼뱅의 초상화가 걸려 있는 것을 손님들에게 설명했다고 한다. 그는 죽어 천국에 간다면 그에게 영향을 준 신학자들, 아우구스티누스, 토마스 아퀴나스, 루터, 칼뱅, 슐라이어마허보다 우선 모차르트를 만나 안부를 묻고 그 다음에야 신학자들을 찾겠다고 말하곤 했다. 그는 천사들이 하나님의 존전에서 바흐(Bach)를 연주하는지에 대해서는 잘 모르겠으나, 천사들이 저희들끼리 있을 때에는 모차르트를 연주한다는 것이고, 사랑의 하나님께서도 그것을 기꺼이 들을 것이라고도 말하면

---

14 칼 바르트, 『모차르트』, 7.
15 칼 바르트, 『칼 바르트가 쓴 모차르트 이야기』, 문성모 옮김(서울: 예솔, 2006), 64.

서 모차르트에 대한 애정을 표현했다. 그는『교회 교의학』III권에서 특별한 장, "창조론과 무의 위협"을 할애하여 모차르트를 서술하기도 한다.16

바르트가 모차르트를 평생 사랑한 이유는 무엇 때문일까? 음악에서만큼 예외적으로 계시를 찾을 수 있었기 때문일까? 바르트가 이해한 모차르트는 누구인가? 심미가 A의 악마적 모차르트와 달리 바르트의 모차르트는 하나님의 선한 창조와 섭리를 증거하면서, 어둠과 빛을 포함한다는 확신 속에서 하나님의 영광을 찬양하는 자이다. 바르트는 심미가 A가 의미하는 흥겹게 노는 모차르트의 열광을 받아들인다고 말할 수 있다. 그리고 바르트는 음악을 감각적 즐거움으로 여기는 심미가 A의 음악에 대한 반-초월적 태도를 수용한다고 볼 수 있다. 그러나 바르트는 감각적인 것과 영적인 것을 분리하는 심미가 A의 이원론적 태도에 대해서는 깊은 회의를 표시한다. 하나님의 타자성에 대한 바르트의 주장은 세계를 평가하고 참여하는, 그래서 세계를 가까이서 대하는 태도를 배척하지 않는다.

바르트의 세계에 대한 탈신성화(desacralization)는 예술도 기꺼이 탈신성화한다. 예술의 탈신성화란 예술에서 종교적 의미를 제거하는 것이 아니라 음악을 포함한 예술에 생래적으로 종교적 혹은 초월적 의미가 내재해 있다는 견해에서 벗어나는 것이다. 자연이 탈신성화되고 예술이 탈신성화된다면 그것은 지극히 인간적이 되는 것이다. 모차르트 음악의 인간성은 바르트를 강하게 사로잡는 중요한 부분이다.

일찍이 베토벤은 "음악은 모든 지혜와 철학보다 높은 계시이다"17라고 말했다. 그러나 모든 자연계시를 부정했던 바르트가 모차르트 음악을 사랑한 이유는 모차르트의 음악에서 계시를 발견할 수 있었기 때문이라기보다는 자신의 신학하기와 어떤 유비(Analogie)를 발견하고 본능적 친밀감을 느꼈기 때문이다. 모차르트에 대한 바르트의 강연들을 통해 그 이유를 네 가

---

16 Karl Barth, *Kirchliche Dogmatik* III/3, 337-339.
17 Walter Riezler, *Beethoven* (Zürich, 1983), 105에서 인용.

지로 추론해볼 수 있다.

1) 연주의 자유

모차르트가 음악의 여신(mousa, 藝神)에게 복종함으로써 연주의 자유를 구가했다면 바르트는 하나님의 말씀에 상응함으로써 자유인이 되었다고 볼 수 있다. 바르트는 바흐(J. S. Bach) 음악이 메시지를 전달하려는 성격이 있고 베토벤의 음악이 자신의 삶을 고백하는 것과 비교해, 모차르트의 음악은 통해 어떤 교훈적인 것을 말하고 싶어 하는 것이 아니라 단지 "노래하고 연주함"(sings and sounds)으로써 청중에게 아무것도 강요하지 않고 어떤 결정이나 주장도 천명할 것을 요구하지 않는다고 평가한다. 그렇기에 주관이 대상으로부터 자유로울 뿐 아니라 자기 자신을 위해서도 자유로운 미학적 자유 안에 있다고 말한다.[18]

모차르트는 종교적 메시지를 갖고 청중을 대하는 바흐가 아니다. 모차르트는 무한자를 추구하는 고독한 음악의 천재 베토벤도 아니다. 그렇다고 모차르트가 심미가 A가 의미하는 욕망을 긁어모으는 무한한 갈퀴이거나 19세기를 대변하는 악마적 인간도 아니다. 모차르트는 신학에서 행한 일을 음악에서 행한 사람이 아니다. 바르트의 취향은 단호하게 반낭만주의이다. 자기표현을 위해 열중한 낭만주의자들의 태도와 달리 모차르트는 단지 노래하고 연주한다.

바르트는 모차르트가 단지 청중에게 자유를 주는 것이었고, 사람들이 그를 좋아하는 것은 우선 이와 같은 자유가 허락되었기 때문이라고 해석한다. "모차르트는 음악을 통해 어떤 것을 말하고 싶어 하는 것이 아니다. 그는 단지 노래하고 연주하는 것이다. 그는 청중에게 아무것도 강요하지 않으며

---

18 칼 바르트, 『모차르트』, 22f.

어떤 결정이나 입장을 천명할 것을 요구하지도 않는다. … 그는 또한 하나님을 찬양해야 한다는 것을 목청 돋우어 이야기하려 하지 않는다. 그는 단지 그것을 실제로 보여주려고 하고 있다. 즉 그는 스스로 하나님의 도구라는 생각 속에서 겸손하게 하나님이 창조하신 온 우주 만물 가운데서 들려진 소리를 그대로 사람들에게 들려주려는 것이다."[19] 모차르트는 즉흥 연주를 많이 했다. 그는 "시간 가는 줄 모르고 연주를 즐겼다."[20]

바르트가 보는 모차르트는 확연히 반이데올로기적이다. 모차르트적인 형이상학이나 모차르트적인 정치철학은 있을 수 없다. 바르트는 모차르트에게서 은근히 기독교적 메시지를 이끌어내려는 자들을 비판하며 혹은 〈마술피리〉에서 기독교에 반대하여 계몽주의를 지향하고 있다고 해석하는 자들을 좋아하지 않는다. 바르트는 모차르트를 억지로 기독교적 울타리 안으로 끼워넣으려고 하지 않는다. 바르트는 모차르트가 가톨릭이었던 것을 역사적 우연으로 돌리고 만족해한다. 모차르트의 음악은 온갖 도그마의 짐에서 벗어난 자유의 놀이이다. 사실 바르트는 자신의 꿈을 자세히 이야기한다. 바르트는 모차르트의 음악을 그의 신학과 관련시켜서 교의학과 교의란 무엇인가, 하는 근본적인 질문을 던지고 있는 것이다.[21] 바르트는 자신이 특별히 좋아하는 미사곡을 아무리 열심히 듣고 귀 기울여 들어도 이 물음에 대한 어떤 희미한 답변도 들을 수 없었다고 답한다.

바르트는 모차르트의 음악에서 분명하게 기독교적인 것이 아닌 종교적인 것과 세속적인 것을 동시에 발견한다. 왜냐하면 모차르트는 설교하거나 가르치지 않는다. 바로 이 지점에서 바르트는 모차르트의 음악에서 하늘나라에 관한 비유를 발견한다. 바르트의 꿈은 모차르트의 음악을 기독교적으로 읽는 핵심으로 들어가서 드러나기 시작한다.

---

19 칼 바르트, 『모차르트』, 23.
20 앞의 책, 24.
21 앞의 책, 9.

여기서 '비유'는 열쇠가 되는 단어인데, 비유로써 바르트는 모차르트 음악에 흐르는 전적인 인간성을 평가하면서 동시에 간접적으로 신적인 것이 반영되어 있음을 읽어낸다. 바르트의 예술의 탈신성화는 예술로부터 하나님의 계시를 배제하지 않는다. 하나님이 함무라비에게 말씀하실 수 있다면 모차르트에게도 역시 말씀하실 수 있는 것이다. 그럼에도 바르트는 모차르트의 음악을 복음이라고 말하지 않고 비유라고 말한다.

비유에는 이중적인 의미가 있다. 하나는 인간 자유의 비유이다. 바르트에게 복음의 핵심은 자유이다. 하나님의 자유는 인간의 진정한 자유를 위한 근원이고 샘이다. 비유적으로 모차르트의 음악은 그와 같은 피조물의 자유를 위한 증언이다. 모차르트는 말하지 않고 다만 노래하고 연주할 뿐이다. 그는 하나님 찬양을 선포하려고 하지 않는다. 그는 지금 하나님을 찬양하고 있다. 모차르트가 바로 지금 노래하고 연주하기 때문에 그는 자유로운 인간이다. 그렇기 때문에 바르트는 이렇게 기술할 수 있었다. "나는 천사들이 하나님의 존전에서 하나님을 찬양해야 할 과제를 수행할 때에 바흐만을 연주하는지에 대해서는 잘 모르겠습니다. 그러나 내가 확신하는 바는, 천사들이 저희들끼리 있을 때에는 모차르트를 연주한다는 것이고 사랑의 하나님께서도 그것을 즐겨 기꺼이 들으신다는 것입니다."[22] 바흐의 음악에 칸타타와 같은 예배음악이 많은 데 비해 모차르트의 음악에 미사곡도 있지만, 미사곡이 아니더라도 하나님도 즐겨 들으실 수밖에 없는 아름다운 음악이 넘치기 때문일 것이다.

자유의 관점에서 모차르트와 바르트 사이에 공통점을 한 가지 더 언급한다면 모차르트의 어린이와 같은 장난기와 익살스러움, 바르트의 웃음과 유머일 것이다. 음악과 신학의 아름다움이 인식론적 진위(眞僞)를 넘고, 윤리적 선악의 피안(彼岸)에 있는 것이라면, 그것은 바로 양극적 대립을 화해시

---

[22] 같은 책, 11.

키는 놀이(연주)의 능력 때문일 것이다. 이것은 모차르트에 대한 바르트의 다음의 평가에서 뒷받침된다: 비록 '교의학은 무엇이고 교의는 무엇입니까?'에 대한 물음에 답은 얻지 못할지라도 모차르트의 음악은 기쁨으로 가득하고, 그의 연주를 듣는 귀와 가슴은 신선한 기쁨으로 충만하다.[23] 모차르트는 대단히 웃음이 많았던 사람이다.[24] 그의 음악은 아름답고 선하며 감동적이다. 모차르트는 보편성을 지니고 있다.[25] 모차르트적인 형이상학은 없다. 그는 자유인이었다.[26]

2) 반대의 일치

모차르트에게 "무거운 것은 가볍고 가벼운 것은 한없이 무겁다."[27] 절망과 고통과 그 어떤 좌절 속에서도 부정에 이르지 않고 부정보다 더 강한 긍정(das Ja)에 이르는 은총의 낙관주의이다. 내가 당신에게 소박한 감사를 드려야 할 일은 "당신의 음악을 들을 때마다 언제나 좋은 날씨와 사나운 날씨, 밤과 낮으로 아름답게 질서 잡힌 세계로 인도된다는 것이다."[28] 또 바르트는 모차르트의 음악에 대해 이렇게 말한다. 그의 음악은 "속세의 모든 존재의 양면성, 즉 기쁨과 슬픔, 선과 악, 삶과 죽음"을 통찰했고 "아주 독특한 방법으로 모든 극단적인 우월성이나 파괴성이나 대립성 등을 배제한다는 것입니다. … 모차르트는 불가사의한 '중심'으로부터 모든 것을 통찰하면서

---

23 같은 책, 9f.
24 같은 책, 16.
25 앞의 책, 21.
26 같은 책, 31.
27 같은 책, 29.
28 같은 책, 11. 큉도 모차르트의 음악의 신비는 "빛과 어두움, 기쁨과 슬픔, 생명과 죽음의 양면 모두를 끊임없이 들을 수 있도록 해준다는 그 사실에 놓여 있다"고 말한다. 한스 큉,『모차르트: 음악과 신앙의 만남』, 주도홍 옮김(서울: 이레서원, 2000), 51.

음악을 만들어내고 있다."29

"모차르트는 창조가 카오스에 참여한다고 할지라도, 그리고 창조의 전체성에 있어서 그의 주를 찬양하고 따라서 완전하다는 사실을 들을 수 있게 한다." 창조의 조화, "이 조화에는 어두운 그늘이 있지만 흑암은 아니다. 부족함이 있지만 패배는 아니며, 슬픔이 있지만 절망은 아니며, 근심은 있지만 비극으로 전락하지 않으며, 무한한 우울이 있지만 그 우울이 절대적인 강요로 다가오지 않는다."30 바로 이 때문에 모차르트의 음악은 발랄하다. 바르트는 모차르트의 음악이 고통이나 수고와 같은 요소를 동반하면서도 경박하지 않다고 말한다. 이런 의미에서 바르트는 모차르트의 음악을 "천국의 비유"라고 말한다.

바르트에게 모차르트의 음악은 하나님의 선한 창조에 대한 기독교 신앙의 비유이다. 바르트는 쓰기를, "모차르트의 중심에는 위대한 신학자의 경우에서처럼 균형과 중립성과 궁극적으로 무차별성이 존재하지 않는다." 오히려 모차르트에게는 균형을 뒤집어엎고 빛이 올라오고 어두움이 내려가는 전환점이 있다. 그러나 어둠은 사라지지 않고 즐거움이 슬픔을 소멸시키지 않으면서 추월하고, 그 안에서 항상 현존하는 부정보다 긍정이 더 크게 울려 퍼진다.

모차르트에 대한 바르트의 평가의 옳고 그름을 떠나 바르트의 어둠으로부터 빛으로의 전환은 모차르트 음악에 대한 바르트의 비전의 핵심을 드러낸 중요어이다. 바르트는 모차르트 음악에서 고통을 듣고 이해한다. 모차르트 음악에 내재한 비극의 인식 그리고 빛으로의 전환은 바르트의 『교회 교의학』 III권(창조론, 1950년대)에서 강하게 나타나고 있으며, 여기서 모차르트를 따로 보설로 다루고 있다. 주제는 창조주 하나님에 대한 신앙이며, 무의 창조, 무화의 세력(특히 독일의 히틀러와 나치즘)의 위협에 대한 강한 저항

---

29 같은 책, 16, 31f.
30 K. Barth, *KD* III/3, 339.

이기도 하다. 이렇게 소름끼치는 무라는 주제에 접근하면서 바르트는 창조의 그늘을 무와 동일시하는 것을 피하려고 노력한다. 창조에는 그늘의 측면이 있다. 그러나 이 그늘은 세기적 공포와 전혀 다른 하나님의 선한 창조의 한 부분이다. 그늘은 빛을 이기지 못한다. 모차르트는 하나님의 선한 창조를 창조의 그늘과 창조의 빛 속에서 이해한 사람으로 환기된다. 그의 음악은 어떻게 어둠이 빛으로 변하는가에 대한 비유이며 계시의 빛들이다.

모차르트는 창조가 전체적으로 선한 것임을 알고 있다. … 1756~1791! 이 시기는 바로 리스본의 지진으로 하나님이 심한 타격을 입고 있는 시기였다. … 신정론의 문제에 직면하여 모차르트는 하나님의 평화를 믿고 있다. … 그는 창조의 조화를 들었고 여기에는 그림자도 속하지만 그러나 그림자는 어둠이 아닌 것을 알고 있다. 결핍이 패배는 아니며 슬픔이 절망이 될 수 없다. 고통이 비극으로 퇴보될 수 없으며 무한한 멜랑콜리가 의심할 여지 없이 사라진다고 말할 수 없다. 이 같이 조화 안의 경쾌함이 한정 없는 것은 아니다. 그러나 빛이 더 밝게 빛나는바, 빛은 그늘로부터 흘러나오기 때문이다. 달콤함이 쓰게 될 수 있으나 물리게 되지 않는다. 생은 죽음을 두려워하지 않으나 죽음을 잘 알고 있다. … 생은 부정적인 것을 긍정적인 것 안에서 그것과 함께 듣는다. 창조를 후회 없이 그리고 불편부당하게 들으면서 모차르트는 단지 자신의 음악만이 아니라 창조의 음악을 창작해냈다. 음악과 창조, 이중적이면서 그러나 하나님에 대한 조화로운 찬미이다.[31]

바르트는 모차르트의 음악에서 그림자와 빛을 포함하는 전환의 묘미를 듣는다. 이 묘미는 교회음악에서만이 아니라 세속적인 음악, 예컨대 마지막 교향곡인 쥬피터와 세레나데, 오페라에게서도 듣는다. 바르트는 특별히 오

---

31 K. Barth, *KD* III/3, 339.

페라 〈마술피리〉를 좋아했다. 바르트에게 모차르트의 프리메이슨 경력은 기독교에 대한 계몽주의적 반격이다. 그러나 이 오페라는 오히려 바르트의 신학적 모차르트 읽기(해석)를 확증하는 작품이다. 이 작품이 얼마나 중요했는지는 모차르트에 대한 그의 글에 잘 나타난다. "내가 5, 6세 되던 해 처음으로 위대한 음악과의 만남이 이루어졌는데, 이것이 바로 모차르트와의 만남이었다. 나는 아버지가 피아노로 〈마술피리〉 중의 몇 소절 '타미노, 오! 나의 행복이여…'를 연주하는 그 순간을 지금도 눈에 선하게 떠올릴 수 있다. 이 몇 소절은 나를 크게 감동시켰다."32 바르트는 모차르트의 어둠에서 빛으로의 전향을 강조하면서 이 오페라에서 사라스트로의 마지막 축복을 인용한다. "태양빛이 밤의 어둠을 쫓아냅니다." 타미나와 타미노는 재미있게 불과 물의 강한 시련에 맞서 다음과 같은 말로 마음을 단단히 무장한다. "음악의 힘으로 우리는 즐겁게 죽음의 어두운 밤을 걸어갑니다."

바르트는 모차르트의 '전환'을 올바르게 보고 있는 것인가? 비극을 대면하는, 그러나 비극에 절대 패배하지 않는 현실주의인가? 이 점이 바로 모차르트 학자들이 일치하지 않는 지점이다. 바르트는 모차르트의 '중심'(Mitte)을 '현실적이지만 낙관적'으로 해석하고 있다고 지적받는다. 다른 이들은 모차르트를 좀 더 비관주의자로 대한다. 가령 볼프강 힐데스하이머(Wolfgang Hildesheimer)는 바르트의 관점을 피상적이라고 평가한다. 그는 바르트의 말 "만일 천사들이 모이면 모차르트를 연주하다가 우리 주 하나님이 그것을 듣고 크게 기뻐하실 것이다"는 평가에 대해 "나는 다윗의 하프 연주를 듣고 즐기는 렘브란트의 사울 같은 하나님을 본다. 이 하나님은 신동 음악가 모차르트가 지상에 살아 있는 동안 이 음악가를 위해 무엇인가를 더 해주었어야 하는데 하는 상념에 젖어 있다." 그러나 힐데스하이머저 이렇게 말하고 있지 않은가! "모차르트는 전적으로 유일무이한 현상이다. 인생의 빛에

---

32 칼 바르트, 『모차르트』, 7.

대하여 그렇게 영원히 깨끗하고 주권적으로 어두운 면과 화해시켰다."[33]

모차르트에게 하나님의 은총은 자명하지 않다. 혹은 적어도 하나님의 은총은 십자가의 상태와 화해를 이루기 위해 필요했는지 모른다. 평정은 얻어져야 하는 것이지 비준되거나 결탁되는 것이 아니다. 즐거움은 음악이 그의 몫을 다한 이후에도 지속된다. 세속 연구가들의 평가가 바르트와 다른 점이 있다 할지라도 모차르트에 대한 바르트의 개혁주의 교회 전통의 이해에는 무엇인가 깊이 스며드는 파동이 있다. 바르트는 그가 칼뱅이나〈하이델베르크 교리문답〉에서 듣는 것처럼 모차르트에게서 기독교인 실존의 중심에는 세계 내적 금욕주의(막스 베버)나 복종의 섬김만이 있는 것이 아니라 무엇보다 하나님의 은총이 있으며, 하나님의 선한 창조 안에서 누리는 인간의 즐거움과 기쁨이 있음을 말하는 것이다.

바르트의 은총에 대한 깊은 감사의 삶이 개혁교회 미학의 가능성의 문을 여는 것인가? 아직 개척되지 않은 질문 중 하나는 왜 바르트는 요나단 에드워즈와 함께 하나님의 아름다움에서 최고의 신적 완전성을 보는가 하는 것이다. 그것은 단지 하나님의 존재에 감사하여 하나님을 우러르기 때문이다. 만일 그렇다면 미학적 즐거움(기쁨)은 기독교적인 삶과 예배의 중심이 아닌가? 바로 이것이 바르트가 모차르트에게서 듣고자 했던 것이리라.

3) 주제에 대한 몰두

바르트와 모차르트 두 사람 모두 사태(Sache)에 이끌려 거기에 집중했다고 한다. 그들은 우선 들었다. 바르트는 하나님의 말씀을 듣고 거기에 집중했으며, 모차르트는 "모든 것을 통찰할 수 있는 하늘 높은 곳으로부터 오는"[34] 음악(Musica)과 연주에 집중했다. 그가 연주에 집중할 수 있는 이유는

---

33 볼프강 힐데스하이머,『모차르트』, 양도원 옮김 (서울: 한국문화사, 2014).
34 칼 바르트,『모차르트』, 16.

"오로지 음악의 여신(Frau Musica)의 명령을 따르기 원했으며"35 사태의 중심을 알고 있었기 때문이다. 그래서 모차르트는 "연주하고 또 연주했고" 시간 가는 줄 모르고 연주를 즐겼다.36 모차르트의 음악 연주와 같이 바르트 또한 신학을 생각하고 쓴 것이 아니라 신학을 연주했다고 표현하는 게 옳을 것이다. 바르트의 신학은 하나님이 불러주신 곡을 연주한, 하나님의 자유로운 사랑을 노래한 악보이다. 바르트는 이렇게 말한다. "연주(놀이, Spielen)란 능력을 실현하려는 의지이고 따라서 손에 땀을 쥐게 하는 일이다. 나는 다른 사람에게는 전혀 느낄 수 없는 연주의 예술을 모차르트에게서 듣는다. 아름다운 연주의 전제 조건은 모든 사물의 중심 주제를 아는—왜냐하면 모든 사물의 처음과 끝을 알기 때문에—어린이적인 지식이다. 나는 이 사물의 중심 주제로부터, 또 이 처음과 끝으로부터 연주되어지는 모차르트를 듣는다."37 "모차르트 자신은 음악을 위한 귀였을 뿐이고, 또한 다른 이들의 귀를 위한 중재자였다."38

모차르트에게는 어떠한 주제도 그 자신이 아니었다. 그는 음악을 이용하여 자기 자신의 존재나 자신의 형편이나 기분을 표현하지 않았다. 모차르트의 삶이 그의 예술을 섬겼지 그의 예술이 그의 삶을 섬긴 것이 아니었다.39 그의 주권은 섬기는 자로서의 주권이다. 그러므로 바로 그의 교회음악은 알려진 모든 반대 이론을 거부하는 진정한 영적인 음악이라고 말할 수 있다. 모차르트는 탄식하거나 원망해본 적이 없다. 그도 탄식하고 원망해야 할 때가 있었을 것이다. 그러나 그는 그때마다 위로와 유쾌함으로의 방향 전환을 시도했다. 바르트는 "모차르트의 긍정(Ja)을 개신교 신학자인 내가 어떻게

---

35 앞의 책, 30.
36 같은 책, 28, 24.
37 같은 책, 8.
38 리처드 빌라데서, 『신학적 미학』, 손호현 옮김(천안: 한국신학연구소, 2001), 29.
39 칼 바르트, 앞의 책, 29.

이해할 수 있을까요?"⁴⁰라고 질문하는데, 아마 하나님의 보편적 은총을 통해 공명했을 것이다.⁴¹

4) 음악과 가사의 관계

모차르트의 음악에서 가사는 음악에 종속된다.⁴² 전통적인 교회음악의 특징은 음이 가사의 지배를 받고, 가사가 표현하지 못한 영역을 주석적으로 보충 설명하는 역할을 한다. 그러나 그의 음악에서는 가사와 별개로 음이 자유롭다. 가사가 음악에 종속된다. 그의 음은 가사에 의해 활기를 띠고 가사를 수반하고 그것을 감싸고 움직인다. 음이 가사에 일치된다는 말은, 다시 말해서 음이 자신의 주체성을 가지고 가사와 만난다는 뜻이다. 그의 작품에서는 각각의 음이 각각의 가사와 일치하고 있으며 각각의 작품은 그 작품 각각의 가사하고만 일치하고 있지 그 밖의 다른 것과는 일치하지 않는다.

3. 한스 큉과 초월자의 흔적

한스 큉(Hans Küng)은 많은 점에서 바르트의 신학에 공감하는바 바르트의 모차르트 평가에도 동의한다. 큉은 박사학위 논문에서 트렌트 공의회의 칭의론과 바르트의 화해론을 비교했으며, 양자 사이에 놀랄 정도로 닮은 점이 있다는 것을 밝혔다. 모차르트에 관해서도 큉은 바르트의 신학적 평가에 무엇인가를 덧붙이고자 하지 않는다. 그리고 큉도 어둠과 빛을 포괄하는 모차르트적인 '전환'의 중요성에 동의한다.

---

40 앞의 책, 33.
41 칼 바르트, 『칼 바르트가 쓴 모차르트 이야기』, 81.
42 앞의 책, 31.

그러나 큉은 가톨릭 신학자로서(물론 그는 공식적으로 더 이상 가톨릭 신학자가 아니다) 바르트와는 약간 다르게 모차르트에게 접근한다.43 큉은 모차르트를 모차르트답게 만드는 독특성이 있다면 모차르트 "음악의 완전함"과 "더 차원 높은 통일성과 영혼의 자유함"44이라고 말한다. 종교적 관점에서 큉이 모차르트를 이해하는 세련되게 갈고 닦은 열쇠말은 "초월자의 흔적"이다. 큉은 모차르트에 대한 바르트의 꿈을 언급하면서, 그러나 바르트가 빠뜨린 중요한 것을 첨가한다. 그것은 모차르트의 가톨릭적 종교 경험, 종종 개신교에는 부재한 신비의 경험이다.45 그것은 교의적이거나 제도적인 혹은 복음적인 모차르트의 신앙에서 나온 것이 아니라 단지 "하나님 자신을 신심 깊게 확고히 붙들고 있음"46에서 나온 것이다.

기독교 미학이 초월의 길에 관한 상이한 두 길을 언급할 수 있다면 그것은 개신교의 "철저한 급진적 초월"과 가톨릭의 "근접 초월"이다. 개혁교회 전통의 경험은 하나님의 초월에 대한 감각을 특별히 강조하는 경향이 있는 것과 마찬가지로 동방정교회와 영국 성공회 전통을 포함한 가톨릭 전통에서는 포괄적 성례전주의를 말한다. 우리는 이것을 근접한(proximate) 혹은 가까운(near) 초월이라고 부르고자 한다.

아우구스티누스로부터 토마스 아퀴나스를 걸쳐 칼 라너에 이르기까지, 특별히 신플라톤주의적 영향이 강하게 남아 있는 가톨릭 전통에는 자연뿐만이 아니라 예술에서 지각되는 모든 빛, 모든 아름다움은 어떤 방식으로든 (때로는 문자적으로 때로는 유비적으로) 하나님의 빛과 아름다움에 참여하고 있다. 그들은 그들 자신을 넘어 다른 것, 곧 볼 수 없는 빛과 아름다움, 다시 말해 영적 복지직관 안에서만 직접 볼 수 있는 빛과 아름다움을 지시한다.

---

43 Hans Küng, *Musik und Religion: Mozart - Wagner - Bruckner* (Piper, 2007; Piper, 1992) (=주도홍 옮김,『모짜르트: 음악과 신앙의 만남』, 서울: 이레서원, 2000).
44 한스 큉,『모짜르트: 음악과 신앙의 만남』, 41.
45 한스 큉, 앞의 책, 23.
46 Hans Küng, *Musik und Religion*, 41.

가톨릭 전통의 "근접 초월"과 큉이 말하는 "초월의 흔적"과 사이에는 접합점이 있다.

바르트와 큉의 미학적 용어가 다른 이유는 우선 그들이 서 있는 신학적 전통과 미학적 전통이 다르기 때문이다. 바르트의 개혁교회 전통의 미학은 음악에 대한 세속화된 평가(이해)를 기꺼이 받아들인다. 신학적으로 음악은 하나님의 은총에 의해서 복음에 대한 인간적 비유가 될 수 있다는 관점이 전제되어 있다. 그러나 큉은 우리가 보아온 대로 자연신학과 부정신학의 전통과 공명을 이루는 성례전주의 음악과 종교 사이의 경계가 아주 근소하다고 여긴다. 음악도 종교와 같이 양자 모두 말할 수 없는 신비, 초월자의 암호와 흔적을 형언할 수 없는 방법으로 전달하고 소통한다는 점에서 음악은 종교와 유비적이라고 본다. 이처럼 큉은 보다 폭넓고 확대된 의미에서 내재적인 종교적이고 초월적인 의미를 전달하는 수레로서 음악을 간주하는 길을 열어놓고 있다.

큉은 모차르트의 음악을 통하여 비치고 있는 '신비', 곧 '초월의 흔적'에 대한 여러 가지 예를 제시한다. 큉은 1791년 모차르트가 죽음을 정확히 두 달 앞두고 완성한 마지막 관현악곡인 클라리넷 협주곡(KV 622)에 관하여 자서전적으로 다음과 같이 서술한다. "이 작품에는 능가할 수 없는 아름다움과 강도 그리고 영적 견실성이 어떤 우울이나 체념의 흔적이 없이 완전하게 나타난다. 이 음악은 환희와 용기 그리고 위로를 주며 짧게 말해 신학 박사를 준비하는 학도에게 거의 매일 기쁨의 손길을 주었다."[47]

큉에게 모차르트의 음악에는 초월의 암호와 흔적이 있다. 그러면 인간성 속에서 들려오는 아름다움, 우리를 초월하는 무한자의 소리, 그 아름다움에 관하여 우리는 무엇으로 서술할 수 있는가? 모차르트 음악에 대한 큉의 전체적인 평가의 요체가 이 지점에 있다. 모차르트의 음악은 진실을 말

---

47 Hans Küng, *Musik und Religion*, 46f.

한다. 큉은 진실을 전하는 음악을 성악이나 종교음악으로 한정할 필요가 없으며 기악을 포함해야 한다고 말한다. 진리는 순수한 소리의 언어로도 나타나기 때문이다. "참으로 음색과 음향으로 말할 수 있으며, 그리고 결국에 표현할 수 없고 말할 수 없는 어떤 것을 말할 수 있다. 바로 음악에서 '말로 다할 수 없는 신비'를 말하는 것이다."[48] 모차르트의 음악은 우리를 궁극적으로 말할 수 없는 것, 신비에로 이끌어간다는 점에서 종교와의 경계가 근소하다는 것이 큉의 평가이다. "비록 음악이 예술의 종교가 될 수 없지만, 음악이라는 예술은 '우리가 믿는 종교의 신비적 성소'를 위한 모든 상징 중 가장 영적인 것이며 신성 그 자체이다." 모차르트 음악에 대한 큉의 결론은 분명하다. "내게 있어 모차르트의 음악은 종교에 대한 계시를 가지고 있다." 모차르트 음악의 계시성은 종교적인 혹은 교회적인 주제들이나 형태들이 음악화될 때만이 아니라 비성악적인 작곡기법, 즉 순수하게 기악적인 음악이 세계를 해석하는 방법을 통해서, 그리고 그것이 음악 외적인 개념성을 초월하는 방법을 통해서 나타난다.[49]

큉은 자신의 저서 후반부를 바르트가 그렇게 극찬한 〈대관식 미사곡〉(KV 317)에 대한 신학적 성찰로 채워나간다. 미사곡의 가사는 동일하며 보통 퀴리에(Kyrie: 주여 우리를 불쌍히 여기소서!), 글로리아(Gloria: 영광송), 크레도(Credo: 니케아-콘스탄티노플 신경), 상투스(Santus: 거룩송), 베네딕투스(Benedictus: 축복송)와 아뉴스 데이(Agnus Dei: 하나님의 어린양)로 구성된다.

1) 퀴리에

퀴리에는 기독교에서 가장 오래된, 그리스도를 향해 탄원하는 기도소리다. 큉은 모차르트의 이 퀴리에를 부활절의 기쁨과 환희뿐 아니라 깊은 신

---

48 앞의 책, 51.
49 같은 책, 52.

뢰와 확실성에 찬 음악이라고 평가한다. "이 간결하고 힘차며 축제 같은 퀴리에는 모차르트 자신의 기독교 신앙의 표현이며, 계몽주의에 의해 영향을 받은 '계몽화된 퀴리에'이나 독자적인 기독교 신앙의 표현"50이라고 말한다. 큉은 보수주의자들과 신스콜라주의자들의 "교회음악의 부패"라는 모차르트의 음악에 대한 평가를 거부하고 〈대관식 미사곡〉에서 "교회음악의 가장 완전한 표현"이 발견되며 교회음악에는 어떤 한 가지 형식만이 있는 것이 아니며, 교회음악과 세속음악 간의 분리는 비역사적이라고 결론짓는다.51

2) 글로리아

'영광'이란 단어로 표현되는 찬연한 하나님 찬양은 세 가지 요소를 담고 있으며 유대교와 기독교의 영성을 하나로 통합한다. 첫째, "지극히 높은 곳에서는 하나님께 영광이요…"(Gloria in excelsis Deo...)로 시작하는 히브리 성경에 뿌리를 둔 성탄절 밤에 울려 퍼지는 하나님 찬양이요, 둘째, "우리가 당신을 찬양 합니다"(laudamus te...)로 시작되는 다섯 가지 찬양이며, 뒤이어 "주님, 독생하신 아들…"(Domine fili unigenite...)로 시작되는 독생자 예수님께 드리는 찬양과 기도이다.

영광을 받으실 분은 오직 하늘에 계신 하나님뿐, 세상 교회의 주교도 황제도 그리고 혁명가도 계몽주의의 이성도 영광의 주인공이 될 수 없다. 찬양(laudamus)과 축복(benedicimus)과 경배(adoramus)와 영화(glorificamus)와 감사(agimus)의 대상은 주 하나님과 독생자 예수 그리스도뿐이다. 예수 그리스도는 세상 죄를 도말하신 아버지의 아들(Filius Patris, qui tollis peccata mundi)이시며 따라서 우리는 그분에게 자비를 베푸소서(miserere nobis)라고 기도한다. 영광송은 삼위 하나님에 대한 영광의 찬양으로 끝난다.

---

50 Hans Küng, *Musik und Religion*, 60.
51 앞의 책, 62.

큉은 모차르트의 이 곡이 당시의 시대적·지역적 편협성을 극복하여 보편적 음조의 언어로 작곡되었고, 예배와 축제의 두 요소를 지니고 있으며, "음악의 아름다움과 순수함과 완전함 속에서 영원한 영광의 세계에 속한 환희의 소리"를 예감하게 한다고 말한다.52

3) 크레도

글로리아가 찬양이라면 크레도는 세례에서 먼저 사용된 고백이다. 크레도의 텍스트는 사도신조가 아니라 니케아-콘스탄티노플 신조다. 큉은 텍스트를 드라마틱하다고 보고 하나님의 드라마라고 부른다. 텍스트는 삼위 하나님에 대한 고백으로서 하늘과 땅의 창조자이신 하나님 아버지에 대한 고백으로 시작하여 한 분 주님으로 하나님의 아들이시며 육신을 입으시고 십자가에 못 박히신 뒤 부활하시어 산 자와 죽은 자를 심판하시러 오시는 예수 그리스도에 대한 고백과 마지막으로 생명을 주시는 주님이신 성령에 대한 고백으로 이어진다. 이 성스러운 드라마는 급하게 흐르는 강물처럼 진행하다가 솔로 4중창의 성육신의 메시지에서 돋아나다가 십자가 부분에서 가장 엄숙한 단조의 우렁찬 합창이 있은 다음 부활의 메시지에서 빛나는 C 장조가 따라 나온다.

4) 거룩송과 축복송

거룩송은 아주 오래된 삼성창(三聖唱)이다. 축복송에서 큉은 휴머니즘과 기독교 사이의 역사적 갈등과 충돌에도 불구하고 그 양자를 조화롭게 통합하려고 시도한다. 빌라도가 예수님을 향하여 한 말 "이 사람을 보라!"(*Ecce*

---

52 같은 책, 67.

homo)에서 이 사람 예수에게 비추어 "모든 사람은 인간이지(Menschsein) 않고는 그리스도인(Christsein)이 될 수 없으며, 인간됨을 희생하고 그리스도인이 될 수 있는 사람은 없으며, 인간 옆에, 인간 아래에, 인간 위에 될 수 있는 그리스도인 없으며, 그리스도인은 철저하고 진정한 인간다운 인간이다." 우리 구주는 친절하신 분이고 사람을 사랑하시는 분(*Philanthropia*)이기 때문이다(딛 3:4).53 큉이 보기에 모차르트의 교회음악은 "의무적 과제"가 아니라 "마음의 사안"이다.54

5) 하나님의 어린양

바르트와 큉은 일견 신학적 미학에서 매우 다른 견해를 갖고 있는 것처럼 보인다. 사실 그들은 매우 다른 신학적인 비전과 기독교적 실존과 경험에서 다른 양식을 갖고 있다. 그 차이가 너무 크기 때문에 손해를 입히지 않고 단순히 한쪽이 다른 한쪽을 통합하기란 불가능해 보인다. 그러나 이런 큰 차이에도 불구하고 개혁교회의 바르트와 가톨릭의 큉은 에큐메니컬한 입장에서 미학적인 수렴이 가능한 길 자체를 가로 막고 있는 것은 아니다.

바르트와 큉은 모차르트 생애의 일화를 언급하면서 에큐메니컬 수렴의 가능성을 지적하기도 한다. 큉은 이렇게 쓰고 있다. 라이프치히 토마스 교회의 악장 집(루터교인 바흐의 집)에서 모차르트는 개신교도들은 가톨릭교도들이 "하나님의 어린양"(*Agnus Dei*)을 부를 때 그 말이 그들에게 무엇을 말하는지 감지되는 느낌을 이해할 수 없을 것이라 생각했다고 한다.55 그러나 바르트도 개신교들에 대한 모차르트의 코멘트를 알고 있다. 바르트는 하늘에 있는 모차르트에게 편지하기를, 바르트가 모차르트에게 개신교도들을

---

53 같은 책, 78.
54 같은 책, 76.
55 칼 바르트, 『모차르트』, 16.

변명한 후에 그는 사실 모차르트를 향해 개신교도들에 대한 자신의 언급을 꾸짖고 있는 셈이다. "나를 용서하시오—당신이 지금 나보다 아마도 더 잘 이해하고 있습니다." 그러나 그 이야기가 끝이 아니다. 큉은 또 이렇게 부연한다.

"바르트가 일전에 나에게 바젤에서 아주 큰 만족감을 표현하면서 모차르트의 〈대관식 미사곡〉이 에반스톤에서의 세계교회협의회에서 연주되기를 바란다고 말한 적이 있다. … 바르트의 태도는 시간이 흐르면서 에큐메니칼적 입장으로 변했는데, 대관식 미사곡이 끝부분에서 "Agnus Dei"(하나님의 어린양)와 "Dona nobis pacem"(주여 우리에게 평화를 주소서)으로 마무리된다는 사실을 확신에 차 언급하였다."56 여기서 큉은 이 곡이 에반스톤에서 연주되었으면 하는 희망을 다시 기억한다. 바르트와 큉의 신학적이고 미학적인 차이에도 불구하고 바로 여기에 어떤 에큐메니칼적 수렴, 바로 모차르트의 Agnus Dei에 의해 야기된 회중의 평화가 이루어지고 있는 것이 아니가 하는 점을 제안한다.

결론부의 Agnus Dei를 언급하면서 큉은 특히 miserere(주여 우리를 불쌍히 여기소서)가 소프라노 독창으로 시작하여 후에 콘트라 알토(최저 여성음부), 테너와 베이스와 연합하고 마지막으로 합창으로 끝나고 있다는 점을 부각시켜 간접적으로 이 음악의 교회일치의 적합성을 시사한다. 자비의 간구가 처음에는 홀로 이루어지지만 후에는 합창으로 연합하여 매듭짓는다는 것이다. 마지막에는 리듬과 템포가 빨라지고 백성들의 위대한 간구 "Dona nobis pacem"에서 절정을 이룬다. '하나님의 어린양'은 평화를 위한 기도이다. 이 곡은 찬양과 감사에 대한 확신에 찬 연합적 표현이다.

---

56 Hans Küng, *Musik und Religion*, 36f.

4. 음악적 신학을 위한 한 모델

한 음악가에 대해 원칙적으로 다양한 접근이 열려 있고 해석이 가능하다. 무엇보다 모차르트에 대한 종교적·신학적 이해와 해석은 기독교 신학 안에서 매우 요청되는 과제이다. 키르케고르의 심미가 A와 바르트의 경우에서와 같이 큉 또한 모차르트 음악의 '감각적인 것'을 평가했다. 그러나 키르케고르가 모차르트 음악의 심미성에 바르트가 창조의 유비로 감각의 미학적 의미를 제한한 반면 큉은 감각을 인접한 초월과 연결하고 있다. 이 용어는 음악이 영적인 것을 상자 안에 집어넣을 수 있는 능력이 있다는 것이 아니라 미학적 경험 속에서 종교적 신비의 즐거움뿐만 아니라 소통을 발견하기 위하여 키르케고르와 바르트를 넘어간다는 것이다.

필자는 신학과 음악의 대화에서 어떤 한 음악가의 종교성 논의를 넘어서 음악이 신학적 진리를 이해하는 데 다른 영역이 할 수 없는 역할을 할 수 있다고 생각한다. 신학은 개념이나 모델, 은유나 상징 등으로 그 진리를 이해하고 해석했다. 그러나 이 모든 것은 언어활동이다. 음악은 언어가 없는 세계다. 언어도 음으로 변화된다. 음악은 칼케돈 공의회의 예수님의 신성과 인성의 관계에 대한 선언과 삼위일체론을 이해하는 데 큰 도움을 줄 수 있다. 칼케돈 신조 중 해당 부분은 다음과 같다. "한 분의 동일한 그리스도요, 아들이시오, 주님이시며, 독생자이시며 두 본성으로 알려지셨으나 혼돈(confusion)도 없고 변화(change)도 없으며, 분할(division)도 없고 분리(separation)도 없으시다." 신조의 진술은 한 위격 안에 있는 양성의 관계를 진술하고 있으나 그 신비를 설명하지 못하고 보존하려는 의도이다. 그 관계의 적극적인 면들은 숨겨져 있다. 신성과 인성이 같이 옆 자리에 불편하게 앉아 있는 것처럼 보이며 한 위격 안에 어색하게 병치되어 있는 느낌이다. 어떻게 이 양성의 신비를 느끼고 이해할 수 있을까?

근대 과학의 아버지로 알려진 아이작 뉴턴은 공간을 용기로 이해한다.

그 용기는 무한하지만 용기 안에 들어온 사물들은 서로 구별된다. 공간-용기에 들어온 사물들은 서로 배타적이다. 그렇기 때문에 당신은 동시에 동일한 장소에 두 사물을 놓을 수 없다. 그렇기 때문에 한 사물은 동시에 동일한 장소에 존재할 수 없다. 우리의 사유 이미지의 뿌리에는 이러한 생각이 있다. 우리는 동시에 한 장소에 두 가지 서로 다른 색깔, 붉은색과 노란색을 칠하지 못한다고 생각한다. 한 색깔이 다른 색깔을 감추거나 흡수하거나 제삼의 색깔로 바꾼다. 두 색깔이 동시에 동일한 공간에 공존하면서 각자 빛날 수 없다.

이러한 사유방식은 세계 안에서의 하나님의 현존을 생각할 때도 마찬가지로 적용된다. 하나님을 충분히 하나님으로 인정하면서 공간과 시간의 우주를 유지한 채 세상 안에서 활동하시는 하나님을 생각하기 힘들다. 하나님은 세상 '안'에 계시거나 세상 '밖'에 계셔야 할 것 같다. 하나님은 세상 '안'과 '밖'에 동시에 존재할 수 없어 보인다. 하나님은 영원하고 무한한 존재이고 세상은 시간적이고 유한한 존재이기 때문에 양자의 관계를 동시적으로 동일한 공간에 존재한다고 생각하기 어렵다는 것이다. 하나님의 '초월'과 '내재'의 문제는 처음부터 이질적이고 심지어 적대적인 관계로 생각되기 때문에 이 양자를 충분히 이해하지 못한 채 두 가지를 연달아 발설할 뿐이다. 그러나 성경은 "그리스도 안에 온갖 충만한 신성이 몸이 되어 머물고 계십니다"(골 2:9)라고 말한다. 그리스도의 몸 안에 신성과 인성의 동일 시간-공간적 존재를 고백하고 있다.

제레미 벡비(Jeremy Begbie)는 이러한 난제를 음악의 다성 음부를 예를 들어 명쾌하게 설명한다.[57] 소리의 세계는 뉴턴의 공간 이해와 다르다는 것이다. 소리의 세계는 내가 머리를 어느 방향으로 돌리든지 동일한 세계로

---

57 Jeremy Begbie, "Through Music: Sound Mix", *Beholding the Glory: Incarnation Through the Arts*, ed. by Jeremy Begbie (Grand Rapids: Baker Book House Company, 2001), 138-154, 특히 144ff.

머문다. 성악의 중창, 삼중창, 사중창 혹은 합창에서 또는 서로 다른 악기로 형성된 다중주 곡에서 한 음성은 다른 음성을, 한 성부는 다른 성부를 혼합하거나 지배하지 않는다. 서로 다른 음들이 동일한 장소, 동일한 시간에 어울려 화음을 만든다. 성육신의 사건, 곧 한 그리스도 위격 안에 있는 신성과 인성의 관계를 음(音)으로 비유하여 설명할 수 있다. 음악에서는 두 가지 서로 다른 음이 동일한 시간-공간 안에서 상호 교류하며 상호 작용한다. 한 음이 다른 음과 분할되거나 분리되지도 섞여 혼합되지도 않는다. 음악의 두 음에서처럼 예수 그리스도 안에서 하나님의 아들은 아버지와 영원한 교제를 하고 동시에 살과 피를 입은 육으로서 이 세계에 전적으로 참여한다.

그동안 삼위일체 하나님을 표상하는 방식에는 문제가 있었다. 하나님을 단조로운 하나(유니테리어니즘)로 생각하거나, 각 위격들의 천상의 위원회(삼신론)로 생각하거나 그 자체 차이가 없는 한 분 하나님의 세 가지 표명(양태론)으로 생각해왔다. 그리고 삼위일체 하나님에 대한 대개의 설명은 정적이며 고요하다. 삼위 하나님의 관계는 삼음(三音)의 공명과 같은 삶이다. 공간의 차이가 그 음들을 따로 떼어놓지 않는다. 그 음들은 상호 배제하거나 합병하지 않고 서로 내주하고 서로 관통하고 공명하면서 서로 교류한다. 그럼에도 불구하고 각기 다른 음으로 들을 수 있다. 그 음들은 독자적인 음색을 상실하지 않고도 동일한 공간을 점유하며 서로 높이고 서로 세워준다. 그 음들은 서로서로 통하면서 삼중주로 이어진다.

토마스 탈리스(Thomas Tallis)의 화려한 모테트 40부 성부의 〈Spem in Alium〉(오직 당신만이 희망, c.1570)에서 40개의 서로 다른 소리가 서로 안에서 서로를 통하여 이어지며 서로 엮여 큰 소리로, 큰 합창으로 전개된다.[58] 탈리스의 상상력은 청자를 환상적 음의 세계로 옮겨놓는다. 40개의 음성이 자유롭게 서로 다른 음들이나 반대 음들을 교환하고 엮어지며 교창으로 주

---

58 앞의 책, 152f.

고받는다. 음들의 소멸이 아니라 다양성이 존재하며, 다른 음에 대한 한 음의 제압이 없는 함께 공명함이, 각 음은 서로 다른 음들의 교호작용과 공명 속에서 더욱 충분히 자기 음이 된다. 마찬가지로 십자가에서 가능하게 된 성령을 통한 아버지와 아들의 공명을 우리는 즐기며 불협화음을 내는 사람까지도 울림으로 조율하고 묶어 공명을 만든다. 바로 이 조화가 성육하신 주님의 십자가가 목적한 것이다. 계시록에는 수천수만의 천사와 생물과 원로들이 어린양과 함께 즐기는 하늘의 예배가 음악적으로 묘사되어 있다.

나는 또 그 옥좌를 둘러선 많은 천사들과 생물들과 원로들을 보았고 그들의 음성도 들었습니다. 그들의 수효는 수천수만이었습니다. 그들은 큰소리로 "죽임을 당하신 어린 양은 권능과 부귀와 지혜와 힘과 영예와 영광과 찬양을 받으실 자격이 있으십니다." 하고 노래하고 있었습니다(계 5:12, 공동번역).

제11장

놀이의 신학
: 놀이하는 하나님 – 놀이하는 인간

　　미국과 유럽에서 이른바 '놀이의 신학'(Theology of play)이 등장한 역사적, 사회적 배경에 먼저 주목할 필요가 있다. '놀이의 신학'이 세계 신학계에 처음 회자된 시기는 1960년대 후반, 미국과 독일에서이다. 당시 미국은 세계전쟁의 승전국으로서 평화의 사도인 듯했지만 냉전의 주역이 되었고 한국전쟁과 월남전으로 가시화되었다. 1960년대는 인권운동, 반전운동, 문화운동의 시대로서 신학적으로는 '신 죽음의 신학'과 '세속화 신학'이 등장한 시기이다. 19세기 유럽에서의 무신론과 허무주의가 인간학적, 정치·사회적, 심리학적, 철학적 저항이요 정신적 전복의 성격을 가졌던 반면 유럽보다 한 세기 정도 늦은 1960년대 미국에서의 신의 죽음의 경험은 결코 단순한 지적 문제가 아니라 직관적, 심미적, 문화적 경험이었다. 신 죽음의 신학은 교회의 신학이 아니라 신 죽음 이후에 신을 경험하려는 새로운 문화적 운동으로서 문화신학이다.[1]

---

1 이경재, "死神神學", 『해석학적 신학』(서울: 다산글방, 2002), 143-170, 특히 153ff.

하비 콕스(H. Cox)는 이 경험을 아래와 같이 서술한다.

우리가 신의 죽음이라고 부르는 이 서구적 의식의 시대적 위기는 단순한 하나의 과도기적 유행이 아니다. 그것은 산업화와 기술 향상, 다원화와 현대 과학과 문화적 자각 등을 포함하는 누적된 역사적 소산인 것이다. 그러나 가장 중요한 것은 신의 부재, 은둔 내지는 죽음이라는 생생한 문화적 경험이, 온갖 형태를 갖췄던 제축이 지속적 쇠퇴 과정에 놓여 있는 문명 안에서 발생하였다는 사실이다.2

그러나 끊임없이 새로운 것을 찾아나서는 미국 문화의 놀라운 새로움은 단순히 세속화된 세계 속에서 '신의 죽음'으로 만족하지 못하고 춤과 황홀, 축제와 놀이 속에서 새로운 경험을 통한 삶의 확장과 초월 경험을 위한 새로운 문화를 찾고 있었다.

독일은 패전국으로서 세계 전쟁의 집단 파괴의 경험과 새로운 세계 건설의 과제를 안고 1960년대에 세계 신학계에 등단하며 '놀이의 신학'으로 윤리와 진리의 내용으로만 점철된 신학에 자유와 해방을 예술론적 차원에서 풀어놓는다. 위르겐 몰트만과 그의 제자 게르하르트 마르틴 역시 종교개혁의 유산인 칭의론으로부터 놀이의 신학을 시도하고 도로테 죌레(Dorothee Sölle)는 '신 죽음의 신학' 이후에 '환상'(Phantasie)을 가지고 정치신학을 전개한다.

40~50년이 지난 오늘 이 자리에서 '놀이의 신학'을 새롭게 재론하는 이유는 다음의 두 가지이다. 첫째, 기독교 신학이 그릇된 가르침에 대해 바른 가르침(orthodoxy)을 찾기 위해 신앙과 교리를 지성적으로 이해하거나 해석하는 논리적이고 합리적인 담론이라는 정의와 이론을 넘어 실천(praxis)이

---

2 하아비 콕스, 『바보祭. 祭祝과 幻想의 신학』, 김천배 역(서울: 현대사상사, 1977), 52.

우선되어야 한다는 주장(*orthopraxie*)을 넘어 미학적 전환이 이루어져야 한다는 생각이다. 기독교 신학은 교의학(Dogmatics)과 윤리(Ethics)에 미학(Aesthetics)을 보완하여야 한다. 안셀무스(Anselmus, 1033~1109)는 "지성을 찾는 신앙"(*fides quaerens intellectum*)이란 유명한 명제를 남겼다. 안셀무스 이후, 신학과 교회는 1,000년 동안 이 명제를 금과옥조로 받들면서 성서와 교회를 통해 전승된 기독교 신앙을 개념적이고 지성적으로 이해하고 설명하며 해석하는 데 일방적으로 주안점을 두었다. 특히 정통성을 앞세우고 고백주의적으로 전개된 개신교회는 교리 중심의 종교이며 그 종교생활은 도덕적 훈육을 강조하는 종교로 위축되고 말았다. 일찍이 칼뱅은 "인간의 주요 목표는 하나님을 영원히 즐기는 것"이라 했다. 안셀무스의 명제에 대하여 필자는 신학의 새로운 과제가 "아름다움을 찾는 신앙"(*fides quaerens pulchrum*)이어야 함을 제언한다. 신학대학에서는 교의학과 기독교 윤리와 더불어 기독교 미학을 연구하고 가르쳐야 한다.

둘째, 우리는 '놀이의 신학'이 서양에서 처음 등장했을 때의 시대적 배경보다 더 강도 높은 궁핍과 곤경의 시대 속에 살고 있다. 김우창은 "오늘날 우리는 하나의 이론이 지배하는 세계 속에 살고 있다. 그 이론은 곧 세계화의 이론"(김우창, 『비평』 창간호)이라고 단언한다. "오늘은 현실만 있고 이론이 없는 시대다." 모든 큰 이론은 잠적했거나 소멸되었다. 남아 있는 큰 이론은 오늘의 현실의 이론, 곧 세계자본주의의 이론이다. 거기에는 인간 존재에 대한 고찰이 없다. 인간은 이해되고 해석되고 형성되어야 할 존재이지 경영되어야 할 존재가 아니다. 김동춘도 한국 사회를 "기업사회"로 진단한다. 개발과 성장이라는 근대 가치의 긴 그늘에서 헤어나지 못하는 한국 사회는 '피로사회'3의 대표적 예이다.

한병철에 따르면 사회가 피로한 이유는 성과와 실적만을 유일한 목적으

---

3 한병철, 『피로사회』, 김태환 옮김(서울: 문학과지성사, 2012).

로 삼는 성과사회, 활동사회이기 때문이다. 성과사회의 압력이란 끝없는 성공을 향한 유혹에 노출되어 있는 사회이다. 좋은 삶이란 성공적인 공동의 삶까지를 포괄하는 개념이거니와, 그런 의미에서 좋은 삶에 대한 관심은 날이 갈수록 생존 자체에 대한 관심에서 밀려나고 있다. 성과사회에서의 생명은 죽을 수 있기에는 너무 생생하고 살 수 있기에는 너무 죽어 있다.4 한병철은 진정한 생생함을 회복하기 위한 대안으로 "깊은 심심함"5을 제시한다. 깊은 심심함이란 "경험의 알을 품고 있는 꿈의 새"(발터 벤야민)와 같은 삶이다. 잠이 육체적 이완의 정점이라면 심심함은 정신적 이완의 정점이다. 단순한 분주함은 어떤 것도 새로운 것도 낳지 못한다. 그것은 이미 존재하는 것을 재생하고 가속화할 따름이다. 벤야민은 꿈의 새가 깃들이는 이완과 시간의 중지가 현대에 와서 점점 사라지고 있음을 한탄한다. 그러나 심심함이란 "속에 가장 열정적이고 화려한 안감을 댄 따뜻한 잿빛 수건이다." 그리고 "우리는 꿈꿀 때 이 수건으로 몸을 감싼다." 우리는 "수건 안감의 아라베스크 무늬 속에서 안식한다." 현병철은 깊은 심심함의 경험으로 안식일을 예로 든다. 안식일은 그만두는 날이며, 이날은 신성한 날이다. 신성한 것은 목적 지향적 행위의 날이 아니라 무위(無爲)의 날, 쓸모없는 것의 쓸모가 생겨나는 날이다. 막간의 시간은 일이 없는 시간, 놀이의 시간이다.6 '놀이'가 전통적으로 신학의 중심 개념으로 취급받은 적이 없었지만 신학적인 건조함과 삶의 팍팍함은 '놀이'의 신학적 중요성을 드높일 수 있는 충분한 이유가 된다.

---

4 한병철, 앞의 책, 114.
5 한병철, 앞의 책, 30ff.
6 한병철, 앞의 책, 72.

1. 놀이하는 인간(homo ludens)

근대적 인간 이해는 '생각하는 인간'(*Homo Sapiens*)과 '노동하는 인간' (*Homo Faber*)이다. 이 두 가지 인간 이해는 근대의 기획이며 실험이다. 주체로서의 인간은 생각을 통해 세계를 파악하고 장악할 수 있는 지도를 그리고 노동을 통해 그 계획을 실천에 옮긴다. 근대의 기획 속에 놀이는 철저히 배제되었다. 네덜란드의 역사학자 요한 하위징어는 이런 정의에 반해 '놀이하는 인간'(*Homo Ludens*)을 내세웠다. 그는 놀이란 문명의 한 요소가 아니라 "문명이 놀이 속에서(in play), 그리고 놀이로서(as play) 생겨나고 또 발전해왔다고" 확신하면서 자신의 목적이 "여러 문화 현상들 중에서 놀이가 차지하는 지위를 논하려는 것이 아니라, … 놀이 개념을 문화의 개념과 통합"[7] 하는 것이라고 밝힌다. 필자는 이 글에서 하위징어의 시도에 힘입어 '놀이의 신학'의 의도 또한 기독교 신학의 한 요소가 아니라 신학이 구성되는 본질적인 방식임을 설득하고자 한다.

근대 이후의 인간은 '놀이'를 천시하도록 교육받아왔다. 특히 교회에서는 놀이는 세상적인 것, 3S(영화와 섹스 스포츠)로 대변되고 그것은 대개 그리스도인이면 피해야 할 속되고 죄악된 것으로 가르쳐왔다. 그러나 이 놀이를 천시하는 풍조는 산업사회의 편견으로서 탈산업사회에서도 계속 주도적으로 유효한 가치라고 받아들일 수 없다. 인간은 생활에 유용하고 필요한 것만을 생산하고 소유하는 것만으로 그 존엄성을 지킬 수 없다. 인간의 자유를 가장 잘 드러낼 수 있는 행위가 놀이다. 하위징어는 "놀이는 자유로운 행위이며 자유 그 자체"라고 말한다. "놀이는 필요와 욕구의 충족이라는 명제 바깥에 있으며, 그래서 생활의 욕구 과정을 방해한다."[8] 하위징어는 언어, 경기, 법률, 전쟁, 시, 신화, 철학, 예술, 의례 등에 숨어 있는 놀이 요소를

---

7 요한 하위징어,『호모 루덴스』, 이종인 옮김 (고양: 연암서가, 2011), 21.
8 하위징어, 앞의 책, 42.

포괄적으로 연구하여 놀이를 이렇게 정의한다. "놀이는 특정 시간과 공간 내에서 벌어지는 자발적 행동 혹은 몰입 행위로서, 자유롭게 받아들여진 규칙을 따르되 그 규칙의 적용은 아주 엄격하며, 놀이 그 자체에 목적이 있고 '일상생활'과는 다른 긴장, 즐거움, 의식(意識)을 수반한다."9 놀이는 인간의 발달과정에서 어릴 때에 나타나는 순진한 활동으로서 성인들에게는 회복할 수 없는 과거이거나 노동이 끝난 다음에 시작되는 특별한 여가 활동이 아니라 본원적인 인간의 특징이다.

노명우는 놀이의 본성을 다음 아홉 가지로 정리했다.10

(1) 호모 루덴스는 생물의 욕구활동을 넘어선다. 놀이는 물질적 이해와는 상관없는 행위이고 아무런 이득도 제공하지 않는다.
(2) 호모 루덴스는 자발적으로 움직인다. 외부의 강요나 필연의 법칙에 의해서가 아니라 자립성과 자유의 법칙에 따른다.
(3) 호모 루덴스는 놀이 자체를 목적으로 한다. 노동은 이익을 바라나, 놀이는 이익과 아무런 관련이 없다.
(4) 놀이의 짝은 열광이다. 놀면서 발휘되는 힘, 열광, 몰두, 광분, 불확실성과 우연성에 의해 지배되는 세계가 놀이의 짝이다.
(5) 놀이의 열광은 환상 속에서 나온다.
(6) '시체 놀이'는 호모 루덴스가 아니다. 인간의 놀이는 혼자서 할 수 없다. 인간의 놀이는 사회적 현상이기에 '집단'을 전제한다.
(7) 놀이는 집단 사이에서 벌어지는 경쟁으로서 집단적 현상이다.
(8) 놀이에서 승리한 사람은 이득이 아니라 월계관 같은 賞을 받는다.
(9) 놀이는 문명의 토양이다.

---

9 하위징어, 앞의 책, 78.
10 노명우, 『호모 루덴스, 놀이하는 인간을 꿈꾸다』(서울: 사계절, 2011), 53-81.

놀이에 유쾌와 자유, 쾌활과 가벼움만 있는 게 아니다. 인간은 항상 대조적인 분위기 속에 처해 있다. 그는 신의 품 안에 있기 때문에 기쁘고 자유 속에서 위협에 직면하기 때문에 비극적이다. 인간은 플라톤이 말한 것처럼 기쁨이고 동시에 아픔이며, 희극이며 동시에 비극이다(Philebos). 놀이는 깊은 진지함을 동반한다. 어린아이가 놀이할 때도 거의 신화적인 힘으로 가능할지도 모르는 상실의 그늘 아래에서 절대 책임의 지경에까지 이른다.

놀이인은 유쾌하며 진지(Ernstheitere)한 사람이다.[11] 그는 기쁨이 넘치는 정신에 사로잡혀 있으며, 영혼의 우아함으로 파헤칠 수 없는 비밀의 암굴에 갇힌 듯하다. 동시에 그는 비극의 인간이다. 웃음과 울음의 인간이다. 이런 양극적 대립을 한 영혼 안에서 통합하는 자만이 참으로 놀이하는 인간이다. 이 양자를 갖춘 자만이 참된 의미에서 놀이하는 인간으로 해방된 유머를 구사하고 눈물을 흘리면서도 웃으며, 지상의 모든 유쾌함의 바닥에서 불안의 바닥을 발견하는 사람이다. 하늘과 땅 사이를 부유하는 사람이다. 모차르트처럼 움직이는 삶의 태도, 눈물과 웃음 사이, 쾌활함과 인내 사이, 지상적 삶의 인간이 하늘의 어린이 놀이를 한다.

가장 깊은 진리는 진지함 속에서만 온전히 이해될 수 없으며 진지함과 유쾌함, 진지함과 경쾌함의 대립, 더 나아가 진지함과 웃음(Lächerlichen)의 대립 속에서만 잘 이해될 수 있다. 모든 놀이는 진지함을 위한 연습이다(아리스토텔레스). 하위징어도 그의 책 『호모 루덴스』에서 놀이보다는 진지함에 대하여 많은 이야기를 했다. 그러나 그는 인간의 가장 위대한 행동은 어린아이들의 놀이와 같다는 것을 알고 있다.

놀이에 진지함과 자근자근한 경쾌함이 섞여 있는 이유는 진지함이 슬픔으로 변질되지 않고 웃음(위트)이 고삐 풀린 망아지가 되지 않기 위함이다. 이 사람만이 진정으로 하늘과 땅 사이에 있는 사람이다. 놀이인은 땅을 견

---

11 이하의 글은 Hugo Rahner, *Der spielende Mensch* (Freiburg: Johannes Verlag Einsiedeln, 1990), 2장 참조.

유주의자들처럼 회의적으로 조소하거나 쾌락주의자들처럼 탐욕스럽게 보지 않고 신성한 것을 돌보면서 그것을 지상의 것들 속에서 발견하려고 하는 자이다. "놀이의 비현실성은 현실이 아직 현실적이 아님을 보여준다. 놀이는 올바른 삶을 위한 무의식적인 연습이다."[12]

웃음은 지혜의 표시이다. 오리게네스는 그리스도교적 내려놓음(Gelassenheit)에서 진실로 현자는 어린아이와 같이 부모의 관 앞에서조차 웃고 놀 수 있는 사람이라고 했다. 실제로 중세의 한 신학자는 그리스도께서 웃으셨는지 묻기도 했다. 왜냐하면 그리스도께서는 모든 인간적인 요소를 지니셨으며, 인간의 본질에는 웃을 수 있는 능력도 포함되어 있기 때문이다. 인생은 왕왕 악이 함께 놀이하는 놀이판이다.

하나님의 품 안에서 태어났기 때문에 인간의 삶은 기쁘고 즐거운 삶이다. 그러나 동시에 자유의 위협 아래 있기 때문에 비극적이다. 그러므로 진리 속에서 노는 인간은 유쾌하며 동시에 진지하고, 눈물을 지으며 동시에 웃는다. 이 양자를 그리스 교부의 말을 빌려 표현하면 '명랑함'과 '인내'이다.

고대 그리스도인들은 생을 어린아이의 놀이로 받아들였다. 창세기 26장 8절 이하에서, 이삭과 그의 아내 리브가는 배고픔을 피하기 위해 아비멜렉이 왕으로 지배하는 브레셋 땅으로 이주한다. 이삭은 그의 아내 리브가가 보기에 아리따움으로 그녀를 구하기 위해 그의 아내를 누이동생으로 가장한다. 그러나 어느 날 왕은 창을 통하여 이삭이 그 아내 리브가와 '놀이하는 것'(spielen)을 본다. "그때 블레셋의 왕 아비멜렉이 창을 통하여 이삭과 그의 아내 리브가와 함께 놀이하는 것을 보았다"(창 26:8).

'이삭'의 이름의 뜻은 '웃음'이다(창 21:6). 그러나 '리브가'의 뜻은 '인내'이다. 웃음과 인내가 서로 노닐고 있고, 이때 왕 아비멜렉은 웃음과 인내가 진실로 결합되어 있음을 인식한다. 웃음과 인내의 결합이 참된 놀이인의 모

---

12 테오도르 아도르노,『미니마 모랄리아: 상처 받은 삶에서 나온 성찰』, 김유동 옮김(서울: 도서출판 길, 2007), 300.

습이다. '웃음'을 의미하는 이삭에게 '인내'를 의미하는 리브가가 농담을 하기 위해 다가온다. 그러나 영혼의 신적인 농담은 일반인이 볼 수 있는 모습이 아니라 왕인 아비멜렉만이 볼 수 있다. 이 왕은 열린 빛을 뚫고 나아가는 영혼의 눈인 창문을 통해 이삭이 그의 아내 리브가와 놀고 있는 것을 보는 것이다. '웃음'과 '인내' 사이의 놀이를 관찰하는 왕은 로고스 즉 영원한 지혜이다. '웃음'의 배우자인 '인내'는 그리스도 안에서의 인내이며, 놀이하는 인간은 하나님으로부터 새롭게 태어난 인간이다.

2. 놀이의 신학자들

놀이의 신학적 이론은 신학적으로 정당화되어야 한다. 신학적 관점에서 놀이란 무엇인가? 여기서는 몰트만의 놀이와 콕스의 제축, 샘 킨의 육의 신학 그리고 현영학의 놀이와 축제의 신학적 해석을 통해 그 답을 찾고자 한다.

1) 위르겐 몰트만의 하나님의 놀이와 향유의 신학

세계 전쟁의 집단 파괴의 경험과 새로운 세계 건설의 과제를 안고 1960년대에 세계 신학계에 등단한 이가 위르겐 몰트만(Jürgen Moltmann)이다. 그는 『희망의 신학』(1964)과 『십자가에 달리신 하나님』(1972)으로 세계에 널리 알려졌다. 초기 몰트만의 저작을 움직인 아이디어는 예수의 부활과 십자가이다. 십자가와 부활의 변증법은 후에 독특한 삼위일체론으로 발전한다. 예수의 십자가와 부활은 서로 상반되는 사건, 죽음과 생명, 하나님의 부재와 하나님의 현존을 대변한다. 십자가와 부활은 동일한 예수에게 일어난 그러나 전적으로 상반된 사건으로서 지금의 현실과 하나님의 미래를 보여준다. 예수는 십자가에서 모든 모순 속에 있는 세계의 현실과 일치하며 부활에서 전 우주적 새로운 창조를 약속한다.

몰트만의 신학은 세계를 단순히 이해하는 것이 아니라 도래할 하나님 나라를 향하여 사회의 흐름을 설정함으로써 실천을 고무하고 세계를 변혁하는 신학이다. 그러나 몰트만은 신학을 단순히 실천론으로만 보지 않는다.13 선한 것과 정의로운 것은 기쁨이 차고 넘치며 사랑의 정열이 있는 곳에서만 성립될 수 있다. 몰트만은 신학이 윤리적 전체성의 요구에 머무르지 않고 미학의 기쁨과 환희를 불러일으켜야 함을 환기시킨다.14 그의 신학은 실천(*praxis*)과 영송(詠誦)/찬양(*doxology*)이라는 두 바퀴를 가진 수레로 비유할 수 있다. 즉 하나님에 대한 사랑은 도덕적으로 이웃 사랑만을 지향하는 것이 아니라 하나님 앞에서 심미적으로 하나님을 찬양하고 즐기는 제축(祭祝)이라는 것이다. 그리스도를 통한 해방은 새로운 행동/실천에로의 자유만이 아니라, 강요된 행동으로부터의 해방이기도 하다. 환상과 찬양의 자유로운 놀이가 결여되면 새로운 복종은 율법이 되며, 복종이 없는 자유로운 축제와 사랑의 노래는 공론이 된다. 그의 신학에는 명상, 축제, 찬양, 놀이 등 미학적 성격이 처음부터 배어 있다. 존재를 즐기고 하나님에 대한 찬양이 없는 실천은 행동주의로 왜곡된다는 것이다. 역사를 만들려는 역사적 투쟁의 도덕적이며 정치적 진지함은 현 존재 자체에서 느끼는 자기를 비운 기쁨으로 지양되어야 한다. 무한한 책임은 인간을 고갈시킬 뿐인데, 인간은 신이 아니라 단지 인간이기 때문이다. 책임의 무한성과 능력의 유한성을 중재하는 것이 바로 맑은 웃음이다.15

---

13 J. Moltmann, *Theology and Joy* (London: Hymns Ancient and Modern Ltd, 1973); J. Moltmann, *Die ersten Freigelassenen der Schöpfung: Versuche über die Freude an der Freiheit und das Wohlgefallen am Spiel* (창조의 처음 자유롭게 된 자들: 자유에서 얻는 기쁨과 놀이에서 얻는 희열에 관한 시도)(Chr. Kaiser, 1971).
14 J. Moltmann, *Die ersten Freigelassenen der Schöpfung*, 7.
15 앞의 책, 29f.

몰트만은 일과 놀이, 진지함과 웃음, 윤리와 미학의 결합을 강조한다. 실천이 새 창조의 종말론적 희망에 의하여 영감 받고 요청되는 것이라면, 명상과 관상은 새 창조의 목표를 미리 맛보는 것(선취)이며, 하나님을 즐기는 것(fruitio Dei), 즉 창조 안에서 그의 기쁨에 참여하는 것이다. 따라서 예수가 선포한 하나님 나라(하나님의 지배, Herrschaft Gottes)에 하나님의 지배와 인간의 복종 및 저항만이 강조될 때, 그것은 윤리화되며 인간도 진지한 윤리적 실존이 될 뿐이다. 이러한 하나님의 지배를 보완할 수 있는 성서적 개념은 하나님의 영광(Herrlichkeit Gottes)이다. 하나님의 영광은 그분의 현란함이며, 그분의 아름다움이며, 그분의 사랑스러움이다. 하나님의 사랑은 윤리적으로 이웃 사랑에만 상응하는 것이 아니라 미학적으로 하나님 앞에서의 축제적 놀이에 상응한다.16

이렇게 몰트만은 놀이의 신학을 통해 실천에 대한 배타적 요청을 거부한다. 윤리와 미학, 신앙의 삶과 하나님 체험은 분리될 수 없다. 오히려 정치적 저항은 도덕적 요구에서 나오는 것이 아니라 하나님의 자유 자체에 대한 기쁨의 감사에서 나온다. 하나님의 지배는 그분의 영광과 아름다움으로서 동시에 그분의 주권으로 경험되어야 한다. 몰트만의 미학에 기초한 신학적 인식론은 대상에 대한 인식 주체의 지배로서의 지식에 대한 거부로 발전되어 나타난다. 이것은 삼위일체론에서 삼위 송가, 감사와 찬양과 예배를 강조하고,17 창조론에서 인간이 아니라 안식일을 창조의 정점이며 창조의 축제18로 놓는 데서 엿볼 수 있다. 교리가 예전으로 이어지지 않을 때 그 교리적 지식은 화석화되어 신앙을 위하여 전혀 쓸모없는 장애물이며 무거운 짐이 될 뿐이다. 이단은 하나님의 구원의 신비를 소유하려는 노력이며, 결국 하

---

16 앞의 책, 44.
17 J. 몰트만, 『삼위일체와 하나님의 나라』, 김균진 옮김(서울: 대한기독교출판사, 1982), 185-188.
18 J. 몰트만, 『창조 안에 계신 하나님』, 김균진 옮김(천안: 한국신학연구소, 1987), XI장: "안식일: 창조의 축제" 참조.

나님을 인간의 언어로 좌지우지하려 한다. 몰트만에게 지식은 대상을 지배하기 위한 주체의 힘이 아니라 놀라움과 사랑으로 타자에게 주체를 개방함으로써 발생하는 사귐과 친교이며, 타자와의 상호 관계와 사귐 속에서 자신을 받아들이고, 따라서 자기-타자의 상호 변혁이 가능하게 된다고 본다. 몰트만이 닛사의 그레고리(Gregor von Nyssa)가 말한 "개념은 우상을 만들며, 그러나 놀라움은 무엇인가를 이해하기 때문이다"[19]라는 경구를 좋아하는 원인이 여기에 있다. 몰트만은 다음의 문장으로 자서전적 글을 마감한다. "나의 신학은 분명히 하나님 자신 때문에 괴로워하며 기뻐하는 신학, 항상 놀라는 신학이다."[20] 몰트만의 웃음과 노래와 춤과 놀이는 무고한 죽음의 공포 앞에서 웃을 수 없는 아프가니스탄 사람, 굶주림 때문에 놀 수 없는 북한 사람, 불의한 고문에 살가죽이 벗겨지는 고통 앞에서 춤을 출 수 없는 남미 사람들을 해방하여 진정한 자유를 얻기 위하여 외치고 일하면서 얻는 과정에서 터지는 웃음이요 노래요 춤이다. 몰트만의 놀이의 신학에 관한 신학적 연구는 손호연 박사의 글[21]에서 더 자세히 보기로 하고 몰트만이 창조의 축제라고 말한 안식일에서 '놀이의 신학'의 발전된 모습을 제시하고자 한다. 몰트만의 '놀이의 신학'은 '정치신학'과 '신비적 경험의 신학'의 가교이며 '창조의 축제(안식일)의 신학'은 '신비적 경험의 신학'이다.[22]

안식일은 창조 축제의 時·空間이다. 안식일은 창조주 하나님과 온 피조물이 자유롭게 노는 창조의 영원한 축제의 시간일 뿐 아니라 공간이기도 하다. 몰트만은 『희망의 신학』(1964)에서 기독교가 시간과 역사의 종교임을 강조했지만 『창조 안에 계신 하나님』(1985)에서는 기독교가 시간과 역사의

---

19 "Die Begriffe schaffen Götzenbilder, allein das Erstaunen erfaßt etwas."
20 위르겐 몰트만, "내가 걸어온 신학의 길", 『삼위일체와 하나님의 역사』, 이신건 옮김(서울: 대한기독교서회, 1998), 327-357, 여기서는 356.
21 손호연, "몰트만의 놀이의 신학", 『아름다움과 악』(1권)(서울: 한들출판사, 2009), 159-185.
22 몰트만, 『몰트만 자서전』, 이신건·이석규·박영식 옮김(서울: 대한기독교서회, 2011), 301-304 참조.

종교만이 아니라 공간과 장소, 곧 땅(지구)의 종교임을 강조한다. 기독교의 하나님은 출애굽(Exodus)의 하나님만이 아니라 창조에 거주하시는(Schechina) 하나님이다. 창조론 이후 몰트만의 '놀이의 신학'은 '하나님을 향유함(*fruitio Dei*)의 신학'으로 발전한다. "우리는 이 세계를 변화시키기 위해 하나님을 필요로 하는 것이 아니라, 오히려 하나님을 향유하기(누리기) 위해 이 세계를 변화시키고자 한다."23

몰트만은 시간의 신학(온갖 종류의 역사의 신학: 희망의 신학, 혁명의 신학, 정치신학, 해방신학…)에서 공간의 신학으로, 희망의 하나님에서 거주할 수 있는 하나님으로 이동할 것을 주문한다. '머물 수 있음', '거할 수 있음', '쉴 수 있음', '놀 수 있음'의 재발견이 필요하다는 것이다. 기쁨과 즐거움은 우리가 찾는 것만이 아니라 우리에게 머무르길 원한다. 몰트만은 놀이를 과소평가하거나 무시하고 일(노동)을 강조하는 정교도적 자본주의 윤리에 대하여 다시 칭의론을 내세움으로써 노동에서 놀이로 방향을 돌린다. 개신교에 놀이의 신학이 부재한 것은 칭의 교리에 대한 망각일 수 있다는 것이다. 기독교인들은 항상 끊임없이 능동적으로 하나님의 사역 속에서 살아가고 있고 쉼 없이 일해야 성실한 기독교인이라고 생각한다. '쉬시는 하나님'(*Deus otiosus*), '노시는 하나님'(*Deus ludens*)을 평가절하함으로써 인간은 여유와 안식이 없는 비인간이 되고, 사회는 '피로사회'가 된다. 몰트만은 안식일의 휴식은 유대교의 칭의론이고, 기독교의 칭의론은 이와 상응하여 그리스도교적인 안식일의 휴식이라고 말한다.24 태초에 하나님은 창조하시고, 마지막 날에는 안식하신다. 이것이 바로 경이로운 하나님의 변증법적 놀이이다.25

---

23 몰트만, 『희망의 윤리』, 곽혜원 옮김(서울: 대한기독교서회, 2012), 400.
24 몰트만, 『창조 안에 계신 하나님』, 336.
25 몰트만, 『희망의 윤리』, 405 참조.

2) 하비 콕스의 제축과 환상의 신학

콕스는 현대 인간이 다시 호모 루덴스를 넘어 제축과 환상을 회복하여 축제인(*homo festivus*), 환상인(*homo fantasia*)이 될 것을 주장한다.26 제축과 환상의 소멸이 현대 사회에 초래할 분위기를 콕스는 다음의 세 가지로 지적한다. 첫째, 제축과 환상의 소멸은 우리의 생활을 아주 따분한 것으로 만들고 말 것이다. 이 이유만으로도 환상과 제축은 육성되어야 한다. 둘째, 인류의 병은 축의적·공상적 기능의 억제에서 비롯된다. 셋째, 신학적으로 사람은 제축적 환락을 향유하는 기능과 환상 실현의 능력을 발휘함으로써만 자기의 신성한 기원과 운명을 파악할 수 있다(22f.).

콕스는 축제(festival)에는 제축(festivity)과 환상(fantasy)의 기능이 있다고 말한다. "제축이 인간의 현재 생활에 과거의 사건들을 재생시킴으로써 인간 경험을 확충하는 것이라면, 환상은 이를 미래의 영역으로 확대시키는 일종의 놀이라고 볼 수 있다"(18). 콕스는 유대-기독교가 그리스와 동양의 종교에 비해 시간과 역사의 종교라는 점을 지나치게 강조해왔던 사실을 상기시키면서 특히 신 죽음의 경험이 근대 산업 사회 이후에 발생한 경험인 것에 주목한다. "과열된 역사"(77) 속에 살고 있는 현대인은 역사와 영원 안에서 동시에 살 수 있는 능력을 상실했다.

제축은 "인간에게 시간과 역사와 영원에 대한 본연의 관계를 수립할 수 있는 기회를 마련해준다"(75). 현대인은 제축을 통해 역사를 냉각시키지 않으면 안 된다(58). 콕스는 '신의 죽음'의 경험을 현대인의 역사에 대한 "강박적 집착"이 그 원천이며 그 증상이라고 진단한다. "'신의 죽음'은 역사에 대한 자연적 증오와 공포, 그리고 이 공포로부터 도망하려는 우리들의 시도의 원인이며 결과이기도 하다"(80f). 환상은 승화된 상상으로서, 어떤 속박도

---

26 하아비 콕스, 『바보제』, 김천배 옮김(서울: 현대사상사, 1977), 23.

배격한다. 환상은 "사회적 행위의 제 규칙을 보류시키며 일상적 실재의 구조를 전적으로 무시한다"(103).

콕스는 제축과 환상을 통해 내재성을 급진적으로 강조하는 '신 죽음의 신학'과 미래를 신성시하는 몰트만의 '희망의 신학'을 비판한다. 신앙생활은 제축과 환상의 정신이 재현되어야 한다. 이 새로운 감각은 사람에게 해방감을 주어 근대의 역사주의에서처럼 과거를 두려워하지 않고 오히려 이를 자기 자신의 이야기의 일부로 삼아 노래와 춤으로 수용하게 한다. 또한 이러한 행위는 미지의 나라를 두려움과 즐거움으로 그려보게 하는 환상의 세계를 유혹한다(207).

전통신학이 신앙의 근거를 과거에서 찾는 역사적 성격을 갖는다면, '신 죽음의 신학'은 신앙의 현재적 위기에 초점을 두는 성육신론적 특징을 지니며, 희망은 신학은 미래시향적 특징을 띠는 종말론적 신학이라면, 콕스는 과거의 기억과 현재적 경험과 종말론적 희망이 서로 상극하고 상생하는 교차점을 찾고, 익살꾼 혹은 광대에게서 찾는다. 콕스는 그리스도를 광대로 비유해 결론을 내린다.

하비 콕스는 "광대 그리스도"[27]에서, 그리스도가 관습을 거부하고 왕관을 멸시하니 "익살꾼"이며, 머리 둘 곳을 가지지 않으니 "서정시인"이며, 지상의 권력을 가지지 못하면서도 제왕의 허세를 구사하면서 거리에 입성함으로 기성 권위를 야유하던 서커스 행렬의 "어릿광대"이며, 잔칫집과 연회장을 자주 드나들었으니 "음유시인"과 같다고 했다. 특히 어릿광대는 지엄하고 근엄한 사회의 밑바닥에서 허리 한번 펴지 못하고 살아가는 민중들의 불안을 해소시키기에 안성맞춤인데, 그의 실책과 바보짓을 통해 물리적 법칙과 사회적 관례를 깸으로써 시원한 자유와 해방감을 안겨주기 때문이다. 어릿광대는 항상 속고 항상 멸시당하고 항상 짓밟히지만, 그러나 결코 끝까

---

27 하아비 콕스, 『바보제』, 10장: 222-250.

지 실패하지는 않는다. "광대 그리스도는 계산과 공리주의가 판을 치는 팍팍한 세계에 존재하는 놀이의 정신이다"(231). 이것은 공옥진 여사의 병신춤이 한 맺힌 가난한 사람들의 아픔과 한숨 및 눈물만이 아니라 그들의 즐거움과 웃음도 동시에 보여주고 있다는 점에서 잘 드러난다. 한마디로 "광대 그리스도는 제축과 환상의 성육적(成肉的) 변신이다."28 콕스는 기독교 신앙을 놀이로서 볼 수 있는 착상(기도, 예배, 창조, 하나님 나라)을 다양하게 제시한다.29

3) 샘 킨의 육체의 신학

전통적인 신학은 이성으로 감성을 누르고, 몸보다 영혼을 높이 평가하며, 땅보다 하늘을 지향한다. 샘 킨처럼 신학의 이러한 경향에 충격적으로 맞선 신학자는 드물 것이다. 그는 몰트만이 1985년 "신체성은 하나님의 모든 사역의 종점이다"라고 선언하면서 생기 있는 몸에 관하여 목소리를 높이기 훨씬 이전(1969)에 몰트만보다 과격하게 육체의 신학, '내장 신학'(Visceral Theology)이란 말로 기독교인들을 놀라게 했다. 감성적이고 격정적인 육체에서만 하나님의 은총과 거룩을 충분히 체험할 수 있다. 샘 킨은 하나님의 은총을 몸으로, 육체로 즐기며, 세상과 생명에 대하여 "예!"라고 긍정하며 거기에서 사람들은 축제하고 생의 충일과 공동체를 발견해야 한다고 주장한다. "인간의 몸은 세계로 연결된 하나의 다리이고, 세계의 모형이다." 듣는 것보다 보고 접촉하는 것을 통해 신앙 훈련이 이루어져야 한다. 킨은 신학에서의 육체성, 감각성, 도취적인 것을 매우 적극적으로 강조한다. 만일 신이 하늘에서 사라졌다면 신은 대지에서 찾아져야 한다.

---

28 앞의 책, 227.
29 하비 콕스는 후에 색소폰 연주자 콜트레인을 중심으로 재즈와 성령운동과의 만남을 소개하기도 한다. 『영성 · 음악 · 여성』, 유지황 옮김(서울: 동연, 1996), 제8장: 207-231.

인간은 몸을 통해 대지와 관계를 맺으며, 그것이 그의 한계이고 죽음이지만, 또한 그의 감각과 욕망이요 생식력이며, 그의 육체, 그의 내장, 그의 기쁨과 그의 고난, 그의 음률과 그의 신비이기도 하다. 아폴로적인 길과 디오니소스적인 길에 대한 킨의 현상학적 서술은 매우 인상적이다.

 샘 킨은 전통적인 구원론의 교리가 마술적인 낯선 교리라고 비판하면서 수용성과 의존성 대신 자신과 타자를 위하여 책임을 짊어지라고 권면하지만 능동성보다 수용성이 몸의 일차적 기능임을 간과하고 있다. 그의 목표는 예수의 과거나 하나님 나라의 미래가 아닌 육체의 현재를 즐기는 것이며 몸으로 하나님을 영화롭게 하는 것이다. 그는 감각의 축제라는 말을 도입하고 급기야 "육체신학"30을 전개한다. 그가 내장신학이라고도 말하는 육체신학은 몸의 재각성을 요구한다. "지금 우리는 말, 개념, 교리, 관념, 말, 말, 말, 말의 대양에 빠져 병들어 있다. 말은 육체 안에서 재발견되어야 한다. 종교는 마땅히 춤으로 되돌아가야 한다. 아마도 조르바야말로 우리 시대의 성자일 것이다."31 킨에게서 놀이는 인간의 영과 육의 활동이요 육체적으로 가시적인 몸짓이며, 접촉할 수 있는 물질을 통해 나타낸다. 말이 몸을 얻지 못한다면 바람이 불면 쭉정이같이 공중에 나부낄 뿐이요 몸에서 주르르 미끄러져 내릴 뿐이다. 놀이는 정신이 육체로 이사하는 행동이다.

4) 현영학의 탈춤의 신학

 놀이와 축제의 구체적 모습을 군사독재 정권 아래에서 정치적 탄압 및 경제적 불평등과 맞서 싸웠던 민중운동 속에서 보고 발견한 이는 민중신학자 현영학이다. 그는 민중의 춤인 탈춤, 특히 1970~80년대 민주화 운동의 한마당에서 벌어졌던 봉산탈춤을 처음 신학적으로 해석했고,32 더 나아가

---

30 샘 키인, 『춤추는 신』, 현대신서 80, 이현주 옮김(서울: 대한기독교서회, 1977), 200.
31 샘 키인, 앞의 책, 207-208.

삶의 가장 밑바닥에서 빌어먹고 사는 거지들의 춤인 "병신춤"33에 대하여 신학적으로 성찰함으로써 놀이와 축제 및 민중예술을 신학 안으로 끌고 들어온 사람이 되었다. 그러므로 현영학은 지식인들이 머리로 하는 종교를 인정하지 않는다. 그것은 추상적인데다 억압적이기까지 하기 때문이다. 그렇다고 일반 대중의 가슴으로 믿는 종교를 인정하는 것도 아니다. 가슴으로 믿는 종교는 사랑이 있는 것 같이 보이지만 실속이 없는 일시적 진통제밖에 되지 않기 때문이다. 그에게 진짜 종교는 오장육부 가장 깊은 곳을 조이는 한의 아픔과 눈물을 흘리지 않고는 이해할 수 없는 오장육부의 종교여야 한다.34

이러한 민중 체험을 통하여 발견한 성서의 예수는 근엄하고 엄숙한 양반 예수가 아니라 달동네, 공돌이, 공순이, 창녀, 거지와 함께 울고 웃고 춤추는 어릿광대 피에로 예수이다.35 예수는 당시 지도층에 대하여 비판적이었고 일반인을 향하여는 전복적 지혜를 가르쳤으나 죄인들과는 함께한 "죄인의 친구"였다. 예수는 모든 사람이 업신여기고 더럽게 생각하여 멀리하는 "죄인"들 사이에서 자연스럽게 사귀고 먹고 마시는, 모든 사람이 절대화하는 이스라엘의 전통과 율법을 건드리는, 모든 사람이 다 두려워하는 지도층에 도전과 욕을 퍼붓는 "웃기는 친구", 광대였다.

현영학은 놀이와 축제를 통해 기독교 신앙의 본질을 떨림과 눈물에서 웃음과 즐김/즐거움으로 바꾸고 싶어 한다.36 서양의 카니발과 한국의 탈춤에는 웃음 및 기득권층의 엄숙한 윤리에 대한 비웃음과 풍자, 그리고 양반과 쌍놈이 함께 즐기는 해학(諧謔)이 있음을 말했다. 현영학에 따르면 웃음은 민주적이며 서민적이고, 너무 딱딱하여 비집고 들어갈 틈이 없는 삶에

---

32 현영학, "한국 탈춤의 신학적 이해", 『예수의 탈춤』(천안: 한국신학연구소, 1997), 56-78.
33 앞의 책, 106-115.
34 같은 책, 115 참조.
35 현영학, "예수의 삶의 스타일", 같은 책, 46-55.
36 현영학, "믿음과 웃음", 같은 책, 482-487.

틈새를 마련하여 현실의 부조리와 모순을 넘어 새로운 차원의 세계에 대한 비전을 선취한다. 인간은 참으로 놀이를 벌이고 축제를 지냄으로써 자신을 실현하는 존재이다. 인간은 생각하는 존재(*homo sapiens*)거나 만드는 존재(*homo faber*)일 뿐 아니라 놀이의 인간(*homo ludens*)일 수 있는 곳에서만 참으로 인간적인 인간일 수 있고 자유로운 인간이라고 할 수 있다.

최근 손호연 교수37는 봉산탈춤의 말뚝이와 취발이 및 미얄할미과장을 국문학자 신은경이 분석한 풍류심(風流心)의 세 가지 미적 계기인 한(恨), 흥(興), 무심(無心)과 연결시켜 탈춤의 풍류신학적 가능성을 예수론과 상관 지어 전개해나갔다.

3. 놀이의 신학

한국에 많이 알려진 영성가 유진 피터슨은 『현실, 하나님의 세계』에서 시인이자 사제인 홉킨스의 한 소네트를 인용하여 삼위일체적 놀이의 신학을 전개한다.

> 그리스도는 수많은 곳에서 아름다운 사지(四肢)로
> 그의 눈이 아닌 아름다운 눈으로 사람들의
> 얼굴 표정을 통하여 아버지 뜻에 맞춰 놀이하기 때문에38

이 시의 메시지는 삶의 사건이 온통 놀이라는 것이다. 그러니까 물총새와 잠자리로 붙어 있는 삶에서부터 우리의 팔다리와 눈을 지나 우리가 매일

---

37 손호연, "춤의 신학 – 한국인의 미의식에 드러나는 문화신학적 함의", 「한국기독교신학논총」 79(2012), 183-206.
38 유진 피터슨, 『현실, 하나님의 세계』, 양혜원 옮김 (서울: IVP, 2006), 20.

만나 하루 종일 함께 지내는 사람들의 얼굴에서, 거울 속과 길거리에서, 교실과 부엌에서, 일터와 놀이터에서, 그리고 성소에서 놀이하고 있다는 것이 이 시의 메시지이다. 그의 600쪽이 넘는 방대한 분량으로 번역된 책은 "창조 안에서 놀이하시는 그리스도"(1장), "역사 속에서는 놀이하시는 그리스도"(2장), "공동체 안에서 놀이하시는 그리스도"(3장)로 구성되어 있다. 그는 성 삼위일체를 구조와 맥락으로 잡고, "수많은 곳에서 놀이하시는 그리스도"를 중심 은유로 사용한다. 중심 동사인 '놀이하다'는 불가피한 생존의 수준을 뛰어넘는, 충만하고 자연스러운 삶의 면모를 잘 포착해준다. 또한 놀이하다는 언어와 소리와 행위의 놀이를 통해 진·선·미가 의도와 의미를 띤 구체적인 것으로 구현된다는 사실을 말해준다. 삶은 궁극적인 '창조자'로서의 하나님과 벌이는 놀이이며 하나님 앞에서의 놀이이다. 그리스도 중심적 놀이의 신학을 넘어 삼위 하나님의 놀이와 이에 상응하는 온 피조물의 놀이의 나라를 만드는 놀이의 신학이 필요하다.

1) 놀이의 하나님

놀이의 신학은 하나님의 놀이에서 가능하다. 그리스의 지혜는 이렇게 말한다. "神만이 최고의 진지함을 행사할 수 있다. 인간은 신의 놀이를 놀아주는 자(玩賞物)이고 그것이 그의 가장 좋은 역할이다. 따라서 모든 남녀는 이에 따라 생활하면서 가장 고상한 게임을 놀이해야 하고 지금과는 다른 마음을 가져야 한다. … 모든 사람은 가능한 한 평화를 유지하면서 살아야 한다. 그렇다면 올바른 생활방법이란 무엇인가? 인생은 놀이처럼 영위되어야 한다. 만일 그렇다면 어떤 놀이를 해야겠습니까? 일정한 게임들을 하고, 신에게 희생을 바치고 성가를 부르고 춤을 추는 생활이야말로 훌륭한 생활이 아닐까요. 이렇게 하면 인간은 신들을 기쁘게 할 것이고, 적들로부터 자신을 보호할 것이며, 경기에 승리하게 될 것이다."[39]

그리스의 철학이나 신화에서만이 아니라 성서의 계시 말씀에서도 하나님은 지혜와 더불어 놀이로써 세계를 창조하신다.

> 그가 하늘을 펼치셨을 때, 나는 거기에 있었고
> 깊은 바다 둘레에 테를 두르실 때에 내가 거기 있었다.
> 나는 그 곁에서 조수 노릇을 했다.
> 언제나 그의 앞에서 뛰놀며 날마다 그를 기쁘게 해드렸다.
> 나는 사람들과 같이 있는 것이 즐거워 그가 만드신 땅 위에서 놀았다.
> (나는 매일매일 그의 기쁨이었고, 나는 날마다 그 앞에서 춤을 추었다.
> 나는 그가 만드신 땅 위에서 춤을 추었다)(잠 8:27-31).

"모든 것이 헛되다"라는 전도서의 격언 대신에, "모든 것이 놀이다"라는 더 긍정적인 결론이 우리를 끌어당긴다. 플라톤은 "인산은 하나님의 놀이를 놀아주는 자"라고 말했을 때 이런 결론에 도달했다. 잠언에도 지혜의 말씀을 통해 놀이의 창조성을 강조한다. "주님께서는 그 옛날 모든 일을 하시기 전에 당신의 첫 작품으로 나를 지으셨다. 나는 한 처음 세상이 시작되기 전에 영원에서부터 모습이 갖추어졌다. … 나는 그분이 세상을 지을 때 그 옆에 있었다. 나는 날마다 그분께 즐거움이었고 언제나 그분 앞에서 뛰놀았다(play). 나는 그분께서 지으신 땅 위에서 뛰놀며 사람들을 내 기쁨으로 삼았다"(잠 8:22-23, 39-41).

위 본문은 세계 창조의 시적인 극화로서 하나님의 지혜가 하나님 옆에서 하나님과 더불어 논다. 창조자가 그의 지혜에게 매력적인 눈짓을 보내며 세상의 보이는 것들을 창조한다. 예술가가 이상적인 형상으로 그의 예술적 창작을 수행해나가는 추동력으로 삼듯이 지혜는 하나님과 함께 놀이로써 창

---

39 플라톤, 『법률』, VII, 796 + 644 D, 803 BC.『플라톤전집 2』, 최민홍 역(서울: 상서각, 1973), 221-222 참조.

조한다. 지혜는 하나님의 수양아들, 혹은 귀염둥이였다. 이 지혜는 그 앞에서, 정확하게 말하면 그의 면전에서 놀았다. 그는 걱정이 없는 아이처럼 놀았다. 세계의 창조자는 그의 놀이의 움직임에서 형성되어가는 우주의 아름다움을 보았다.

놀이하는 지혜라는 신비로운 단어는 사무엘하 6장 14절(6:5, 21 참조)에 다윗이 법궤 앞에서 추는 춤으로 등장한다. "다윗과 온 이스라엘 백성은 수금과 거문고를 뜯고 소구와 땡땡이와 바라를 치면서 마음껏 노래부르며 춤을 추었다"(삼하 6:5). "나는 그 야훼 앞에서 춤을 추었소. 나는 앞으로도 야훼 앞에서 춤을 출 것이다"(삼하 6:21). 여기서 우리는 하나님의 지혜의 춤놀이, 세계 창조의 어린아이와 같은 놀이에 관하여 말할 수 있다.

지혜의 신비적인 놀이가 동방 희랍 교부들(나찌안스의 그레고리, 고백자 막시무스)을 통해 삼위일체 하나님 이해의 가장 내적인 핵심에까지 스며든다. 철학자 헤겔에게 하나님은 자기 자신과 사랑놀이를 하시는 분이다. "신의 생명과 신적인 인식은 아마 자기 자신과의 사랑놀이로 말해질 수 있을 것이다"(Das Leben Gottes und das göttliche Erkennen mag also wohl als ein Spielen der Liebe mit sich selbst ausgesprochen werden).[40] 신학자 몰트만이 동방교부의 사상을 받아들여 삼위일체를 세상의 기쁨과 고통에 역동적으로 열려 있는 위격들 간의 사귐으로 본다는 생각[41]은 놀이의 하나님 이해에 폭발적 힘을 실어준다. 삼위 하나님의 상호 동등한 사귐의 관계는 동방교회에서 발전시킨 그리스 용어 페리코레시스(perichroresis)를 통해 발전적으로 전개되었는데, 이 용어는 순환운동 곧 바퀴의 회전과 같은 회전운동을 의미한다.[42]

페리코레시스는 라틴어 *circuminsessio*와 *circumincessio*로 번역되는

---

[40] F. Hegel, *Phänomenologie des Geistes* (Felix Meiner, 1952), 20.
[41] 위르겐 몰트만,『삼위일체와 하나님 나라』, 210-213.
[42] 엘리자벳 A. 존슨,『하느님의 백한 번째 이름』, 함세웅 역(서울: 바오로딸, 2000), 328.

바, 전자는 정적 의미로 다른 위격 안에 그저 머무르거나 쉬는 것을 뜻하는 상호내재성을 의미하며, 후자는 스며들고 에워싸는 의미로서 보다 역동적으로 서로 섞여 짜여 있는 것을 가리킨다. 존슨은 이것을 신적 생명이 "시공간적 선후 관계도, 하나가 다른 것에 대해 어떤 우월감이나 열등감도 없이 순환한다. 곧 손을 맞잡고, 생명의 교환을 널리 퍼트리며 서로를 에워싸는 진정한 순환으로 영원하고 활동적이며 신적인 친교를 구성한다"라고 해석한다.43

에드먼드 힐은 페리코레시스를 그리스어 *perichoreuo*(둘러싸고 춤추다)와의 어원적인 친연성을 고려하여 삼위 위격의 윤무, 리드미컬하게 빙빙 둥글게 돌아가며 덩실덩실 추는 원무(圓舞)에 비유한다. "원무의 움직임은 자유와 다른 관심들 안에서 인간적 상호작용에 대한 탁월한 모형의 동등한 관계의 충만한 움직임으로 서로 그 안에 존재하는 구별되는 세 위격 모두에 대한 개념을 불러일으킨다."44 이러한 것들은 하나님의 생명력이 우리의 상상력을 넘어서는 구원의 관계성 안에서 일어나는 놀이임을 시사한다. 이러한 해석은 "하나님의 내적 존재를 묘사하려는 것"이 아니라 "다양한 방식으로 만나게 되는 하나님의 거룩한 신비의 근원적 생명력을 분명하게 말하려는 것"으로서 "세상의 모든 파괴와 악 때문에, 생명의 춤을 추는 하나님"45을 잘 그려낸다. '*perichoresis*'는 영원하고 생동적인 생명의 교환 속에서 신적 사귐을 드러내는 자유 안에서 생명 놀이를 추구하며 거기에 참여하기 위한 가장 탁월한 포괄적이고 통합적 틀이다.

---

43 앞의 책, 329.
44 같은 책, 330.
45 같은 책, 331.

2) 창조의 놀이

하나님의 놀이는 안으로는 하나님 자신의 사랑의 놀이에서, 밖으로는 놀라운 창조의 놀이로서 나타난다. 하나님의 창조는 의미로 충만하지만 필연적인 것은 아니다.46 하나님의 창조는 완고한 세계 내적으로 완성되는 사물의 형이상학의 인과론적 필연성의 과정이 아니라 그 자체 세계가 아닌 로고스의 놀이다운 아름다운 질서라는 생각이다. 삼위 하나님의 놀이에 상응하여 우주적 그리스도와 성령이 삼위일체적 연합 가운데 함께 놀이하는 것이다. 창세기 1장은 하나님이 놀이의 시간(낮과 밤의 교체)과 공간(하늘과 땅과 바다)을 만듦으로써 놀이의 규칙을 정하고 각각의 공간 안에 아름답고 잘생기고 생동감 있는 놀잇감들을 만드는 놀이 이야기다. 신학적으로 놀이는 창조 안에 계신 하느님의 근본적인 움직임이다. 어마어마한 종의 다양성은 하나님께서 기꺼이 풍성한 놀이를 즐기신 것을 의미한다. 무지개의 다채로움은 하나님이 기꺼이 놀이를 즐기기 때문이다. 놀이적 자유, 놀이적 다양성, 놀이적 아름다움은 모두 처음부터 마지막까지 하나님의 창조 사역에 속하는 것이다.

자연과학에서 놀이 이론으로 진화적 상념들을 설명한다면 세계의 진화는 창조의 과정이며, 목표 지향적이 아닌 자유와 질서의 합성적 놀이로써 열린 체계이며, 놀이 가운데서 자연과 정신의 연합이 나타난다. 계속되는 창조(*creatio continua*)에서 모든 피조물은 하나님의 놀이판에 초대되었다. 여기에는 하나님이 창조하신 위험스러운 리워야단으로부터(시 104:26), 예수께서 직접 놀이에 초대하시는 인간에 이르기까지 모든 피조물이 해당된다.

시인 신현정은 하나님과 놀 수 있는 사람, 아니 하나님에게 권면하고 충고할 수 있는 사람이다. 신학자들이 하나님에게 지운 무거운 짐을 벗겨주는

---

46 Hugo Rahner, *Der spielende Mensch*, 18.

이는 시인 밖에 없다. "화내며 잔뜩 부어" 있는 하나님을 끌어내려 풀밭에서 한가로이 풀을 뜯는 염소와 어울리게 하는 '동물의 사육제'의 세계와 통한다.

> 하나님 거기서 화내며 잔뜩 부어 있지 마세요
> 오늘 따라 뭉게구름 뭉게뭉게 피어오르고
> 들판은 파랑물이 들고
> 염소들은 한가로이 풀을 뜯는데
> 정 그렇다면 하나님 이쪽으로 내려오세요
> 풀 뜯고 노는 염소들과 섞이세요
> 염소들의 살랑 살랑 나부끼는 뿔이랑
> 옷 하얗게 입고
> 어쩌면 하나님 당신하고 하도 닮아서
> 누가 염소인지 하나님인지 그 누구도 눈치 채지 못할 거예요
> 놀다 가세요 뿔도 서로 부딪치세요
>
> — 신현정, 〈하나님 놀다 가세요〉 전문

시인은 하나님에게 "내려 오세요", "섞이세요" "놀다 가세요", "서로 부딪치세요" 하고 말한다. 권위에 찬 종교적 외경과 공포의 대상이 아니라 자신의 피조물과 섞이고 함께 노는 행복한 하나님, 아름답고 조화로운 세계다. 신성모독이라기보다는 세상의 작은 생명과도 같은 자리에 앉아 휴식을 즐기는 모습으로, '홀로 거룩하신' 권위적이고 독선적인 신의 모습이 아니다. 우리가 진정으로 바라는 천국의 모습이란 연일 찬양의 목소리만이 가득 찬 단성적인 세계가 아니라 세상 만물 모두가 크고 작음을 떠나 두루 평화를 누리는 다성적인 세계가 아닐까. 신이 창조의 차원으로 내려와 온갖 피조물과 어울리는 신의 모습이다. 신과 사물과 생물과 인간이 모두 한데 어울려 놀며 소통하는 원융회통(圓融會通)의 세계가 창조의 세계이다.

3) 놀이인 다윗

예수의 조상 다윗은 근본적으로 정치인(*homo politicus*)이 아니라 미학적 인간 즉, 놀이인(*homo ludens*)이다.[47] 다윗을 정치·군사적인 영웅으로 만든 신화 같은 이야기들은 아래의 업적 때문이다. (1) 다윗이 골리앗을 넘어뜨린 이야기다. (2) 다윗은 사울이 죽은 후 수도를 예루살렘으로 정하고, 광대한 통일 왕국을 이룩했다. (3) 다윗은 블레셋에게 빼앗겼던 법궤를 예루살렘으로 옮겨왔다. 따라서 이방인 도시였던 예루살렘은 정치적으로뿐 아니라 이제는 종교적으로 아브라함과 모세의 전통을 잇는 정신적·영적 중심지가 되었다. (4) 다윗은 군사적으로 서쪽에서 블레셋을 복속시키고, 동쪽으로 요단 강 건너의 암몬·모압·에돔 사람들의 왕국을 정복하여 합병시켰고, 북방으로는 다메섹에 중심을 둔 아람 여러 나라의 광대한 영역을 예속시키는 데도 성공했다. 다윗은 넓고 광활한 왕국을 건설했다. 다윗은 이스라엘을 정치적으로 그 이후 역사상 두 번 다시 세울 수 없는 높이에까지 이르게 했다. 다윗의 왕국, 다윗의 집은 전무후무한 것이다. 이러한 점들이 다윗이 출중한 정치적 인물이었음을 입증하는 내용들일 것이다. 다윗이 지배한 시대는 이스라엘에 평화가 지배한 시대라고 말할 수 있다. 다윗은 무엇보다 평화를 세운 왕, 평화의 왕으로 높여지게 되었다.

그러나 다윗이 죽고 난 후 다윗 자손들은 다윗이 만든 대국을 지탱할 힘이 없었다. 그래서 다윗이 죽고 난 후에는 나라 안 분쟁과 나라 밖 전쟁이 끊일 날이 없었다. 이스라엘이 바빌론에 멸망할 때까지 400여 년의 역사는 평화가 없는, 전쟁이 끊이지 않는 역사로 기록된다. 다윗의 집은 반석 위에 세워진 집이 아니라는 사실이 점차 드러나게 되었다. 그래서 예언자들은 인간의 왕권을 통해서 구축되는 평화와는 질적으로 다른 평화, 완전한 구원에

---

47 심광섭, "미적 인간(homo Aestheticus), 다윗",「신학과 세계」76(2013 봄), 71-102에서 상세하게 논의하였다.

대한 새로운 꿈을 꾼다. 이것이 메시아에 대한 대망이다.

유다가 앗시리아의 공격을 받고 있을 때 예언자 이사야는 유다 왕 아하스에게 메시아를 예언한다. "한 아이가 우리에게 났고 한 아들을 우리에게 주신바 되었는데 그 어깨에는 정사를 메었고 그 이름은 기묘자라 모사라 전능하신 하나님이라, 영존하시는 아버지시라, 평강(평화)의 왕이라 할 것이라"(사 9:6). 이 구원의 왕은 다윗을 훨씬 능가하는 방법으로 평화를 성취해야 한다. 이 왕은 사람들 사이의 온전한 정의뿐 아니라, 인간과 땅에 사는 생물들 사이의 단절도 사라지게 한다. 인간과 인간 사이의 평화만이 아니라, 인간과 자연 사이의 평화도 수립한다는 말이다. "맹수는 평화롭게 다른 생물들 사이에 눕게 되고 어린아이는 인간이 가장 혐오하는 독사와도 같이 놀게 된다. 악한 자, 해독을 끼치는 자는 이미 사라지게 된다"(사 11:1-9).

여기서, 왜 다윗 이후의 역사는 다윗이 수립한 평화를 지속시키지 못했을까? 이스라엘 역사뿐 아니라 이스라엘 역사를 넘어 세계 역사 속에, 인간이 그렇게도 원하는 평화가 왜 수립되지 못하는 것일까? 나는 '인간이 기본적으로 권력 소유적이기 때문이다'고 생각한다. 교회의 신앙이 다윗을 정치적 인물로만 보는 것도 인간이 근본적으로 권력 지향적이기 때문이다. 정복과 점령과 지배를 통한 다윗 왕의 평화 수립을 문제시해야 한다. 기독교 중심의 서구 역사는 사실 이러한 꿈을 실현시킨 역사이다. 그래서 기독교는 고대와 중세에는 로마의 세계 지배를 축복하였고, 근대에는 유럽의 식민지적 세계 지배를 통해, 20세기 이후에는 미국의 신식민지적 세계 지배를 통해 제국의 재현을 꿈꾸고 있다.

그러나 다윗은 정치인이기 전에 본원적으로 미학적 인간, 놀이인이다. (1) 다윗은 용사이며 용감한 군인이기 이전에 수금 연주가, 예술가였다. 만일 다윗이 골리앗을 물매가 아니라 수금 연주를 통해 감화 감동시키고 물리쳤다면 어땠을까? 악신이 들려 사울이 번뇌할 때마다 다윗이 수금을 타, 사울이 상쾌(爽快)하여 낫고, 악신이 그에게서 떠났다. 사울의 번뇌를 수금을 타 진정시켰듯이 골리앗을 괴롭힌 악신을 수금을 타 물리쳤다고 성서가 기록되었으면 그 후 역사는 어떻게 달라졌을까? 신라의 처용랑은 아내를 겁탈한 역신을 노래와 춤으로써 물리쳤다는 신화가 있다.[48] (2) 다윗은 음악가일 뿐 아니라 시인이다. 150편의 시편 중 거의 절반에 가까운 73편이 다윗의 시편이다. (3) 다윗은 건축가이다. 사무엘하 7장에는 다윗이 하나님의 전을 지으려고 계획하고 있다. (4) 무엇보다 다윗은 춤꾼이다(삼하 6:14-23).

법궤가 드디어 적의 수중에서 벗어나 통일왕국의 새 수도 예루살렘으로 옮겨진다. 다윗은 자신의 성공적인 생애와 함께 법궤의 도착을 기뻐하고 있다.[49] 그는 하나님의 이름 안에서 승리자인 것이다. 적들은 모두 격퇴되었다. 하나님께서 모든 것들이 잘 돌아가도록 허락해주셨다. 말로 다할 수 없는 감사와 기쁨이 흘러 넘쳐 축제적 무드로 조성된다. 기쁨이란 단순히 내향적일 수만은 없다. 기쁨은 밖으로 나와 표현되어야 한다. 춤과 놀이는 자신을 자유롭게 풀어놓는 방법들이다.

> 다윗이 모시 베옷을 입고 야훼 앞에서 덩실거리며 춤을 추었다(삼하 6:14).

이 춤은 미리암의 노래와 춤(출 15:19-21)을 닮았다. 해방과 자유를 얻은 춤! 미리암과 다윗의 춤은 몸을 일으키는 바람이요, 춤추는 몸은 곧 성령의 바람-불꽃, 바람꽃이다. 미리암의 춤이 모두 함께 나와 추는 군무인 데 반해 다윗의 춤은 홀로 춤이다. 그렇지만 다윗은 사울 왕의 딸 미갈의 저항을 불러일으킬 정도로 자유롭고 경쾌하게 춤을 춘다. 미갈은 자신이나 남들에게 어떤 일탈도 허락할 수 없는 궁중 인물이다. 그녀에게 왕은 하나의 노출

---

[48] 유동식, 『종교와 예술의 뒤안길에서』(서울: 한들출판사, 2002), 162.
[49] 게하르트 마르틴, 『축제와 일상』, 김문환 옮김(천안: 한국신학연구소, 1985), 55-60 참조.

증 환자로밖에 보이지 않는다. 하나님과 백성들 보는 앞에서 "건달처럼 몸을 온통 드러내시다니!"(삼하 6:20). 이스라엘의 임금으로서 체통이 말이 아니다. 그녀는 오랜 율법을 범하는 것이라고 생각했으리라. 가령, "또 층계를 밟고 나의 계단을 올라오지 못한다. 그 위에서 너희 알몸이 드러나서는 안 된다"(출 20: 26). 사람들은 자기중심적인 좁은 테두리 밖으로 튀어나오는 대신 가면을 쓴다. 다윗은 좁은 도덕성이라는 틀 속에 자신을 구겨 넣는 대신에, 종교적인 황홀에 충만하여 춤을 춘다. 다윗의 마음에는 이것밖에 없다. "나는 그 야훼 앞에서 춤을 추었소. 나는 앞으로도 야훼 앞에서 춤출 것이며 이번보다도 더 경망히 굴 것이오"(삼하 6:21). 다윗, 그는 정치인이기 전에 수금을 타는 이, 시인, 풍부한 미적 감수성을 지닌 자이며 건축가이자 무엇보다 춤꾼으로서 성서 인물 중 대표적인 호모 루덴스이다.

    인류는 다윗 왕이 전쟁을 통해 이룩한 일시적인 평화를 넘어서는 평화의 왕을 기다렸고, 그것이 메시아 대망으로 무르익게 된다. 기독교는 예수에게서 이사야가 예언했던 참 평화의 왕이신 메시아를 발견한다. 나는 예수와 같은 마음이 다윗에게도 있었다는 점을 강조하고 싶다. 정치인이 아니라 놀이인으로서의 다윗의 삶이다. 예수는 평화를 선포하고 이룩한 평화의 왕이시다. 내가 주는 평화는 세상이 주는 평화와 다르다 하셨다(요 14:27). 세상은 권력과 힘의 논리를 통해 평화를 수립하려고 한다. 그러나 예수는 사랑을 통해 평화를 수립한다. 폰 라트는 구약의 아름다움은 대상 자체보다는 그것들이 믿어진 그것들의 현실, 곧 하나님에 대한 그것들의 관계에서 드러났다는 점에서 이스라엘은 미학사에서 특별한 위치를 차지한다고 했다.50 나는 하나님에 대한 특별한 관계를 정치인 다윗이 아닌 놀이인 다윗에게서 보고자 한 것이며, 하나님에 대한 이 관계가 예수에게서 종말론적으로 실현되었기 때문에 나는 다윗에게서 예수의 전조(前兆)를 본다. 이런 맥락에서

---

50 폰 라트, 『구약성서신학 I』, 허혁 역(왜관: 분도출판사, 2016), 364-365.

만 예수는 다윗의 자손일 것이다. 예수는 "사람의 아름다움을 아름다워 하는 아름다움의 깊이"(정호승)이다.

4) 예수 그리스도의 구원 놀이

1. 이 세상이 창조되던 그 아침에 나는 아버지와 함께 춤을 추었다.(창조= 춤)
   내가 베들레헴에 태어날 때에도 하늘의 춤을 추었다.(성육신)
2. 높은 양반들 위해 춤을 추었을 때 그들은 천하다 흉보고 비웃었지만(바리새인)
   어부 위해서 춤을 추었을 때에는 날 따라 춤을 추었다.(생애)
3. 안식일에도 쉬지 않고 춤을 추었더니 높고 거룩한 양반들 화를 내면서
   나를 때리고 옷을 벗겨 매달았다 십자가에 못 박았다.(십자가)
4. 높은 십자가에서 피를 흘리면서 춤을 계속 추기란 힘이 들지만
   끝내 땅속에 깊이 묻힌 이후에도 난 아직 계속 춤춘다.(죽음)
5. 어리석게도 그들은 좋아 날뛰지만 나는 생명이다 결코 죽지 않는다.
   네가 내 안에 살면 네 안에서 영원히 함께 살련다.(부활)

〔후렴〕 춤춰라 어디서든지 힘차게 멋있게 춤춰라
나는 춤의 왕 너 어디 있든지 나는 춤 속에 너 인도하련다.

— Sydney Bertram Carter, 〈Lord Of The Dance〉

카터는 위 노래에서 창조, 성육신, 예수의 사역, 십자가와 죽음 그리고 부활을 예수 그리스도의 춤놀이(Tanzspiel)로 그리고 있다. 그리스도는 우리의 인생을 자유와 해방의 춤으로 인도하실 뿐만 아니라 우리의 신앙의 본질적 측면은 육체와 더불어 살고 사유하며 구원받는다는 본질적 측면을 회

복시켜주시는 것이다.

예수 그리스도의 삶과 죽음을 '풍류'(風流)로써 표현할 수 있을까? 국문학자 신은경은 풍류를 풍류성(風流性)과 풍류심(風流心)으로 구분해 풍류심의 미적 구현으로서 '흥'(興), '한'(恨), '무심'(無心)의 미로 구별한다.51 이에 대해 심광현은 구분 없이 풍류미로 보고 그 순서를 바꾸어 무심(無心: 초탈감)은 자연을 대할 때 주로 나타나는 미감이고, 한(恨)은 인간 사회의 갈등과 모순과 불행에서 비롯되는 미감이며, 흥(興)은 양자 모두를 포괄하는 미감이라고 본다.52 그는 한보다 흥이 우세한 미감의 역사를 말한다. 한보다는 흥이 한국인의 지배적인 감정구조이라는 것이다.53 우리 고유의 풍류미의 핵심 범주는 무심의 미감도 한의 미감도 아닌 바로 흥의 미감이라는 것이다. 그리고 한국의 흥은 생명 현상에 참여해 그것을 함께 나누는 데서 오는 미감이다.54 심광현은 풍류미를 이렇게 정의한다. "풍류란 곧 자연의 삼라만상에 접해 그 본질과 진수를 경험하면서, 놀기는 노는 것이로되 즐기움을 가져다주는 현상과 사물에 접해 외양만 훑고 지나가는 놀이가 아닌, 그 현상의 내면 혹은 본질까지 구극해 들어가 그 진수에 접하면서 취하는 놀이라고 할 수 있다."55

예수 그리스도의 생애와 십자가와 부활을 풍류미의 개념으로 표현할 수 있을까? 예수께서 인간과 자연 "현상의 내면 혹은 본질까지 들어가 그 진수에 접하면서 취하는 놀이", 곧 춤놀이를 하셨다고 원용한다면 가능하리라 생각한다. 평생을 유랑하며 가난한 사람들과 잔치를 벌이고 말씀을 전하던 예수 그리스도, 그가 꿈꾼 세상이 놀이로 충만한 세상이었다고 말할 수 있

---

51 신은경, 『風流: 동아시아 미학의 근원』(서울: 보고사, 1999), 87-90.
52 심광현, 『흥한민국』(서울: 현실문화연구, 2006), 75.
53 심광현, 위의 책, 121.
54 같은 책, 85.
55 같은 책, 74.

으리라. 제자를 부르고 병자를 고치며 하나님 나라의 비유를 가르치며 유대 지도자들과 논쟁을 벌이며 제자와 문답하시는 예수는 인간 사회의 갈등과 모순에 당면해서 생긴 백성들의 한을 어루만지고 풀어준다는 의미에서 한(恨)의 미감과 가깝다고도 말할 수 있겠지만 오히려 예수의 '믿음의 미학'이다. "네 믿음이 너를 구원하였느니라"(막 10:46-52). 예수는 함께 모여 웃고 떠드는 것의 소중함을 알고 있었고, 그런 놀이의 시간들 속에서 말씀을 전했으며, 일상을 축제로 바꾸고자 했다. 그러기에 그는 "먹보에 술꾼"이라는 별명을 얻었다. 예수의 삶은 믿음에서 나오는 '흥'(興)이다.

예수는 돈에 대해 걱정하는 사람들에 대해 "공중의 새를 보라"(마 6:26) 말씀하셨고, 입는 것에 대해서도 "들의 백합화가 어떻게 자라는가 생각하여 보라"(마 6:28)고 말씀하실 뿐이다. 예수는 놀이로의 초대를 거부하는 자들과 많이 대면하기도 했다. "우리가 너희에게 피리를 불어도 너희는 춤을 추지 않았고, 우리가 곡을 해도 너희는 울지 않았다"(마 11:17f.). 그러나 예수는 자신의 춤을 계속 추었다. 예수의 겟세마네 동산 기도의 마지막 말은 "그러나 제 뜻대로 마시고 아버지의 뜻대로 하소서"(막 14:36)이며, 십자가 위에서의 마지막 말은 "아버지, 제 영혼을 아버지 손에 맡깁니다!"(눅 23:46)이다. 여기서 '무심'의 미감을 생각할 수도 있을 것이다. 그러나 풍류의 무심(초탈감)이 자연을 대할 때 주로 나타나는 미감인 데 반해 예수의 무심은 하나님 사랑의 무심이다.

그리스도의 부활은 예수의 삶과 십자가를 새로운 차원, 곧 새로운 삶의 차원, "부활절적 실존"(österliche Ex-sitenz)으로 옮긴다. 그리스도인은 그리스도의 삶과 가르침, 십자가와 부활에서 그리스도인이 취할 해학과 숭고, 흥과 멋을 찾는다. 거기에는 삶을 위한 자기 내어줌과 희생적 죽음, 부활이 있다. 해학(諧謔)이 소외된 자, 작은 자들과 함께하는 예수의 웃음이라면, 숭고는 예수의 고난과 십자가의 죽음에서 나타난 아름다움이며, 부활은 그 숭고함을 온 천하에 드러낸 환상적 놀이, 곧 신명이요 흥(興)이며, 멋은 성령의 세례를 받은 예수의 삶이며 동시에 성령강림절 이후 부활하신 그리스도의 삶을 믿고 따르는 그리스도인과 교회적 삶의 집약적 개념이다. 그리스도의 부활은 사랑하는 생명의 충일과 넘침에서 흘러나오는 새 창조의 능력이다. 이런 의미에서 부활의 "흥은 생명현상에 참여해 그것을 함께 나누는 데서 오는 미감"이며 희망의 미학이다. 나는 예수의 삶을 믿음의 미학, 십자가를 사랑의 미학, 부활을 희망의 미학으로 명명해보고자 한다.

5) 놀이의 하나님 나라

실러는 "인간은 놀이하는 한에서만 온전한 인간"이라 보고 미적 국가론을 펼쳤다. 그는 "미적 국가만이 개인의 본성을 통해 전체의 의지를 실현함으로써 국가를 진짜 실현"할 수 있다는 견해를 피력한다.[56] 예수의 춤놀이는 하나님 나라의 놀이를 미리 맛보는 놀이이다. 휴고 라너는 천상의 놀이에 대해 이렇게 멋지게 표현한다. "놀이는 마술에 걸리는 일이고, 전적 타자를 표현하는 것이며, 미래를 선취하는 것이고, 수고와 짐을 진 현실세계를 부정하는 것이다. 놀이에서는 지상의 것이 한꺼번에 일시적인 것이 되고 즉각 극복된 것이 되며 그다음 마침내 해결된 것이 된다. 그러면 정신은 한 번도 듣지 못한 것을 청종할 준비를 갖추게 되고, 전혀 다른 법의 세계로 걸어 들어가며, 가벼운 존재가 되어 자유롭고 왕처럼 매인 것이 없으며 신적인 존재가 된다. 놀이하는 인간은 놀라운 해방감을 기대한다. 이 해방감은 지상의 짐으로부터 해방된 몸에서 천상의 춤을 추는 경쾌함에 이른 상태이다."[57]

하나님 나라에서는 놀이로부터 소외된 일이 아니라 일과 놀이의 통합이 일어난다. 칼 마르크스는 분업이 없고 소외된 노동이 사라진 공산주의 사회

---

[56] 프리드리히 실러, 『미학편지』, 안인희 옮김(Human Art, 2012), 124, 211.
[57] Hugo Rahner, *Der spielende Mensch*, 59.

를 환상적인 필치로 그렸다. "공산주의 사회에서는 아무도 하나의 배타적인 활동 영역을 갖지 않으며 모든 사람이 그가 원하는 분야에서 자신을 도야할 수 있으며… 바로 이를 통하여 내가 하고 싶은 그대로 오늘은 이 일, 내일은 저 일을 하는 것, 아침에는 사냥하고 오후에는 낚시하고 저녁에는 소를 치며 저녁 식사 후에는 비판하면서, 사냥꾼으로도 어부로도 목동으로도 비판가로도 한정되지 않는 일이 가능하게 된다."58

이사야 11장은 인간의 노동과 사랑이 어긋난 창세기 3장의 본문을 완성한 세상을 꿈꾼다. 이사야가 꿈꾼 새 하늘과 새 땅의 비전은 피조물들의 놀이판입니다. 우리는 이 본문을 '놀이'로 바꾸어 읽어보자. "그 때에 이리가 어린 양과 함께 놀며, 표범이 어린 염소와 함께 놀며, 송아지와 어린 사자와 살진 짐승이 함께 있어 어린 아이가 끌고 놀며, 암소와 곰이 함께 놀며, 그것들의 새끼가 함께 놀며, 사자가 소처럼 풀을 먹을 것이며, 젖 먹는 아이가 독사의 구멍에서 장난하며 젖 뗀 어린 아이가 독사의 굴 속에 손을 넣고 놀 것이라. 내 거룩한 산 모든 곳에서 해 됨도 없고 상함도 없을 것이니 이는 물이 바다를 덮음 같이 여호와를 아는 지식이 세상에 충만할 것임이라."

하나님 나라는 거룩한 놀이가 지속되는 삶의 영역이다. 하나님 나라란 창조주가 창조 안에 거하고 창조가 창조주 안에 거하여 하나가 된 삶의 세계이며 온 피조물이 하나님의 신령한 영으로 충만하게 된 삶의 세계를 의미한다. 하나님과 하나가 된 삶이란 성령으로 충만한 삶이고 놀이와 유희가 있는 삶이며, 자연과 생명 및 물질과 살가운 교감이 이루어지는 삶이다. 몰트만은 하나님의 충만함을 파악하기 위해 "도덕론적 개념과 존재론적 개념을 버리고 미학적 차원을" 수용할 것을 권고한다. 하나님의 충만함을 전달할 수 있는 것은 "하나님의 환상의 위대한 노래나 풍요로운 시나 아름다운 춤"과 같은 것들이다.59 요한계시록 14장에 나오는 중요한 핵심 단어는 숫자

---

58 마르크스, "독일 이데올로기", 『칼 맑스, 프리드리히 엥겔스 저작 선집』 1권(서울: 박종철출판사, 1990), 214.

144,000이 아니라 그 사람들이 부를 노래, 즉 새 노래라는 것을 분명히 인식할 필요가 있다.

놀이나 취미나 축하는 생의 가장 본래적 형식들이다. 우리가 놀고 취미 활동을 하고 축하할 때 우리는 행동 자체에 몰입하거나 행동 자체에 혼합되며 우리와 함께 참여하는 사람들과 어울린다. 이처럼 우리는 삶 자체에 개입하고 삶 자체를 즐긴다.60 세상은 교회를 불신하고 교회는 점점 세상의 상품화된 놀이들로 넘쳐나며 신학은 세상과 교회에 영향을 끼치지 못하는 골동의 신학으로 허덕이는 이때 '놀이의 신학'이 활기 넘치고 유쾌하며 흥미진진한 새로운 신학적 담론의 방식이 되길 바란다.

---

59 위르겐 몰트만, 『오시는 하나님』, 김균진 옮김(서울: 대한기독교서회, 1997), 567, 571.
60 Roberto Goizueta, *Caminemos con Jesus: Toward a Hispanic/Latino Theology of Accompaniment* (Maryknoll, NY: Orbis Book, 1995), 94.

제12장
춤과 신학

1. 춤에 대한 신학적 성찰

인류학자들은 춤은 자연의 리듬과 순환의 종교적 표현이고 인간이 이 자연의 힘들과 연결되고 싶은 인간 욕망의 표현이라고 말한다. 성경뿐만 아니라 탈무드나 종교의 역사적 문헌들은 성스러운 춤이 일상적 유대인의 삶의 정상적 부분이었음을 풍부하게 보여준다. 이 춤들은 이스라엘의 이웃 나라에서처럼 자연의 생명력을 조작하려는 시도가 아니라 야훼를 경배하는 춤이었다. 그러나 몸의 움직임이나 춤이 기독교 교회의 대부분의 전통과 편하지 못한 관계 속에 있어온 듯하다. 교회에서는 대개 춤을 꺼린다.

처음교회가 몸의 움직임이나 춤을 꺼려 한 이유는 육체성과 물질성을 폄하했던 그리스의 이원론적 전통의 영향 때문이다. 인간의 몸은 무상성과 부패성의 손쉬운 예로 여겨졌으며 그래서 영혼의 적으로 치부했다. 절제와 이상적 몸짓을 강조함으로써 물질에 대한 영의 지배를 보여주는 것으로 생각했다. 음식을 먹거나 잠을 자는 몸을 수도원주의적 전통에서는 부인하였다.

중세에서 종교적으로 헌신적인 여성은 성화를 추구하는 과정에서 극단적인 금식을 택하기도 했다. 먹고 마시고 배설하는 몸의 욕구와 생리적 작용이 혐오스러운 것으로 왜곡되기까지 했다. 고대부터 중세기까지 교회의 엘리트들은 신과 같은 부동성의 이상을 몸의 움직임보다 좋아했으며 몸에 대한 영의 지배를 선택했다. 부동성은 몸의 움직임에 대한 영의 몸짓으로 생각했다.[1] 신에 대한 이상, 고난 받을 수 없음, 불변성, 부동성, 부동의 동자로서의 신 등은 인간의 고요함과 침묵으로 반영된다. 운동의 부재가 이상적 종교상과 영적인 것으로 부상되었다.

고요함이 물질적인 것을 극복하는 이상으로 선택되면서 영적인 것을 만드는 표징으로 여겨졌다. 그러므로 예배의 형식으로서의 춤은 처음교회에서 대부분 금지되었다. 데카르트는 몸을 정신을 담은 물리적 용기로 봄으로써 몸을 평가절하했으며 몸에 대한 이러한 이해는 현대에까지 지속된다. 서양 철학에서 인간은 몸과 마음으로 구성된다고 생각하고, 몸은 마음을 담는 용기이며 심지어 영적 훈련이나 죽음을 통해 해방되어야 할 감옥으로 여기기도 했다.

이 용기 은유는 마음과 몸을 그 본질상 다른 것으로 생각하게 함으로써 근본적으로 오류를 범하게 만든다. 이 용기 은유와 감정의 낮은 단계의 인식론적 지위가 그리스도에 적용되어 그리스도의 신성과 인성의 연합에 대한 이해를 쉽게 제한할 수 있다. 그리스도의 얼굴을 그린 그림 중에 깊은 정적에 빠져 그의 눈은 하늘을 향하여 있고 우리와 멀리 떨어져 외딴 곳에 있는 것처럼 보이는 그림들이 있다. 교회에서 몸은 영혼과 마음으로부터 본질적으로 분리되고 열등하다는 생각을 가진다면 결국 춤도 교회에서 주변화되거나 사라지고 말 것이다. 이 태도는 그리스도께서 충분히 인간의 몸을 입으셨다는 진리를 모호하게 만든다. 이 태도는 하나님의 아들이 우리를 위

---

1 Elochukwu W. Uzukwu, *Worship as Body Language* (Collegeville, MN: The Liturgical Press, 1997), 6-7.

하여 성육신하였다는 그리스도에 대한 인격적 지식을 방해한다.

그러나 몸에 대한 편견은 기독교의 불가피한 결과라기보다는 플라톤주의의 이원론적 경향이 초기 기독교에 뿌리내린 산물이다. 구약에서 인간에 대한 개념은 물리적이고 정신적이며 감정적이고 의지적인 태도들이 복잡하게 연합된 상태로 제시된다. 구약에는 영혼이 담긴 그릇으로 취급하는 몸에 대한 이해는 없다. 구약은 몸(육체)을 영혼과 동의어로 사용하기도 하고(시 63:1) 마음뿐 아니라 몸도 살아 계신 하나님께 기쁨의 노래를 부른다(시 84:2). 신약의 몸(σώμα)은 인간의 육체성을 포함한 전 인격을 의미한다. 예를 들어 "여러분의 몸을 거룩한 산 제물로 드리십시오"(롬 12:1)라는 말씀은 육체적인 것에만 해당하는 말씀이 아니라 전체 인간의 삶에 해당하는 교훈이다.

성육신의 말씀은 육체화된 인간에 대한 긍정을 더욱 강하게 부각하는 말씀으로 읽을 수 있다. 반면 동정녀 마리아가 근본적인 것으로 강조될 경우 성육신은 육체화와 인간 성(sexuality)의 거부로 해석될 수 있다. 역사적으로 여성은 비이성적이고 감정적이며 의존적이고 자연에 더 가까운 존재로 해석되었고, 이에 반해 남성은 합리성의 능력을 소유한 자로 여겨져 초월성을 얻기 위해 영이 몸을 억압하고 여성성을 억눌러야 하는 것으로 주장되었다. 오늘날에도 지적으로 미약한 자, 여성, 어린이, 유색 인종, 늙은이 등은 본능에 따라 생각하고 행동하며 몸의 충동을 벗어나지 못하는 존재로 분류된다.[2] 몸은 지휘를 받아야 하는 대상으로 취급된다. 사회적 약자, 무능한 자, 노인 등의 몸은 대상으로 취급되며 강자의 이익에 봉사하는 도구가 된다. 심지어 그들의 몸은 공공의 시야에서 사라지며 이를 자연스럽게 받아들이기도 한다. 그러나 몸의 대상화, 도구화는 자연적 상태가 아니라 사회적으로 왜곡된 구성일 뿐이다. 사랑하는 자의 육체적 성의 거부는 핵심 인격의 거부로 경험된다. 성적 사랑의 영역은 우리가 여전히 우리의 몸을 우

---

[2] Elaine Graham, *Transforming Practice: Pastoral Theology in an Age of Uncertainty* (London: Mowbray, 1996).

리 것으로 경험할 수 있는 탁월한 장소이다.

영육의 이원론이 교회와 신학을 지배하면서 개인적 성화가 강조되었고, 개인적 성화는 육체의 죄에 대한 사적인 투쟁을 통해 이룩된다고 생각한다. 그러나 이러한 태도는 구약성경의 예언자들이 가난한 자와 억압받는 자 그리고 이웃을 자기 몸처럼 사랑하라고 한 말씀과 매우 대조된다. 신앙이 개인주의적 경건으로 이동한 것은 교회의 박해 시대에 신앙을 공적으로 표현하지 못한 상황과 역사에서 원인을 찾을 수 있을 것이다. 또한 몸을 부정하는 경건은 예수님의 태도와도 일치하지 않는다. 예수님은 이렇게 말씀하신다. "인자는 와서, 먹기도 하고 마시기도 하니, 그들이 말하기를 '보아라, 저 사람은 마구 먹어대는 자요, 포도주를 마시는 자요, 세리와 죄인의 친구다' 한다"(마 11:19). 인간을 더럽게 만드는 것은 몸으로 들어가는 것이 아니라 그의 마음에서 나오는 것이다(마 15:17-20). 그리스도인의 삶의 기본은 타자와의 사랑의 관계이다(요 15:12). 서양의 근대성에 따라 우리는 습관적으로 개인적 정체성을 사회적 혹은 공동체적 정체성보다 높게 평가한다. 그러나 정체성의 형성은 개별적 사유의 행동이나 분리된 개인의 행동이 아니라 공동체의 지식과 공동체가 공유하는 가치와 의미의 참여로부터 생긴 결과이다.

춤의 부정적 영향도 있겠으나 춤은 영육의 이원론의 영향을 극복하는 첩경이다. 춤은 우리 자신, 그리스도 그리고 삼위 하나님에게 더욱 가까이 접근할 수 있는 길이다. 춤은 몸과 마음, 여성과 남성, 개인과 사회의 역설적 본성을 함께 실어 나른다. 춤은 하나님의 축제적 창조의 기쁨을 생각나게 하며 해방된 하나님의 자녀의 최초의 자유로운 놀이다. 춤에서 몸은 객체가 아니다. 춤에서 몸은 역동적 움직임이나 타자와의 관계에서 주체일 뿐이며 타자와 역동적 관계를 형성한다. 춤은 살아 계신 예수 그리스도를 더욱 가까이서 접촉하게 한다. 예수님은 그의 말씀을 진리를 더욱 깊게 전달하기 위해 상징적으로 움직인다. 그는 나병환자와 접촉하였고, 값비싼 향유를 붓는 것을 허락하였으며, 빵을 떼고 포도주를 나누었고 자신의 몸을 십자가에 뉘였으며, 부활 후에도 직접 생선을 드셨다. 춤은 예수님의 몸의 움직임을 모두 살려낼 것이다. 성육신은 우리 인간을 향한 삼위 하나님의 탁월한 움직임이다. 삼위 하나님의 영원한 사귐(perichoresis)은 서로가 서로에게 리드미컬하게 상응하며 서로에게 사랑 안에서 내주하며 서로를 전후좌우로 내왕하며 소통하는 윤무(輪舞)로 그려진다.3 삼위 하나님의 윤무는 우리를 초대하는 열린 춤이다. 우리는 이 춤의 일원이다. 우리의 몸이 예수님을 통해 신성에 포함된다. 인간의 존재는 나뉠 수 없기 때문에 우리의 몸과 마음과 감정과 정신 모두가 이 삼위 하나님의 일치의 춤에 참여하고 통합된다. 이 과정에서 인간 존재의 특이성이나 자유가 상실되지 않고 더욱 우리 자신이 되고 더욱더 자유하게 된다.

2. 춤추는 다윗

철학자 하이데거(Martin Heidegger, 1889~1976)는 일찍이 그 앞에서 기도할 수도 없고 무릎을 꿇을 수도 혹은 노래하고 춤을 출 수도 없는 형이상학의 하나님을 비판한 바 있다. 형이상학의 하나님이 아닐지라도 우리 기독교인들은 과연 그분 앞에서 덩실덩실 춤을 출 수 있는 하나님을 경배하고 있는가? 춤을 말하기 위해서는 몸을 말할 수밖에 없다. 몸은 오감으로 말하며, 춤은 몸을 드나드는 오감의 자극과 역동성을 보여주는 움직임이다. 오감으로 말하는 몸은 그 매력이 강하고 파급력이 대단하다. 오감으로 말하는 몸은 우리의 존재를 새롭게 자각하도록 촉구한다.

오감(몸)을 통해 환한 하나님을 믿고 숨쉬기 위해 하나님 앞에서 춤춘

---

3 P. Wilson Kastner, *Faith, Feminism and the Christ* (Philadelphia: Westminster Press, 1983), 127; 곽미숙, 『삼위일체론: 전통과 실천적 삶』(서울: 대한기독교서회, 2009), 140f.

스트로치(Zanobi Strozzi), 〈언약궤 앞에서 춤추는 다윗 왕〉, 1450-1555. Manuscript(Corale 3) Biblioteca Medicea Laurenziana, Florence.

경우들을 성서와 기독교 전통에서 다시 찾을 필요가 있다. 다윗이 그 대표적 예이다. 다윗은 춤꾼이다(삼하 6:14 23). 하나님의 법궤가 드디어 블레셋 적의 수중에서 벗어나 통일왕국의 새 수도 예루살렘으로 옮겨진다. 다윗은 자신의 성공적인 생애와 함께 법궤의 도착을 기뻐하고 있다. 말로 다할 수 없는 감사와 희열이 넘실넘실 흘러넘쳐 질탕한 축제적 무드로 조성된다. 희열이란 단순히 내향적일 수만은 없다. 희열은 밖으로 나와 표현되어야 한다. 다윗은 자신의 이해력과 통제력을 초월한 삶, 신비와 영광에 다가간다. 질펀한 춤과 질탕(佚蕩)한 놀이는 자신을 자유롭게 풀어놓아 하나님의 은총에 감사하고 찬양하게 하는 한 방법이다.

> 다윗은 모시로 만든 에봇만을 걸치고,
> 주님 앞에서 온 힘을 다하여 힘차게 춤을 추었다(삼하 6:14).

이 춤은 해방의 주님을 기리는 미리암의 노래와 춤(출 15:19-21)을 닮았다. 해방과 자유를 얻은 춤! 그러나 미리암의 춤이 모두 함께 나와 추는 군무(群舞)인 데 반해 다윗의 춤은 홀로 춤이다. 그렇지만 다윗은 사울 왕의 딸 미갈의 저항을 불러일으킬 정도로 호방하고 경쾌하게 덩실덩실 춤을 춘다. 인간의 정과 뜻(情意)이 말이 되고 말로도 다할 수 없기 때문에 노래(歌)가 되고 노래하는 것으로도 부족하여 춤(舞)이 더해진다고 한다. 넘치는 기쁨이나 간절한 마음을 표현하기에 말로도 부족하고 노래로도 부족하기 때문에 몸의 율동적 움직임이 춤이 되어 인간의 희로애락을 느끼고 표현하려 하는 것이다.4 하나님 앞에서의 가무(歌舞)는 종교의 오랜 전통이다.

> 춤을 추면서 그 이름을 찬양하여라.
> 소구 치고 수금을 타면서
> 노래하여라(시 149:3).

반면 미갈은 다윗과 달리 어려서부터 궁중의 법도를 배워 자신이나 남들에게 어떤 일탈도 허락할 수 없는 궁중 인물이다. 그러므로 그녀에게 다윗 왕은 하나의 괴기(怪奇)한 노출증 환자로밖에 보이지 않는다. 하나님과 백성들이 보는 앞에서 남사당패 "건달처럼 몸을 온통 드러내시다니!"(삼하 6:20) 이스라엘의 임금으로서 체통이 말이 아니다. 그녀는 오랜 율법을 범하는 것이라고 생각했으리라. 가령, "또 층계를 밟고 나의 계단을 올라오지 못한다. 그 위에서 너희 알몸이 드러나서는 안 된다"(출 20:26)라는 계명을 미갈은 떠올렸을 법하다.

사람들은 자기중심성의 조붓한 테두리 밖으로 튀어나오는 대신 가면을 쓰고 자신을 감추거나 속인다. 반면 다윗은 도덕주의라는 갑갑하고 답답한 틀 속에 자신을 구겨 넣지 않고 창조적인 일탈을 감행하여 틈을 만들고, 하나님의 현존체인 법궤 앞에서 종교적인 황홀에 충만하여 덩실덩실 춤을 춘다. 다윗의 춤은 하나님의 현존에 대한 몸의 응답이다. 앙리 마티스의 작품

---

4 신영복, 『강의: 나의 동양고전독법』(파주: 돌베개, 2007), 55.

〈춤-II〉(1909)에서처럼 춤을 통해 푸른색의 하늘과 초록의 땅과 벌거벗은 인간이 춤의 리듬 안에서 연합된다. 춤을 추면서 다윗은 자유와 기쁨, 신적인 아름다움을 온몸으로 표현하다. 춤은 순수한 기쁨의 감각과 순수한 놀이의 감각을 온전히 표현한다. 춤만큼 자연스럽고 해방적이며 전적으로 생명적인 분방한 움직임도 없을 것이다.

만일 다윗이 단순히 종교적 임무를 수행하거나 국가예식을 진행하고 있었던 것이라면, 그는 근엄하게 법궤 앞에서 걸으며 엄숙한 모습으로 행렬을 예루살렘으로 이끌었을 것이다. 그러나 이것은 직무 수행이 아니었고, 하나님을 높여드리기 위해 수고스럽게 벌이는 종교적 행사도 아니었다. 그는 자신을 휘감아 돌며 자신을 통하여 흐르는 하나님의 생명에 열려 있다. 그 하나님은 법궤가 증언하는 대로 역사를 가로지르는 하나님, 구원하고 계시하고 복을 주시는 하나님이다(유진 피터슨).

춤의 아름다움은 미갈이 조롱하는 수치를 끝내 이긴다. 다윗에게는 오로지 하나님을 향한 순전한 마음밖에 없다. "나는 그 야훼 앞에서 춤을 추었소. 나는 앞으로도 야훼 앞에서 춤을 출 것이며 이번보다도 더 경망히 굴 것이오"(삼하 6:21). 다윗을 춤추게 만든 즐거움은 기독교 성인들이나 신비가들이 도달한 것과 같은 순수하고 지극한 하나님 사랑의 체험이 표현된 것이다.

3. 십자가 위에서의 춤

예수께서는 이 세대의 무공감과 무감동을 이렇게 질책하신다. "우리가 너희에게 피리를 불어도 너희는 춤을 추지 않았고, 우리가 곡을 해도, 너희는 울지 않았다"(마 11:17). 그러나 예수께서는 십자가상에서까지 놀랍게 춤을 추신다. 십자가상에서 무아지경의 춤이라니…? (성경에 충실한 분들이라도 성경에 없는 말을 한다고, 그림과 조직신학은 인위적 조작신학이라고 꼬집지 말아주시길 바란다.)

나는 이 모습을 '부활한 자의 십자가'로 보고 싶다. 아문 상처의 늙은 자리인 부활한 자의 십자가는 아프면서 환하며, 환하면서 아프다. 부활한 자의 십자가는 껄껄 웃고 춤추면서 앓는 낮꿈을 꾸는 예수님의 십자가이다. 기독교와 서양철학은 철저하게 죽여야 할 자아(self), 곧 인간의 죄인됨을 줄창 모질게 말한다. 철학으로 말하면, '경험적 자아' 배후에 있는 '선험적 (초월적) 자아'를 끈질기게 말한 전통과 비슷하다.

죄인이란 불신, 교만, 오만, 태만, 탐욕, 자기중심, 정욕, 거짓과 위선에 사로잡힌 자들, 권력과 맘몬에 사로잡힌 자들, 결국 "하나님을 잊은 자들"(시 50:22)이요 "무법자들, 폭력배들, 하나같이 하나님을 안중에도 두지 않는 자들"(시 54:3)이다. 십자가를 믿는다는 것은 그 죄의 지배하에 있는 내(자아)가 그리스도와 함께 십자가에 못 박혔으니 이제는 내가 사는 것이 아니요 오직 내 안에 그리스도께서 사신다(갈 2:20) 함을 믿는 것이다.

이 고백은 단순한 신학적 언명이 아니라 십자가에 달리신 분의 두 팔에 몸을 맡기고 하나님의 맷돌에 끼여 으깨진 바울 자신의 내적 체험의 표현이기도 하다. 그리스도께서 나의 내적 실재가 되신 것이다. 사는 것은 더 이상 내가 아니라 내 안에 사는 당신, 그리스도이다. 나의 삶이 그리스도의 삶이 되었기 때문에 나의 삶은 그리스도의 삶과 다른 삶이 아니라는 것을, 교부들의 비전을 사용해 말하면 내가 신격화되었음을 의미하는 것이다. 십자가의 체험은 죄와 죽음에 대한 승리요 새로운 창조의 시작이며, 더 나아가 그분이 내 존재의 그윽한 본질이 되신다는 체험이다. 우리 존재는 십자가의 예수님과 더불어 신명나게 춤추며, 십자가의 예수님과 함께 환히 웃는 존재이다.

다음의 그림은 발리 출신 화가 다르사네(Nyoman Darsane)의 〈십자가상에서의 춤〉이다. 그는 힌두교인이었으나 17세에 기독교인으로 개종하고

다르사네(N. Darsane), 〈십자가의 그리스도〉, 1999.

서양 문화를 배웠는데 인도네시아의 문화를 존중하면서 토착 문화적 기독교 미술로 세계에 널리 알려진 화가가 되었다. 당신의 영혼을 환한 하나님께 맡긴 허심(虛心)한 춤사위다. 성령의 산들바람을 타고 허허(虛虛)롭게 된 몸은 십자가에 붙박일 수 없어 십자가에 못 박힌 몸의 리듬을 통해 생동한다. 뼈와 근육 그리고 살에서 어떤 긴장이나 아픔도 느낄 수 없다. 신기(神氣)와 같은 생명의 기운이 머리끝에서 발끝까지 물결처럼 흐른다. 십자가라는 가장 거칠고 황량하고 까슬하고 폭력적인 외재적 물질세계에 구애됨 없이 풀려나 무궁한 우주적 생명세계에로 들어가려는 춤이다. 춤추는 솜씨가 정말 기가 막히다. 그것은 너무나 허허롭고 무욕(無慾)하며, 바람타고 나는 무애(無碍)한 연(鳶)의 자유로운 헤적임이요, 물속에서 유유자적(悠悠自適) 유영(遊泳)하는 물고기의 즐거움 같아서 보는 이의 눈길을 더욱 강하게 끌어당긴다. 보면 볼수록 그림은 보는 사람의 해맑은 마음을 움직여 십자가상의 부활의 춤에 합류하게 한다.

말씀이 성육신하고 성육신한 그 몸이 십자가에 못 박히고 장사되어 무덤에 묻힐 그 몸이 춤을 춘다. 춤은 기독교 신앙을 신체화를 통해 영성화하고 지상화하면서 하늘의 차원을 연다. 춤은 '지상화된 기독교'(earthed Christianity)를 향한 발걸음이다. 우리는 기독교의 하나님을 가장 숨겨진 인간 경험의 영역을 포함한 모든 차원에서 찾을 수 있어야 한다. 이것은 특히 몸의 경험을 포함한다. 우리는 은총의 눈으로 인간의 온갖 종류의 몸, 아름다운 몸, 추한 몸, 섹시한 몸, 먹는 몸, 음악을 연주하는 몸, 춤추는 몸 등을 볼 수 있어야 한다. 춤은 '신의 실천'(theopraxis)이다.

기독교는 2,000년 동안 읽고 쓰고 설교하는 것을 통해 초월을 가르쳐왔고, 그 요체는 우리 자신이 몸으로부터 벗어나 절대와 추상의 영역으로 들어가는 것을 의미했다. 그러나 우리가 춤을 추게 되면 감각적 경험의 영역에 눈뜨게 된다. 우리 자신의 몸의 생성의 리듬 안에서 그리고 그 리듬을 통해 몸으로부터 이탈하는 초월이 아니라 몸 안에 수용되는 초월을 경험하게 된다. 그때 우리는 주님이 춤의 왕이요, "나는 춤이요 계속 춤을 출 것이라" 하는 말씀을 체험하게 될 것이다.

시드니 카터, 〈춤의 왕〉(Lord of the Dance) 4절의 가사다.

> 높은 십자가에서 피를 흘리면서
> 춤을 계속해 추기란 힘이 들지만
> 끝내 땅 속에 깊이 묻힌 이후에도
> 난 아직 계속 춤춘다.
>
> 춤춰라 어디서든지
> 힘차게 멋있게 춤춰라
> 나는 춤의 왕 너 어디 있든지
> 나는 춤 속에서 너 인도하련다.

미국의 신학자 하비 콕스에 따르면 다윗의 자손 예수는 다윗의 문화적 DNA를 이어받은 춤꾼이다.

예수님은 춤꾼들의 스승이라오.
춤추시는 솜씨가 기막히다오.
오른쪽으로 도시고 왼쪽으로 도시고
우리 모두 재치 있게 배워야 하오(하비 콕스).

예수님의 고통을 통한 구원과 새 창조의 춤은 시인 정현종이 "한 고통의 꽃의 초상"으로 노래하는 발레리나 니진스키에 대한 시를 통해 더 큰 공감을 얻을 수 있을 것 같다. 니진스키의 몸은 땅 속에 뿌리내리고 그의 목은 높은 곳을 향해 올라가는 신성한 사다리, 그의 얼굴은 피어난 고통의 꽃의 표현에서 발레리나 니진스키의 춤이 땅과 하늘을 연결하여 아름다운 구원의 꽃을 피운 예수님의 십자가의 춤을 상상하게 된다.

그의 육체는 뿌리와 같다. 영혼의 꽃피는 불을 위한 모든 것을 빨아올리고 준비한다. 걸어다닐 때도 춤출 때도 땅속에 뿌리박고 있다. 땅은 어둡다. 그러나 뿌리인 그의 육체는 밝고 밝다. 지상의 햇빛 속에 피워내는 것이 있기 때문이다. 육체여 왜 어둡겠는가. 그의 육체는 뿌리와 같다.

그의 목은 나무 줄기와 같다. 그 목은 길고 투명하다. 목은 높은 데로 올라가는 신성한 사다리와 같다. 목은 아, 얼굴을 향하여 한없이 올라가고 있다.

나는 피어난 고통의 꽃 그의 얼굴을 본다. 그 얼굴은 폭풍의 내부처럼 고요하고 그리고 아름답다. 그의 눈은 눈물의 내부에 비친 기쁨의 빛의 넘치는 그릇이다. 자연의 폐의 향기를 향해 깊이 열려 있는 그의 숨결. 운명의 모습처럼 반쯤 열려 있는 저 입의 심연의 고요. 회오리바람 기둥의 중심에 모인 힘으로 기쁨을 향해 열려 있는 얼굴. 오, 피어난 고통의 꽃 그대의 얼굴.
— 정현종, 〈한 고통의 꽃의 초상 - 니진스키에게〉 전문

제13장
대중문화의 신학
— K-Pop을 중심으로

'대중문화의 신학'이 가능한가? 신학이 대중문화를 신학적 사유의 대상으로 삼을 수 있는가? 일반적으로 '대중문화'란 보통 '대중매체'라고 불리는 TV, 라디오, 영화, 음반, 인터넷 매체, 만화, 복제회화, 신문과 잡지 등을 통해 많은 사람이 손쉽게 닿을 수 있고 즐길 수 있는 통속적이고 가벼운 오락물이나 생활문화들을 가리킨다.[1] 반면, 신학은 통속적인 것과 거리가 멀고 진지한 지성적 행위로 생각해왔다. 신학이 문화를 대화의 대상으로 취급하는 경우에도 전통문화나 시민적 고급문화 혹은 비판적 민중문화에 제한되었지 급변하는 대중문화를 다룬 적이 거의 없다.

이 글은 대중문화, 특히 한류 중에서도 K-Pop과 대화하면서 대중문화의 신학을 모색해보려고 한다. 나는 통기타와 청바지, 발라드풍의 가요와 포크송과 트로트를 교회와 신학 밖에서, 신앙과 무관한 것으로 여기면서 청년 시절을 보낸 7080세대다. 그러나 우리나라의 음악은 1990년대부터 서

---

[1] 박성봉,『대중예술과 미학』(서울: 일빛, 2006), 19; 박성봉,『대중예술의 미학』(서울: 동연, 1995), 30.

태지와 아이들을 시초로 현진영, 듀스, HOT, 젝스키스, 신화, 비, 보아 등 빠른 음과 강력한 비트, 랩과 힙합과 집단댄스(群舞)로 구성된 파워풀한 가수들이 주류가 되었다. 오늘의 K-Pop을 따라 부르기는커녕 여전히 감정이 입도 되지 않은 채, 이것들에 대해 신학적인 글을 쓰고 더 나아가 신앙과 교회 안으로 끌어들일 생각을 하니 난감하기만 하다. 과연 한국교회와 신학에서 '대중문화의 신학'(Theology of pop culture)이 가능할까?

한국교회에서 문화신학도 뿌리를 내리기는커녕 터를 잡지 못하고 있는 판에 대중문화의 신학을 생각할 수 있을까? 최근 일각에서 문화가 신학의 담론이 되는 경우는 선교의 영역뿐이다. '문화선교'라는 화두 속에 문화가 접목된다. 이 경우 문화가 독립적으로 인정받지 못하고 선교에 문화가 기생한다. 문화는 선교에 도움이 되고 선교를 좀 더 효과적으로 잘할 수 있다고 정당화되는 한 문화는 살아남을 수 있을 뿐이다. 문화는 선교의 도구이며 선교에 종살이 한다. 문화가 그 자체로서 인정받지 못한다. 고급문화도 이 정도거늘 대중문화는 오죽하겠는가. 한국 기독교에서 대중문화에 대한 판단은 지극히 부정적이다. 문화권력, 문화자본, 문화산업, 문화민족주의에 편승한 상업주의, 세속주의, 향락주의, 소비주의, 선정성, 성적 자극과 충동성, 문란한 도덕성, 인간우상(star)주의 등. 대중적, 통속적, 하루살이 같은, 저급한, 말초적, 도피적, 진지하지 않은, 정제되지 않은, 고상하지 않은, 등의 감시와 처벌의 말들만 난무한다.

기독교 신앙으로 볼 때 자연이 하나님의 창조라면 인간의 역사와 문화와 예술 그리고 대중문화까지도 하나님의 창조라고 볼 수 있을 것이다. "생육하고 번성하여 땅에 충만하라"(창 1:28)는 하나님이 인간을 창조하시자마자 인간에게 내리신 복은 단지 생물학적 계명만이 아니라 역사적이고 문화적 계명임에 틀림없다. 인간은 하나님의 창조 안에서 역사적으로 번영하고 문화적으로 충만해야 한다. 가인의 자손들은 놋 땅에 거주하면서 가축을 치는 농사 문명, 구리와 쇠로 여러 가지 기구를 만드는 철기 문명뿐만 아니라 수금과 퉁소를 잡는 예술로써 삶을 충만하게 창조해 나간다(창 4:20-22). 성경이 이해하는 문명과 문화는 기본적으로 인간에게 맡겨진 하나님의 창조 행위의 지속이며 축복이다. 자연 창조의 차원에서 햇빛과 비는 악인과 선인 곧, 만인에게 차별 없이 선사하는 하나님의 은혜이다. 그렇다면 문화 창조의 차원에서 대중문화(음악, 미술, 영화, 드라마, 음식, 여행, 스포츠…)란 선교나 복음 전도의 매개나 수단이기 전에 대중들이 차별 없이 삶을 놀고 즐기며 공감하고 소통할 수 있는 하나님의 은혜의 단비라고 생각할 수 있을 것이다(마 5:45). 신학적으로 대중문화는 선교와 구속의 문제이기 이전에 은혜와 창조의 문제로 볼 수 없을까. 사도 바울은 "하나님께서 지으신 모든 것이 선하매 감사함으로 받으면 버릴 것이 없나니 하나님의 말씀과 기도로 거룩하여짐이라"(딤전 4:4-5) 하였고, "범사에 헤아려 좋은 것을 취하"(살전 5:21)라 했다. 대중문화에는 취할 좋은 것이 없는가? 대중문화가 하나님의 말씀과 기도로 거룩해짐으로써 교회가 그것을 감사함으로 받을 수 있는 길이 열릴 수 없을까?

교회는 고급문화와 대중문화, 고급예술과 대중예술을 대립시키고 분리하는 이분법에 익숙해 있다. 이런 판국에 대중문화를 부정할 수 없는 신학적 고찰의 대상이며 대중예술도 신학적 미학의 대상으로 포함하는 길이 쉽지 않아 보인다. 그러나 세리와 죄인과 함께 먹고 마시는 예수와 제자들의 행위(눅 5:30)는 저급하고 통속적인 것이어서 비난과 배척의 대상이며 오직 소년 예수가 성전에서 랍비들과 함께 대화하고 토론하는 행위(눅 2:46)만을 치켜세울 수 없는 노릇이다. 온 땅에 하나님의 영광이 충만하기 때문이다(사 6:3).

당대의 예술의 실천은 그것이 명시적으로 종교적이거나 영적인 작품이 아닐지라도 하나님의 현존을 계시할 수 있어야 한다. 우리는 언뜻 보기에 "세상 안에서의 하나님의 현존에 관한 우리의 가정과 모순되는 작품들에서도 하나님의 현존이 계시됨을 인지하여야 한다."[2] 우리는 현대의 다양한 아방가르드 예술과 대중문화 속에서도 하나님의 영광의 현존을 지각할 수 있어야 한다. 그 방법이 전통적인 종교적 방법이거나 영적인 것이 아닐지라도, 또 하나님의 영광의 현존을 나타내는 것이 아닌 것처럼 보일지라도 그 일은 가능하다. 예술의 소재와 자리가 하나님의 영광이 현존하는 이 땅의 모든 것이며 인간의 모든 삶이라면, 그것들은 각자가 서로 다른 삶의 자리와 소명 속에서 제한 없이 해석하고 표현하며 아름다움을 만들고 즐기는 오늘의 예술 활동들이다.

대중문화의 신학은 대중문화를 무의식적으로라도 못 볼 것으로 생각하는 것에서 당당하게 볼 수 있는 것으로 끌어올리고, 신학을 높고 고상한 하늘의 지적 담론으로부터 낮고 천한 감각적 땅의 이야기로 끌어내리는 낮은 신학을 지향한다. 바르트는 세상 사람들이 음악을 배웠건 배우지 못했건 모차르트의 음악을 듣고 또 듣고 싶어 한다고 했다. 그러면서 이렇게 덧붙인다. "나는 천사들이 하나님의 존전에서 시중들 때에 바흐만을 연주하는지에 대해서는 잘 모르겠습니다. 그러나 내가 확신하는 바는, 천사들이 저희들끼리 있을 때에는 모차르트를 연주한다는 것이고 사랑의 하나님께서도 그것을 기꺼이 들으신다는 것입니다."[3] 오늘 우리는 하나님이 한국 영화와 드라마를 기꺼이 보시고 대중들이 열광하고 몰입하며 흥에 취하는 K-pop을 기꺼이 들으신다고 말해야 할 것이다. 그러니까 대중문화의 신학은 광대로서 천국잔치의 주연이 될 수 있다는 권리 주장을 하는 것이다.

---

[2] Daniel A. Siedell, *God in the Gallery: A Christian Embrace of Modern Art* (Grand Rapids: Baker Academic, 2008), 164f.
[3] 칼 바르트, 『칼 바르트가 쓴 모차르트 이야기』, 문성모 옮김(서울: 예솔, 2006), 19.

1. 대중문화와 신학

신학은 오랫동안 대중문화 혹은 대중예술을 진지하게 다루어야 할 영역으로 생각하지 않았다. 문화를 다루더라도 '고급문화' 혹은 '고전문화'라 분류할 수 있는 것들이었다. 고급문화가 질적으로 고급한 것, 순수함과 자율성, 도덕성과 창조성을 추구하는 반면 대중문화는 저급한 것, 표준적인 것, 심지어 모조적인 것을 추구하는 통속성의 차원에 머물러 있기 때문에 거룩함과 궁극적 구원을 추구하는 신학에 전혀 어울리지 않는 분야로만 생각해 왔다. 신학이 먼저 고급문화와 대화한 예로 니버, 틸리히, 트레이시와 한국 신학자들의 문화 접근 방법에 관하여 논의하고자 한다.

1) 문화신학

(1) 리처드 니버

기독교와 문화의 다양한 모델을 고전적으로 제시한 학자는 리처드 니버(H. Richard Niebuhr)이다. 그는 『그리스도와 문화』(1951)[4]에서 기독교가 문화에 접근하는 이미 매우 잘 알려진 다섯 가지 모델을 제시한다. 니버의 중심적인 논지는 그리스도가 문화의 변혁자가 되어야 한다는 데 무게중심이 실려 있는 게 아니라 인간 문화를 이해하는 일치된 기독교적 이해가 없다는 점이다. 니버는 다섯 가지 유형 중 어느 하나가 궁극적으로 옳다고 주장하지 않고 다만 그들의 부분적인 관점을 모아 큰 진리가 출현할 수 있다고 제시한다.

인간 문화가 제기하는 문제에 대한 그리스도의 해답은 그리스도인의 해

---

4 리처드 니버, 『그리스도와 문화』, 홍병룡 옮김 (서울: IVP, 2007).

답들과 서로 같지 않다. 그럼에도 그분을 따르는 자들은 그분이 그분의 목적을 달성하는 데 자신들의 노력을 사용하신다고 확신한다. 이 책의 목적은 그리스도와 문화의 문제에 대한 기독교의 전형적인 해답들을 소개하여 서로 다른 입장을 가진 또 서로 상반된 견해를 지닌 기독교 집단들이 서로를 잘 이해하도록 돕는 것이다. 이 작업의 배후에 있는 신념은, 그리스도께서 살아 계신 주님으로서 역사와 인생 전체를 통해 이 문제에 대한 해답을 제공하시되, 인간의 지혜를 초월하시면서도 그들의 부분적인 통찰과 필연적인 갈등을 사용하심으로써 그렇게 하신다는 확신이다.5

기독교와 문화의 상호대화에서 "문화에 속한 그리스도"와 "문화 위에 있는 그리스도" 유형은 인간 문화를 진실되고 본래적인 존재로 문화 안에 있는 진리와 선함을 인정하지만 다른 세 유형, "문화와 대립하는 그리스도", "문화와 역설적 관계에 있는 그리스도"와 "문화를 변혁하는 그리스도" 유형은 하나님 안에 계시된 진리와 흠이 있는 인간 문화의 진리와 실천 사이의 큰 차이를 지적한다. 니버의 견해를 따르면 신학적 규범과 대중문화 사이의 대화는 불가능하다. 이 유형들은 보편적 진리인 신학적 규범을 인간 문화에 적용시키려는 적용주의자의 입장을 취함으로써 대중문화의 목소리가 자신의 용어와 색깔로써 진지하게 이해되거나 평가되지 못한다.

(2) 폴 틸리히

신학과 문화 사이의 좀 더 상호적이며 대화적인 방법론을 폴 틸리히의 상관성의 방법에서 찾을 수 있다. 틸리히는 신학의 과제를 종교적 전통과 상징으로부터 현대인의 특별한 관심과 곤경에 대한 응답을 찾는 것으로 본다.

---

5 니버, 앞의 책, 74.

신학은⋯ 모든 문화 영역에서 막대하고 심오한 실존적 분석의 자료를 사용해야 한다. 그러나 신학은 그저 그것을 받아들임으로써 그 자료를 사용할 수 없다. 신학은 크리스천 메시지에 포함된 대답을 가지고 그것과 맞서야 한다. ⋯ 대답은 물음에서 추론될 수 없다. 대답은 묻는 자에게 주어지는 것이지만 묻는 자로부터 취해지는 것은 아니다. 실존주의는 대답을 줄 수 없다. ⋯ 그와 같은 대답을 주는 것이 교회의 기능이며, 이 대답은 교회 자신에게뿐 아니라 교회 밖에 있는 사람에게도 주는 것이다.6

틸리히는 교회 밖의 광범위한 인간의 문화가 인간 실존을 이해하고 형성하는 데 중요하고 구성적 역할을 한다는 점은 인정했지만 진리와 선의 본성에 관하여서는 기독교적 전통 안에 머문다. 그는 교회의 예언자적 목소리를 중시한다. 그러나 그는 교회 밖의 문화가 가지는 진실한 예언자적 의미에 관해 "잠재적 교회"(laten Church)라는 용어를 사용하면서까지 포괄하려는 지적 노력을 보이고 있다. 틸리히의 방법은 인간 실존을 이해하고 형성하는 데 종교적 전통 외에 문화가 구성적 역할을 할 수 있는 가능성을 열고 있지만 그의 대중문화나 부르주아 문화에 대한 입장은 매우 비판적이다. 이러한 태도는 자본주의 문화 비평적인 표현주의에 대해서는 매우 호의적이지만 19세기 부르주아 문화를 대변하는 인상주의 미술을 혹평하는 데서 단적으로 드러난다.

(3) 데이비드 트레이시

다원주의 시대에 신학의 언어를 공적 담론의 장으로 끌어내어 학문적으로 정립하려는 데이비드 트레이시의(David Tracy) 방법론을 수정된 상관관계의 방법이라 말한다. 그에게 신학은 기독교 전통에 대한 해석과 당대의

---

6 폴 틸리히, 『문화의 신학』, 김경수 역(서울: 대한기독교서회, 1971), 59. 부분적으로 필자가 새롭게 옮김.

상황에 대한 해석 사이에 상호비판적인 상관관계를 수립하기 위한 시도이다.7 신학의 대상은 기독교 신앙이며 이것을 차후에 방법론적으로 해석하는 과제가 부과되는 것이 아니라, 처음부터 신학의 대상은 기독교 전통과 당대의 상황이다. 기독교 전통과 당대의 인간 상황을 비평적으로 해석하는 사이에 인간의 공동 경험의 구조가 밝혀지고 원칙적인 가치들, 인식론적 주장들, 실존론적 믿음 등, 둘 사이에 가능한 근본적 화해 관계가 수립된다.

캐스린 태너(Kathryn Tanner)는 트레이시보다 한 걸음 더 나아가 성경을 고전적 본문이 아닌 대중적 본문으로 읽음으로써 고급문화와 함께한 교회와 전통으로부터 성경을 해방하여 다중적이며 이질적인 성경 해석의 길을 열어놓는다.8 이 방법론에 따르면 현대의 대중문화도 고유한 진리와 선의 중재자로 권리를 주장할 수 있다. 현대의 대중문화가 종교적 전통에 의해 수립된 이념과 실천에 도전할 수 있고 수정을 제안할 수 있는 통찰을 생산할 수 있다는 것이다.

2) 문화와 한국 신학

한국의 문화신학은 주로 전통종교문화와 민속문화, 민중문화와 관계하면서 문화신학을 전개하다가,9 1990년대에 봇물처럼 일상생활을 파고드는 대중문화를 의식하지 않을 수 없게 된 것이다.10 윌리엄 포어의 『매스미디

---

7 David Tracy, "Theological Method", *Christian Theology: An Introduction to Its Traditions and Tasks*, ed. Peter C. Hodgson and Robert H. Kimg (Philadelphia: Fortress Press, 1982), 36; David Tracy, *Blessed Rage for Order* (New York: Uni. of Chicago Press, 1996), 34.
8 Kathryn Tanner, "Scripture as Popular Text", *Modern Theology* 14/2(Ap. 1998), 279-298.
9 기독교사상편집부 편,『한국의 문화와 신학』(서울: 대한기독교서회, 1991);『한국에 기독교문화는 있는가』, 한국문화신학회 제8집(서울: 한들출판사, 2005).
10 보수주의자들까지 문화인식에 참여했다. 카슨/우드브리지 엮음,『하나님과 문화』, 박희석 옮김,

어 시대의 복음과 문화』(대한기독교서회, 1998)가 번역 소개되었고 낮은울타리를 중심으로 문화 사역을 위한 문화 관련 책들이 출간되었다.11 이어 예영커뮤니케이션을 중심으로 문화변혁적 기독교의 입장에서 현대 대중문화를 물신주의와 상업주의적 관점에서 비판하거나,12 소비문화 중심으로 규정하면서 건강한 소비문화 형성의 주체로서의 교회 공동체를 제언하기도 한다.13 이들은 대중문화를 대중문화 자체로부터 나온 고유한 맥락과 논리에서 관찰하기 전에 문화를 선교의 대상으로 보거나 좀 더 바람직한 선교를 위한 도구로 여긴다.14 최근에는 소비문화를 일정 정도 긍정하면서 소비문화의 변혁을 위한 대안적 공동체 문화로서 교회문화를 제언하지만 그 실체는 아직 모호하다.15 여기서 문화는 선교의 수단이나 방편이지 문화 자체에 성육신하려 하지 않는다. 문화는 선교에 의해 비인격적이고 기능적인 방법으로 취급당할 뿐이다.

대중문화를 있는 그대로 평가한 예로는 2002년 한일 월드컵 응원전을 중심으로 최준식 교수16가 종교학적 관점에서 그 현상을 한국인의 축제적 종교성으로 보았고, 손원영 교수는 그 현상을 신학적으로 해석하였다.17 그는 경기 현장이나 응원의 거리에서 계시 체험에 해당하는 인간의 근원적 화해 사건이 생겼는데, 대한민국 국민의 연고주의로부터의 해방, 권위주의로

(서울: 크리스챤다이제스트, 2001): "결론을 내리자면 교회가 미디어를 대할 때 취해야 할 태도는 다른 적대집단들, 로마의 다신론자들…을 대해왔던 태도와 동일하다"(416).
11 신상언, 『이제는 문화 패러다임입니다』(서울: 낮은울타리, 1998).
12 박종균, 『소비문화 대중문화 기독교』(서울: 한들출판사, 1997).
13 통합윤리학회 편, 『21세기 도전과 기독교문화』(서울: 예영커뮤니케이션, 1998); 임성빈 엮음, 『현대문화의 한계를 넘어서』(서울: 예영커뮤니케이션, 1997).
14 문화선교연구원 엮음, 『문화선교의 이론과 실제. 문화와 함께 호흡하는 새로운 교회 선교 전략』 (서울: 예영커뮤니케이션, 2003).
15 임성빈 외, 『소비문화시대의 기독교』(서울: 예영커뮤니케이션, 2007).
16 최준식, "축제에 나타난 한국인의 종교성", 『갈등 화해 축제 문화신학』 문화신학회 제6집(서울: 한들출판사, 2003), 89-111.
17 손원영, "한일 월드컵 축제문화의 신학적 해석", 앞의 책, 112-151.

부터의 해방, 붉은색 이데올로기로부터의 해방 그리고 공동체성의 경험 등을 유사한 계시 체험으로 제시한다. 최근 이충범 교수의 대중문화에 대한 접근은 매우 흥미롭다. 그는 대중음악에서 설교를 듣는다.[18] "대중문화 속의 하나님의 음성을 풀어내고 싶었다."[19] 그가 여기서 특별한 방법론을 전개한 것은 없지만 그는 대중음악의 노랫말 안에서 종교적 메시지를 읽어낸다. 이충범 교수는 노래의 주제에서 사랑, 희망, 믿음, 평화, 자유 등의 하나님의 말씀을 찾는다.

대중문화의 상업성, 자본주의의 확산, 저질, 선정성, 일회성, 소비성 등의 비판에도 불구하고 대중문화를 대부분의 사람이 좋아하고 인정하는 이유는 대중문화가 갖고 있는 통속성 때문이다. 통속성을 긍정하면 제도권 예술계에 아첨하는 것으로 들릴지도 모르고 문화산업의 상업적 음모로 보일지도 모른다. 대중예술의 통속성의 체험이 대체로 말초적이고 찰나적인 것이라면, 때로 자발적이고 구체적인 것이기도 하다. 대중예술의 체험은 그 체험이 지고한 예술 체험은 아닐지라도 일상인의 피부 가까이에서 바로 느껴지는 체험이다. 우리 각자의 삶의 길 위에서 한순간의 일시적인 체험, 비록 덧없게 느껴질지라도 때로는 눈부시고, 짜릿하고, 흥미진진하고, 코끝을 시큰하게 하고, 배꼽을 쥐게 하고, 오금이 저리게 하고, 가슴이 뭉클해지게도 하는 등등의 구체적인 체험을 통해 우리로 하여금 신산고초의 삶과 오만가지의 인간사의 난제에도 불구하고 바닥이 되어 받아주고 얼싸안고 위로함으로써 살아남게 하는, 그래서 그런 의미에서 사람 사는 문제라고 할 수 있다.

통속성의 본령과 한계는 우리의 일상생활에서 인간의 모든 문제를 해결하자는 데 있는 것이 아니라, 이러한 모든 문제와 함께 살아남자는 데 있다. 대중예술의 통속성의 정신은 우리의 모든 결함이나 악덕과 함께 다시 우리

---

18 이충범, 『노래로 듣는 설교』(서울: 대한기독교서회, 2011).
19 이충범, 앞의 책, 6.

자신일 수 있는 자유의 바람과 같은 것이다. 인간의 진지한 측면만을 감싸 안음으로써 우리의 통속적인 측면을 못 본 척한다면 우리가 소유할 수 없는 완벽함을 자만하는 것이고, 만일 우리의 통속적인 측면만을 강조하여 우리의 진지한 측면을 무시한다면 우리 자신의 한계를 지나치게 과장하는 셈이 될 것이다.[20]

2. 한류(K-Pop)의 신학

한류(韓流, Korean Wave)는 대한민국의 대중문화뿐 아니라 한국과 관련된 것들이 외국 사람들의 기호에 맞게 상품으로 만들어져 대중적 인기를 얻는 현상을 의미한다.[21] 1996년, TV 드라마가 중국에 수출되었고 그 2년 뒤에 가요 쪽으로 확대되면서 중국에서는 한국의 대중문화를 선호하는 열풍이 일기 시작하였다. 이는 2008년 북경올림픽을 통해 확산되었다. 일반적으로 한류란 한국의 대중문화가 큰 인기를 끄는 현상에 대해 중국인들이 붙인 명칭이다. '한류'란 1990년대 중후반부터 시작된 TV 드라마, 대중음악 등 한국 대중문화가 중국, 일본, 동남아시아 지역을 넘어 미국과 중남미, 유럽과 중앙아시아 심지어 북한에서의 유행 현상을 의미한다.

한류로 향유되고 소비되는 K-Pop을 신학적으로 성찰하기에 많은 어려움이 따른다. 신학과의 접촉점을 발견하기가 쉽지 않기 때문이다. K-Pop에는 가령, 팝 게릴라 레이디 가가(Lady GaGa)[22]의 경우처럼 진한 가톨릭적 배경을 지니고 있거나, 노랫말에 기독교적(혹은 반기독교적) 언어나 상징이 나타난다거나, 퍼포먼스에서도 기독교적 혹은 반기독교적 행위나 코드가

---

20 박성봉, 『대중예술의 미학』, 60.
21 노순규, 『한류열풍(K-POP)과 강남 스타일』(한국기업경영연구원, 2012), 33 이하 참조.
22 김세광 외, 『팝 게릴라 레이디 가가』(서울: 예영커뮤니케이션, 2012).

있는 게 거의 없다. 또, 1970~80년대의 팝음악에서처럼 사랑과 우정, 아름답고도 슬픈 세상, 자유나 해방을 노래하는 낭만적이고 시적인 노랫말을 찾아보기 힘들뿐더러 음악의 선율이 버들강아지처럼 하늘거리는 아름다움도 없다. 현재 K-Pop의 노랫말은 짧고 단순명료하며, 직접적이고 즉흥적이며, 무의미한 기호와 반복이 두드러지며, 한글과 영어가 섞여 나온다. 또 음악은 록이나 힙합으로서 빠른 음, 강한 비트의 현란한 음악과 가창력만 중시된 음악의 구성보다는 몸의 움직임인 춤, 그것도 집단춤(群舞)은 필수적이다. 현재의 K-Pop은 듣기만 하는 음악이 아니라 보는 음악이며, 음악 못지않게 춤이 중시되는 음악이다.

1) K-Pop의 해석학으로서의 놀이 이론

대중문화의 본질이 의미의 창조적 생산과 특별한 의미 체험에 있다기보다는 일상생활 속에서의 여가와 유흥과 예능이 위주인 통속성에 있기 때문에 대중문화를 이해하고 신학적으로 접근하는 이론으로 진지한 의미를 발견하려는 해석학보다는 사태를 그 자체 안에서 읽으려는 '놀이 이론'이 적합하다고 본다. 대중예술의 미학자 박성봉에 따르면 "통속성의 정신은 놀이의 정신이다."[23] 진지하고 무거운 의미를 추구하고 강요받는 이 세계에서 무의미일수록 심장은 붉어지고 크고 게걸스럽게 달려드는 것이 인간의 본성이다. 모든 인간 안에는 무위(無爲)와 실컷 놀다갔으면 좋겠다는 욕망이 도사리고 있다.

"언제부터인가 예능 프로가 반드시 어떤 감동과 교훈을 줘야 한다는 의식이 팽배하게 되었는데, 예능은 그냥 웃기면 되는 것이다"(이경규의 말). 한바탕 웃음과 함께 휴식을 취하며 하루를 또는 한 주일을 마무리하길 바랄

---

23 박성봉, 『대중예술의 미학』, 50.

뿐이다. "전 국민을 웃다가 잠들게 하라"(김형곤의 말).24

싸이의 〈강남스타일〉이 케이팝 스타들과는 달리 세계적인 인기를 얻은 비결에 대해 노순규는 이렇게 말한다. "싸이의 음악은 사람들을 춤추게 한다. 케이팝 음악이 조금 진지한 데 비해 '강남스타일'은 자유롭다."25 싸이는 놀이꾼의 요소를 모두 갖추고 있다는 것이다. 그는 재미있고 웃긴다. 유튜브에서 수천만 뷰 이상을 돌파한 영상을 조사한 리모 슈프만의 연구에 따르면 싸이와 〈강남스타일〉은 인기의 비결 여섯 가지 특징 곧, 평범한 인물, 결함 있는 남성성, 유머, 단순성, 반복성, 기발하고 엉뚱한 콘텐츠26를 모두 담았다고 한다. 그의 음악에는 인류의 공통 정서에 호소하는 음악성, 중독성 있는 춤, 공감을 끌어내는 장면 등이 절묘하게 결합되어 있다. 대중은 보편적 정서인 재미(fun)에 쉽게 중독된다.

근대적 인간 이해는 '생각하는 인간'(Homo Sapiens)과 '노동하는 인간'(Homo Faber)이다. 이 두 가지 인간 이해는 근대의 기획이며 실험이다. 주체로서의 인간은 생각을 통해 세계를 파악하고 장악할 수 있는 지도를 그리고 노동을 통해 그 계획을 실천에 옮긴다. 근대의 기획 속에 놀이는 철저히 배제된다. 네덜란드의 역사학자 요한 하위징어는 이런 정의에 반해 '놀이하는 인간'(Homo Ludens)을 내세운다. 그는 놀이란 문명의 한 요소가 아니라 "문명이 놀이 속에서(in play), 그리고 놀이로서(as play) 생겨나고 또 발전해왔다"고 확신하면서 자신의 목적이 "여러 문화 현상들 중에서 놀이가 차지하는 지위를 논하려는 것이 아니라, … 놀이 개념을 문화의 개념과 통합"27하는 것이라고 밝히고 있다.

근대 이후의 인간은 '놀이'를 천시하도록 교육받아왔다. 특히 교회에서

---

24 노순규, 앞의 책, 30에서 인용.
25 같은 책, 217.
26 같은 책, 219.
27 요한 하위징어, 『호모 루덴스』, 이종인 옮김(고양: 연암서가, 2011), 21.

는 놀이는 세상적인 것, 3S(영화와 성과 스포츠)로 대변되고 그것은 대개 그리스도인이면 피해야 할 속되고 죄악된 것으로 가르쳐왔다. 그러나 이 놀이를 천시하는 풍조는 산업사회의 편견으로서 탈산업사회에 진입한 시대 속에서 유효한 가치로서 계속 받아들일 수 없다.

인간은 생활에 유용하고 필요한 것을 생산하고 소유하는 것만으로 그 존엄성을 지킬 수 없다. 인간의 자유를 가장 잘 드러낼 수 있는 행위가 놀이다. 하위징어는 "놀이는 자유로운 행위이며 자유 그 자체"라고 말한다. "놀이는 필요와 욕구의 충족이라는 명제 바깥에 있으며, 그래서 생활의 욕구 과정을 방해한다."[28] 하위징어는 언어, 경기, 법률, 전쟁, 시, 신화, 철학, 예술, 의례 등에 숨어 있는 놀이 요소를 포괄적으로 연구하여 놀이를 이렇게 정의한다. "놀이는 특정 시간과 공간 내에서 벌어지는 자발적 행동 혹은 몰입 행위로서, 자유롭게 받아들여진 규칙을 따르되 그 규칙의 적용은 아주 엄격하며, 놀이 그 자체에 목적이 있고 '일상생활'과는 다른 긴장, 즐거움, 의식(意識)을 수반한다."[29] 놀이는 인간의 발달 과정에서 어릴 때에 나타나는 순진한 활동으로서 성인들에게는 회복할 수 없는 과거이거나 노동이 끝난 다음에 시작되는 특별한 여가 활동이 아니라 본원적인 인간의 특징이라는 것이다.

가다머(H.-G. Gadamer)에 따르면, 놀이의 본질은 주체가 자기를 떠나 놀이가 중심을 떠맡는다는 것이다. 놀이의 매력은 놀이가 행사하는 매력이, 놀이 그 자체가 놀이 주체 위에 군림한다는 것이다. 놀이의 진정한 주체는 놀이하는 이들이 아니라 놀이 자체이다. 가다머는 놀이가 예술작품의 존재 방식임을 주장하는 과정에서 근대의 미학과 인간학 전반을 지배한 주관적 의미로부터 놀이 개념을 분리한다. 놀이하는 사람이 놀이하는 데에 전적으로 몰두할 때에만, 놀이함은 그 목적을 실현하게 된다. 놀이가 전적으로 놀

---

28 하위징어, 앞의 책, 42.
29 같은 책, 78.

이가 되게 하는 것은 놀이로부터 벗어나 있는 진지성과의 관계가 아니라, 오직 놀이에서의 진지성이다. 놀이를 진지하게 받아들이지 않는 사람은 놀이를 망치는 사람이다. 예술을 경험할 때 우리에게 일어나는 사건은 놀이할 때 우리에게 일어나는 사건과 매우 유사하다는 것이다. 우리는 우리 자신을 잊는다. 먼저 우리는 진지함의 세계에 대한 관계, 세계를 진지한 목적으로 바라보는 관계를 잊는다. 그러나 우리는 그렇게 함으로써 매우 다른 진지성을 획득한다. 이것이 가다머가 말하고자 하는 놀이의 존재 방식이다.[30]

"놀이의 주체는 놀이하는 사람이 아니고, 놀이는 놀이하는 사람을 통해서 단지 표현될 뿐이다."[31] 놀이의 본질은 놀이자의 의식과 행위로부터 독립되어 있다는 것이다. 놀이는 놀이자의 주관성에 의해 구성되거나 결정되는 것이 아니다. 놀이는 놀이자가 그의 주관성을 철회할 것을 요구한다. 놀이자는 놀이 속에서 자신을 상실한다. 놀이는 한 사람이 행하는 어떤 것이 아니라 놀이는 놀이자를 자신 속으로 흡수한다.

놀이의 이러한 본질은 놀이의 무목적성을 의미한다. 운동은 목적이나 의도가 없을 뿐만 아니라, 또한 긴장 없이 일어난다는 것이 놀이의 본질이다. 놀이의 경쾌함은 주관적으로 해방으로 경험된다. 놀이의 목적은 때로 승리라고 생각되지만 놀이의 유일한 목적은 잘 노는 것, 놀이되는 것이다.[32] 놀이의 매력, 놀이가 주는 매혹은 놀이가 놀이하는 사람을 지배한다는 데에 그 본질이 있다. 놀이의 원래 주체는 놀이하는 사람이 아니라 놀이 자체이다. 놀이하는 사람을 사로잡는 것, 그를 놀이로 끌어들여 놀이에 붙잡아매는 것은 놀이이다. 놀이의 과제는 무엇의 해결이 아니라 그 자체의 질서와 형상화, 즉 그 과제의 표현이다.[33]

---

30 가다머, 『진리와 방법』, 이길우 외 옮김(서울: 문학동네, 2000), 190.
31 앞의 책, 192.
32 앞의 책, 195.
33 앞의 책, 198ff.

대중예술은 일반적으로 보수적이라는 생각이 지배적이다. 왜냐하면 놀이적 태도라는 것이 그 성격상 비판적 태도와는 양립하기 어려워 보이는 것이 사실이기 때문이다. 그러나 비판적 태도가 모든 다른 사람이 진실이라고 주장하는 것을 냉정하게 때로는 뒤집어본다는 점에서 비판적이라면, 놀이 태도는 우리의 행위 속에 문화적으로 조건지어진 몸짓을 꿰뚫어볼 만큼 '비판적'이다. 놀이 태도와 비판적 태도의 차이는 비판적 태도에서는 일상적 의미의 세계와 그것이 뒤집어진 세계가 동시에 존재할 수 없는 반면에, 놀이 태도의 경우 그 두 세계가 함께 존재할 수 있다는 점이다. 이것이 '자유의 느낌'으로 이해하고 싶은 요점이다.[34]

2) 감각의 신학

K-Pop의 가사들은 오감을 풍성하게 자극하며 감각을 통해 욕구하는 인간의 욕망을 채워주며 부추긴다. 소녀시대의 댄스곡 〈소원을 말해봐〉는 "지루한 날들"을 보내고 "평범한 생활"에 묻혀 있는 일상인들에게 9명의 미녀들이 "꿈도 열정도 다 주고 싶어"를 반복하면서 게다가 "드림카"를 태워주겠다고 매혹적으로 유혹한다. 이 곡의 노랫말은 마음에 차근차근 음미할 만한 가사가 없다. 가사는 정신적 의미로 이해되는 게 아니라 몸의 감각으로 접촉된다. 천상의 천사를 연상할 수 있게 흰옷을 입고 예쁜 모자를 쓴 미녀 가수들은 대중에게 종교적 거룩함을 요구하지 않는다. 그들의 발랄하고 역동적인 칼군무(群舞)는 철새들의 V자 대형을 기본으로 흩어졌다 다시 모이고, 모였다 다시 흩어지는 동작을 반복하면서 잡힐 듯 멀어지고 멀어지면서 다가오는 미(美)의 속성을 드러낸다. 종래의 가요가 각 절마다 노래를 중지하거나 그 사이 가수나 혹은 백댄서들이 등장해 춤을 춘다면 이들은 처음부

---

34 박성봉, 『대중예술의 미학』, 295.

터 끝까지 연속적으로 노래 부르며 춤을 춤으로써 청각적·시각적 효과의 지속을 통한 감정의 극대화를 성취한다.

〈Gee〉라는 노래는 노랫말이 없다고 해도 지나친 말이 아니다. 이 노래는 "떨리고" "수줍은" 소녀의 마음을 표현하려는 듯하다.

> 너무 너무 멋져 눈이 눈이 부셔 숨을 못 쉬겠어 떨리는 Girl
> Gee Gee Gee Gee Baby Baby Baby Baby...
> Oh! 너무 부끄러워 쳐다볼 수 없어 사랑에 빠져서 수줍은 Girl
> Gee Gee Gee Gee Baby Baby Baby Baby...

서사형 가사는 없고, 명사도 아닌 부사와 형용사를 연속적으로 나열하여 황홀한 이미지를 연상케 하며 그 이미지가 감각을 타고 몸에 살(肉)에 꽂히도록 한다. 첫눈에 반하도록, 그래서 "사랑에 타버려 후끈한 Girl"과 동화되면서 대중들의 욕망도 후끈하게 불타오른다.

> 너무 반짝 반짝 눈이 부셔 No No No No No
> 너무 깜짝 깜짝 놀란 나는 Oh Oh Oh Oh Oh
> 너무 짜릿 짜릿 몸이 떨려 Gee Gee Gee Gee Gee
> ― 소녀시대, 〈Gee〉 중에서

> Tell me, tell me, tell tell tell tell tell me
> ― 원더걸스, 〈Tell me〉 중에서

샤이니의 〈Ring Ding Dong〉은 무의미한 울림과 소리의 강한 비트만이 남는다. 가히 모든 감각의 폭발이 일어난다.

Ring Ding Dong / Ring Ding Dong

Ring Diggi Ding Diggi Ding Ding Ding

Ring Ding Dong / Ring Ding Dong

Ring Diggi Ding Diggi Ding Ding Ding...

we wanna go rocka, rocka, rocka,

rocka, rocka, rock (so fantastic)

go rocka, rocka, rocka, rocka, rocka, rock (so elastic)

노래와 춤 속에서 마음과 생각뿐만이 아니라 가슴과 몸, 육체가 뛴다. 모든 감각이 소생하고 걷고 뛰기 시작한 결과이다. 그들은 묻는다. "can you feel my heart beat / heart beat heart beat"(2PM, 〈Heart Beat〉에서). 오감을 통해 사랑을 느끼고 그 사랑이 종합적으로 오감을 타고 온몸에 흐른다. 비 오는 날 우산도 없이 빗속을 거닐 때 빗물이 온몸에 스며들 듯이, "I make it rainism the rainism 내 몸을 느껴버렸어… 느껴봐 나의 모든 걸"(비, 〈Rainism〉에서).

오감을 충분히 살려 자극받고 느끼고 몸에 젖어오는 사랑, 이 사랑이 아이돌 세대가 느끼고 싶은 새로운 사랑(New Love)이다. 그들은 정신과 마음만이 아니라 감각과 몸과 살을 통해 사랑에 있는 새로운 길을 열고 거기서 새로운 세계를 보고, 새로운 세계를 그리고 새로운 세계의 주인이 된다. "We Opening New Doors New Show New World New Control"(카라, 〈루팡〉에서). 그들은 사랑을 최대치의 감각으로 느끼기 위해 전자 에너지만이 아니라 흥분된 에너지, 초음속의 에너지, 생체공학적 에너지를 불러온다. "Electronic Manic Supersonic Bionic Energy"(보아, 〈Hurricane Venus〉에서).

그들은 목이 터져 쉴 때까지 괴물이 될 때까지 더더더 놀고 춤추고 사랑에 미쳐야 한다.

  Louder   목이 터져 쉴 때까지
  Louder   큰일이라도 난 것 같이
  Louder   괴괴괴 괴 괴물같이
  Make it louder (더더더)
  Make it louder (더더더)
  Make it louder

          ― 슈프림팀, 〈땡땡땡〉 중에서

구약의 아가서는 성서 66권 중에 유일하게 하나님에 대한 언급이 나오지 않는 책일 것이다. 어찌 보면 가장 세속적인 남녀의 사랑 이야기를 매우 감각적 언어와 시적인 언어로 표현한 시문학이다. 그렇지만 이 시의 상징적 힘은 그분이 창조한 피조물을 향한 하나님의 사랑을 이해하는 데 이야기보다 더 심오한 길을 제시한다. K-Pop은 이 사랑을 시적 노랫말만이 아니라 그침 없는 음악과 집단 댄스와 전자 악기들로 노래하고 춤을 춘다. 그들의 사랑은 감각의 천국(제국)이다.

  나를 묶고 가둔다면 사랑도 묶인 채
  미래도 묶인 채 커질 수 없는데
  자유롭게 비워놓고 바라봐
  오직 너만 채울께 너만 가득 채울께 (repeat)

          ― 샤이니, 〈루시퍼〉 중에서

신학은 하나님의 계시에 대한 살아 있는 경험에서 출발한다. 경험은 추상적인 것이 아니라 구체적인 것이며 인간의 몸과 감각, 환경을 떠나 발생할 수 없다. 경험은 적합한 것들에 대한 전체적인 지각이다. 요한의 신학은 감각신학의 대명사이다. 요한은 생명의 말씀을 눈으로 본 것이요, 지켜본 것이요, 손으로 만져본 것이라고 응답한다(요일 1:1). 이 구절은 감각의 신학을 위한 마그나 카르타(Magna Carta)이다. 신학은 시므온이 그랬듯이 눈으로 보는 것을 넘어 손으로 만져보는 경험(touch), 더 나아가 아기 예수를 품에 안아보는 경험에까지 이르러야 한다(눅 2:28). 그리스도인은 모든 감각을 동원하여 신앙을 고백해야 한다.

"한 나병환자가 예수께 와서 꿇어 엎드려 간구하여 이르되 원하시면 저를 깨끗하게 하실 수 있나이다. 예수께서 불쌍히 여기사 손을 내밀어 그에게 대시며(Jesus reached out his hand and touched the man) 이르시되 내가 원하노니 깨끗함을 받으라 하시니 곧 나병이 그 사람에게서 떠나가고 깨끗하여진지라"(막 1:40-42). 나병 환자를 철저히 배제하는 것이 규범이고 율법[35]이었던 사회였다. 그러나 예수께서는 모든 구약의 규범에 반대하여, 모든 사회적 압력에도 불구하고, 모든 계명에 대항하여 나병 환자에게 다가가서 그를 만지신다. 신학자와 전문가는 우리에게 가르치려든다. 정치가는 우리에게 연설한다. 시장은 투표하자고 한다. 의사는 처방전을 써준다. 그러나 이 모든 행위에는 감각적 섬세함과 몸의 사랑이 빠져 있다. "복음은 몸과 함께 살아져야 한다"(로저 슈츠, 떼제 공동체).

3) 놀이하는 인간, 춤추는 인간

정숙해 보이지만 놀 땐 노는 여자
이때다 싶으면 묶었던 머리 푸는 여자

---

[35] "나병 환자는 옷을 찢고 머리를 풀며 윗입술을 가리고 외치기를 부정하다 부정하다 할 것이요"(레 13:45).

가렸지만 웬만한 노출보다 야한 여자
그런 감각적인 여자

나는 사나이
점잖아 보이지만 놀 땐 노는 사나이
때가 되면 완전 미쳐버리는 사나이
근육보다 사상이 울퉁불퉁한 사나이
그런 사나이

— 싸이, 〈강남스타일〉 중에서

싸이의 〈강남스타일〉은 가난과 사회적 불의와 지속되는 경제적 불황으로 즐거움을 잊은 삶의 고단함과 고된 노동으로 지쳐 있는 사람들에게 놀이와 춤을 선물한다. 흥부의 박 속에서 온갖 금은보화가 쏟아지는 것처럼, 로또가 당첨된 것처럼 그들은 어이없이 춤추며 놀기 시작한다. 세계인이 싸이의 〈강남스타일〉 아래에서 갑자기 노래하고 춤추기 시작한다. 집단 댄스는 모든 K-Pop의 기본이다.

Let's dance dance dance dance Let's dance dance dance
Let's dance dance dance dance dance dance

— 슈퍼주니어, 〈Sorry Sorry〉 중에서

싸이의 세계적인 호감은 전자음과 힙합이 결합된 강한 비트와 단순한 후크 멜로디에 있다고 한다. 미국과 유럽에선 이런 사운드에 익숙하다. 또 카우보이식 춤과 말춤의 원형은 글로벌한 공감대를 갖는다. 유머러스한 행위, 섹시한 코드, 강렬한 퍼포먼스 등 개인기도 한몫한다.
"옷은 고급스럽게, 춤은 싸구려처럼"(Dress Classy, Dance Cheesy)은 브

리트니 스피어스에게 말춤을 가르치면서 했던 싸이의 특유한 소통방식이다. 싸이는 귀와 눈으로만 즐거워하는 것이 아니라 온몸으로 성의를 다해 무대를 꽉 채우는 열정적인 무대를 선사한다. 분위기를 고조시켜주는 요인들은 즐거운 음악과 춤, 솔직하고 명쾌한 즐거움, 그에게서 고조되는 특유의 흥이다. 젠 체하지 않고 기꺼이 온몸을 던져, 보는 이를 열광케 만드는 옛 광대들이 보여줬던 그 서민적이면서도 어깨춤이 절로 나게 만드는 흥이다. 싸이는 주저리주저리 자신을 소개하거나 멋지게 포장하기보다는 대중들에게 '놀자'고, 함께 춤추자고 손을 내민다.

춤은 완전히 새로운 움직임이다. 달리기 또는 뜀박질은 새로운 움직임의 방식이라기보다는 그저 걷기의 속도를 높인 것일 뿐이다. 그러나 춤은 완전히 다른 움직임이다. 오직 인간만이 춤을 출 수 있다. 어쩌면 인간은 걷다가 깊은 심심함에 사로잡혔고 그래서 이런 심심함의 발작 때문에 걷기에서 춤추기로 넘어가게 되었는지 모른다. 걷기가 그저 하나의 선을 따라가는 직선적 운동이라면 장식적 동작들로 이루어진 춤은 성과의 원리에서 완전히 벗어나 있는 사치이다.

춤을 말하기 위해서는 몸을 말할 수밖에 없다. 몸은 오감으로 말하며, 춤은 몸을 드나드는 오감의 자극과 역동성을 보여주는 움직임이다. 오감으로 말하는 몸은 그 강한 매력과 파급력이 대단하다. 오감으로 말하는 몸은 우리의 존재를 새롭게 자각하도록 한다. 즉, 교환가치의 체계에 의해 고착된 몸이 아니라 감각적인 일상을 살아가는 몸이다. 춤이란 영혼의 울림과 물질적 질료의 떨림의 만남이다. 그리고 거기에 집단의 춤은 춤꾼 개개인의 율동을 통해 몸들 간의 화음을 만들어낸다.

일찍이 하이데거는 그 앞에서 기도할 수도 없고 무릎을 꿇을 수도 혹은 노래하고 춤을 출 수도 없는 형이상학의 하나님을 비판한 바 있다. 형이상학의 하나님이 아닐지라도 우리는 과연 그분 앞에서 춤을 출 수 있는 하나님을 경배하고 있는가?[36]

하나님 앞에서 춤춘 경우들을 우리는 성서와 기독교 전통에서 다시 발견하고 계승해야 한다. 다윗은 정치인이기 전에 본원적으로 미학적 인간, 가장 대중적인 스타인 놀이인이다. (1) 다윗은 용사이며 용감한 군인이기 이전에 수금 연주가, 예술가였다. (2) 다윗은 음악가일 뿐 아니라 시인이다. 150편의 시편 중 거의 절반에 가까운 73편이 다윗의 시편이다. (3) 다윗은 건축가이다. 사무엘하 7장에는 다윗이 하나님의 전을 지으려고 계획하고 있다. (4) 무엇보다 다윗은 춤꾼이다(삼하 6:14-23).

법궤가 드디어 적의 수중에서 벗어나 통일왕국의 새 수도 예루살렘으로 옮겨진다. 다윗은 자신의 성공적인 생애와 함께 법궤의 도착을 기뻐하고 있다.37 말로 다할 수 없는 감사와 기쁨이 흘러 넘쳐 축제적 무드가 조성된다. 기쁨이란 단순히 내향적일 수만은 없다. 기쁨은 밖으로 나와 표현되어야 한다. 춤과 놀이는 자신을 자유롭게 풀어놓는 방법들이다.

> 다윗이 모시 베옷을 입고 야훼 앞에서 덩실거리며 춤을 추었다(삼하 6:14).

이 춤은 미리암의 노래와 춤(출 15:19-21)을 닮았다. 해방과 자유를 얻은 춤! 그러나 미리암의 춤이 모두 나와 함께 추는 군무(群舞)인 데 반해 다윗의 춤은 홀로 춤이다. 그렇지만 다윗은 사울 왕의 딸 미갈의 저항을 불러일으킬 정도로 자유롭고 경쾌하게 춤을 춘다. 미갈은 자신이나 남들에게 어떤 일탈도 허락할 수 없는 궁중 인물이다. 그녀에게 왕은 하나의 노출증 환자로밖에 보이지 않는다. 하나님과 백성들 보는 앞에서 "건달처럼 몸을 온통 드러내시다니!"(삼하 6:20). 이스라엘의 임금으로서 체통이 말이 아니다. 그녀의 눈에는 다윗이 오랜 율법38을 범하는 것으로 비쳤을 것이다.

---

36 M. Heidegger, 『동일성과 차이』, 신상희 옮김(서울: 민음사, 2000), 65 참조.
37 게하르트 마르틴, 『축제와 일상』, 김문환 옮김(천안: 한국신학연구소, 1985), 55-60 참조.

사람들은 자기중심적인 좁은 테두리 밖으로 튀어나오는 대신 가면을 쓴다. 다윗은 좁은 도덕성이라는 틀 속에 자신을 구겨 넣는 대신에, 종교적인 황홀에 충만하여 춤을 춘다. 다윗의 마음에는 이것밖에 없다. "나는 그 야훼 앞에서 춤을 추었소. 나는 앞으로도 야훼 앞에서 춤을 출 것이며 이번보다도 더 경망히 굴 것이오"(삼하 6:21). 다윗, 그는 정치인이기 전에 수금을 타는 이, 시인, 풍부한 미적 감수성을 지닌 자이며 건축가이자 무엇보다 춤꾼으로서 성서 인물 중 대표적인 호모 루덴스이다.

구약에서 춤은 예언의 행위, 탄식의 제의, 온 심장으로 드리는 기도, 출생을 축하하는 잔치와 연결되어 있다. 근대 이후의 기독교는 춤을 멀리함으로써 춤은 모두 세속문화의 몫이 되었다. 그러나 춤은 종교적 경험의 은유만이 아니라 수단이다. 기독교가 지상화되기 위해서는 춤을 진지하게 받아들여야 한다. 기독교는 춤을 배제함으로써 기독교적 경험을 중재하는 중요한 역할을 상실했다. 춤은 기독교 영성에서 고전적 초월의 영성만이 중요한 것이 아니라 "대지에 충실히 머무르는"(니체) 영성의 중요성을 일깨운다. 네덜란드의 종교학자 반데 레우의 경고를 상기하자. "하나님은 사랑이다, 곧 운동이다, 라는 사실을 반복해서 잊는 것은 신학의 저주다. 춤은 그 사실을 상기시켜준다."[39]

하비 콕스의 연구에 따르면 자기가 믿는 신 앞에서 춤을 출 수 있는 사람은 그러지 못하는 사람보다 더 많은 자유를 가지고 있고 억압감에서 오는 위축을 덜 느끼고 있다.[40] 춤은 육체의 구원을 거침없이 논의할 수 있는 소재이다. 춤은 언어나 심상으로 사고된 관념 혹은 통찰을 신체적 동작을 통해 표현하는 방식이 아니다. 춤은 실제로 육체와 더불어 사고하는 것, 즉

---

38 "또 층계를 밟고 나의 계단을 올라오지 못한다. 그 위에서 너희 알몸이 드러나서는 안 된다"(출 20:26).
39 Gerardus van der Leeuw, *Sacred and Profane Beauty: The Holy in Art* (New York: Ingram Publisher Services, 1963), 74.
40 하아비 콕스, 『바보제』, 김천배 역(서울: 현대사상사, 1977), 85.

그것은 우리 사회가 오랫동안 간과했던 일종의 표현 형식, 상징화 형식이다.

춤은 기독교 신앙을 신체화하고 지상화한다. 춤은 '지상화된 기독교'를 향한 발걸음이다.[41] 우리는 기독교의 하나님을 인간 경험의 모든 차원에서 찾을 수 있어야 한다. 이것은 특히 몸의 경험을 포함한다. 우리는 은총의 눈으로 인간의 온갖 종류의 몸, 아름다운 몸, 섹시한 몸, 먹는 몸, 음악을 연주하는 몸, 추한 몸, 춤추는 몸 등을 볼 수 있어야 한다. 춤은 신의 실천(*theopraxis*)이다. 기독교는 2,000년 동안 읽고 쓰고 설교하는 것을 통해 초월을 가르쳐왔고, 그것은 몸으로부터 우리 자신을 해방하여 절대와 추상의 영역으로 들어가는 것이다. 그러나 우리가 춤을 추게 되면 감각적 경험의 영역에 눈을 뜨게 되고 우리 자신의 몸의 생성의 리듬 안에서 그리고 그 리듬을 통해 초월이 수용된다는 사실을 경험하게 될 것이다. 그때 우리는 주님이 춤의 왕이요, "나는 춤이요 계속 춤을 출 것이라" 하는 말씀을 알게 될 것이다.[42]

> 예수님은 춤꾼들의 스승이라오
> 춤추시는 솜씨가 기막히다오
> 오른쪽으로 도시고 왼쪽으로 도시고
> 우리 모두 재치 있게 배워야 하오[43]

예수께서는 정말 경이롭게 춤의 주이시다. 그분은 죽음에서 생명으로 그의 발걸음을 사뿐 옮긴다.

---

41 Kimmerer L. LaMothe, "'I am the Dance': Towards an Earthed Christianity", Robert MacSwain ed., *Theology, Aesthetics, and Culture* (New York: Oxford Univ. Press, 2011), 131-144.
42 앞의 책, 144.
43 콕스, 『바보제』, 93.

Jyoti Sahi, 〈부활의 춤〉, 1975.

4) 놀이하는 하나님, 춤추는 하나님

놀이의 신학은 하나님의 놀이에서 가능하다. 그리스의 지혜는 이렇게 말한다. "神만이 최고의 진지함을 행사할 수 있다. 인간은 신의 놀이를 놀아주는 자(玩賞物)이고 그것이 그의 가장 좋은 역할이다. 따라서 모든 남녀는 이에 따라 생활하면서 가장 고상한 게임을 놀이해야 하고 지금과는 다른 마음을 가져야 한다. … 모든 사람은 가능한 한 평화를 유지하면서 살아야 한다. 그렇다면 올바른 생활방법이란 무엇인가? 인생은 놀이처럼 영위되어야 한다. 만일 그렇다면 어떤 놀이를 해야겠습니까? 일정한 게임들을 하고, 신에게 희생을 바치고 성가를 부르고 춤을 추는 생활이야말로 훌륭한 생활이 아닐까요. 이렇게 하면 인간은 신들을 기쁘게 할 것이고, 적들로부터 자신을 보호할 것이며, 경기에 승리하게 될 것이다."44

그리스의 철학이나 신화에서만이 아니라 성서의 계시 말씀에서도 하나

---

44 플라톤, 『법률』, VII, 796 + 644 D, 803 BC. 『플라톤전집 2』, 최민홍 역(서울: 상서각, 1973), 221-222 참조.

님은 지혜와 더불어 놀이로써 세계를 창조하신다. 기독교 전통은 황금송아지 상을 중심으로 행해진 광란의 춤(출 32장)과 살로메에 이르기까지 그릇된 방식과 그릇된 목적으로 펼쳐진 춤에 대한 부정적인 인상을 벗어나지 못하고 있다. 그러나 성서 안에 춤에 대한 긍정적인 행위와 기억은 얼마든지 있다.

> 그가 하늘을 펼치셨을 때, 나는 거기에 있었고
> 깊은 바다 둘레에 테를 두르실 때에 내가 거기 있었다.
> 나는 그 곁에서 조수 노릇을 했다.
> 언제나 그의 앞에서 뛰놀며 날마다 그를 기쁘게 해드렸다.
> 나는 사람들과 같이 있는 것이 즐거워 그가 만드신 땅 위에서 놀았다.
> (나는 매일매일 그의 기쁨이었고, 나는 날마다 그 앞에서 춤을 추었다.
> 나는 그가 만드신 땅 위에서 춤을 추었다)(잠 8:27-31).

"모든 것이 헛되다"라는 전도서의 격언을 제치고, "모든 것이 놀이다"라는 더 긍정적인 결론이 우리를 끌어당긴다. 플라톤은 "인간은 하나님의 놀이를 놀아주는 자"라고 말했을 때 이런 결론에 도달했다. 잠언에도 지혜의 말씀을 통해 놀이의 창조성을 강조한다. 사실 종교사에서 오래된 인도의 시바(Shiva) 신은 춤추는 신이다. 위 본문은 세계 창조의 시적인 극화로서 하나님의 지혜가 하나님 옆에서 하나님과 더불어 논다. 창조자가 그의 지혜에게 매력적인 눈짓을 보내며 세상의 보이는 것들을 창조한다. 예술가 이상적인 형상으로 그의 예술적 창작을 수행해나가는 추동력으로 삼듯이 지혜는 하나님과 함께 놀이로써 창조한다. 지혜는 하나님의 수양아들, 혹은 귀염둥이였다. 이 지혜는 그 앞에서, 정확하게 말하면 그의 면전에서 놀았다. 그는 걱정이 없는 아이처럼 놀았다. 세계의 창조자는 그의 놀이의 움직임에서 형성되어가는 우주의 아름다움을 보았다.

놀이하는 지혜라는 신비로운 단어는 사무엘하 6장 14절(6:5, 21 참조)에 다윗이 법궤 앞에서 추는 춤으로 등장한다. "다윗과 온 이스라엘 백성은 수금과 거문고를 뜯고 소구와 땡땡이와 바라를 치면서 마음껏 노래 부르며 춤을 추었다"(삼하 6:5). "나는 그 야훼 앞에서 춤을 추었소. 나는 앞으로도 야훼 앞에서 춤을 출 것이다"(삼하 6:21). 여기서 우리는 하나님의 지혜의 춤놀이, 세계 창조의 어린아이와 같은 놀이에 관하여 말할 수 있다. 성서에서 바울은 "성령의 성소인 하나님께 너희 몸으로 영광을 돌리라"(고전 6:19-20)는 권고를 잊을 수 없다. 그리고 마태(마 11:17)와 누가(눅 7:32)는 모두 "우리가 너희를 향해 피리를 불어도 너희가 춤추지 않았다"라는 예수의 말씀을 인용하고 있다.

지혜의 신비적인 놀이가 동방 희랍 교부들(나찌안스의 그레고리, 고백자 막시무스)을 통해 삼위일체 하나님 이해의 가장 내적인 핵심에까지 스며든다. 교부들은 집단춤을 인정했고, 여성들과 거리를 둔 남성들이 주님의 경건한 마음으로 장중하며 단정한 움직임으로 펼치는 행렬이나 원무가 전형적이었다.[45] 그러나 춤추는 몸은 예측불허였고, 개별적이라 미심쩍게 여겨졌으며, 유혹과 타락의 먹이로 혹평을 받았다. '이교도 관습의 잔재'로 인식된 난폭한 춤은 14세기에는 악마와 결부되기도 했다. 그렇지만 춤은 고딕성당 장미창의 기본 구도이며 보티첼리는 〈신비스런 그리스도의 탄생도〉(1500)에서 구유의 성가족 위에서 춤추는 천사들의 원무(圓舞)를 묘사했다.

철학자 헤겔에게 하나님은 자기 자신과 사랑놀이 하시는 분이다. "신의 생명과 신적인 인식은 아마 자기 자신과의 사랑놀이로 말할 수 있을 것이다"(Das Leben Gottes und das göttliche Erkennen mag also wohl als ein Spielen der Liebe mit sich selbst ausgesprochen werden).[46] 신학자 몰트만

---

45 Jonas Gerald, 『춤: 움직임의 기쁨, 움직임의 힘, 움직임의 예술』, 김채현 옮김(서울: 청년사, 2003), 44.
46 F. Hegel, *Phänomenologie des Geistes* (Felix Meiner, 1952), 20.

이 동방 교부의 사상을 받아들여 삼위일체를 세상의 기쁨과 고통에 역동적으로 열려 있는 위격들 간의 사귐으로 본다는 생각47은 놀이의 하나님 이해에 폭발적 힘을 실어준다. 삼위 하나님의 상호 동등한 사귐의 관계는 동방 교회에서 발전시킨 그리스 용어 페리코레시스(perichroresis)를 통해 발전적으로 전개되었는데, 이 용어는 순환운동 곧 바퀴의 회전과 같은 회전운동을 의미한다.48

페리코레시스는 라틴어 *circuminsessio*와 *circumincessio*로 번역되는 바, 전자는 정적 의미로, 다른 위격 안에 그저 머무르거나 쉬는 것을 뜻하는 상호 내재성을 의미하며, 후자는 스며들고 에워싸는 의미로서보다 역동적으로 서로 섞여 짜여 있는 것을 가리킨다. 존슨은 이것을 신적 생명이 "시공간적 선후 관계도, 하나가 다른 것에 대해 어떤 우월감이나 열등감도 없이 순환한다. 곧 손을 맞잡고, 생명의 교환을 널리 퍼트리며 서로를 에워싸는 진정한 순환으로 영원하고 활동적이며 신적인 친교를 구성한다"라고 해석한다.49

에드먼드 힐은 페리코레시스를 그리스어 *perichoreuo*(둘러싸고 춤추다)와의 어원적인 친연성을 고려하여 삼위 위격의 윤무, 리드믹컬하게 빙빙 둥글게 돌아가며 덩실덩실 추는 원무(圓舞)에 비유한다. "원무의 움직임은 자유와 다른 관심들 안에서 인간적 상호작용에 대한 탁월한 모형의 동등한 관계의 충만한 움직임으로 서로 그 안에 존재하는 구별되는 세 위격 모두에 대한 개념을 불러일으킨다."50 이러한 것들은 하나님의 생명력이 우리의 상상력을 넘어서는 구원의 관계성 안에서 일어나는 놀이임을 시사한다. 이러한 해석은 "하나님의 내적 존재를 묘사하려는 것"이 아니라 "다양한 방식으

---

47 위르겐 몰트만, 『삼위일체와 하나님 나라』, 210-213.
48 엘리자벳 A. 존슨, 『하느님의 백한 번째 이름』, 함세웅 역 (서울: 바오로딸, 2000), 328.
49 앞의 책, 329.
50 같은 책, 330.

로 만나게 되는 하나님의 거룩한 신비의 근원적 생명력을 분명하게 말하려는 것"으로서 "세상의 모든 파괴와 악 때문에, 생명의 춤을 추는 하나님"[51]을 잘 그려낸다. 'perichoresis'는 영원하고 생동적인 생명의 교환 속에서 신적 사귐을 드러내는 자유 안에서 생명 놀이를 추구하며 거기에 참여하기 위한 가장 탁월한 포괄적이고 통합적 틀이다.

하나님의 놀이와 춤은 안으로는 하나님 자신의 사랑의 놀이로, 밖으로는 놀라운 창조의 놀이로 나타난다. 하나님의 창조는 의미로 충만하지만 필연적인 것은 아니다.[52] 하나님의 창조는 완고한 세계 내적으로 완성되는 사물의 형이상학의 인과론적 필연성의 과정이 아니라 그 자체 세계가 아닌 로고스의 놀이다운 아름다운 질서라는 생각이다. 삼위 하나님의 놀이에 상응하여 우주적 그리스도와 성령이 삼위일체적 연합 가운데 함께 놀이하는 것이다. 창세기 1장은 하나님이 놀이의 시간(낮과 밤의 교체)과 공간(하늘과 땅과 바다)을 만듦으로써 놀이의 규칙을 정하고 각각의 공간 안에 아름답고 잘생기고 생동감 있는 놀잇감들을 만드는 놀이 이야기다. 신학적으로 놀이는 창조 안에 계신 하나님의 근본적인 움직임이다. 어마어마한 종의 다양성은 하나님께서 기꺼이 풍성한 놀이를 즐기신 것을 의미한다. 무지개의 다채로움은 하나님이 기꺼이 놀이를 즐기기 때문이다. 놀이적 자유, 놀이적 다양성, 놀이적 아름다움은 모두 처음부터 마지막까지 하나님의 창조 사역에 속하는 것이다.

자연과학에서 놀이 이론으로 진화적 상념들을 설명한다면 세계의 진화는 창조의 과정이며, 목표 지향적이 아닌 자유와 질서의 합성적 놀이로써 열린 체계이며, 놀이 가운데서 자연과 정신의 연합이 나타난다. 계속되는 창조(creatio continua)에서 모든 피조물은 하나님의 놀이판에 초대되었다. 여기에는 하나님이 창조하신 위험스러운 리워야단으로부터(시 104:26) 예수께

---

51 같은 책, 331.
52 Hugo Rahner, *Der spielende Mensch*, 18.

서 직접 놀이에 초대하시는 인간에 이르기까지 모든 피조물이 해당된다.

시인 신현정은 하나님과 놀 수 있는 사람, 아니 하나님에게 권면하고 충고할 수 있는 사람이다. 신학자들이 하나님에게 지운 무거운 짐을 벗겨주는 이는 시인밖에 없다. "화내며 잔뜩 부어" 있는 하나님을 끌어내려 풀밭에서 한가로이 풀을 뜯는 염소와 어울리게 하는 '동물의 사육제'의 세계와 통한다.

> 하나님 거기서 화내며 잔뜩 부어 있지 마세요
> 오늘 따라 뭉게구름 뭉게뭉게 피어오르고
> 들판은 파랑물이 들고
> 염소들은 한가로이 풀을 뜯는데
> 정 그렇다면 하나님 이쪽으로 내려오세요
> 풀 뜯고 노는 염소들과 섞이세요
> 염소들의 살랑살랑 나부끼는 뿔이랑
> 옷 하얗게 입고
> 어쩌면 하나님 당신하고 하도 닮아서
> 누가 염소인지 하나님인지 그 누구도 눈치 채지 못할 거예요
> 놀다 가세요 뿔도 서로 부딪치세요
> ― 신현정, 〈하나님 놀다 가세요〉 전문

시인은 하나님에게 "내려 오세요", "섞이세요" "놀다 가세요", "서로 부딪치세요" 하고 말한다. 권위에 찬 종교적 외경과 공포의 대상이 아니라 자신의 피조물과 섞이고 함께 노는 행복한 하나님, 아름답고 조화로운 세계다. 신성모독이라기보다는 세상의 작은 생명과도 같은 자리에 앉아 휴식을 즐기는 모습으로, '홀로 거룩하신' 권위적이고 독선적인 신의 모습이 아니다. 자연 안에 계신 하나님에 대하여 무슨 정령 신앙(애니미즘)이나 범신론이라는 부정적 선입견이 있어서 그렇지 기독교 신앙에서도 자연의 생동성은 하

나님의 창조적 섭리와 무관하지 않다. "산들이 숫양처럼 뛰놀고 언덕들도 새끼양처럼 뛰노는"(시 114:4) 것은 주님께서 하신 놀라운 일 때문이다. 범신론과 기독교 신앙 사이에 차이가 있다면 완전 동행이냐 초월적 동행이냐 하는 미묘한 것일 뿐이다. 우리가 진정으로 바라는 천국의 모습이란 연일 찬양의 목소리만이 가득 찬 단성적인 세계가 아니라 세상 만물 모두가 크고 작음을 떠나 두루 평화를 누리는 다성적인 세계가 아닐까. 신이 창조의 차원으로 내려와 온갖 피조물과 어울리는 신의 모습이다. 신과 사물과 생물과 인간이 모두 한데 어울려 놀며 소통하는 원융회통(圓融會通)의 세계가 창조의 세계이다.

5) 놀이판, 춤판인 하나님 나라

실러는 "인간은 놀이하는 한에서만 온전한 인간"이라 보고 미적 국가론을 펼친다. 그는 "미적 국가만이 개인의 본성을 통해 전체의 의지를 실현함으로써 국가를 진짜 실현"할 수 있다는 견해를 피력한다.53 예수의 춤놀이는 하나님 나라의 놀이를 미리 맛보는 놀이이다. 휴고 라너는 천상의 놀이에 대해 이렇게 멋지게 표현한다. "놀이는 마술에 걸리는 일이며, 전적 타자를 표현하는 것이며, 미래를 선취하는 것이며, 수고와 짐을 진 현실세계를 부정하는 것이다. 놀이에서는 지상의 것이 한꺼번에 일시적인 것이 되고 즉각 극복된 것이 되며 그 다음 마침내 해결된 것이 된다. 그러면 정신은 한번도 듣지 못한 것을 청종할 준비를 갖추게 되며 전혀 다른 법의 세계로 걸어 들어가며 가벼운 존재가 되어 자유롭고 왕처럼 매인 것이 없으며 신적인 존재가 된다. 놀이하는 인간은 놀라운 해방감을 기대한다. 이 해방감은 지상의 짐으로부터 해방된 몸에서 천상의 춤을 추는 경쾌함에 이른 상태이다."54

---

53 프리드리히 실러, 『미학편지』, 안인희 옮김(Human Art, 2012), 124, 211.
54 Hugo Rahner, *Der spielende Mensch*, 59.

하나님 나라에서는 놀이로부터 소외된 일이 아니라 일과 놀이의 통합이 일어난다. 칼 마르크스는 분업이 없고 소외된 노동이 사라진 공산주의 사회를 환상적인 필치로 그렸다. "공산주의 사회에서는 아무도 하나의 배타적인 활동 영역을 갖지 않으며 모든 사람이 그가 원하는 분야에서 자신을 도야할 수 있으며… 바로 이를 통하여 내가 하고 싶은 그대로 오늘은 이 일, 내일은 저 일을 하는 것, 아침에는 사냥하고 오후에는 낚시하고 저녁에는 소를 치며 저녁 식사 후에는 비판하면서, 사냥꾼으로도 어부로도 목동으로도 비판가로도 한정되지 않는 일이 가능하게 된다."55

이사야 11장은 인간의 노동과 사랑이 어긋난 창세기 3장의 본문을 완성한 세상을 꿈꾼다. 이사야가 꿈꾼 새 하늘과 새 땅의 비전은 피조물들의 놀이판이다. 우리는 이 본문을 '놀이'로 바꾸어 읽어보자. "그때에 이리가 어린 양과 함께 놀며, 표범이 어린 염소와 함께 놀며, 송아지와 어린 사자와 살진 짐승이 함께 있어 어린 아이가 끌고 놀며, 암소와 곰이 함께 놀며, 그것들의 새끼가 함께 놀며, 사자가 소처럼 풀을 먹을 것이며, 젖 먹는 아이가 독사의 구멍에서 장난하며 젖 뗀 어린 아이가 독사의 굴 속에 손을 넣고 놀 것이라. 내 거룩한 산 모든 곳에서 해 됨도 없고 상함도 없을 것이니 이는 물이 바다를 덮음 같이 여호와를 아는 지식이 세상에 충만할 것임이라."

하나님 나라는 거룩한 놀이가 지속되는 삶의 영역이다. 하나님 나라란 창조주가 창조 안에 거하고 창조가 창조주 안에 거하여 하나가 된 삶의 세계이며 온 피조물이 하나님의 신령한 영으로 충만하게 된 삶의 세계를 의미한다. 하나님과 하나가 된 삶이란 성령으로 충만한 삶이며 놀이와 유희가 있는 삶이며 자연과 생명 및 물질과 살가운 교감이 이루어지는 삶이다. 몰트만은 하나님의 충만함을 파악하기 위해 "도덕론적 개념과 존재론적 개념을 버리고 미학적 차원을" 수용할 것을 권고한다. 하나님의 충만함을 전달할

---

55 마르크스, "독일 이데올로기", 『칼 맑스, 프리드리히 엥겔스 저작 선집』 1권 (서울: 박종철출판사, 1990), 214.

수 있는 것은 "하나님의 환상의 위대한 노래나 풍요로운 시나 아름다운 춤" 과 같은 것들이다.56 요한계시록 14장에 나오는 중요한 핵심 단어는 숫자 144,000이 아니라 그 사람들이 부를 노래, 즉 새 노래와 춤이라는 것을 분명히 인식할 필요가 있다.

그동안 기독교는 변혁의 주체, 세상에 대한 재판관이며 심판관임을 자처해왔다. 그러나 세상사람 누구도 교회에 그런 심판관의 자격을 부여하지도 않으며 인정하지도 않는다. 기독교에 의한 세속문화의 변혁이 아니라 세상문화에 의한 기독교와 신학의 변혁 가능성, 횡단 가능성57을 진지하게 받아들여야 할 시점이다.

---

56 위르겐 몰트만,『오시는 하나님』, 김균진 옮김(서울: 대한기독교서회, 1997), 567, 571.
57 나는 동아시아의 문화 소통의 과제에서 문화 지배나 문화 교류 대신 문화 횡단을 말하는 이동연의 착상을 받아들인다. 문화의 일방적인 지배이든 단계적인 교환이든 이들은 한 방향에서 다른 방향으로 문화가 전단되는 방식을 주로 따른다면, 횡단은 중심과 주변, 주체와 대상, 발신자와 수신자, 생산자와 소비자를 미리 규정하지 않고 문화가 다방향으로 서로 교차되고 연계됨을 의미한다. 이동연,『아시아 문화연구를 상상하기』(서울: 그린비, 2006), 80-81.

제14장
감각과 초월의 창

오늘날 신학은 '하나님에 대한 사유'(Denken Gottes)나 '하나님에 관한 말'(Rede Gottes)을 넘어 '하나님 경험'(Erfahrung Gottes)을 요구받고 있다. 하나님을 경험한다는 것은 자신의 삶 전체와 함께 하나님을 지각한다는 것이다. 하나님을 경험한다는 것은 다른 사람에게 하나님에 관해 이야기한다는 것이 아니라 다른 사람과 함께 하나님에게 말한다는 것이며 '하나님의 삶'(Leben Gottes)에 참여한다는 것이다.

하나님 경험은 이미 항상 세계 경험과 연관된다. 하나님은 세계 안(in)에서, 세계와 함께(With), 세계를 통하여(through) 관계하며 계시하기 때문이다. 하나님의 존재 방식은 세계의 관계성 속에 있다. 하나님과 하나님의 행위에 대한 모든 가르침과 교리들 중 어느 것도 반(反)경험적인 것은 있을 수 없다. 그러나 어떻게 하나님을 세계 안에서 경험할 수 있는가? 하나님의 행위는 세계의 일상적인 경험 밖에서 일어나는 특별한 경험 속에서만 인식할 수 있는 것은 아닌가? 만일 그렇다면 하나님은 세계의 한 대상이나 한 사태가 될 것이다. 하나님은 고립된, 별도의 특별한 세계 영역과 관계하는 것이 아니라 과거, 현재, 미래의 세계 전체 안에서 만나져야 한다. 하나님은 단순히 교리 시간에 배운 개념만이 아니다. 인간은 하나님에 관하여 어떤 깊은 체험을 한다.

인간이 경험하는 모든 것에서 근본적으로 하나님이 경험되어야 한다. 무엇보다 하나님이 내 심장 안에서 계속 불이 붙고 있는 경험을 하고 싶은 것이다. 모세가 타지 않는 떨기나무에 붙은 불꽃을 보았을 때 하나님은 그의 심장 안에서 타고 있었고 그의 삶을 새롭게 비추기 시작했다. 모세는 더 이상 하나님에 관해 묻거나 설명할 필요가 없게 되었다. 이제 모세는 순전히 하나님을 바라보고 있을 뿐이다. 그는 활짝 열린 오감(五感)을 통해 하나님을 섬세하게 느끼고 깊이 경험하고 있기 때문이다. 하나님의 신비를 향유하는 자는 더 이상 묻지 않고 만물이 하나님을 바라볼 수 있는 초월의 창임을 알고 모든 상황에서 하나님의 오심을 축하한다.

신앙인은 하나님을 일부 사건이나 혹은 특정한 대상이나 특별한 순간에만 경험하는 것이 아니라 원칙적으로 언제 어디서나 경험 가능하다. 그러므로 신앙은 "경험과 함께 경험"(Erfahrung mit der Erfahrung)하는 구조를 가지게 된다. 이 용어는 에버하르트 융엘의 용어인데, 그는 신앙이란 다른 경험들 중에서 고정된, 고정시킬 수 있는 경험이거나 특별한 경험, 혹은 추가적 경험이 아니라 경험 자체를 새로운 경험으로 만들 수 있는 준비성이라고 언급한다. 신앙이란 경험과 함께하는 경험이다.[1] 하나님의 행위, 곧 계시는 새로운 경험의 질(質)로서 전에는 개별적이고 산발적인 경험들이 계시 경험을 통해 전체성과 의미와 맥(脈)을 얻는 경험이다.[2] 경험은 우선 인간의 감각을 통해 들어온다. 감각을 신학의 주제로 삼을 수 있는가? 이것이 이 글의 핵심 물음이고 중대 사안이다.

---

1 Eberhard Jüngel, *Gott als Geheimnis der Welt* (Tübingen: Mohr Siebeck, 1977), 225.
2 Klaus Berger, *Hermeneutik des Neuen Testaments* (Gütersloh: Gerd Mohn, 1988), 298.

1. 영적 감각의 신학

서양의 주류 철학사는 감각 억압의 역사이다. 고대에 플라톤은 복사물(현상)이 아니라 원본(이데아, 실재)을, 근대의 데카르트는 감각적 경험과 상상이 아니라 이성을, 헤겔은 감각(예술)이 아니라 이성(철학)을 철학이 궁극적으로 도달해야 하는 지점으로 보았다. 복사물을, 상상을, 감각을 그 자체로 긍정할 수 없을까? 우리는 '무엇을 사유하는가?' 하는 질문이 아니라 '어떻게 감각하는가?'가 중요한 신학적, 목회적 질문이어야 하는 시대에 살고 있다. 시인 아르튀르 랭보는 "모든 감각을 자유분방하게 해방시킴으로써 미지의 것에 도달하는 일이 제게는 중요합니다" 하고 말한다.

감각을 신학의 주제로 수용한 '감각신학'(Theology of Senses)이란 말이, 그러한 시도가 가능할까? '삼각의 원'과 같은 형용의 모순은 아닌가? 나는 『예술신학』에서 좀 두려운 느낌을 가지고 '신학의 감각'이란 말을 사용한 적이 있다.3 그때도 '감각신학'이란 용어를 생각하지 않은 것은 아니다. 그러나 아직 충분한 신학적 근거도 없었고 용기도 없었다. 감각이 인간의 정신사, 특히 신학의 역사에서 차지하는 위치가 너무 열악했고 그 의미도 부정적이었기 때문이다.

감각을 신학에서 주제로 다루기 어려운 이유는 크게 세 가지인데 하나는 인식론적인 것이고 둘은 존재론적인 것이며 셋은 윤리적인 이유이다. 첫째, 감각은 인식론적으로 믿을 수 없다는 생각이 있다. 신학에서 인식의 대상은 하나님인데 하나님은 영원하고 무한한 존재인 데 반해 감각은 변화무쌍하고 유한한 것에 매여 있기 때문이다. "모든 육체는 풀과 같고 그 모든 영광이 풀의 꽃과 같으니 풀은 마르고 꽃은 떨어지되 오직 주의 말씀은 세세토록 있도다"(벧전 1:24f.; 사 40:8) 하는 말씀을 들어야 한다. 근대 이후의 인식론

---

3 심광섭, 『예술신학』(서울: 대한기독교서회, 2011), 53-62.

에서도 참되고 엄밀한 인식을 위하여 몸이 차별당하고 감각이 주변화되면서 몸과 감각에 대한 비판적 인식이 지배적이었다. 몸은 실재의 객관적 인식을 얻는 데 방해물일 뿐이며 감각은 속임수의 창고에 불과하다. 그래서 발생한 것이, 만일 감각이 속이는 것이라면 최소한 정돈된 쾌락이라도 얻자는 것이다.

둘째, 인식론과 관련된 것인데 영육의 존재론적 이원론이다. 그리스도교 신학은 영과 육, 영혼과 감각을 무의식중에서라도 이원론적으로 구분하여 가치평가하는 습성이 있다. "영을 따라 사는 삶과 육신을 따라 사는 삶", "살리는 것은 영이니 육은 무익하니라"(요 6:63), "혈과 육은 하나님 나라를 유업으로 받을 수 없고 또한 썩은 것은 썩지 아니한 것을 유업으로 받지 못하느니라"(고전 15: 50). "영성"이란 단어가 17세기 프랑스에서 처음 쓰일 당시 "하나님의 눈에 완전해지는 것만을 추구하기 위하여 감각을 벗어나는 영혼의 내적 수련들과 관계되는 모든 것을 지칭하였다."[4]

셋째, 감각은 도덕적으로 유혹을 투시하는 창이라는 생각이다. 아담과 이브의 유혹으로부터 시작하여 인간을 파멸에까지 이르게 하는 온갖 유혹은 모두 육체의 감각과 관련된다. 이럴 때마다 "너희는 유혹의 욕심을 따라 썩어져 가는 구습을 좇는 옛 사람을 벗어 버리라"(엡 4:22)는 하늘의 경고를 반복적으로 상기하고 들어야 한다.

그러나 이러한 사실에도 불구하고 감각이 없으면 사실상 의미도 없다. 감각이 둔해질수록 신앙과 도덕과 생태적 행동이 둔해진다. 감각이 적어질수록 생명도 적어지며 감각이 많아지고 예민해질수록 생명도 풍성해지고 활발해진다. 감각을 완전히 상실한다는 것은 죽음을 의미한다. "감각은 세상과 만나는 온몸의 온 세계다. 봄의 만남, 들음의 만남, 냄새 맡음의 만남, 맛봄의 만남, 만짐의 만남. 이 만남들은 한꺼번에 겹쳐 있고 하나로 섞여

---

[4] 샤를 앙드레 베르나르, 『영성신학』, 정제천 · 박일 옮김(서울: 가톨릭출판사, 2013), 44.

있고 한없이 겹쳐진다. 눈은 보고 봄을 듣고 봄을 냄새 맡고… 감각은 나의 세상이다."5

싱그럽고 생동적인 것은 생생한 감각에서 비롯된다. 이 상태는 기독교 신앙의 목표이기도 하다. 경건주의자 프리드리히 외팅어(Friedrich Oetinger)는 "신체성은 하나님의 모든 사역들의 활동과 목적이다"라는 말을 남겼다. 신체성 곧 몸은 감각 덩어리이다. 성육신의 진리는 하나님의 말씀이 개념과 관념이 된 것에 있는 것이 아니라 물질이 되고 감각이 된 말씀임을 기억하게 하는 말이라 하겠다.

앞으로 기독교 신학은 신앙에서 망각하거나 주변화한 감각을 회복하고 섬세하게 다듬는 데 그 역량을 집중해야 한다. 포이어바흐의 기독교 비판의 핵심은 감각의 상실에 있었다. 미래의 신학은 감각의 회복을 통해 심화되어야 한다. 이러한 신학의 분야를 나는 '예술신학'이라 칭한다. 예술신학은 단순히 계시의 메시지를 전달할 뿐 아니라, 또한 그것을 지성적 이해로만 만족하지 않고 의지와 감성을 통해 이해하고 몸과 삶을 통해 살 속 깊은 이해를 추구하는 새로운 신학적 글쓰기이다.

하나님을 인간의 감각, 오감을 통해 보고(시각), 듣고(청각), 맛보고(미각), 흠향하고(후각), 접촉(피부감각)하는 것이란 무엇을 의미하는가? 마음이 청결한 자는 하나님을 볼 것이라는 성경의 약속을 우리는 어떻게 이해해야 하는가? 하나님의 은총을 받은 인간은 성육신의 조건, 즉 영과 육이 본질적으로 결합된 주체로 살아간다. 영성 생활에서 육체의 역할이 다양한 측면에서 등장하면서 신학에서 육체와 감각의 역할이 새로운 주제로 떠오른다.

일찍이 감각활동은 기도생활과 성화상(이콘)의 활용에서 긍정적으로 수용되었다.6 "형상은 원형의 단순한 복제품이 아니라 그 원형을 인격적 전체성 안으로, 즉 그리스도를 통하여 하나님 아드님의 신성으로 그리고 성인들

---

5 김정환, 『음악의 세계사』(파주: 문학동네, 2011), 83.
6 베르나르, 앞의 책, 228ff.

을 통하여 그들이 도달한 성덕으로 우리를 이끄는 기능을 지니고 있다." 그러니까 형상을 관조하는 이유는 지성적 관조의 수준에 머물기 위해서가 아니라 "신앙에 열렬하게 하고, 성화상 안에 현존하는 영적 실재에 역동적으로 참여하는 수준에" 이르기 위함이다.7 신비주의자 클리마쿠스는 이렇게 말한다. "인간의 감각이 완전히 하나님과 일치할 때 하나님께서 말씀하신 것이 어떻게든 신비하게도 해명된다. 그러나 이러한 종류의 일치가 없는 곳에서는 하나님에 대하여 말하기가 지극히 어렵다."8

하나님은 만물 안에서 자기를 알리고 만물에 사무치며 만물 안에서 빛을 밝히는, 절대적이며 근본적인 신비로서 인간에게 나타나신다. 존재하는 모든 것은 하나님의 계시이다. 이런 방식으로 하나님을 체험하는 사람들에겐 내재적인 세계가 이 신적이며 초월적인 실재를 투시할 수 있다. 세계가 신적 실재를 향하여 투명해진다. 이레네우스의 말대로 "하나님 앞에서는 공허한 것이 없다. 모든 것은 하나님의 표징이다."

성경의 저자들은 하나님과 인간의 만남을 표현하기 위해 감각적인 언어를 사용해왔다.9 구약의 신앙인들에게는 "너희는 여호와의 선하심을 맛보아 알지어다"(시 34:8; 벧전 2:3) 하고 미각(味覺)을 사용하여 명령되었으며, 예언자들은 "여호와의 말씀을 들을지어다"(사 1:10; 호 4:1) 하고 청각(聽覺)을 통해 외쳤으며, 예수께서는 팔복에서 "마음이 청결한 자는 하나님을 볼 것"(마 5:8)이라고 시각(視覺)적으로 약속하셨으며, 사도 바울은 종말에 하나님을 "얼굴과 얼굴을 대하여 볼 수"(고전 13:12) 있을 뿐 아니라 "거울로 보는 것 같이 주의 영광을 본다"(고후 3:18)고 시각적으로 선언하였고, 신실한 자들은 후각(嗅覺)적으로 "하나님 앞에서 그리스도의 향기(sweet aroma

---

7 베르나르, 같은 책, 229.

8 John Climacus, *The Ladder of Divine Ascent*, trans. Colm Luibheid and Norman Russell (New York: Paulist Press, 1982), 288.

9 Paul L. Gavrilyuk/Sarah Coakley(ed.), *The spiritual Senses: Perceiving God in Western Christianity* (New York: Cambridge University Press, 2012), 1.

of Christ)"(고후 2:15)이고, 요한은 성육신의 사건을 "생명의 말씀에 관하여 우리가 들은 바요 눈으로 본 바요 자세히 보고 손으로 만진 바"라고 청각, 시각 그리고 촉각(觸覺)을 사용하여 생명의 말씀의 생생함을 표현한다. 이상의 성경 본문들은 인간이 하나님을 지적으로만이 아니라 감각적으로 만날 수 있음을 증언하는 구절들이다. 이러한 감각적인 지각이 어떻게 해석되고 이해되어야 하며, 신학적 인간학을 위해 갖는 함의는 무엇이며 신성한 실재, 예수 그리스도 등을 지각하는 감각들이 육체적 오감과는 다른 특별한 양상이 있는 것인가?

우선 하나님과 직접 접촉할 수 있는 특별한 지각기관이 존재한다는 주장은 인식론적으로나 형이상학적으로 문제가 많다. 인간에게 오감이 있다는 일반적인 주장에 대하여 동의하지만 다른 종류의 감각이 있다는 주장에 이와 비견될 만한 합의가 없다. 그리고 하나님이 특별한 감각기관에 의해 감지될 수 있다는, 혹은 그와 같은 감관이 존재한다는 주장은 하나님의 초월성과 비물질성을 부정하는 꼴이 된다. 결국 인간이 하나님을 바라볼 때 "볼 수 없는 것을 보는 것"(고후 4:18; 히 11:27)이다. 그러나 하나님은 창조주로서 존재론적으로 일반적인 지각의 대상과는 다른 분이다. 그래서 근대의 합리주의와 경험주의는 신적 계시를 지각하고 수용할 수 있다는 주장을 폐기했다. 신학의 역사에서 인간이 지각기관을 통해 신적 계시를 수용했다는 주장에서 인간의 감각기관의 인식 능력의 가능성 여부를 분석하기보다는 그러한 경험의 내용 전달, 곧 하나님의 말씀과 말씀의 전달이 더 중시되었다. 하나님의 자기소통 이론은 주로 종교적 경험과 계시를 수용하는 인간의 지식의 특성보다 하나님 행위의 특성에 관해 연구한다. 그러나 최근 신학은 신-인 사이의 만남의 조건과 가능성을 중시하고 있으며 그중 하나가 영적 감각론의 사상이다.

영적 감각(αἴσθησις πνευματική, sensus spiritualis)은 오리게네스에게서 출발하여 닛사의 그레고리와 아우구스티누스, 고백자 막시무스와 보나벤투라 그리고 토마스 아퀴나스, 존 웨슬리와 조나단 에드워즈에게서 다양하게 언급되다가 20세기에 와서 칼 라너와 한스 우어즈 폰 발타자르에게서 영적 감각론으로 정립된다.10 영적 감각의 범위는 시각과 청각, 후각, 미각, 촉각을 망라한다.

• 오리게네스: "마음으로 하나님을 본다는 것은, 앞에서 설명하였듯이 정신으로 그분을 이해하고 알아본다는 뜻이 아니고 무엇이겠는가?" 게다가 감각기관들의 명칭이 영혼을 일컫는 경우가 많다. 예컨대 마음의 눈으로(엡 1:8) 본다는 말은 영혼이 지성의 힘으로 지적 실재를 헤아린다는 뜻이다. 또 영혼의 귀로 듣는다는 표현은 더 깊이 이해한다는 뜻이다. 또 하늘에서 내려온 생명의 빵을 씹어 먹는다고 할 때(요 6:32-33, 50-51), 마치 영혼이 치아를 사용할 수 있는 것처럼 말하기도 한다. 이와 비슷하게 영혼이 다른 지체들의 기능을 사용하는 것처럼 말하기도 하는데, "너는 신적 감각을 갖게 되리라"(잠 2:5)라는 솔로몬의 말에서처럼 육체의 명칭들로 나타내는 바를 영혼의 기능에 적용하고 있는 것이다"(『원리론』).

• 아우구스티누스: "그렇게도 오래되셨지만 동시에 그렇게도 새로운 '아름다움'이 되시는 당신을 나는 너무 늦게야 사랑하였습니다. 당신이 내 안에 계셨건만 나는 나 밖에 나와서 당신을 찾고 있었습니다. … 그래도 당신은 부르시고 소리 질러 귀머거리 된 내 귀를 열어주셨습니다. 또한 당신은 당신의 빛을 나에게 번쩍 비추사 내 눈의 어두움을 쫓아버렸습니다. 당신이 당신의 향기를 내 주위에 풍기셨을 때 나는 그 향기를 맡고서 당신을 더욱 갈망하였습니다. 나는 당신을 맛보고는 이제 당신에 굶주리고 목말라 합니다. 당신이 나를 한번 만져주시매 나는 당신의 평화를 애타게 그리워하고

---

10 Paul L. Gavrilyuk/Sarah Coakley(ed.), 위의 책.

있습니다(『고백록』, X.27.38).

• 존 웨슬리: "믿음은 보이지 않는 것들에 대한 분명한 증거로서 육신의 눈이나 우리의 어떤 자연적 감각이나 기능으로나 감지할 수 없는 것들에 대한 초자연적인 증거이다. 그러므로 믿음이란 신적 증거이며 우리가 육체의 감각으로써 자연계를 감지함과 같이, 믿음으로써 영적 세계를 감지하는 것이다. 그것은 하나님께로부터 난 모든 영혼의 영적 감각(spiritual sensation)이다. 성경의 설명에 의하면, 신앙은 새로 태어난 영혼의 눈이다. 믿음은 영혼의 귀를 갖는 것이다. 그것은 영혼의 미각이라고도 할 것이다. 그것은 영혼의 느낌으로서 영원한 사물들의 전 체계를 감지한다." ─ 이것이 이성적인 것이 아니겠는가?("이성적이며 종교적인 사람들에게 보내는 진지한 호소", 6-7, 20ff.).

• 칼 바르트: 바르트는 신학이 모든 학문 중 가장 아름다운 학문임을 진지하게 그러나 조용히 선언한다. "신학은 전체로서, 신학을 부분적으로 볼 때나 부분의 연관성 속에서 볼 때나, 신학의 내용과 방법으로 볼 때 신학의 과제를 바르게 보고 파악한다면 신학은 본래 아름다운 학문이다. 우리가 조용히 말하건대 신학은 모든 학문 가운데 가장 아름다운 학문이다. 학문이 흥미가 없거나 없게 될 때 그것은 야만의 표현이다. 사람은 기꺼이 기쁨으로써 신학자가 될 수 있거나 그렇지 않으면 그는 근본적으로 신학자가 아니다. 까다로운 표정이나 짜증나는 생각이나 지루하게 말하기 등은 신학에서는 참을 수 없는 것들이다. 영적인 진리들과 관련해(신학도 여기에 포함된다) 가톨릭교회가 말한 일곱 가지 죄의 하나인 지루함(*taedium*)으로부터 하나님이 우리를 보호하시길!"(*Kirchliche Dogmatik* II/1, 740).

영적 감각은 성경 그리고 고대부터 현대에 이르기까지 지속적으로 보이지 않는 신적 실재와 교감하고 참여하는 데 사용되어왔다. 나는 몸의 오감(五感)에 '내장의 감각'(臟覺)과 '뼈의 감각'(骨覺)을 더하여 7감(七感)을 말하려고 한다. 이 두 감각은 동양적인 감각, 특히 한국적인 감각이다.

몸의 여섯 번째 감각은 내장의 감각, 장각(臟覺)이다. 예수님의 핵심 심정(心情)인 긍휼과 자비는 그 어원에서 볼 때 내장의 감각이다. 예수께서 무리를 보시고 불쌍히 여기신다는 말씀(마 9:36)은 그리스어 "스프랑크니조마이"(σπλαγχνιζομαι)이다. 이 단어는 명사 *splanchnon*(창자, 내장)의 동사형으로 가여워서 애간장이 끓는, 창자가 끊어질 듯한 마음을 가리키는 것으로, 성경에서 예수님의 치유와 사역의 동기는 다른 어떤 것도 아닌 바로 이 불쌍히 여기는 마음(막 1:41, 6:43, 8:2)이었다. "내게 이르시되 인자야 내가 네게 주는 이 두루마리를 네 배에 넣으며 네 창자에 채우라 하시기에 내가 먹으니 그것이 내 입에서 달기가 꿀 같더라"(겔 3:3).

나는 팔복의 말씀 중 처음 네 개가 모두 내장의 감각에서 나온 말씀이라고 생각한다. 예수의 하나님 경험은 특히 하나님이 자비로운 분이라는 선언을 통해 도드라진다. "너희 아버지의 자비로우심같이 너희도 자비로운 자기 되라"(눅 6:36). 자비롭다는 것은 어머니처럼 공감하는 심장을 가진 내적 감각기관을 의미한다.

'심령이 가난한자'　　천국이 그들의 것이다.
'애통하는 자'　　그들이 위로를 받을 것이다.
'온유한 자'　　땅을 기업으로 받을 것이다.
'긍휼이 여기는 자'　　긍휼히 여김을 받을 것이다.

몸의 일곱 번째 감각은 뼈의 감각이다. 내장 감각이 애절한 연민과 곡절한 한(恨)의 감각이라면 뼈의 감각은 영웅적 결의의 감각이다. 내장 감각이 여성적이라면 뼈의 감각은 남성적이다. 뼛속(骨髓)은 신체의 가장 깊은 곳에 있는 최후의 살(肉)이다. 야훼 하나님은 자신의 계명이 인간의 마음만이 아니라 뼛속 깊이 나무도장이 새겨지듯 한 획 한 획 새겨지길 원하신다. "너희는 내가 일러준 이 말을 너희의 마음에 간직하고 골수에 새겨두어라"(신 11:18). 예레미야는 말씀 선포의 사명이 뼛속까지 사무치게 녹아든 사람이다. "내가 다시는 여호와를 선포하지 아니하며 그의 이름으로 말하지 아니하리라 하면 나의 마음이 불붙는 것 같아서 골수에 사무치니 답답하여 견딜 수 없나이다"(렘 20:9).

그럼에도 기독교 신학에서 치유란 보이거나 느껴지거나 손으로 만져지는 무엇이 아니라 하나님의 말씀을 듣는 데서 오는 것이라고 말한다. 신학자들의 많은 노력에도 불구하고 기독교는 결코 육체를 정신보다, 감각을 마음보다 낮게 평가함으로써 낡고 영구적인 이원론(플라톤주의, 영지주의, 유심론)에서 떠나지 못한다. 그러나 은총은 육체적인 것이요, 치유는 육신을 통하여 온다. '종교개혁 이후 세기'(post-reformation era)란 하나님의 말씀을 신앙의 귀로써만 듣지 않는 세대라는 뜻이다. 지금 우리는 말, 개념, 교리, 관념, 말, 말, 말, 말의 대양에 빠져 병들어 있다. 말은 몸 안에서 재발견되어야 한다.

그리스도인은 모든 감각을 동원하여 하나님을 사랑하고 신앙을 고백해야 한다. "네 마음을 다하고 목숨을 다하고 뜻을 다하고 힘을 다하여 주 너의 하나님을 사랑하라"(막 12:30) 하신 말씀은 일곱 가지 모든 감각(七感)을 동원하여 사랑하라는 말씀이다. 하나님은 예수 그리스도 안에서 인간이 되심으로써, 보고 만질 수 있게 되었다. 성육신 신앙은 감각 신앙의 대명사이다. "복음은 몸으로 살아져야 한다"(Roger Schutz). 감각은 다채로움과 풍요로움, 생동성과 구체성을 보증한다. 우리는 하나님의 복음을 모든 감각을 다하여, 곧 보고 듣고 만지며, 냄새 맡고 맛보며, 장과 근육(애끓는다) 그리고 뼈의 감각(골수에 사무친다)을 사용하여 생생하고 풍요롭게 표현해야 한다.[11] 하나님의 임재를 맛보고 느끼며 냄새 맡으며 들으며 보게 하는 모든 것은 감각의 활동이다. 우리가 만물 안에 임한 하나님의 현존을 모든 감각을 통해 경험하지 못할 경우, 하나님은 만유의 주로서 "만유 안에 거하지" 못할 것이다. "그리스도는 만유시요 만유 안에 계신다"(골 3:11; 고전 15:28도 보라). "만물 안에서 하나님을 찾으라"(Ignatius von Loyola). 하나님은 감각적으로 지각할 수 있는 우리 신앙의 환경 속에서 찾아져야 한다.

사랑은 결국 각질화되기 쉬운 마음을 언제든 교감 가능한 반응체로 만들어놓는 작업이다. 다중 감각적 체험, 감각적 삶을 풍요롭게 함으로써 우리의 삶이 풍성해진다. 우리의 몸은 추억과 꿈, 과거와 미래에 의해 풍요롭게 되고, 몸에 스며 있는 기억들과 감각적 사유들을 담지한다. 감각들은 서로 소통한다. 인간은 사물의 시각적 형태와 소리와 촉각을 따로 체험하지 않는다. 몸 자체가 감각과 운동과 세계로 나아가는 주체가 된다는 의미에서 몸을 몸주체(body-subject)로 간주한다. 기독교 신앙에 감각과 몸의 지각은 진리를 인식하는 거룩한 장소이다. 성찬에서 그리스도인은 하나님의 은총을 보고 맛본다. 인간의 목소리를 통하여 선포되는 말씀은 우리의 귀와 마음에 파고든다. 우리의 발은 더 넓은 바다 위에 놓이게 된다. 기독교 신앙은 감각들의 페리코레시스를 가능하게 한다.

영적 감각을 통한 신적 실재의 지각은 어떤 철학적 사유의 결과처럼, 그냥 사랑하고 아낄 것 정도로 머물지 않고, 지각의 대상이 참으로 실제적인 현존이 되는 것이다. 각 창조물 속에서 당신을 발견하고 감지하는 것이다. 그렇게 할 수 있고 영적 감각은 그렇게 할 수 있는 기관이다. 모든 감각은 하나님과의 영적 접촉의 다양한 양상을 포함한다. 이것이 감각의 독특함과 고유함이다.

영적 감각은 인간을 세계에서 앗아내지 않는다. 오히려 더 깊이 더 근본으로 세계의 새로운 모습을 들여다보도록 자극한다. 신앙은 세계 안에 비치

---

11 Luise Schottroff(Hg.), *Mit allen Sinnen Glauben: Feministische Theologie unterwegs*, (Gerd Mohn: Gütersloher Verlagshaus, 1991), 23f.

는 신적 광명에 초대받고 있다. 영적 감각은 그야말로 새로운 감각, 지극한 감각, 감각의 지극한 활성의 극점이다. 영적 감각은 하나의 질적 감각, 혹은 새로운 차원의 감각이다. 영적 감각은 존재의 지각 그 자체에 한 변용을 가져다준다. 영적 감각을 통해 존재가 새롭게 감지되고 풍미 있게 된다. 육체의 감각이 우선 먼저 표면의 얕음과 관계한다면, 영적 감각은 사물의 깊이, 삶의 깊이에 뛰어들고자 한다. 영적 감각은 내가 무의식의 "깊은 곳에서 부르짖는"(시 130:1) 희미한 음파를 감지하고 만물의 변용과 만나 "하나님의 깊은 것까지도 통달"(고전 2:10)하고자 한다.

영적 감각은 육체의 감각을 그 안에서부터 변용(transfiguration)한다. 육체의 감각이 즐기고 그 속에 빠져들기 위해 세상을 사랑한다면, 영적 감각은 세계를 더욱 순수하게 하고 그것을 극복하기 위한 힘을 끌어내기 위해 세계를 사랑한다. 일반인은 기쁨을 얻기 위해 모든 감각적인 것과 인연을 맺는다. 그리하여 그는 세계에 매달린다. 그리스도인은 하나님나라에 가져갈, 혹은 그를 천국으로 인도할 에너지를 붙들기 위해서만 세계와의 감각적 접촉을 배가시킨다. 세상 사람들이 육체의 감각을 통해 세상에 매달린다면 그리스도인은 영적 감각을 통해 하나님에 밀착하는 것이다.[12]

영적 감각은 세계를 하나님의 창조로 본다는 것이며 나아가 성육신의 덕분으로 이 세계에 세속적인 것은 하나도 없다는 관점이다. "하나님은 살아 계시고 성육신하신 분으로 우리로부터 그리고 우리가 보고 만지고 듣고 냄새 맡고 맛보는 세계로부터 멀리 떨어져 계신 분이 아니다. 오히려 하나님은 우리 행동의 모든 순간에서 우리 움직임의 영향 안에서 우리를 기다린다. 그분은 나의 펜촉 끝에 계시며, 나의 삽, 나의 붓, 나의 바늘 끝에 그리고 나의 마음과 나의 생각 속에 어떤 식으로든지 존재한다는 느낌이 있다."[13]

---

[12] Pierre Teilhard de Chardin, *Divine Milieu* (New York: Harper & Row, 1960), 119에서 표현을 빌려왔음.
[13] Pierre Teilhard de Chardin, 앞의 책, 64.

모든 것(만물)의 시작에는 하나님과의 만남이 있다. 하나님은 세계의 '옆'이나 경계선 '안'이나 경계선 '밖'에 계시지 않고 세계와 함께, 세계 안에 그리고 세계를 통하여 계신다. 타자와 함께 나눈 세계 안에서 인간의 고유한 경험의 깊이로부터 하나님이 떠오를 때 인간은 하나님을 실제적이고 유의미하게 경험한다. 틸리히의 통찰대로 "모든 존재의 무한하고 고갈되지 않는 깊이와 근거의 이름은 '하나님'이다."[14]

2. 구원과 웨슬리의 영적 감각

테오도르 러년(Theodore Runyon)은 존 웨슬리의 "중생"을 영적 감각의 회복과 연결하여 설명한다. 웨슬리에게 영적 감각의 회복과 이를 통한 "바른 종교 체험"(orthopathy)은 웨슬리 신학의 독특한 공헌이라는 것이다.[15] 웨슬리는 영적인 감각을 두 개의 서로 다른 맥락에서 사용한다.[16] 첫째, 보이지 않는 실재 즉, 영혼의 존재, 천사의 존재, 사후의 세계 등 영적인 실재에 직접적으로 감각적인 접근이 가능하다는 점을 주장할 때 영적인 감각을 사용한다. 둘째, 어떻게 그리스도인들은 하나님이 자신을 받아들였다는 사실을 확신할 수 있는가에 대한 물음을 설명하기 위해 사용한다. 여기서 과학의 대상적 경험과 다른 종교 체험의 본질이 설명된다.

영적 감각은 하나님에 대한 내적인 지각이며 영적 세계에 대한 지각을 가능케 한다. 웨슬리에게 영적 감각과 신앙은 동의어이다. 웨슬리는 인간의 오감을 유비적으로 신앙의 감각으로 설명한다. 신앙은 새로 난 사람의 감각

---

14 폴 틸리히, 『흔들리는 터전』, 김광남 옮김(고양: 뉴라이프, 2008), 101.
15 테오도르 러년, 『새로운 창조』, 김고광 옮김(서울: kmc, 2005), 99-116, 제5장(205-233); 테오도르 러년, "웨슬리 신학의 독특한 공헌-바른 종교체험", 『기독교 사상』 494호(2000년 2월), 153-166.
16 존 웨슬리의 영적 감각은 심광섭, 『예술신학』, 282-291에 많은 부분 의존하여 서술했다.

이다.17 웨슬리에게 하나님의 은총에 대한 주체적이고 내적인 경험은 신생이고 신생은 바로 영적 감각의 부활이다. 시각적으로 신앙은 새로 난 사람의 눈이다. 성령으로 거듭난다는 것은 영적인 감각이 열리는 것이고, 이때 중생을 경험한다. 영적인 감각은 하나님의 은총의 능동적 현존과 힘과 영향력을 성화로 나아가는 그리스도인의 삶 전체를 통해 지각하는 것이다.18 하나님에게서 성령으로 태어날 때 우리의 존재 방식이 변화하여 이제는 나의 영혼 전체가 하나님을 감각으로 느끼게 되고 하나님을 확실하게 체험할 수 있다. "하나님은 나의 침상 곁에 또는 나의 길 가까이에 계십니다. 나는 당신을 내가 걷는 길 어디서나 느낍니다."19

중생의 종교적 경험은 과학적 경험과 다르다. 경험된 것이 마음과 멀리 떨어져 단지 그 자체로서 보이거나 단순한 객체로서 나타남으로써 객관적으로 파악될 때 충분한 의미에서 실제적인 경험을 했다고 볼 수 없다. 실제적인 경험이란 근대 이후 주-객 분열로 갈라진 장애물이 돌파될 때 가능해진다. 가다머(H.-G. Gadamer)는 바로 경험의 이러한 맞닥뜨림의 성격과 변화의 성격을 잘 간파하여 객관적인 경험(Erfahrung)과 그 질을 달리하는 "체험"(Erlebnis)이란 용어로 서술한다.20 체험이란 우선 "어떤 무엇이 일어난다면, 아직 살아 있다"(noch am Leben sein, wenn etwas geschieht)는 뜻으로 어떤 현실적인 것이 포착되는 직접성과 생동성을 담고 있다. "체험된 것이란 항상 자기가 체험된 것(das Selbsterlebte)이다."21

"전형적 종교 체험이란 하나님의 사랑으로 말미암아 가슴과 마음에 만

---

17 John Wesley, "An Earnest Appeal to Men of Reason and Religion,", §7.
18 Richard P. Heitzenrater, "God with Us: Grace and the Spiritual Senses in John Wesley's Theology", *Grace upon Grace*, ed., R. K. Johnston, L. G. Jones, J. R. Wilson, (Nashville, TN: Abingdon Press, 1999), 87-109, 99f.
19 위의 설교, 같은 곳.
20 한스-게오르그 가다머, 『진리와 방법』, 이길우 외 옮김(서울: 문학동네, 2000), 123.
21 가다머, 앞의 책, 124.

들어지는 인상들인 것이다. 이러한 인상은 냉정하고 분리된 객관성에 의해서는 받아들일 수 없는 것이다. 종교 체험에서 체험된 대상은 체험한 자를 포획하고 변화시켜 대상의 수용자를 근본적으로 사로잡는다."22 체험의 참뜻은 스스로 체험을 당하고 겪으며 자신을 삶의 실험에 내맡기면서 얻게 되는 것이다. 체험은 행함(능동적 행위)이라기보다는 당함이고 겪음이다. 겪음은 고난을 참고 아픔을 견디고 위기에서 버티다가 그것들을 스스로 긍정하고 체화하면서 속살이 모래에 상처나 진주가 되는 기나긴 과정이며 기존의 현실을 뒤집어 새롭게 보고 변혁시키는 능력의 산실이다. 고통은 깊은 진리에 이르는 길이다. 이런 의미에서 오늘의 다양한 경험과학은 경험과 지식을 홍수처럼 쏟아내지만 참된 경험, 실존이 참여된 맵고 짠 인생의 경험, 모질게 버티고, 독하게 견뎌내고, 지악하게 이겨낸 체험(Erlebnis)을 만들어내지는 못한다. 그러나 이런 체험에서 앎(Lehre)은 삶(Leben)으로 가득 채워져 앎과 삶은 하나가 된다. 이것은 하나님이 인간을 사랑한다는 성서적 진리가 인간의 감정과 몸 안에 새겨진다는 것을 의미한다. 신앙은 사물을 가슴으로 경험하게 한다.23

    종교 체험의 특징은 체험된 것을 통해 체험한 자가 변화된다는 것이다. 체험된 것을 체험한 인간은 그 밀도 높은 만남을 통해 변화되며, 그래서 체험 이후에 체험자는 이 세상의 실재를 새로운 눈으로 보고 새로운 귀로 들으며 새롭게 접촉하고 이전과는 다른 방식으로 살아간다. "진정한 종교 체험은 불가피하게 변혁적이다."24 종교를 안다 하면서 변화가 없다면 그 종교적 지식의 진정성이 문제가 된다. 종교적 체험을 통해 얻은 종교적 지식은 우리 안에 삶의 새로운 차원을 열어준다. 우리 안에 나타나는 이 새로운 현

---

22 Theodore Runyon, *The New Creation: John Wesley's theology today* (Nashville, TN: Abingdon Press, 1998), 78.
23 존 웨슬리, "참된 기독교에 대한 평이한 설명", II, 12.
24 Theodore Runyon, *The New Creation*, 78.

실은 낡은 현실을 제거하지는 않으나 그것에 새로운 차원을 제공함으로써 사람이 지향하는 전체 방향을 다르게 만들고 그 현실을 변화시킨다. 그렇지 않으면 그것은 진정으로 참된 종교적 지식이 아니다.

영적 변화에서는 인간 전체가 영적 체험에 참여하며 그의 삶의 여러 수준이 신적 영역으로 이끌리고 거기에서 역동적인 참여가 가능해진다. 인간은 자신의 전 존재로 하나님을 찾으며, 하나님을 만나면 하나님에 의해 전적으로 변화된다. 종교적 진리란 근본적으로 살아 있는 경험이다. 인간이 궁극 의미와 만나는 것이다. 감각의 변화는 가장 혁명적인 변화이다. "가장 진보적인 학문을 하는 사람도 일상적인 삶은 보수적일 경우가 많다. 머리가 몸을 따라잡지 못하기 때문이다. 그저 의식만 진보적인 척하는 것일 뿐, 그의 신체가 바뀌지 않았기 때문이다. 정말 혁명적인 변화는 감수성의 변화, 지각과 감각의 변화이다. 그건 일상을, 관계를, 즉 삶을 바꾸어야 하는 문제이기 때문이다."[25]

불가항력적인 감각적 자극에 정복당하여 들음과 봄의 감각이 사라지거나 높은 감각의 이름으로 감각이 기능화되는 것이 아니다. 신앙의 감각에서는 감각의 세움에 목적이 있는 것이 아니라 성령을 통해 감각을 섬세하게 하고 감각을 깨우는 것이 목적이다. 하나님의 음성은 질풍노도, 다시 말해 지진과 폭풍우 속에서 들리는 것이 아니라 세미한 소리 가운데 엘리야에게 임한다(왕상 19:11f.). 감성의 신학은 감각을 하나님을 향하게 하는 신학이다. 예술은 이것을 위한 가장 좋은 통로이다. "눈이 열린 자는 당신의 기쁨에 거하게 될 것이다. *Satis habebis*!"(루터).

샤르댕은 하나님 나라에 대한 열정적인 감각을 지닌 사람은 "하나님으로 충만되고 하나님과 교감해야 할 자기 주위의 어둠, 미온적 태도, 공허가 있음을 보고 참을 수 없는 느낌을 가진다. 같은 세상에서 함께 살면서도 아

---

25 채운, 『예술의 달인: 호모 아르텍스』(서울: 도서출판 그린비, 2007), 227.

직 하나님의 현존의 불이 붙지 않은 무수한 영혼이 있음을 생각할 때, 그는 온몸에 마비를 느낀다."26

3. 초월의 창

> 모든 이의 아버지 하나님도 한 분이시니,
> 그분은 모든 이 위에(초월),
> 모든 이를 통하여(투명),
> 모든 이 안(내재)에 계십니다.
>
> — 에베소서 4:6

창조의 처음에 세계와 하나님 사이의 만남이 있었다. 하나님은 세계 옆에, 세계 내부에, 세계 밖에 계셨던 것이 아니라, 세계와 함께, 세계 안에 그리고 세계를 통하여 계셨다. 인간은 타자와 함께하는 세계 경험의 깊이에서 하나님을 체험하고 만날 때에만 의미 있고 실제적이며 살아 계신 하나님과 만나는 것이다. 하나님은 존재의 깊은 곳에서 자신을 드러낸다. 하나님은 다른 사물들보다 크신 분이 아니라 다른 분이다. 하나님을 사물들 옆에서 혹은 사이에서 발견한다면 그분은 살아 계시고 참되신 하나님이 아니라 우상일 것이다. 모든 것은 하나님을 볼 수 있도록 투명하다. 하나님의 신비를 즐기는 자는 더 이상 묻지 않고 순전히 만물의 투명성을 살고 모든 경우에 현존하는 하나님의 오심을 기쁘게 축하할 뿐이다.

---

26 Pierre Teilhard de Chardin, 앞의 책, 144.

1) 초월

하나님을 참으로 경험한 사람이라면 맨 먼저 하나님은 피조물보다 큰 것, 자연과 다른 분, 사물과 다른 분, 인간과 다른 분이라고 생각하며 그런 의미에서 최상급보다 더 크신 분(superio summo meo), 초월자라고 생각한다. 하나님은 우리가 표상할 수 있는 모든 것을 초월해 계신 전적 타자이신 하나님, "가까이 가지 못할 빛에 거하시고 어떤 사람도 보지 못하였고 또 볼 수 없는 이"(딤전 6:16)시다. 전적 타자이신 하나님은 루터와 키르케고르, 바르트에 의해 강조되고 다시금 철학적으로 레비나스에 의해 지지되고 있다. 하나님은 본질적으로 지식과 인식을 끊임없이 요구하는 신비이다. 아우구스티누스의 설교 중 다음 말은 하나님의 신비를 헤아리는 데 적중한다. "하나님에 닿으려고 사유의 날개를 달고 높이 오르면 오를수록 하나님은 항상 더 높은 곳에 계신다. 만일 당신이 그를 잡았다면 그는 하나님이 아니다. 당신이 하나님을 붙잡았다고 생각하더라도 하나님을 파악한 것은 아니며 단지 그에 대한 비유일 뿐이다. 당신이 하나님을 거의 파악했다는 인상을 가진다면 그러한 생각으로 당신은 속임을 당하는 것이다."[27] 하나님은 모든 실존하는 존재뿐 아니라 사유 가능한 존재도 항상 초월해 계신 분이다. 하나님은 모든 경계를 파열하고 모든 실제적이고 가능한 지평을 넘어 계신다. 하나님은 모든 곳에 현존해 계시고 모든 것을 통하여 계신다고 하지만 그분은 그것들 너머에 계신다.

하나님이 초월자라면 하나님은 세계 너머에, 더욱이 곤란한 생각은 세계 밖에 계신 분인가? 하나님을 전적으로 세계 밖에 계신 분으로 생각하는 순간 하나님은 경험할 수 없는 분이 된다. 이렇게 되면 하나님은 전적으로 지적인 대상이 되며 이신론의 하나님이 된다. "이신론자는 무신론자가 되기

---

27 Augustinus, *Sermo* 52, Nr.16: PL 38, 360.

에는 여전히 시간이 없는 사람이다."28 이신론자들에게 세계는 하나님으로부터 분리되어 있기 때문이다. 그러나 세계로부터 분리되어 있는 하나님에게 아무도 무릎을 꿇고 눈물을 흘리면서 기도할 수 없고 마음을 열어 찬양할 수도 없으며 춤을 출 수도 없다.

그러나 더 중요한 문제는 하나님과 세계의 분리로 인해 생기는 끔찍한 현상이다. 삶과 세상에서의 경험을 하나님과 어떤 연관성도 가지지 못한 채 하나님으로부터 온 추상적인 진리로 절대화한다. 신앙은 삶의 중심으로부터 자라지 못하고 삶을 덮어 질식시킨다. 교회는 제도가 되어 계시된 진리의 보물을 지키는 과제를 최상으로 여기고 도덕적 원리를 선포하지만 현실과 동떨어져 있다. 세계 없는 하나님의 선포는 하나님 없는 세계를 낳는다. 그러나 이러한 이원론은 세계에 대하여 하나님의 이름으로 폭력을 가하게 된다. 급기야 니체가 선포한 신의 죽음에 이르게 된다. 니체의 이름으로 죽은 신은 사실 하나님에 관한 표상을 만든 거짓된 초월자이다. 거짓된 하나님의 표상을 부정하는 무신론은 살아 계시고 진실된 하나님 경험의 기회를 열어줄 수 있다.

2) 내재

살아 있는 신앙, 체험적인 신앙은 하나님은 우리가 우리에게 가까이 있는 것보다 더 가까이 계신 분(*intimior intimo meo*)이라고 말한다. 하나님은 우리가 보고 접촉하고 생각하는 모든 것 속에 계신다는 생각이다. 그러나 이때 생기는 어려움은 하나님의 내재의 표현에서 이 표현을 하나님의 현존 자체와 동일시하게 된다는 점이다. 하나님이 세계 안에 계시지만 하나님은 세계를 대체하거나 제거하지 않는다. 모든 것은 제각각 정당한 자율성과 독

---

28 H. de. Lubac, *Sur les chemins de Dieu* (Paris, 1956), 203. Leonardo Boff, *Die Transparenz aller Dinge: Gott erfahren* (Kevelaer: Topos, 2010), 19에서 거듭 인용.

자성을 지닌다. 많은 사람이 하나님을 만물 속에서 주어진 원인처럼 여겨 만물의 제1원인으로 생각하는 경향이 있는데, 그렇게 되면 하나님의 말씀은 인간의 말이 되고 하나님의 의지는 인간의 의지가 된다. 그리고 하나님의 사랑과 정의도 인간의 사랑과 정의의 모범에 따라 해석된다. 이것이 소위 하나님이 존재하는 모든 만물 안에 직접 나타나며 하나님을 지각할 수 있다고 생각하는 하나님에 대한 현현(epiphany)적 이해이다. 모든 것은 하나님이 직접 운행한다고 생각함으로써 인간의 고유한 장소가 사라지고 하나님은 세계의 현상, 최고의 무한한 현상이 된다. 그러나 하나님이 무한하고 전능한 존재라고 생각될지라도 하나님은 만물 옆에 있는 하나의 존재이며 우리가 하나님에 대하여 표상한 상들의 집합에 지나지 않는다.

하나님의 철저한 내재사상이 교회와 신학에 미치는 영향은 크다. 하나님의 법이 인간의 법과 같은 수준에서 다루어지며 계시된 하나님의 말씀이 인간의 가르침과 같은 차원에 놓여 해석되게 된다. 그러나 하나님은 세계의 부분도 아니고 세계의 전체도 아니다. 하나님은 항상 현존하지만 동시에 멀리 있으신 분이고, 계시하지만 동시에 감추어 계신 분이며, 자신을 나누시는 분이지만 동시에 세상에 나타나지 않는 분이다. 하나님은 세상 안에 있지만 세상을 초월해 계시다. 이성은 하나님을 직접적으로 보지 못하고 세상 실재의 중재를 통하여 본다. 그러므로 하나님을 보기 위하여 세상의 긍정은 불가피하다. 중세의 신비주의자 보나벤투라(Bonaventura, 1217/18~1274)의 말대로 "세상은 하나님을 향하여 가는 순례길이다"(*Itinerarium mentis in Deum*).

하나님을 세계의 범주 안으로 용해시킨다면 또 다른 진기한 하나님 부정에 이른다. 이것이 세속화의 위험이다. 하나님은 권력, 정의 혹은 인간적 사랑의 범주로 말할 수 없다. 하나님은 사랑이다. 그러나 인간적 사랑과 다른 사랑이다. 하나님은 정의다. 그러나 인간적 정의와 다른 정의다. 신인동형론적이고 내재적인 하나님에 대해 부정함으로써 세계 안에 계시지만 세계 안에 모두 침잠하지 않는 생생하게 "살아 계시고 참되신 하나님"(살전 1:9)을 말하고 경험할 수 있다. 초월주의에서는 하나님은 강하게 말해지지만 세계는 부인된다. 그러나 반대로 내재주의에서는 세계는 강하게 긍정되었지만 하나님은 부정된다. 세계와 하나님을 동시에 긍정할 수 있는 길은 없는가? 이 발표문의 목적이기도 한 세계, 곧 감각적 실재를 초월(하나님)을 보고 경험하는 창으로 여기는 방법이다.

3) 초월의 창

하나님과 세계의 관계에서 초월과 내재를 서로 모순되고 배척하는 배중률의 관점에서 적용할 때 결국 하나님과 세계 어느 한쪽을 부정하게 된다. 양자를 모두 긍정할 수 있는 길은 없을까? 종교적 세계는 초월과 내재로만 구분되는 것이 아니다. 또 하나, "투명성(투시성)"(Transparenz)이라는 매개 범주가 있어서 초월의 영역과 내재의 영역을 그 안에 담고 있다. 초월과 내재라는 두 범주는 대당 관계에 있는 것이 아니라 대면하고 교차하며 상통하는 관계에 있다. 서로 파고들어 맺히고 얽히고 엮여 있는, 상호소통과 상호의존 관계에 있다. 투명이란 초월적인 것이 내재적인 것 안에 현존하게 되어 내재적인 것이 초월적인 것을 위하여 투명해진다는 것을 뜻한다. 초월적인 것의 실재가 내재적인 것의 영역으로 배어 들어옴으로써 그것을 변화시키고 투명하게 만드는 것이다.[29] 에베소서 4장 6절의 말씀이 이에 해당한다. "하나님은 모든 것의 아버지시요, 모든 것 '위'(ἐπί, 초월)에 계시고, 모든 것을 통하여(διά, 투명) 계시고, 모든 것 안(ἐν, 내재)에 계시는 분이십니다."

초월과 내재 사이에 제삼의 범주가 있는 그것이 초월의 창(투명)이다. 초월의 창은 배제의 개념이 아니라 포괄의 개념이다. 초월의 창은 초월과 내

---

29 레오나르도 보프, 『聖事란 무엇인가』, 정한교 옮김 (왜관: 분도출판사, 2003), 51-53; Leonardo Boff, Die Transparenz aller Dinge: Gott erfahren (Kevelaer: Topos, 2010), 24.

재 양자 모두에 참여하고 매개한다. 초월의 창은 내재(세계) 안에 초월의 현존을 의미한다. 세계 안에 하나님이 계시고 하나님 안에 세계가 있음을 의미한다. 하나님이 세계 안에 현존하심으로써 철저히 내재적인 세계가 자신 안에서 초월의 광휘가 빛나게 되는 투명한 '창'(窓)이 된다는 것이다. 세계가 부정되는 것이 아니라 다른 차원에서 새롭게 긍정된다. 세계는 세계 이상의 것, 곧 초월자이신 하나님이 나타나고 환하게 밝혀지는 계시의 장소가 된다.

빼어난 성례적 관조를 경험한 떼이야르 드 샤르댕은 이렇게 말한다. "그리스도교의 위대한 신비는 정확하게 말해서 하나님의 나타나심에 있다기보다 우주 속에 깃든 하나님의 투명성이라고 할 수 있을 것이다. 오! 그렇습니다. 주님, 가벼이 스쳐가는 빛뿐만 아니라 사무쳐 파고드는 빛살에 있습니다. 당신의 '에피파니아'(*epiphania*, Epiphany, 현현)가 아니라, 예수님, 당신의 '디아파니아'(*diaphania*, diaphany, 투명성, 투시성)에 있습니다."30 하나님은 인간과 세계를 매개로 나타나시고 자신을 알린다. "나를 본 자는 아버지를 보았다"는 말씀에서 나사렛 예수는 하나님을 보여주는 초월의 창인 것처럼 인간과 세계는 하나님을 볼 수 있는 초월의 창이다. 웨슬리도 믿음으로 하나님을 본다는 사실을 다음과 같이 설교한다. "육체의 장막과 물질은 그들에게 투명체로 변합니다. 그리하여 그가 만드신 만물과 그를 둘러싼 모든 것을 통하여 하나님을 봅니다. 높은 곳에서나 낮은 곳에서나 하나님의 충만하심을 볼 수 있습니다. 그리하여 마음이 깨끗한 사람은 세상 모든 것에서 하나님을 봅니다."31

세계는 하나님을 볼 수 있는 맑은 창으로 변한다.32 일상이 하나님을 볼 수 있는 투명체로 가득하다. 첨단 과학기술 문명 시대에 살고 있는 현대인

---

30 Pierre Teilhard de Chardin, *Divine Milieu* (New York: Harper & Row, 1960), 131.
31 존 웨슬리, "산상설교 III", I,06(『웨슬리 설교전집 2』, 103).
32 레오나르도 보프, 『聖事란 무엇인가』, 정한교 옮김 (왜관: 분도출판사, 2003), 10.

들도 하나님을 지각할 수 있는 초월의 창들로 둘러싸여 살고 있으면서도 정작 그것들을 제대로 꿰뚫어보며 받아들이기에 필요한 만큼 열린 시력인 영적 감각을 작동하지 못하고 있다. 그러나 내적 눈으로 사물을 바라보는 사람은 드높은 빛이 그 속으로 스며들고 있음을 발견하게 된다. 그 빛은 사물을 밝힌다. 사물은 투명하게, 투시할 수 있는 초월의 창이 된다.[33]

만물 안에 있고(내재), 그것을 매개로 해서 통하여 있고(투명), 그 자체를 능가하는 무엇인가를 상기시키고 현존하게 하기 때문에(초월), 그것은 특별히 다른 것이다. 하나님은 세계 밖이나 세계 위에 살지 않고 세계의 심장 안에 계시며 동시에 초월해 계시기 때문에 실제적이고 구체적으로 경험 가능하다. 세계는 가시적인 하나님의 몸이다. 샤르댕 신부에게 세계는 성체이다. "저희를 둘러싸고 있는 모든 것들 속에서 투명하게 드러나 보이는 〈영혼〉이시여, 저는 당신 〈몸〉의 신비 이외에는 아무것도 선포할 수가 없습니다."[34] 빵을 들어, 물질을 들어 "이것은 내 몸이다"라고 말씀하시는 그리스도의 신비의 현존 속에서 세계는 "당신 몸의 가장 충만한 외연(外延), 곧 당신의 능력과 저의 믿음을 통해서 찬란하게 불타는 용광로가 된 이 세계, 모든 것이 용해되어 사라졌다가는 새로이 태어나는 그 불길, 당신의 창조적 인력이 제 안에서 용출시키는 온갖 재능, 저의 너무나 부족한 지식, 저의 수도 서원, 저의 사제직, 그리고 저의 인간적 확신, 이 모든 것을 다 동원하여 저는 당신의 몸에 저 자신을 봉헌하며, 그것을 위해 살고 그것을 위해 죽기를 바랍니다." 샤르댕에게서 예배에 관한 사도 바울의 말씀이 실현된다. "여러분의 몸을 하나님께서 기뻐하실 거룩한 산 제물로 드리십시오. 이것이 여러분이 드릴 합당한 예배입니다"(롬 12:1). 동유럽의 유대교 하시디즘(Hasidism) 전통에서도 인간의 모든 행위에 하나님 예배의 성격을 부여했다. "우리는 하나님께 봉헌하고, 봉헌하면서 음식을 맛있게 먹는다. 그러

---

33 보프, 앞의 책, 27.
34 샤르댕, 『세계 위에서 드리는 미사』, 김진태 옮김(서울: 가톨릭대학교출판부, 2001), 63.

면 식탁은 제단이 된다. 우리는 일하면서 하나님께 봉헌하며, 모든 연장에 깃든 하나님의 불꽃을 들어올린다. 우리는 밭일을 하며 하나님께 봉헌한다. 모든 들풀이 하나님을 향해 부르는 소리 없는 노래들은 우리 영혼의 노래 속으로 들어간다. 우리는 친구와 축배를 들며 하나님께 봉헌한다. 그것은 토라를 함께 배우는 것과도 같다. 우리는 원을 그리며 춤을 추며 하나님께 봉헌한다. 그러면 광채가 공동체를 에워싼다. 남자는 하나님께 봉헌하는 가운데 아내와 한 몸이 된다. 그리고 그들 위에는 셰히나(Schechina)가 머무른다."35 하시디즘에서 삶은 하나님을 향해서 투명해지는 성사(聖事)이며, 삶 속에 하나님이 불꽃이 되어 뜨겁게 내재하신다.

그리스도교의 모든 노력은 하나님의 생명이 세상에 전달되는 것이다. 세계의 사물들과 인간들은 하나님 생명의 숨으로 사무쳐 있다.36 그리스도로 말미암아 만물의 양적 충만과 질적 완성이 이루어진다. 그것은 신비적 충만이다(Pleroma).37 죽고 부활한 그리스도는 "만물을 충만하게 하고"(엡 1:23) "그이 안에서 만물이 성립"(골 1:17)하게 한다. "피조물도 썩어짐의 종노릇 한데서 해방"되기를 기다리며 "함께 탄식하며 함께 고통을 겪고"(롬 8:21-22) 있다는 말씀은 바로 이러한 사정을 피력하는 것이다.

사물들은 그 안에 구원과 신비를 감추고 있다. 믿음의 눈으로 볼 때 물질이란 하나님을 담은 그릇이며 구원을 만나는 자리이다. 영적 감각을 통한 신적 실재의 지각은 어떤 철학적 사유의 결과처럼, 그냥 사랑하고 아낄 것 정도로 머물지 않고, 참으로 실제적인 현존이 되는 것이다.38 각 창조물은 초월의 창이다. 각 피조물 속에서 당신을 발견하고 감지하는 것이다. 영적 감각은 그렇게 할 수 있는 기관이다. "당신의 거룩한 현존을 감지하고 체험

---

35 Martin Buber, *Die chassidische Botschaft* (L. Schneider, 1952), 62.
36 보프, 앞의 책, 15.
37 Pierre Teilhard de Chardin, 앞의 책, 122.
38 샤르댕, 앞의 책, 40.

할 능력을 키워갈 수 있는 이 소용돌이 속으로, 주님 저는 당신의 말씀에 따라 몸을 던져 뛰어듭니다. 예수님을 뜨겁게 사랑하는 사람, 그런 사람을 세계는 어머니처럼 그 넓은 품속으로 들어 올려 하느님의 얼굴을 볼 수 있게 해 줄 것이다."39

4. 우리는 하나님 안에서 살고, 움직이고, 존재한다

우리가 하나님을 경험하고 사랑한다고 말할 때 우리는 무엇을 경험하고 사랑하는가? 우리는 하나님이 창조한 세상을 하나님처럼 경험하고 사랑한다. 영적 감각은 경험된 하나님으로 인한 세상의 변화 그리고 경험하는 자인 인간의 변화를 초래한다. 영적 감각은 육체적 감각 밖에 있는 또 다른 감각이 아니라 믿음을 통해 생긴 세상을 다르게 보는 감각이며 세상의 깊이 속에서 하나님을 인식하는 기독교미학의 인식론이다. 그것은 만물이 초월의 창이라는 것이다.

(1) 변화: 세계의 의미는 유물론자들의 주장처럼 한갓 물질에 불과한 것도 아니며, 반대로 유심론자들의 주장처럼 순수한 영도 아니다. 영적 감각을 통해 일상적이고 물리적인 세계의 현실을 훌쩍 벗어나 전혀 다른 신성한 곳으로 존재의 중심이 이동하는 세계의 변용이 일어난다. 물질은 초월자를 투시하는 창이 되는 것이다. 인간 또한 변화한다. 세계를 통해 나타나는 하나님의 성품에 참여함으로써 인간은 神化(theosis)한다. 영적 감각은 인간으로 하여금 자기 자신을 뛰어넘도록 불러내는 것이며(pro-vocar), 더 높은 실재를 짐작하여 자기에게 현존하게 하는(e-vocar) 것이며, 다른 사람들

---

39 샤르댕, 앞의 책, 48.

과 더불어 하나님과의 성사적 만남에 이르도록 불러 모으는(con-vocar) 것이다.

(2) 감각의 구체성: 모든 감각은 하나님과의 영적 접촉의 다양한 양상을 포함한다. 인간은 오감을 통해 세계와 만나고 교류한다. 눈을 통해 가을의 높고 푸른 하늘을 보고, 귀를 통해 바람 소리를 듣고, 혀를 통해 과일의 달콤한 맛을 보고, 코를 통해 꽃들의 향기를 흡입하고, 몸을 통해 산들바람을 느낀다. 이것이 각각의 감각에 내재된 독특함과 고유함이다. 육적 감각이 세계와 다양하게 교류함으로써 세계를 풍요롭고 충만하게 지각하고 인식할 수 있듯이 영적 감각은 바로 하나님의 실재와 다양하고 구체적으로 교류하며 영적 삶을 풍요롭게 만든다.

(3) 만물은 초월의 창: 우리가 하나님의 '편재'(omnipresence)를 고백할 때 그것은 무엇을 의미하는가? "내가 하늘로 올라가더라도 주님께서는 거기에 계시고, 스올에다 자리를 펴더라도 주님은 거기에도 계십니다"(시 139: 8). 주여, 우리는 당신이 우리 주위 도처에 계심을 알고 또 예감합니다. 하나님은 무한히 심원하고 젚이기 때문에 무한히 가깝고 어디에나 퍼져 있다. "세계는 신으로 가득하다"(Angela of Foligno, 1248~1309). 이미 "우리는 하나님 안에서 살고, 움직이고, 존재하고 있다"(행 17:28). 야곱이 꿈에서 깨어나 말했듯이, 이 세계, 권태와 불경이 물결치는 이 현실세계는 성스러움을 만날 수 있는 장소인 것이다. "주님께서 분명히 이 곳에 계시는데도, 내가 미처 그것을 몰랐구나"(창 28:16).

| 참고문헌 |

I. 한글

가다머, 한스-게오르그.『진리와 방법 1』. 이길우/이선관/임호일 공역, 서울: 문학동네, 2000.
강사문.『성서주석 사무엘상』. 서울: 대한기독교서회, 2008.
강해근·나주리 책임편집.『바흐를 바라보는 새로운 시선들』. 음악세계, 2007.
게크, 마르틴.『J. S. 바흐』. 안인희 옮김, 서울: 한길사, 1997.
곽미숙.『삼위일체론: 전통과 실천적 삶』. 서울: 대한기독교서회, 2009.
그라우트, 도날드 제이.『서양음악사(하)』. 이성삼 외 공역, 세광출판사, 1980.
그렌츠, 스탠리.『하나님의 공동체를 위한 조직신학』. 신옥수 옮김, 고양: 크리스챤나이제스트, 2003.
김덕중 외 엮음,『구야성서의 경건, 구약성경의 영성』. 서울: kmc, 2014.
김문환.『문화선교와 교회갱신』. 서울: 엠마오, 1995.
김세광 외.『팝 게릴라 레이디 가가』. 서울: 예영커뮤니케이션, 2012.
김성기.『음악, 그리고 음악치료』. 서울: 지식공감, 2012.
김수이 편저.『한류와 21세기 문화비전: 윤사마에서 문화정치까지』. 서울: 청동거울, 2006.
김이곤.『시편 시문학의 신학』. 서울: 한들출판사, 2006.
김진두.『찰스 웨슬리의 생애와 찬송 : 더욱 더 사랑해』. 서울: kmc, 2015.
김학선.『K-Pop 세계를 홀리다』, 서울: 을유문화사, 2012.
김회권. "통일군주 다윗의 남부화해와 통일정치."『한국기독교학회 제41차 정기학술대회 자료집』, 2012년 10월 19일-20일: 65-89.
_____.『하나님 나라 신학으로 읽는 사무엘상』. 서울: 복있는사람, 2009.
_____.『하나님 나라 신학으로 읽는 사무엘하』. 서울: 복있는사람, 2009.
노명우.『호모 루덴스, 놀이하는 인간을 꿈꾸다』. 서울: 사계절, 2011.
노순규.『한류열풍(K-POP)과 강남 스타일』. 한국기업경영연구원, 2012.
_____.『싸이의 강남스타일 성공과 한류』. 한국기업경영연구원, 2012.
니버(Niebuhr, H. Richard).『그리스도와 문화』. 홍병룡 옮김, 서울: IVP, 2007.
들뢰즈, G.『감각의 논리』. 하태환 옮김, 서울: 민음사, 1995.
러년, 테오도르. "웨슬리신학의 독특한 공헌 - 바른 종교체험."「기독교사상」 2002/2(494호).
_____.『새로운 창조: 오늘의 웨슬리 신학』. 김고광 옮김, 서울: kmc, 1999.
렌토르프, 롤프.『구약성서의 인물상』. 한준석 옮김, 서울: 대한기독교서회, 1987.
롱기누스.『롱기누스의 숭고미 이론』. 김명복 옮김, 서울: 연세대학교출판부, 2002.

마르틴, 게하르트.『축제와 일상』. 김문환 옮김, 천안: 한국신학연구소, 1985.
마리땡, 쟈끄.『시와 미와 창조적 직관』. 김태관 역, 서울: 성바오로출판사, 1985.
마슈레, 피에르.『헤겔 또는 스피노자』. 진태원 옮김, 서울: 이제이북스, 2004.
몰트만, 위르겐.『삼위일체와 하나님의 나라』. 김균진 옮김, 서울: 대한기독교출판사, 1982.
_____.『오늘 우리에게 그리스도는 누구인가?』. 이신건 옮김, 서울: 대한기독교서회, 1997.
_____.『창조 안에 계신 하나님』. 김균진 옮김, 서울: 한국신학연구소, 1991.
_____.『생명의 영』. 김균진 옮김, 서울: 대한기독교서회, 1992.
_____.『생명의 샘』. 이신건 옮김, 서울: 대한기독교서회, 2007.
_____.『오시는 하나님』. 김균진 옮김, 서울: 대한기독교서회, 1997.
_____.『희망의 윤리』. 곽혜원 옮김, 서울: 대한기독교서회, 2012.
문화선교연구원 엮음.『문화선교의 이론과 실제』. 서울: 예영커뮤니케이션, 2003.
바르트, 칼.『모차르트』. 문성모 역, 서울: 도서출판 예음, 1989.
박성봉.『대중예술의 미학』. 서울: 동연, 1995.
_____.『대중예술과 미학』. 서울: 일빛, 2006.
박양식.『성경에서 찾은 문화선교 전략』. 서울: 예영커뮤니케이션, 2011.
백원담.『동아시아의 문화선택: 한류』. 서울: 도서출판 펜타그램, 2004.
버트, 존.『바흐: B단조 미사』. 김지순 옮김, 서울: 동문선. 2004.
보프, 레오나르도.『聖事란 무엇인가』. 정한교 옮김, 칠곡: 분도출판사, 2003
볼프, 크리스토프.『요한 세바스챤 바흐 1』. 이경분 옮김, 서울: 한양대학교출판부, 2007.
_____.『요한 세바스챤 바흐 2』. 서울: 한양대학교출판부, 2007.
베르나르, 샤를 앙드레.『영성신학』. 정제천 · 박일 옮김, 서울: 가톨릭출판사, 2013.
벤야민, 발터.『기술복제시대의 예술작품』(발터 벤야민 선집 2). 최성만 옮김, 서울: 도서출판 길, 2007.
벵스트, 크라우스.『로마의 평화 : 예수와 초대 그리스도교의 인식과 경험』. 정지련 옮김, 천안: 한국신학연구소, 1994.
볼프, 한스 발터.『구약성서의 인간학』. 문희석 옮김, 왜관: 분도출판사. 1976.
부리(Buri, Fritz).『현대 미국 신학』. 변선환 옮김, 서울: 전망사, 1988.
브랜드, 힐러리/채플린, 아드리엔느.『예술과 영혼』. 김유리·오윤성 옮김, 서울: IVP, 2008.
빌라데서, 리차드.『신학적 미학』. 손호현 옮김, 천안: 한국신학연구소, 2001.
샤르댕, 떼이야르 드.『세계 위에서 드리는 미사』. 김진태 옮김, 서울: 가톨릭대학교출판부, 2001.
서남동.『民衆神學의 探究』. 서울: 한길사, 1983.
신은경.『風流: 동아시아 美學의 근원』. 서울: 보고사, 1999.
손호현.『아름다움과 악 2권: 아우구스티누스의 미학과 신정론』. 서울: 한들출판사, 2009.
_____. "몰트만의 놀이의 신학."『아름다움과 악 1권』, 서울: 한들출판사, 2009: 159-185.
_____. "춤의 신학: 한국인의 미의식에 드러나는 문화신학적 함의."「한국기독교신학논총」79(2012): 183-206.
순더마이어, 테오.『미술과 신학』. 채수일 엮어옮김, 수원: 한신대학교출판부, 2007.
_____.『선교신학의 유형과 과제』. 채수일 옮김, 서울: 대한기독교서회, 1999.

슈바이처, 알버트.『나의 생애와 사상』. 천병희 옮김, 문예출판사, 1999.
슐라이어마허, 프리드리히.『종교론』. 최신한 옮김, 서울: 한들, 1997.
신영복.『강의: 나의 동양고전독법』. 파주: 돌베개, 2007.
심광섭.『기독교 신앙의 아름다움』. 서울: 다산글방, 2003.
_____.『예술신학』. 서울: 대한기독교서회, 2010.
_____.『공감과 대화의 신학. 슐라이어마허』. 서울: 신앙과지성사, 2015.
심광현.『흥한민국』. 서울: 현실문화연구, 2006.
실러(von Schiller, Friedrich).『미학편지』., 안인희 옮김, Human Art, 2012.
아도르노,T.W.『미학이론』. 홍승용 역, 서울: 문학과지성사, 2005.
_____.『미니마 모랄리아: 상처 받은 삶에서 나온 성찰』. 김유동 옮김, 서울: 도서출판 길, 2007.
아리스토텔레스.『시학』. 천병희 옮김, 서울: 문예출판사, 2006.
예술목회연구원 엮음.『예술신학 톺아보기』. 책임편집 손원영, 서울: 신앙과지성사, 2017.
아우구스티누스.『고백록』. 선한용 옮김, 서울: 대한기독교서회, 1997.
양금희.『이야기 예술 기독교교육』. 서울: 장로회신학대학교 출판부, 2010.
엑섬(Exum, J.C).『산산이 부서진 여성들』. 김상래 외 역, 서울: 한들출판사, 2001.
요나스(Jonas, Gerald).『춤: 움직임의 기쁨, 움직임의 힘, 움직임의 예술』. 김채현 옮김, 서울: 청년사, 2003.
왕대일. "시편, 길(路)을 잃어야 길(道)이 시작된다."『구약성서의 경건, 구약성경의 영성』, 서울: kmc, 2014.
위니캇(Winnicott,D.).『놀이와 현실』. 이재훈 옮김, 서울: 한국심리치료연구소, 1997.
월터스토프, 니콜라스.『행동하는 예술』. 신국원 옮김, 서울: IVP, 2010.
에코, 움베르토.『추의 역사』. 오숙은 옮김, 파주: 열린책들, 2008.
오토, 루돌프.『聖스러움의 의미』. 길희성 옮김, 서울: 분도출판사, 1991.
유동식.『민속종교와 한국문화』. 서울: 현대사상사, 1978.
_____.『종교와 예술의 뒤안길에서』. 서울: 한들출판사, 2002.
이경재.『해석학적 신학』. 서울: 다산글방, 2002.
이동연.『대중문화연구와 문화비평』. 서울: 문화과학사, 2002.
_____.『아시아 문화연구를 상상하기』. 서울: 그린비, 2006.
이영옥. "대중(예술)문화." 미학대계간행회 편,『현대의 예술과 미학: 미학대계 3권』, 서울대학교 출판문화원, 2007: 241-254.
이용도.『이용도 목사 전집』(제1권). 서울: 장안문화사, 1993
이은애. "구약성서에 나타난 인간의 아름다움."「한국기독교신학논총」74(2011): 5-26.
이충범.『노래로 듣는 설교』. 서울: 대한기독교서회, 2011.
이환진. "쿰란 공동체가 남긴「시편 두루마리」(11QPsa) 속의 일곱 시편."「신학과 세계」53호 (2005년 여름): 7-35.
_____.『시편 풀림』. 서울: 도서출판 한모임, 2005.
임성빈 외.『소비문화시대의 기독교공동체』. 서울: 예영커뮤니케이션, 2008.
조요한.『예술철학』. 서울: 경문사, 1991.

조한혜정 외.『'한류'와 아시아의 대중문화』. 서울: 연세대학교출판부, 2003.
존슨(Johnson, Elizabeth).『하느님의 백한 번 째 이름』. 함세웅 역, 서울: 바오로딸, 2000.
죌레, 도로테.『현대신학의 패러다임』. 서광선 옮김, 천안: 한국신학연구소, 1993.
진중권.『놀이와 예술 그리고 상상력』. 서울: humanist, 2005.
채영삼. "마태복음에 나타난 치유하는 다윗의 아들."「신약논단」18권(2011 봄): 43-93.
채운.『예술의 달인: 호모 아르텍스』. 서울: 도서출판 그린비, 2007.
카스, 포스.『신의 시 시편』. 김선익 · 임성진 역, 서울: 쿰란출판사, 2007.
칼뱅, 장.『기독교 강요』. 서울: 크리스챤다이제스트, 1988.
큉, 한스.『모짜르트: 음악과 신앙의 만남』. 주도홍 옮김, 서울: 이레서원, 2000.
키르케고르, 쇠렌.『직접적이며 에로틱한 단계를 또는 음악적이고 에로틱한 것』. 임규정 옮김, 서울: 지식을만드는지식, 2009.
_____.『이것이냐 저것이냐』. 임춘갑 옮김, 서울: 다산글방, 2008.
키인(Keen, Sam).『춤추는 神』. 이현주 옮김, 현대신서 80, 서울: 대한기독교서회, 1977.
타이센, 게르트/메르츠, 아네테.『역사적 예수』. 손성현 옮김, 서울: 다산글방, 2001.
타이센, 게르트.『기독교의 탄생: 예수운동에서 종교로』. 박찬웅 · 민경식 옮김, 서울: 대한기독교서회, 2009.
틸리히, 폴.『흔들리는 터전』. 김광남 옮김, 고양: 뉴라이프, 2008.
_____.『19-20세기 프로테스탄트사상사』. 송기득 옮김, 서울: 한국신학연구소, 2000.
_____.『문화의 신학』. 김경수 역, 서울: 대한기독교서회, 1971.
포르켈(J. N. Forkel).『바흐의 생애와 예술 그리고 작품』. 강해근 옮김, 서울: 한양대학교출판부, 2005.
표정옥.『놀이와 축제의 신화성』. 서울: 서강대학교출판부, 2010.
피터슨, 유진.『다윗: 현실에 뿌리박은 영성』. 이종태 옮김, 서울: IVP, 1999.
_____.『현실, 하나님의 세계』. 서울: IVP, 2006.
하위징아(Huizinga, John).『호모 루덴스』. 이종인 옮김, 고양: 연암서가, 2011.
하이데거, 마르틴.『숲길』. 신상희 옮김, 서울: 나남, 2007.
한국문화신학회 편.『갈등 · 화해 · 축제와 문화신학』. 서울: 한들출판사, 2003.
한국서양음악회(편).『음악이론과 분석: J. S. 바흐』. 서울: 심설당, 2005.
한병철.『피로사회』. 김태환 옮김, 서울: 문학과지성사, 2012.
현영학.『예수의 탈춤』. 천안: 한국신학연구소, 1997.
한형조.『왜 조선유학인가?』. 파주: 문학동네, 2008.
해리스, 리차드.『현대인을 위한 신학적 미학』. 김혜련 옮김, 서울: 살림, 2003.
헤겔, 프리드리히.『헤겔 미학 II』. 두행숙 옮김, 서울: 나남출판, 1997.
홍정수. "바하를 중심으로 본 교회음악으로서의 예술음악."「교회와 신학」(1986): 315-339.
화이트, 제임스.『기독교예배학 입문』. 정장복 · 조기연 옮김, 서울: 예배와설교아카데미, 2013.
힐데스하이머, 볼프강.『모차르트』. 양도원 옮김, 서울: 한국문화사, 2014.

II. 외국어

Adorno, T. W. *Ästhetische Theorie*. Frankfurt a.M.: Suhrkamp Verlag, 1970.
Althaus, Paul. *Die christliche Wahrheit*. Gütersloh: Carl Bertelsmann, 1958.
Barth, Karl. *Kirchliche Dogmatik* II. Zürich: Evangelischer Verlag, 1948.
Begbie, Jeremy. "Through Music: Sound Mix." *Beholding the Glory. Incarnation Through the Arts*, ed. by Jeremy Begbie, Baker Book House Company, 2001.
Balthasar, Hans urs von. *The Glory of the Lord: A Theological Aesthetics*, Vol. I: Seeing the Form. Erasmo Leiva-Merikakis trans. San Francisco: Ignatius Press, 1982.
_____. *The Glory of the Lord: A Theological Aesthetics*, Vol. VI: The Old Testament. Erasmo Leiva-Merikakis trans. San Francisco: Ignatius Press, 1991.
_____. *The Glory of the Lord: A Theological Aesthetics*, Vol. VII: The New Testament. Erasmo Leiva-Merikakis trans. San Francisco: Ignatius Press, 1991.
Berger, Klaus. *Hermeneutik des Neuen Testaments*. Gütersloh: Gerd Mohn, 1988.
Berges, Ulrich. "Gottesgarten und Tempel: Die neue Schöpfung im Jesajabuch." *Gottesstadt und Gottesgarten: Zu Geschichte und Theologie der Jerusalemer Tempels*, hg.v. O.Keel/E.Zenger, Herder, 2002: 69-98.
Boff, L. *Die Transparenz aller Dinge. Gott erfahren*. Kevelaer: Topos, 2010.
Bohren, Rudolf. *Daß Gott schön werde: Praktische Theologie als theologische Ästhetik*. München: Chr. Kaiser Verlag, 1975.
Bonhoeffer, D. *Widerstand und Ergebung: Briefe und Aufzeichnungen aus der Haft*. hg.v. E. Bethge, NA München, 1977.
Brant, Jonathan. *Paul Tillich and the Possibility of Revelation through Film*. Oxford University Press, 2012.
Brown, David. "The Trinity in Art." Stephen T. Davis ed., *The Trinity*, Oxford University Press, 1999.
Brown, Delwin. Davaney, Sheila Greeve & Tanner, Kathryn ed. *Converging on culture: theologians in dialogue with cultural analysis and criticism*. New York: Oxford University Press, 2001.
Chardin, Pierre Teilhard de. *Divine Milieu*. New York: Harper & Row, 1960.
Climacus, John. *The Ladder of Divine Ascent*. trans. Colm Luibheid and Norman Russell, New York: Paulist Press, 1982.
Cobb, Kelton. *The Blackwell Guide to Theology and Popular Culture*. Blackwell Publishing, 2005.
Damasio, Antonio R. *The Feeling of What Happens: Body and Emotion in the Making of Consciousness*. San Diego, NY: Harcourt/Harvest Book, Inc., 1999.
Detweiler, Craig/Taylor, Barry. *A Matrix of Meanings: Finding God in Pop Culture*. Baker Academic, 2003.

Dillenberger, John. *A Theology of Artistic Sensibilities: The Visual Arts and the Church*. SCM Press LTD, 1986.

Dyrness, William A. *Poetic Theology: God and the Poetics of Everyday Life*. William B. Eerdmans Publishing Company, 2011.

Ebeling, Gerhard. "Die Klage über das Erfahrungsdefizit in der Theologie als Frage nach ihrer Sache." *Wort und Glaube* Bd. III, Tübingen: J.C.B.Mohr, 1975.

Figal(Hg.), Günter. Klassiker Auslegen. Hans-Georg Gadamer, *Wahrheit und Methode*, Akademie Verlag, 2007.

Gadamer, Hans-Georg. Hermeneutik I. Wahrheit und Methode. Grundzüge einer Hermeneutik, *Gesammelte Werke*, Band I, Tübingen, 1985.

Gavrilyuk, Paul L./Coakley, Sarah(ed.). *The spiritual Senses: Perceiving God in Western Christianity*, New York: Cambridge University Press, 2012.

Gerhards, Albert. Das Gloria - die "Große Doxologie", in: *Liturgie und Trinität*, hg.v. Bert Groen/Benedikt Kranemann, Herder, 2008.

Graham,Elaine. *Transforming Practice: Pastoral Theology in an Age of Uncertainty*, London: Mowbray, 1996.

Großmann,Andreas. "Aus Liebe will mein Heiland sterben. Zur Theologie von J.S.Bachs Matthäus-Passion." in: *Kerygma und Dogma* 40/1994: 65-77.

_____. "Musik und Theologie in Bachs Johannes-Passion." in: *Kerygma und Dogma* 46/2000: 84-91.

Janowski, Bernd. "Die heilige Wohnung des Höchsten. Kosmologische Implikationen der Jerusalemer Tempeltheologie." *Gottesstadt und Gottesgarten: Zu Geschichte und Theologie der Jerusalemer Tempels*, hg.v. O. Keel/E. Zenger, Herder, 2002: 24-68.

Joh, Wonhee Ann(조원희). "The Transgressive Power of Jeong: A Postcolonial Hybridization of Christology." in C. Keller, M. Nausner and M. Rivera(eds.), *Postcolonial Theologies: Divinity and Empire*, St Louis, MO: Chalice Press, 2004: 149-163.

_____. *Heart of Christology: A Postcolonial Christology*. Louisville, KY: Westminster/John Knox Press, 2006.

Jüngel, Eberhard. *Gott als Geheimnis der Welt*. Tübingen, 1977.

_____. "Wertlose Wahrheit: Christliche Wahrheitserfahrung im Streit gegen die 'Tyrannei der Werte'." in: *Wertlose Wahrheit*, München 1990: 90-109.

Kant, Immanuel. Kritik der Urteilskraft B XLII. *Werke in Zehn Bänden*, Hg. von Wilhelm Weischedel, Bd. 8, Darmstadt: Wissenschahftliche Buchgesellschaft, 1983.

_____. *Der Streit der Fakultäten*. PhB 252.

Kim, Uriah Y. *Identity and Loyalty in the David Story: A Postcolonial Reading*. Sheffield Phoenix Press, 2008.

Kimbrough, S. T. Jr. "Hymn is Theology." *Theology Today* 42/1(1985).

_____. *Charles Wesley. Poet and Theologian*. Nashville: Kingswood Books, 1992.

_____."Lyrical Theology." *Theology Today* 63/1(April 2006).
Kleer, M. *'Der liebliche Sänger der Psalmen Israels': Untersuchungen zu David als Dichter und Beter der Psalmen*, BBB 108: Bodenheim: Philo, 1996.
Körtner, Ulrich H. J. *Hermeneutik und Ästhetik. Die Theologie des Wortes im multimedialen Zeitalter.* Neukirchener, 2001.
Küng, Hans. *Musik und Religion: Mozart-Wagner-Bruckner.* Piper, 2007.
Leaver, Rovin A. "Motive and Motif in the /church Music of Johann Sebastian Bach." *Theology Today* April 2006(63/1): 38-47.
Lynch, Gordon. *Understanding Theology and Popular Culture.* Blackwell Publishing, 2005.
Manning, Russell Re. *Theology at the End of Culture: Paul Tillich's Theology of Culture and Art.* Leuven: Peeters, 2005.
Marion, Jean-Luke. *God without Being: Hors Texte.* University of Chicago Press, 1991.
Mays, J. L. "The David of the Psalms." *Interpretation* 40(1986): 143-155.
McInroy, Mark. *Balthasar on the Spiritual Senses: Perceiving Splendour.* Oxford University Press, 2014.
Mellers, Wilfried. *Bach and the Dance of God.* Oxford University Press, 1981.
Miller, David L. *Gods and Games: Toward a theology of play.* Harper & Row, 1970.
Moltmann, Jürgen. *Die ersten Freigelassenen der Schöpfung.* Chr. Kaiser, Mchn. 1988.
Moltmann, J./Rivuzumwami, C.(hg.). *Wo ist Gott? Gottesräume – Lebensräume.* Neukirchener, 2002.
Ogden, S. M. *Doing Theology Today.* Trinity Press International, 1996.
O'Kane, Martin. "The Biblical King David and His Artistic and Literary Afterlives." *Biblical Interpretation* 6 no. 3-4(1998): 313-347.
Pelersen, David L. "Portraits of David. Canonical and Otherwise." *Interpretation* 40(1986): 130-142.
Pallasmaa, Juhani. *The Eyes of the Skin: Architecture and the Senses.* Chichester: Wiley, 2012.
Palmer, Michael. *Paul Tillich's Philosophy of Art.* Berlin: de Gruyter, 1984.
Pannenberg, Wolfhart. "Was ist Wahrheit?" in: *Grundfragen systematischer Theologie*, Göttingen, 1967: 202-222.
Pelikan, Jaroslav. *Bach Among the Theologians.* Fortress Press, 1986.
Puntel, L. Bruno. *Wahrheitstheorien in der neueren Philosophie.* Darmstadt 1983.
_____(Hg.). *Der Wahrheitsbegriff.* Darmstadt, 1987.
Rahner, Hugo. *Der Spielende Mensch.* Freiburg: Johannes Verlag Einsiedeln, 1990.
Ramin, Günter. "Johann Sebastian Bach als Ende und Anfang und seine Bedeutung für die geistige Entwicklung der Jugend." in: *Erhfurcht vor dem Leben. Eine Freundesgabe zu seinem 80. Geburtstag*, Berlin: Paul Haupt, 1954: 184-192.
Recki, B. "Ästhetik I: Philosophisch." *RGG*⁴ I, Tübingen, 1998: 851-852.
Rock, Russell D. *Rhyming hope and history: Theology and Culture in the Work of Robert Jenson.*

Pickwick Publications, 2012.
Runyon, Theodore. *The New Creation: John Wesley's Theology Today*. Nashville: Abingdon Press, 1998.
Schleiermacher, Friedrich. *Der christliche Glaube nach den Grundsätzen der evangelischen Kirche im Zusammenhange dargestellt*(^{2}1830/31). hg. von M. Redeker, 2 Bde., Berlin, 1960.
Schneider-Flume, Gunda. *Grundkurs Dogmatik*. 2. Auflage, Vandenhoeck & Ruprecht, 2008.
Schottroff, Luise(Hg.). *Mit allen Sinnen glauben: Feministische Theologie unterwegs*. Gerd Mohn: Gütersloher Verlagshaus, 1991.
Schweitzer, Albert. *Geschichte der Leben-Jesu-Forschung*. Tübingen: J.C.B. Mohr, 1906/ 1984.
_____. *Die Mystik des Apostels Paulus*. Tübingen: J. C. B. Mohr, 1930/1981.
_____. *J. S. Bach* Vol. I. English Translation by Ernst Newman, New York, 1966.
_____. *J. S. Bach* Vol. II. English Translation by Ernst Newman, New York, 1966.
Siedell, Daniel A. *God in the Galley: A Christian Embrace of Modern Art*. Baker Academic, 2008.
Sölle, Dorothe. *Mystik und Widerstand*. München: Piper Verlag, 2003(6판).
Spero, Shubert. "King David, the Temple, and the Halleluyah Chorus." *Judaism* 47 no.4 (1998): 411-423.
Stapert, Calvin R. *My Only Comfort: Death, Deliverance, and Discipleship in the Music of Bach*. Wm B. Eerdmanns Publishing Co., 2000.
Stock, Alex. *Poetische Dogmatik*. München, Wien, Zürich: Paderborn, 1994ff.
Stoltzfus, Philip. *Theology as Performance: Music, Aesthetics, and God in Western Thought*. NY: T&T Clark, 2006.
Tanner, Kathryn. *Theories of Culture: A New Agenda for Theology*. Fortress Press, 1997.
_____. "Scripture as Popular Text." *Modern Theology* 14/2(Ap 1998): 279-298.
Thorsen, Donal A. D., *The Wesleyan Quadrilateral: Scripture, Tradition, Reason, and Experience as a Model of Evangelical Theology*. Grand Rapids, MI: Zondervan, 1990.
Tillich, Paul. *Systematic Theology* I. The Univ. of Chicago Press, 1951.
_____. *Theology of Culture*. ed. by Robert C. Kimball, London: Oxford University Press, 1959.
_____. *On Art and Architecture*. ed. by John Dillenberger, New York, 1987.
_____. *Main Works/Haupt Werke* IV. N.Y.: Evangelisches Verlagswerk, 1988.
Tracy, David. *The Analogical Imagination: Christian Theology and Culture of Pluralism*. New York: Crossroad, 1981.
Uzukwu, Elochukwu. *Worship as Body Language*. Collegeville, MN: The Liturgical Press, 1997.

van der Leeuw, Geradus. *Sacred and Profane Beauty: The Holy in Art*. New York: Oxford Univ. Press, 2006.

Vandergriff, Kennth L. "Recreating David: The David Narratives in Art and Literature." *Review & Expositor* 99 (2002): 193-205.

Weinsheimer, Joel C. *Gadamer's Hermeneutics: A Reading of Truth and Method*. Yale University Press, 1985.

Wills, Garry. *Saint Augustine*. NY: Viking, 1999.

Wilson-Kastner, P. *Faith, Feminism and the Christ*. Philadelphia: Westminster Press, 1983.

Zenger, Erich. "David as Musician and Poet: Plotted and Painted." in Cheryl Exum, et. al. (eds.), *Biblical Studies/Cultural Studies*, Sheffield: Sheffield Univ. Press, 1998: 263-298.